DOSSIERS PRATIQUES

FRANCIS LEFEBVRE

Actions et parts de sociétés

ISF, donations, successions

Nouveaux allégements

Pactes d'associés

Souscription au capital de PME

Titres des dirigeants et salariés

A jour au 1er octobre 2006

Avant-propos

Depuis de nombreuses années, les pouvoirs publics et les milieux économiques s'accordent sur la nécessité de renforcer l'actionnariat stratégique des entreprises pour maintenir en France leurs centres de direction, leurs investissements et leurs emplois.

Cette préoccupation partagée, qui n'avait d'abord suscité que des mesures fiscales limitées, telle l'exonération partielle des droits de succession portant sur les entreprises dont les associés sont liés par un engagement de conservation, a ensuite débouché sur une série de dispositifs d'incitation dont le nombre et la portée n'ont fait que croître depuis 2003.

La loi Dutreil du 1er août 2003 a ainsi franchi un pas très important en allégeant de manière sensible les coûts de détention et de transmission des titres sociaux. La mesure phare de cette réforme a résidé dans l'exonération partielle d'ISF accordée aux associés qui concluent un engagement collectif de conservation de leurs titres de six ans. Parallèlement, le dispositif d'exonération partielle de droits de succession a été assoupli et étendu aux donations en pleine propriété. La loi Dutreil a prévu également une exonération totale d'ISF en faveur des nouvelles souscriptions de titres de PME françaises ou européennes.

Plusieurs lois sont venues renforcer et compléter ces dispositifs.

La loi PME du 2 août 2005 a ainsi porté de 50 % à 75 % le taux de l'exonération de droits de mutation à titre gratuit en faveur des transmissions d'entreprises dont les associés sont liés par un engagement de conservation, et étendu l'application de cette exonération aux donations d'usufruit ou avec réserve d'usufruit des mêmes entreprises.

La loi de finances pour 2006 a porté de 50 % à 75 % le taux de l'exonération d'ISF des titres faisant l'objet d'un engagement de conservation et institué un nouveau dispositif d'exonération partielle (75 %) en faveur des titres détenus par les salariés et mandataires sociaux dans leur entreprise, sous réserve de leur conservation pendant au moins six ans.

Enfin, la loi de finances rectificative pour 2005 a assoupli le dispositif des transmissions d'entreprises en autorisant l'apport des titres de la société à une holding constituée à cet effet.

Parallèlement, de nombreuses solutions administratives et jurisprudentielles sont venues préciser le régime plus ancien mais toujours d'actualité de l'exonération d'ISF au titre des biens professionnels.

Le présent ouvrage fournit aux contribuables et à leurs conseils l'ensemble des clés pour bénéficier, en toute sécurité, de ces dispositifs.

Après une présentation générale de l'ISF et des droits de mutation à titre gratuit, chaque mesure d'exonération totale ou partielle prévue en faveur des titres sociaux fait l'objet d'une étude détaillée assortie de conseils et d'exemples pratiques. L'ouvrage propose en outre des modèles d'engagements collectifs adaptés à la nature des allégements recherchés.

Enfin, l'estimation des titres sera facilitée par l'utilisation des principales méthodes d'évaluation reconnues par l'administration et les experts professionnels qui sont présentées en annexe à l'ouvrage.

PRINCIPALES ABREVIATIONS

AN :	Assemblée nationale (Journal officiel)
Art. :	Article
BA :	Bénéfices agricoles
BIC :	Bénéfices industriels et commerciaux
BNC :	Bénéfices non commerciaux
CA :	Cour d'appel
CAA :	Cour administrative d'appel
Cass. :	Cour de cassation
C. com. :	Code de commerce
CE :	Conseil d'Etat
CGI :	Code général des impôts
CRDS :	Contribution au remboursement de la dette sociale
CSG :	Contribution sociale généralisée
D. adm. :	Documentation administrative de la Direction générale des impôts
EURL :	Entreprise unipersonnelle à responsabilité limitée
GEIE :	Groupement européen d'intérêt économique
GFA :	Groupement foncier agricole
GFR :	Groupement foncier rural
GIE :	Groupement d'intérêt économique
Inst. :	Instruction administrative de la Direction générale des impôts
IR :	Impôt sur le revenu
IS :	Impôt sur les sociétés
ISF :	Impôt de solidarité sur la fortune
LPF :	Livre des procédures fiscales
MOA :	Mission d'organisation administrative
PME :	Petites et moyennes entreprises
PV :	Plus-values
Rép. :	Réponse ministérielle
RJF :	Revue de jurisprudence fiscale Francis Lefebvre
SA :	Société anonyme
SARL :	Société à responsabilité limitée
SAS :	Société par actions simplifiée
SCA :	Société en commandite par actions
SCI :	Société civile immobilière
SCS :	Société en commandite simple
Sén. :	Sénat (Journal officiel)
SNC :	Société en nom collectif
TA :	Tribunal administratif
TGI :	Tribunal de grande instance

PLAN GENERAL DE L'OUVRAGE

(Les chiffres renvoient aux pages)

PREMIERE PARTIE

Impôt de solidarité sur la fortune (ISF)

CHAPITRE I

Caractéristiques de l'ISF

1. L'ISF est un impôt annuel dû par les personnes physiques dont le patrimoine, apprécié au niveau du foyer fiscal, excède un certain seuil, fixé à 760 000 € pour 2007.

Sous réserve de certaines exonérations dont la plus importante est celle des biens professionnels, le patrimoine imposable englobe l'ensemble des biens qu'ils soient situés en France ou à l'étranger.

Les conditions d'assujettissement sont appréciées au 1er janvier de chaque année.

L'ISF est payable tous les ans d'après une déclaration estimative que doit souscrire le redevable.

A. Champ d'application

1. Personnes imposables

10. Seules les ***personnes physiques*** sont assujetties à l'ISF. Les ***personnes morales*** ne le sont jamais, qu'il s'agisse de sociétés, d'associations, de groupements ou de personnes morales de droit public; elles n'ont donc aucune déclaration à souscrire. Mais les actions et parts sociales des sociétés sont taxées à l'ISF entre les mains de leurs associés personnes physiques, sauf si elles peuvent bénéficier de l'une des exonérations suivantes : exonération attachée aux biens professionnels, exonération partielle (75 %) des titres détenus par les associés qui se sont engagés collectivement à conserver leurs titres pendant une durée minimale de six ans, exonération partielle (75 % également) des titres détenus par les salariés et mandataires sociaux ou encore exonération des titres reçus en contrepartie de la souscription au capital des PME.

11. L'ISF est établi au niveau du foyer fiscal dont la composition s'apprécie au 1er janvier de l'année d'imposition (CGI art. 885 A et 885 E).

Sont soumis à une imposition commune à l'ISF les couples ***mariés***, quel que soit leur régime matrimonial, ainsi que les personnes liées par un pacte civil de solidarité (***Pacs***). Les époux échappent toutefois à l'imposition commune dans deux cas :

- lorsqu'ils sont séparés de biens et ne vivent pas sous le même toit,
- lorsque, en instance de divorce ou de séparation de corps, ils ont été autorisés à avoir des domiciles séparés.

Les personnes vivant en ***concubinage*** notoire (relations stables et continues entre deux personnes, de sexe différent ou de même sexe, qui vivent en couple) sont elles aussi soumises à une imposition commune sauf si elles sont mariées (ou pacsées) par ailleurs, auquel cas elles sont imposées avec leur conjoint.

Les biens appartenant aux ***enfants mineurs*** sont imposés avec ceux de leurs parents qui ont l'administration légale de leurs biens. Ils peuvent être répartis par moitié entre les deux parents lorsque ces derniers font l'objet d'une imposition séparée à l'ISF tout en exerçant conjointement l'autorité parentale (D. adm. 7 S-311 n°s 9 à 11).

Les biens des ***enfants majeurs***, même rattachés au foyer fiscal en matière d'impôt sur le revenu, ne sont pas pris en compte.

Territorialité

15. Quelle que soit leur nationalité, les ***personnes physiques ayant leur domicile fiscal en France*** sont soumises à une obligation fiscale illimitée et tous les biens leur appartenant, qu'ils soient situés en France ou hors de France, entrent dans le champ d'application de l'impôt.

16. Les ***personnes physiques domiciliées hors de France*** ne sont imposables qu'à raison de leurs biens situés en France. En outre, leurs placements financiers sont expressément exonérés (voir n°s 2870 s.).

Constituent des ***biens situés en France*** :
1 Les biens meubles corporels ayant une assiette matérielle en France (CGI art. 750 ter, 2 al.1) ;
2 Les biens immeubles ou droits réels immobiliers, possédés directement ou indirectement en France (y compris les DOM) (CGI art. 750 ter, 2 al.1 et 2) ainsi que les actions ou parts de sociétés ou personnes morales non cotées en Bourse dont le siège est situé hors de France et dont l'actif est principalement constitué (plus de 50 %) d'immeubles ou de droits immobiliers situés en France (CGI art. 750 ter, 2 al. 4) ;
3 Les créances sur un débiteur établi en France et les valeurs mobilières émises par l'Etat français ou une personne morale ayant son siège en France et ce, quelle que soit la composition de son actif (CGI art. 750 ter, 2 al. 3).

17. Bien entendu, il convient de tenir compte de l'incidence éventuelle des ***conventions internationales***, celles-ci réservant généralement l'imposition des biens ou droits qui ne sont pas considérés comme immobiliers à l'Etat de résidence du propriétaire.

2. Biens imposables

20. Le patrimoine taxable est composé de tous les biens, droits et valeurs non spécialement exonérés dont le redevable est propriétaire.

La consistance du patrimoine est appréciée à la ***date*** du fait générateur de l'impôt, c'est-à-dire au 1er janvier de l'année d'imposition. Les ***variations*** que le patrimoine peut subir ***entre le 1er janvier et la date de la déclara-***

tion, notamment par suite d'achats ou de ventes, ne sont pas prises en considération pour la détermination de la base d'imposition, à moins que l'événement ultérieur intervenu n'ait un effet rétroactif (vente annulée, partage de succession, par exemple).

21. La ***propriété des biens*** est déterminée selon les mêmes règles que les droits de succession.

Sont ainsi notamment applicables à l'ISF les ***présomptions*** légales de propriété prévues en la matière (présomptions des articles 752 à 754, 1881 et 1882).

On signalera plus particulièrement à ce titre la présomption de l'article 752 du CGI qui conduit à considérer comme dépendant du patrimoine du redevable au 1er janvier de l'année de l'imposition les ***actions***, obligations, parts de fondateurs ou bénéficiaires, ***parts sociales*** et toutes autres créances dont il a perçu les revenus ou à raison desquelles il a effectué une opération quelconque au cours de l'année précédant celle au titre de laquelle l'imposition est établie.

> La présomption peut être invoquée dès lors que le redevable a touché une fois pendant l'année précédant celle de l'imposition tout ou partie des revenus de titres ou valeurs ou qu'il a effectué, durant la même période, une opération quelconque se rattachant à ces titres et valeurs telle que représentation à une assemblée générale, dépôt ou retrait des titres d'une banque, constitution en nantissement.
> Le redevable est toutefois fondé à apporter la preuve contraire par tous les moyens compatibles avec la procédure écrite, notamment par la production d'un document attestant de la vente des titres avant le 1er janvier. Toutefois, la preuve contraire ne peut pas résulter de la cession à titre onéreux consentie à l'une des personnes visées à l'article 751 du CGI (héritiers présomptifs ou descendants d'eux, donataires, légataires ou personnes interposées) sauf si cette cession a acquis date certaine avant le 1er janvier de l'année d'imposition. Pour cela, il est nécessaire que la cession ait été établie par acte authentique ou par acte sous seing privé enregistré avant le 1er janvier.

Biens dont la propriété est démembrée

25. En ***principe***, les biens grevés d'un usufruit (notamment les droits sociaux dont la propriété est démembrée) sont compris dans le patrimoine de l'usufruitier pour leur valeur en pleine propriété (CGI art. 885 G). Corrélativement, le nu-propriétaire n'a rien à déclarer au titre de l'ISF.

26. Le principe de la taxation de l'usufruitier sur la valeur de la pleine propriété connaît toutefois plusieurs ***exceptions***.

L'une est spécifique aux ***associés dirigeants retraités*** qui, sous certaines conditions, peuvent être imposés uniquement sur la valeur de l'usufruit, sans que le nu-propriétaire soit pour autant taxable sur la valeur de la nue-propriété (voir à ce sujet nos 730 s.).

Les autres exceptions, d'application plus générale, concernent les démembrements résultant soit d'une des ***dispositions légales*** relatives aux droits des conjoints, soit de la ***vente de la nue-propriété***. Dans ces deux cas, l'usufruitier et le nu-propriétaire sont imposés séparément sur la valeur de leurs droits respectifs déterminée en fonction de l'âge de l'usufruitier (barème forfaitaire de l'article 669 du CGI : voir n° 6270) à condition que l'usufruit ne soit ni vendu, ni cédé à titre gratuit par son titulaire.

27. L'imposition séparée de l'usufruitier et du nu-propriétaire est applicable en premier lieu lorsque le démembrement résulte de l'une des dispositions suivantes du Code civil relatives aux droits des conjoints (CGI art. 885 G, a) : articles 767 (usufruit légal du conjoint survivant constitué avant le 1-7-2002), 1094 (usufruit légal réservé avant le 1-1-2007 aux ascendants survivants après donation entre époux de la partie réservataire en nue-propriété, en l'absence de descendants) et 1098 (usufruit forcé du second conjoint en présence d'enfants du premier lit), à l'exclusion de toute autre disposition et notamment de l'article 1094-1 du Code civil (donation entre époux en présence de descendants). On peut toutefois s'interroger sur la portée exacte de cette exclusion dès lors que la Cour de cassation considère comme indissociables les dispositions des articles 767, 1094, 1094-1 à 1094-3 et 1098 du Code civil (Cass. com. 7-4-1992 n° 652 : RJF 5/92 n° 758).

A noter que, pour les décès intervenus depuis le 1-7-2002, le conjoint survivant est imposé sur la valeur de la pleine propriété des biens lorsqu'il opte pour l'usufruit sur la totalité des biens en application de l'article 757 du Code civil. Il en est de même s'il dispose d'un droit viager sur le logement (Inst. 7S-2-04).

28. La règle de l'imposition séparée de l'usufruitier sur la valeur de la pleine propriété du bien est également écartée si le démembrement de propriété résulte de la vente d'un bien dont le ***vendeur s'est réservé l'usufruit*** à condition que l'acquéreur de la nue-propriété ne soit pas l'une ces personnes visées à l'article 751 du CGI : héritier présomptif de l'usufruitier ou descendant de ce dernier, donataire, légataire ou personne interposée au sens des articles 911, al. 2 du Code civil (père, mère ou époux des parties et descendants du donataire) (CGI art. 885 G, b).

En cas d'***apport en société*** de la nue-propriété d'un bien, l'administration considère que seuls les apports à titre onéreux effectués au profit d'une société non contrôlée par l'une des personnes visées à l'article 751 du CGI sont susceptibles de bénéficier de cette disposition. Elle exclut en revanche l'application de ce texte en cas d'apports purs et simples ainsi qu'en cas d'apports à titre onéreux consentis à une société contrôlée par l'une des personnes visées à l'article 751 précité. Autrement dit, dans ces deux situations, l'apporteur est tenu de déclarer dans son patrimoine la valeur de la toute propriété des biens dont il a conservé l'usufruit, mais il est dispensé de déclarer les parts ou actions qui lui ont été remises en rémunération de l'apport de la nue-propriété, afin d'éviter une double imposition. En revanche, il est tenu compte de la valeur de cette nue-propriété, inscrite à l'actif de la société dans l'évaluation des droits sociaux de celle-ci (D. adm. 7S-3212 n° 47).

Cette doctrine administrative appelle selon nous de sérieuses réserves. En effet, s'agissant tout d'abord des ***apports purs et simples***, s'il est vrai qu'ils ne constituent pas des ventes au sens du Code civil, il n'en demeure pas moins qu'ils sont translatifs de propriété.

Quant à l'exclusion des ***apports à titre onéreux*** effectués ***au profit d'une société contrôlée par l'une des personnes visées à l'article 751*** du CGI, elle ne nous paraît pas conforme au texte légal. En effet, l'article 885 G, b du CGI exclut du champ d'application de l'imposition séparée les ventes de la nue-propriété consenties à l'une des personnes désignées à l'article 751, c'est-à-dire les ventes consenties à des personnes physiques. La cour d'appel de Versailles a d'ailleurs condamné cette conception en jugeant que la vente à une personne morale, distincte de ses associés, ne peut être assimilée à la vente à l'une des personnes physiques visées à l'article 751 du CGI quand bien même ces personnes physiques seraient les dirigeants de la personne morale (CA Versailles 6-6-2002 n° 00-8166 : RJF 11/02 n° 1329). La cour d'appel de Colmar a cependant adopté une position différente (CA Colmar 16-5-2002 n° 01-284 : RJF 5/03 n° 650).

Assurance-vie

30. Pendant la ***phase d'épargne***, il faut distinguer selon que le contrat est ou non rachetable.

Pour les ***contrats non rachetables***, seules doivent être comprises dans le patrimoine du souscripteur les primes versées après l'âge de soixante-dix ans au titre des contrats souscrits à compter du 20 novembre 1991.

Quels que soient la date de conclusion du contrat et l'âge de l'assuré, le souscripteur d'un ***contrat rachetable*** doit déclarer la valeur de rachat au 1er janvier de l'année d'imposition. Cette valeur figure sur les quittances de primes annuelles pour les contrats souscrits depuis 1982 ; pour les autres, elle doit être demandée à la compagnie d'assurances.

À l'***échéance du contrat***, le capital ou la valeur représentative de la rente sont à prendre en compte dans le patrimoine du bénéficiaire.

Rentes viagères

33. Le ***capital représentatif*** d'une rente viagère constituée ***entre particuliers***, généralement en contrepartie de l'aliénation d'un bien, ou d'une rente constituée ***auprès d'un organisme institutionnel*** (caisse nationale de prévoyance, compagnie d'assurances, etc.) moyennant le versement d'un capital, est soumis à l'ISF chez le crédirentier, à l'exception des rentes assimilables à des pensions de retraite et des rentes allouées à titre de réparation de dommages corporels. A l'inverse, le débirentier personne physique peut déduire cette même valeur de son actif taxable à l'ISF. A noter cependant que, selon la Cour de cassation, la valeur en capital de la rente viagère versée à titre de ***prestation compensatoire en cas de divorce*** n'entre pas dans l'assiette de l'ISF de l'ex-époux bénéficiaire dès lors qu'insaisissable et incessible, elle est privée de valeur patrimoniale (Cass. com 19-4-2005 n° 665 FS-PB : RJF 8-9/05 n°973).

3. Exonérations

40. La loi prévoit un certain nombre d'exonérations en matière d'ISF. Les unes sont liées à la détention de droits sociaux. Elles sont étudiées dans les chapitres 2 à 6 de la présente partie. Les autres sont brièvement examinées ci-après.

Biens dépendant d'une exploitation individuelle

41. A côté des parts ou actions de sociétés, une autre catégorie de biens est susceptible de bénéficier de l'exonération au titre des biens professionnels : il s'agit des biens nécessaires à l'exercice, à titre principal par leur propriétaire, d'une profession industrielle, commerciale, artisanale, agricole ou libérale.

Cette exonération, prévue par l'article 885 N du CGI, est subordonnée aux quatre conditions suivantes.

a. Les biens doivent être utilisés dans le cadre d'une ***profession industrielle, commerciale, artisanale, agricole ou libérale***. A cet égard, la notion de profession suppose l'existence d'une activité effectivement exercée à titre habituel et constant, et dans un but lucratif. Il faut en outre que cette activité soit de nature industrielle, commerciale, artisanale, agricole ou libérale. D'une manière générale, il s'agit des activités professionnelles dont les résultats sont classés dans la catégorie des BIC, BA ou BNC.

b. L'***activité*** professionnelle doit être ***exercée par le propriétaire des biens*** ou son ***conjoint***. Compte tenu de la définition du foyer fiscal (n° 11), les biens peuvent être détenus et utilisés par l'un quelconque de ses membres, y compris le partenaire d'un Pacs, le concubin notoire et les enfants mineurs. Ainsi, par exemple, lorsque la profession est exercée par l'un des parents, les biens appartenant aux enfants mineurs peuvent être retenus comme biens professionnels s'ils sont affectés à cette profession.

c. L'activité professionnelle doit être exercée à ***titre principal***. En cas de pluralité d'activités, la profession principale est celle qui constitue l'***essentiel des activités économiques*** du contribuable (compte tenu notamment du temps consacré à chaque activité, de l'importance des responsabilités, de la taille des exploitations...). Si ce critère est inopérant (par exemple lorsque les activités professionnelles sont d'égale importance), l'activité principale est celle qui procure la plus grande part des revenus.

d. Les ***biens*** doivent être ***nécessaires à l'exercice de la profession***. Les biens professionnels s'entendent de ceux qui, ayant un lien de ***causalité directe*** suffisant avec l'exploitation, sont utilisés effectivement pour les besoins de l'activité professionnelle ou ne pourraient être utilisés à un autre usage, qu'ils soient situés en France ou à l'étranger. Conformément à la règle générale (n° 20), c'est à la ***date*** du 1er janvier de l'année d'imposition qu'il convient d'apprécier la ***composition de l'actif*** professionnel. Mais les entreprises qui arrêtent leur exercice en cours d'année peuvent retenir la date de clôture du dernier exercice arrêté l'année précédente, à condition que cette méthode soit suivie chaque année. En cas de retour au droit commun, elles ne peuvent plus, par la suite, bénéficier de la solution (D. adm. 7 S-3314 n° 51). Cette mesure de simplification ne concerne pas l'évaluation des biens qui doit, en toute hypothèse, être effectuée au 1er janvier de l'année d'imposition.

Objets d'antiquité, d'art ou de collection

45. Sont exonérés sans aucune condition et n'ont donc pas à être déclarés les objets définis au tarif extérieur commun (CGI art. 885 I, al. 1 et 2). Tel est le cas des objets ci-après :

– tapis et tapisseries (tissés à la main) ; tableaux, peintures et dessins (entièrement exécutés à la main) ; gravures, estampes, lithographies originales (tirées de planches entièrement exécutées à la main par l'artiste) ; statues et sculptures originales, émaux et céramiques originaux ; timbres-poste et assimilés (même s'ils ont encore cours, dans la mesure où ils sont vendus à un prix supérieur à leur valeur faciale) ;

– objets de collection (zoologiques, botaniques, minéralogiques, historiques, archéologiques, paléontologiques, ethnographiques, numismatiques, livres de collection, véhicules de collection, etc.) ;

– objets d'antiquité ayant plus de cent ans d'âge (meubles anciens, articles textiles, articles de joaillerie et d'orfèvrerie, livres, instruments de musique, médailles...).

L'exonération est également applicable aux *parts de sociétés civiles* propriétaires de monuments historiques à concurrence de la fraction de la valeur des parts représentatives des objets d'antiquité, d'art ou de collection. Les monuments historiques eux-mêmes ne sont pas exonérés.

Droits de propriété littéraire et artistique

48. Ces droits ne sont pas à comprendre dans la base d'imposition à l'ISF de leur *auteur*. Cette exonération s'étend aux *droits voisins* du droit d'auteur qui sont reconnus à certains auxiliaires de la création : artistes-interprètes, producteurs de phonogrammes et producteurs de vidéogrammes (CGI art. 885 I, al. 4).

Les *ayants droit* de l'auteur (héritiers, donataires ou acquéreurs) doivent, en revanche, comprendre la valeur de capitalisation des droits dans l'assiette de l'impôt dont ils sont, le cas échéant, redevables.

Les associés ou actionnaires d'*entreprises de presse* peuvent bénéficier de l'exonération pour la fraction de leurs droits sociaux égale à la valeur du titre du journal correspondant à la production des œuvres de l'esprit et pouvant être considérés, de ce fait, comme des œuvres collectives au sens du Code de la propriété intellectuelle. Les autres biens qui composent l'actif peuvent bénéficier de l'exonération des biens professionnels, lorsque les conditions sont remplies (D. adm. 7 S-3432 n° 4).

Droits de la propriété industrielle

50. Les droits relatifs aux *brevets, marques, dessins et modèles*, procédés et formules ne sont pas compris dans la base d'imposition à l'ISF de leur inventeur (ou créateur) sans distinguer selon que ces droits sont ou non exploités par lui (CGI art. 885 I, al. 3).

En revanche, l'exonération ne profite pas aux *ayants droit* de l'inventeur (héritiers, donataires ou acquéreurs). Toutefois, ces personnes peuvent se prévaloir de l'exonération au titre des *biens professionnels* si les droits sont exploités pour l'exercice d'une véritable activité professionnelle (n° 41).

Rentes, pensions et indemnités

52. Les ***droits à une rente ou pension*** de retraite servie après la cessation d'une ***activité professionnelle***, en raison de cette activité, ne sont ni cessibles, ni transmissibles, sauf par réversion. A ce titre, ils n'ont pas de valeur patrimoniale et échappent à l'ISF. Mais la fraction non consommée, au 1er janvier de l'année d'imposition, des pensions de retraite, est imposable (D. adm. 7 S-3212 n° 30).

La loi exonère la valeur de capitalisation des ***rentes viagères constituées dans le cadre d'une activité professionnelle*** ou d'un plan d'épargne retraite populaire (***Perp***) moyennant le versement de primes régulièrement échelonnées dans leur montant et leur périodicité pendant une durée d'au moins quinze ans (sauf exceptions) et dont l'entrée en jouissance intervient à compter de la liquidation de la pension du redevable ou à l'âge de 60 ans (CGI art. 885 J).

53. Sont également exonérées d'ISF, les rentes ou indemnités perçues en réparation de ***dommages corporels*** liés à un accident ou à une maladie (CGI art. 885 K).

En revanche, les rentes allouées en réparation de ***dommages matériels*** sont imposables et doivent être déclarées pour leur valeur capitalisée.

Bois et forêts

55. Lorsqu'ils ne constituent pas des biens professionnels susceptibles d'être exonérés en totalité, les bois et forêts bénéficient d'une exonération partielle à concurrence des ***trois quarts de leur valeur*** à ***condition*** de produire :

- un certificat délivré par le directeur départemental de l'agriculture attestant que les bois et forêts en cause sont susceptibles de présenter une des garanties de gestion durable prévues par l'article L 8 du Code forestier ;
- une déclaration valant engagement d'exploitation pendant trente ans.

L'engagement et le certificat doivent être joints à la première déclaration d'ISF comprenant des bois et forêts pour lesquels l'exonération partielle est demandée. Le certificat doit être renouvelé tous les dix ans.

Biens ruraux donnés à bail à long terme ou à bail cessible

57. Les biens ruraux donnés à bail à long terme (au moins dix-huit ans) dans les conditions prévues aux articles L 416-1 à L 416-6, L 416-8 et L 416-9 du Code rural ou à bail cessible dans les conditions prévues aux articles L 418-1 à L 418-5 du même Code sont susceptibles de bénéficier d'une exonération qui peut être soit totale, soit partielle.

L'***exonération*** est ***totale*** lorsque, d'une part, le bail est consenti par le bailleur à son conjoint, à leurs ascendants, descendants ou frères ou sœurs, ou à une indivision entre les membres du groupe familial et que, d'autre part, le preneur l'utilise dans l'exercice de sa profession principale (CGI art. 885 Q).

Si le bail est consenti à des personnes autres que les membres du groupe familial du bailleur ou encore si le preneur ne l'utilise pas dans le cadre de sa profession principale, les biens sont ***exonérés partiellement*** à concurrence des trois quarts de leur valeur lorsque celle-ci n'excède pas 76 000 € ou à concurrence de la moitié de leur valeur au-delà de cette limite (CGI art. 885 H, al. 2).

B. Assiette et calcul de l'impôt

60. L'ISF est assis sur la valeur nette des biens imposables (CGI art. 885 E). Les contribuables doivent donc procéder à l'évaluation de leur patrimoine au 1er janvier de l'année d'imposition puis déduire les dettes le grevant. L'impôt dû est ensuite calculé en appliquant à la valeur nette du patrimoine ainsi calculé le barème progressif prévu par la loi.

1. Evaluation

65. Les biens imposables doivent être évalués au 1er janvier de l'année d'imposition d'après les règles prévues en matière de droits de succession, c'est-à-dire, en règle générale, d'après leur ***valeur vénale*** réelle. Il existe toutefois des ***règles spécifiques*** à l'ISF, en particulier pour l'évaluation des valeurs mobilières cotées.

L'ensemble de ces règles est examiné nos 6100 s.

2. Déduction du passif

70. Les dettes grevant le patrimoine peuvent être déduites dans les mêmes conditions et limites qu'en matière de droits de succession (CGI art. 885 D).

Pour être déductibles, les dettes doivent :
- exister au 1er janvier de l'année d'imposition ;
- être à la charge personnelle du redevable ;
- être justifiées par tous modes de preuve compatibles avec la procédure écrite.

71. L'application de ces règles à l'ISF conduit à admettre en déduction de l'actif taxable, notamment :
- les ***emprunts***, immobiliers notamment, pour un montant égal au capital restant dû au 1er janvier de l'année d'imposition augmenté des intérêts échus et non payés et des intérêts courus à cette même date, c'est-à-dire ceux correspondant à la période comprise entre la dernière échéance et le 1er janvier ;

– les ***découverts bancaires*** au 1er janvier ou les comptes débiteurs dans une société ;

– les dettes envers des prestataires de services ou entrepreneurs de travaux : ***factures ou notes d'honoraires*** antérieurs au 1er janvier et restant à régler à cette date ;

– le capital constitutif d'une ***rente viagère*** dont le paiement incombe au redevable, ou la valeur de capitalisation d'une ***pension alimentaire*** résultant d'une décision judiciaire (divorce, par exemple). (La valeur de capitalisation déductible par le débirentier est la même que celle à déclarer le cas échéant par le crédirentier : voir n° 33.) ;

– les ***dépôts de garantie*** reçus des locataires en début de bail.

72. Sont également déductibles de l'actif taxable les ***impôts*** dont le fait générateur se situe au plus tard au 1er janvier de l'année d'imposition, et qui restent à payer à cette date.

Parmi les impôts déductibles figurent : l'***impôt sur le revenu*** dû au titre de l'année précédente ainsi que les rappels consécutifs à un redressement non contesté (l'année au cours de laquelle l'imposition aurait dû être acquittée) ; les ***prélèvements sociaux*** (CSG, CRDS, prélèvement social et contribution additionnelle au prélèvement social) sur les revenus du patrimoine (revenus fonciers, revenus mobiliers...) ainsi que la dernière fraction et le solde de régularisation des prélèvements sociaux (CSG et CRDS) sur les revenus non salariés non agricoles ; la ***taxe d'habitation*** et les ***taxes foncières*** ; lorsqu'elle est encore exigible, la ***contribution sur les revenus locatifs*** de l'année précédente ; les droits de mutation en instance de paiement au 1er janvier.

> En cas de ***donation de la nue-propriété de titres*** non cotés avec ***prise en charge par le donateur des droits*** de mutation et paiement fractionné et différé des droits, ce dernier, alors même que les titres dont il a conservé l'usufruit constituent des biens professionnels exonérés d'ISF, peut porter au passif de sa déclaration le montant des droits dont le paiement a ainsi été fractionné et différé (Rép. Dubernard : AN 4-3-2002 p. 1254).

Si, comme il est probable, le redevable n'a pas encore reçu les avertissements correspondant à la date de dépôt de la déclaration d'ISF (impôts donnant lieu à émission de rôles), il peut déduire soit le montant de l'impôt évalué sous sa responsabilité, soit le montant de l'impôt de l'année précédente. Une régularisation devra être opérée l'année suivante

73. L'***ISF*** lui-même est à retrancher de sa propre base de calcul dans les conditions suivantes :

– calculer l'ISF dû sur le montant net du patrimoine, sans tenir compte de l'ISF lui-même ;

– retrancher de ce résultat, le cas échéant, l'impôt sur la fortune acquitté hors de France ;

– ajouter le montant de l'ISF ainsi obtenu au passif déductible et effectuer un nouveau calcul de l'impôt pour obtenir l'ISF à payer (D. adm. 7 S-361 n° 9).

Passif soumis à imputation spéciale

75. Les dettes afférentes à des biens exonérés sont soumises à des règles spéciales d'imputation. En effet, conformément à l'article 769 du CGI dont les dispositions sont applicables à l'ISF, les dettes contractées pour l'achat de biens exonérés ou dans l'intérêt de tels biens sont imputées en priorité sur la valeur de ces biens. Ainsi, ce n'est que dans le cas où leur montant excède la valeur des biens exonérés que l'excédent peut être imputé sur le patrimoine taxable du redevable.

Ces principes trouvent notamment à s'appliquer aux dettes professionnelles. A cet égard, voir n°s 670 s.

Justificatifs

80. Lors du dépôt de la déclaration d'ISF, les redevables doivent joindre à leur déclaration les éléments justifiant de l'***existence***, de l'***objet*** et du ***montant*** des dettes dont la déduction est opérée (CGI art. 885 Z).

Le contribuable doit, en annexe à sa déclaration, mentionner précisément l'objet de chacune de ces dettes et, le cas échéant, la méthode de calcul du montant du passif déduit (D. adm. 7 S-512 n° 21).

> Dans l'hypothèse où une dette contractée pour l'achat ou dans l'intérêt de biens exonérés (biens professionnels notamment) a une valeur supérieure à la valeur des biens considérés, le redevable doit désigner précisément les biens concernés en mentionnant leur évaluation avec indication de la méthode retenue, communiquer la liste des éléments ayant concouru à la formation de ce passif ainsi que la méthode retenue pour la détermination de son montant (D. adm. 7 S-512 n° 21 et 7 S-363 n° 2).

3. Calcul de l'impôt

85. Le montant de l'impôt est calculé en appliquant à la valeur nette du patrimoine imposable le barème fixé par l'article 885 U du CGI. L'impôt ainsi calculé fait l'objet d'une réduction d'impôt pour personne à charge et, le cas échéant, d'un plafonnement en fonction des revenus du contribuable. Les impôts sur la fortune acquittés à l'étranger viennent enfin en déduction.

Par ailleurs, depuis 2006, le total des impositions payées par le contribuable au titre de l'impôt sur le revenu, de l'ISF (retenu après application de la réduction d'impôt pour charges de famille et du plafonnement mais avant imputation de l'impôt éventuellement payé à l'étranger) et des impôts locaux afférents à son habitation principale ne peut dépasser 60% des revenus perçus l'année précédente. Pour la fraction qui excède cette limite, il bénéficie d'un droit à restitution (dispositif dit du « ***bouclier fiscal*** »).

> Ce droit à restitution est apprécié au 1er janvier de l'année suivant celle du paiement des impositions et doit être exercé sur demande avant le 31 décembre de la même année. Par suite, le contribuable qui demande la restitution doit prendre en compte les revenus de l'année N – 2 et les impositions de l'année N – 1 des seuls membres du foyer fiscal au 1er janvier de la demande.

Tarif applicable

86. Le seuil d'imposition est fixé à 760 000 € pour 2007.

Par suite, les patrimoines dont la valeur nette au 1er janvier 2007 est inférieure ou égale à cette somme ne sont pas soumis à l'ISF. Lorsque le patrimoine excède cette somme, il est imposé conformément au barème ci-après (la base d'imposition est arrondie à l'euro le plus proche).

Fraction de la valeur nette taxable du patrimoine		Tarif applicable
N'excédant pas	760 000 €	0 %
Comprise entre	760 000 et 1 220 000 €	0,55 %
	1 220 000 et 2 420 000 €	0,75 %
	2 420 000 et 3 800 000 €	1%
	3 800 000 et 7 270 000€	1,30 %
	7 270 000 et 15 810 000 €	1,65 %
Supérieure à	15 810 000 €	1,80 %

Remarque : Le barème est actualisé chaque année en fonction de la première tranche du barème de l'impôt sur le revenu.

87. *Exemple :* Soit un patrimoine taxable dont la valeur nette est de 22 millions d'euros au 1er janvier 2007. L'impôt sera liquidé comme suit :

– sur 760 000 € x 0 %	0 €
– sur 460 000 € x 0,55 %	2 530 €
– sur 1 200 000 € x 0,75 %	9 000 €
– sur 1 380 000 € x 1 %	13 800 €
– sur 3 470 000 € x 1,30 %	45 110 €
– sur 8 540 000 € x 1,65 %	140 910 €
– sur 6 190 000 € x 1,80 %	111 420 €
Total	322 770 €

Réduction d'impôt pour charges de famille

90. Le montant de l'ISF calculé suivant le barème est réduit de ***150*** **€** par ***personne à charge***.

Sont considérés comme étant à la charge du contribuable :
- ses ***enfants*** (et ceux qu'il a recueillis à son foyer) à condition qu'ils soient âgés de ***moins de 18 ans ou infirmes***;
- ainsi que toute ***personne titulaire de la carte d'invalidité*** prévue à l'article L 241-3 du Code de l'action sociale et des familles, à la condition qu'elle vive sous son toit.

Il n'est pas tenu compte des autres personnes à charge pour l'établissement de l'impôt sur le revenu (notamment les enfants majeurs rattachés au foyer fiscal de leurs parents et qui constituent au regard de l'ISF des redevables distincts).

Les conditions d'âge, d'invalidité et d'habitation en commun s'apprécient au 1er janvier de l'année d'imposition.

Le montant de la réduction est divisé par deux lorsqu'il s'agit d'enfants réputés à charge égale de chacun de leurs parents séparés ou divorcés en cas de ***résidence alternée***.

Plafonnement

95. Le plafonnement a pour but d'éviter que le total formé par l'ISF et l'impôt sur le revenu excède 85 % des revenus de l'année précédente. En cas d'***excédent***, celui-ci vient en diminution de l'ISF à payer. Toutefois, pour les redevables dont le patrimoine dépasse la limite supérieure de la troisième tranche du barème (soit 2 420 000 € en 2007), la diminution de l'ISF ne peut pas excéder :
– 50 % du montant de la cotisation due avant plafonnement ;
– ou le montant de l'impôt correspondant à un patrimoine taxable égal à la limite supérieure de la troisième tranche du barème (soit 11 530 € en 2007) si ce montant est supérieur.

Le bénéfice du plafonnement est réservé aux seuls redevables ayant leur domicile fiscal en France.

96. ***Revenus à prendre en compte*** – Il s'agit de la somme algébrique :
– des revenus catégoriels (plus-values incluses), nets de frais professionnels, de l'année précédente après déduction des seuls déficits catégoriels dont l'imputation est autorisée pour l'impôt sur le revenu ;
– des revenus exonérés d'impôt sur le revenu réalisés, en France ou hors de France, au cours de l'année précédant l'année d'imposition à l'ISF ;
– et des produits soumis à un prélèvement libératoire de l'impôt sur le revenu.

97. ***Impôts à prendre en compte*** – Les impôts à ajouter à l'ISF pour le calcul du plafonnement sont les impôts dus en France et à l'étranger au titre des revenus et produits de l'année précédant celle de l'exigibilité de l'ISF, calculés avant imputation des crédits d'impôts et des retenues non libératoires.

Il y a lieu d'ajouter à l'ISF l'***impôt sur le revenu*** calculé non seulement d'après le barème progressif mais aussi à un taux proportionnel, les ***prélèvements et contributions additionnels*** à l'impôt sur le revenu (CSG, CRDS, prélèvement social de 2 % et contribution additionnelle au prélèvement social), la contribution sur les revenus locatifs lorsqu'elle est encore exigible ainsi que les ***prélèvements libératoires*** de l'IR.

Impôt sur la fortune acquitté hors de France

100. Les impôts sur la fortune (ou sur le capital) acquittés à l'étranger au cours de l'année d'imposition à raison des biens situés hors de France sont, le cas échéant, imputables sur l'ISF dû en France. Le montant imputable de l'impôt étranger est limité à la fraction de l'impôt français afférent aux seuls biens situés hors de France.

C. Déclaration et paiement

110. Les personnes imposables au 1er janvier de l'année d'imposition, et elles seules, doivent souscrire une déclaration détaillée et estimative des biens composant leur patrimoine (et, le cas échéant, des dettes y afférentes) sur un formulaire fourni par l'administration (imprimé n° 2725 K préidentifié ou n° 2725).

La déclaration est annuelle et doit être souscrite au plus tard le 15 juin de chaque année. Elle est adressée au service des impôts, accompagnée du paiement de l'impôt.

Lorsqu'ils sont imposables (n° 16), les ***redevables non domiciliés en France*** doivent également souscrire une déclaration qui est adressée, avant le 16 juillet pour les redevables européens et avant le 1er septembre pour les autres non-domiciliés, au service des impôts des non-résidents, 10 rue du Centre 93160 Noisy-le-Grand (ou pour les résidents de la principauté de Monaco, au service des impôts de Menton, 7 rue Victor Hugo 06507 Menton Cedex). Ils peuvent, en outre, être invités à désigner, dans un délai de quatre-vingt-dix jours, un ***représentant en France***, habilité à recevoir les communications relatives à l'assiette, au recouvrement et au contentieux de l'ISF (CGI art. 885 X). Le défaut de désignation d'un représentant en France par un non-résident entraîne la taxation d'office (LPF art. L 72 A).

111. Les biens et droits à déclarer sont ceux qui sont taxables, en tout ou partie.

Il en résulte que les ***biens partiellement exonérés*** doivent être déclarés. Il en est ainsi notamment des droits sociaux qui ont le caractère de biens mixtes professionnels et non professionnels (par exemple dans le cas où la société détient des actifs sans utilité professionnelle). La fraction imposable doit être déclarée, le mode de calcul et la ventilation entre part professionnelle et part non professionnelle devant en outre être précisée. Il en va de même des droits sociaux ayant fait l'objet d'un engagement collectif de conservation et de ceux détenus par les salariés et les mandataires sociaux, exonérés à concurrence des trois quarts de leur valeur.

En revanche, les ***biens totalement exonérés*** n'ont pas en principe à être déclarés. Tel est le cas des droits sociaux constituant des biens professionnels et des droits sociaux reçus en contrepartie de la souscription au capital des PME.

CHAPITRE II

Exonération au titre des biens professionnels

200. Deux catégories de droits sociaux peuvent bénéficier de l'exonération des biens professionnels lorsque leurs détenteurs remplissent certaines conditions :
– les parts de sociétés de personnes soumises à l'impôt sur le revenu visées aux articles 8 et 8 ter du CGI ;
– les parts ou actions de sociétés soumises à l'impôt sur les sociétés, de droit ou sur option.

La société doit pour cela exercer à titre principal une activité industrielle, commerciale, artisanale, agricole ou libérale et la valeur des parts ou actions n'est exonérée en tant que bien professionnel que pour la fraction correspondant aux biens nécessaires à l'exercice de cette activité.

201. Après avoir exposé les conditions d'admission au bénéfice du régime des biens professionnels des parts de sociétés de personnes et des titres de sociétés soumises à l'impôt sur les sociétés, nous examinerons les dispositions communes à l'ensemble des sociétés.

SECTION I

Parts de sociétés de personnes

210. Aux termes de l'article 885 O du CGI, les parts de sociétés de personnes soumises à l'impôt sur le revenu et visées aux articles 8 et 8 ter du même code sont considérées comme des biens professionnels lorsque le redevable y exerce son activité professionnelle principale.

1. Nature de la société

213. Les parts dont le redevable a la propriété doivent être détenues dans une société revêtant l'une des formes énumérées aux articles 8 et 8 ter du CGI. Il s'agit :
– des sociétés en ***nom collectif***;

– des sociétés en ***commandite simple*** à concurrence des droits de commandités ;
– des ***sociétés civiles*** qui ne sont pas soumises à l'impôt sur les sociétés ;
– des ***sociétés en participation*** et des sociétés créées de fait, en ce qui concerne les droits des associés indéfiniment responsables et dont l'identité a été révélée à l'administration ;
– des ***sociétés à responsabilité limitée de famille*** qui ont opté pour le régime fiscal des sociétés de personnes ;
– des ***entreprises unipersonnelles à responsabilité limitée*** dont l'associé unique est une personne physique et qui n'ont pas opté pour l'impôt sur les sociétés ;
– des ***exploitations agricoles à responsabilité limitée*** qui n'ont pas opté pour l'impôt sur les sociétés ;
– des ***sociétés civiles professionnelles***.

2. Activité de l'associé

216. Le propriétaire des parts visées à l'article 885 O du CGI doit exercer dans la société des fonctions professionnelles ***à titre principal et de manière effective***.

217. Si l'administration conteste que l'associé exerce son activité professionnelle principale dans la société, il lui appartient d'apporter la ***preuve*** que les conditions d'application de l'exonération ne sont pas remplies (Cass. com. 10-5-1988 n° 538 ; Cass. com. 6-12-1989 n° 836 : RJF 8-9/89 n° 1055).

Activité professionnelle

219. Les parts de sociétés de personnes ne constituent un bien professionnel que si le redevable exerce une profession, c'est-à-dire réalise habituellement des opérations lucratives, dans le cadre de la société.

D'une manière générale, la profession consiste dans l'exercice à titre habituel d'une ***activité*** de nature ***industrielle, commerciale, artisanale, libérale ou agricole*** et qui procure à celui qui l'exerce le moyen de satisfaire aux besoins de l'existence. Bien entendu, cette profession doit être effectivement exercée, ce qui suppose l'accomplissement d'actes précis et de diligences réelles.

220. La ***qualité de commerçant*** attribuée par l'article L 221-1 du Code de commerce aux associés en nom collectif ne suffit pas, en soi, à en déduire que l'associé exerce son activité professionnelle principale dans la société.

Il a ainsi été jugé que les parts sociales détenues par un contribuable qui avait déclaré être sans profession dans sa déclaration d'impôt de solidarité sur la fortune et n'établissait pas qu'il exerçait effectivement des fonctions au sein de la société ne constituaient pas des biens professionnels (Cass. com. 6-4-1999 n° 800 : RJF 7/99 n° 936 ; BOI 7 S-12-99).

221. La condition d'exercice d'une activité professionnelle dans le cadre de la société n'est pas remplie par des personnes qui exercent dans la société une ***activité salariée***, car cette activité n'entre pas dans le champ d'application de l'article 885 O du CGI (D. adm. 7 S-3321 n° 4).

Dans l'hypothèse où le détenteur de parts d'une société de personnes n'exerce pas lui-même d'activité professionnelle dans la société où son *conjoint* est salarié, les parts ne sont, en outre, nécessaires ni à l'activité exercée par le conjoint salarié, ni à celle de leur détenteur (Rép. Delahais : AN 2-4-1990 p. 1490).

222. Les *actes accomplis par un tuteur* en représentation de la personne protégée sont réputés accomplis par celle-ci. Par conséquent, si le tuteur d'un majeur protégé propriétaire de parts d'une société civile agricole exerce, par représentation de cette personne protégée, une activité professionnelle dans la société, les parts peuvent être considérées comme des biens professionnels exonérés (Cass. com. 30-10-1989 n° 1268 : RJF 12/89 n° 1452 ; BOI 7 R-5-91).

En d'autres termes, dans cette situation, la condition d'effectivité des fonctions professionnelles doit s'apprécier au regard de l'activité déployée par le tuteur dans le cadre de sa mission de représentation.

À noter que cette règle n'est pas transposable aux activités commerciales dès lors que le tuteur n'est pas autorisé, à ce titre, à exercer une profession commerciale (C. com. art. 2 ; C. civ. art. 450, al. 1 qui ne vise que les actes civils et art. 495).

Activité principale

225. Pour déterminer si les fonctions professionnelles sont exercées à titre principal, il convient en premier lieu d'examiner si ces fonctions constituent l'essentiel des activités économiques du redevable. Si ce premier critère ne peut être utilisé, est retenue la fonction qui procure au redevable la plus grande partie de ses revenus professionnels (D. adm. 7 S-3321 n° 5).

Pour déterminer la profession qui constitue l'*essentiel des activités économiques*, il y a lieu de tenir compte de l'ensemble des activités exercées par le redevable, y compris les activités salariées. À titre de faisceau d'indices, l'administration s'attache à des éléments comme le temps passé dans chaque activité, l'importance des responsabilités exercées et des difficultés rencontrées, la taille des diverses exploitations, etc. (D. adm. 7 S 3313 n° 2).

Lorsque ce critère ne peut être utilisé, il y a lieu de faire application du critère de *revenu prépondérant*. Pour l'application de ce critère, il est fait abstraction des revenus qui ne se rattachent pas à une activité professionnelle (notamment revenus fonciers, revenus de capitaux mobiliers, plus-values des particuliers) ou qui se rattachent à une activité professionnelle antérieure (pensions de retraite). Seuls sont donc à prendre en considération, lorsqu'ils proviennent de l'exercice d'une profession, les revenus appartenant aux catégories suivantes : traitements et salaires (autres que pensions, rentes et retraites), bénéfices industriels et commerciaux, bénéfices agricoles, bénéfices non commerciaux, revenus des gérants et associés mentionnés à l'article 62 du CGI (D. adm. 7 S-3313 n° 3).

226. Par analogie avec la règle prévue par l'article 885 O bis, 2e du CGI pour les sociétés soumises à l'IS, les parts ou actions détenues par un même redevable qui exerce des fonctions professionnelles dans ***plusieurs sociétés*** de personnes constituent un bien professionnel unique lorsque les sociétés en cause ont effectivement des activités soit similaires, soit connexes et complémentaires (D. adm. 7 S-3323 n° 6). Sur la notion d'activités similaires ou connexes et complémentaires, voir n°s 484 s.

SECTION II

Titres de sociétés soumises à l'impôt sur les sociétés

250. Les parts ou actions de sociétés soumises à l'impôt sur les sociétés sont considérées comme des biens professionnels lorsque leur propriétaire exerce l'une des fonctions limitativement énumérées au 1° de l'article 885 O bis du CGI, qui lui procure plus de la moitié de ses revenus professionnels, et détient au moins 25 % des droits financiers et des droits de vote attachés aux titres émis en représentation du capital de la société. Toutefois, le seuil de 25 % n'est pas exigé si la valeur des parts ou actions détenues directement excède 50 % de la valeur brute des biens imposables, ou si les titres en cause sont détenus par une personne désignée à l'article 62 du CGI.

251. Ce dispositif est justifié par le fait que les titres en cause sont nécessaires au redevable pour exercer un contrôle effectif sur l'entreprise qu'il dirige. Tel n'est pas le cas des parts ou actions détenues par un salarié (notamment dans le cadre d'un ***plan d'épargne entreprise***) dans la société dans laquelle il exerce son activité dès lors qu'elles représentent pour ce dernier un simple placement financier (Rép. André : AN 29-1-2001 p. 632).

252. De même, des ***obligations***, qui ne sont pas des participations au capital de sociétés, ne constituent pas non plus des biens professionnels. Il en est ainsi en particulier des obligations de la Caisse nationale des banques remises en paiement des actions d'une banque lors de sa nationalisation (Cass. com. 15-2-1994 n° 454 : RJF 7/94 n° 854 ; BOI 7 R-2-94).

253. Des assouplissements aux conditions d'exonération des titres de sociétés soumises à l'IS sont toutefois prévus :
– en faveur des parts et actions des ***entreprises de presse*** (voir n° 48) ;
– dans l'hypothèse où ***une profession libérale*** est exercée collectivement en ***société anonyme ou SARL***. Dans cette situation, en effet, l'administration admet que les parts ou actions de ces sociétés constituent des biens professionnels, si leur détenteur y exerce sa profession principale, même s'il ne remplit pas les conditions relatives au seuil minimum de participation de 25 % et à la nature des fonctions normalement exigée (Rép. Gouze : AN 5-11-1990 p.5136).

254. Nous examinons successivement :
– les conditions relatives aux fonctions exercées par le détenteur des titres ;
– les conditions tenant à l'importance de sa participation ;
– les règles applicables lorsque le redevable exerce des fonctions dans plusieurs sociétés.

A. Fonctions exercées par le détenteur des titres

260. Pour ouvrir droit à la qualification de biens professionnels, les fonctions visées au premier alinéa de l'article 885 O bis, 1° du CGI doivent simultanément satisfaire à trois conditions :
– la fonction doit être effectivement exercée ;
– la fonction doit donner lieu à une rémunération normale ;
– la rémunération de la fonction doit représenter plus de la moitié des revenus professionnels du redevable.

1. Nature des fonctions

270. L'article 885 O bis du CGI énumère limitativement les fonctions que doivent exercer les redevables de l'ISF pour que les parts ou actions détenues soient considérées comme des biens professionnels.

271. Le propriétaire des parts doit avoir été ***régulièrement nommé*** à l'une des fonctions énumérées par l'article 885 O bis du CGI.

Ne constituent donc pas des biens professionnels exonérés les titres détenus dans une société anonyme par une personne qui n'a pas été nommée en qualité de directeur général dans les conditions de l'article 115 de la loi du 24 juillet 1966 (art. L 225-51-1 du Code de commerce) (Cass.com. 26-11-2003 n° 1666 FS-P ; RJF 3/04 n° 326 ; Inst. 3-8-2004 7 S-5-04).

Sociétés à responsabilité limitée

274. Les parts de SARL détenues par les gérants de droit nommés conformément aux statuts sont susceptibles d'être considérées comme des biens professionnels.

275. *Gérants majoritaires* – Ont la qualité de gérants majoritaires de SARL :
– l'***associé gérant*** qui détient plus de la moitié des parts sociales en tenant compte également des parts détenues par son conjoint et ses enfants non émancipés ;
– l'***ensemble des associés gérants*** qui appartiennent à un collège de gérants détenant plus de la moitié des parts sociales ou les droits de vote attachés à plus de la moitié des parts sociales, même si chacun d'eux pris isolément ne possède pas cette majorité.

276. Ont la qualité d'***associé*** d'une SARL les personnes qui possèdent des parts sociales de cette société, que ce soit en pleine propriété, en usufruit ou en indivision, pourvu dans ce dernier cas qu'il y ait accord entre les indivisaires sur la désignation de celui d'entre eux qui est habilité à exercer les droits attachés aux titres.

Sont en outre considérés comme associés les gérants qui, sans avoir personnellement la propriété de parts sociales, ont un conjoint ou des enfants non émancipés possédant eux-mêmes la qualité d'associé (CGI art. 211, 1-3e al.).

Il doit également être tenu compte des parts dont les intéressés ont seulement l'administration ou dont ils disposent en fait (D. adm. 7 S-3322 n° 5).

277. Conformément aux dispositions du 1° de l'article 885 O bis du CGI, seules sont retenues les fonctions de ***gérants de droit*** nommés conformément aux statuts.

> Un associé qui détient 50 % du capital d'une SARL et qui travaille au sein de la société d'une façon exclusive et constante en y exerçant des responsabilités importantes et en en retirant l'unique source de son revenu ne peut être considéré comme ayant la qualité de gérant (D. adm. 7 S-3322 n° 6).

278. Dans le cas où l'associé gérant ou le collège de gérance possède ***exactement la moitié des parts*** sociales, la gérance est réputée ne pas être majoritaire (D. adm. 7 S-3322 n° 6).

281. *Gérants minoritaires* – Ont la qualité de gérants minoritaires les gérants de société à responsabilité limitée nommés conformément aux statuts, qui ne remplissent pas les conditions pour être considérés comme gérants majoritaires de droit.

Sociétés en commandite par actions

284. Les titres de ces sociétés ne peuvent avoir la qualité de biens professionnels qu'à la condition d'être détenus par :
- les ***gérants commandités*** ;

- le ***président du conseil de surveillance*** (Cass. Com. 11-10-2005 n° 1247 FS-PBIR : RJF 1/06 n° 99).

Sociétés de personnes ayant opté pour l'IS

287. Sont visés à l'article 885 O bis du CGI les associés des sociétés en nom collectif, des sociétés en commandite simple, des sociétés en participation, des sociétés créées de fait, des entreprises unipersonnelles et agricoles à responsabilité limitée, des sociétés civiles, y compris les sociétés civiles professionnelles.

Lorsque ces sociétés ont opté pour leur assujettissement à l'impôt sur les sociétés, leurs parts ont pour les associés le caractère de biens professionnels si les autres conditions légales sont réunies.

Ne sont pas des biens professionnels les parts détenues par les commanditaires dans les sociétés en commandite simple.

Sociétés anonymes

290. Peuvent bénéficier du régime des biens professionnels les dirigeants suivants nommés conformément aux ***statuts*** et dans les conditions prévues par le Code de commerce (loi du 24 juillet 1966 sur les sociétés commerciales) :
- président du conseil d'administration ;
- directeur général ;
- directeurs généraux délégués à la condition que ces personnes exercent effectivement les fonctions qui leur sont dévolues par la loi (Inst. 7 S-5-01) ;
- membres du directoire ;
- président du conseil de surveillance.

291. L'article L 225-51-1 du Code de commerce (issu de l'article 106 de la loi 2001-420 du 15 mai 2001 relative aux nouvelles régulations économiques) permet de dissocier les ***fonctions de direction générale*** de l'entreprise de celles de ***présidence du conseil d'administration***.

Dans l'hypothèse d'une dissociation des fonctions de président du conseil d'administration et de directeur général, ces deux personnes remplissent conformément au texte de l'article 885 O bis 1° la condition relative à la nature des fonctions exercées.

En l'***absence*** de toute ***dissociation***, le président du conseil d'administration continue, comme par le passé, d'exercer une fonction ouvrant droit à la qualification de biens professionnels (Inst. 7 S-5-01).

292. L'article 885 O bis du CGI énumère limitativement les fonctions dont l'exercice, au sein d'une société par actions, ouvre droit pour leur titulaire au bénéfice du régime des biens professionnels, en ce qui concerne les actions de cette société dont il est propriétaire.

La fonction de ***directeur général adjoint*** n'y étant pas mentionnée, le titulaire de cette fonction ne peut pas bénéficier de l'exonération des actions qu'il détient (Cass. com. 9-3-1999 n° 576 : RJF 6/99 n° 796 ; BOI 7 S-5-99).

Sociétés par actions simplifiées

295. Compte tenu de la liberté d'organisation des pouvoirs conférés aux associés d'une société par actions simplifiée, l'administration admet que les ***dispositions*** relatives à l'exonération d'ISF des titres détenus par les ***associés des sociétés anonymes*** sont applicables dans les mêmes conditions aux titres détenus par les associés des SAS, sous réserve que ces derniers associés soient titulaires de ***fonctions*** dont l'étendue, conformément aux statuts de cette société, est au moins équivalente à celles qui sont exercées dans les sociétés anonymes par les personnes mentionnés au 1° de l'article 885 O bis du CGI. Pour le bénéfice de l'exonération d'ISF au titre des biens professionnels, le nombre d'associés dirigeants d'une SAS ne peut excéder celui des associés d'une société anonyme qui exercent les fonctions de direction énumérées à l'article 885 O bis précité (Rép. Muselier : AN 13-11-2000 p. 6466).

Pour l'application de cette doctrine, il a été précisé qu'en présence de directeurs généraux ou de directeurs généraux délégués dans une SAS l'appréciation de la nature équivalente des fonctions implique notamment que ces personnes soient investies d'un pouvoir de représentation de la société et qu'elles aient été déclarées en tant que telles au registre du commerce et des sociétés (Rép. de Luart : Sén. 17-7-2003 p. 2296).

Par un arrêt du 2 juillet 2002, la Cour de cassation, statuant en matière de droit des sociétés, a jugé que, conformément aux dispositions de l'article L 227-6 du Code de commerce, la SAS est représentée, à l'égard des tiers, par son seul président (Cass. com. 2-7-2002 n° 1313. : RJF 1/03 n° 115). Interrogée sur la portée de cette décision, l'administration, dans la réponse de Luart du 17 juillet 2003 précitée, a apporté les précisions suivantes : « En matière commerciale, la lecture de cet arrêt n'autorise pas à déduire qu'il n'existe nulle possibilité de délégation du pouvoir statutaire ou conventionnel dans les SAS. À cet égard, les délégations doivent être mentionnées au registre du commerce et des sociétés pour être opposables au tiers. En matière fiscale, la décision précitée n'est pas de nature à remettre en cause l'analyse exprimée dans la réponse Muselier. »

298. En ce qui concerne le ***président du conseil de surveillance***, le bénéfice du régime des biens professionnels ne peut pas être subordonné à ce qu'il soit investi d'un pouvoir de représentation (Rép. Jacquat : AN 30-11-2004 p. 9443).

2. Exercice effectif des fonctions

310. Le titulaire doit consacrer à ses fonctions une activité et des ***diligences constantes et réelles*** (par exemple, dans les sociétés, animation effective de l'activité des directeurs fonctionnels salariés, signature des pièces essentielles, contacts suivis avec les représentants du personnel, les principaux clients ou fournisseurs, etc.) (D. adm. 7 S-3322 n° 11).

311. L'administration apporte la preuve, qui lui incombe, que le directeur

général de droit d'une société n'exerce pas effectivement ses fonctions en établissant :
- l'***absence de bureau*** au sein de la société ;
-la ***signature*** de toutes les ***déclarations fiscales et sociales*** par le président-directeur général, le directeur administratif ou le chef comptable ;
- la ***signature des contrats*** par le président-directeur général, le directeur administratif ou le directeur financier (CA Bordeaux 10-3-2003 n° 01-5358 : RJF 1/04 n° 96).

Titres détenus par le conjoint, le partenaire d'un Pacs, le concubin notoire ou les enfants mineurs

315. Dans le cas où un conjoint, un partenaire d'un Pacs ou un concubin notoire exerce dans une société une fonction visée au 1° de l'article 885 O bis du CGI et que les actions ou parts de cette société ne lui appartiennent pas personnellement mais sont la propriété de l'autre conjoint, partenaire ou concubin notoire, ou d'un de leurs enfants mineurs, ces actions ou parts de la société sont considérées comme des biens professionnels pour la détermination de l'ISF mis à la charge du foyer fiscal dès lors que les fonctions sont exercées par l'un des conjoints, partenaires ou concubins notoires et qu'elles lui procurent une rémunération qui représente plus de la moitié de ses revenus professionnels.

La fonction professionnelle éligible s'apprécie distinctement au niveau de chaque conjoint, partenaire ou concubin notoire, et non au niveau du foyer fiscal (D. adm. 7 S-3322 n° 12).

Titres détenus par les héritiers d'un dirigeant décédé

318. Pour apprécier si les biens ou valeurs présentent ou non le caractère de biens professionnels, il convient de se placer à la date du fait générateur de l'impôt, c'est-à-dire au 1er janvier de l'année d'imposition. Lorsque les actions appartenant à un dirigeant de société décédé sont dévolues à une personne n'exerçant pas de fonctions de direction prévues par le texte de loi au sein de la société, deux situations sont à envisager au regard de l'ISF.

Si le ***décès*** est intervenu ***avant le 1er janvier de l'année d'imposition***, les parts ou actions détenues par l'héritier ne peuvent pas bénéficier de la qualification de biens professionnels dès lors que le redevable ne remplit pas les conditions fixées par les articles 885 O et suivants du CGI.

Lorsque le décès est intervenu ***pendant l'année d'imposition***, la qualification de biens professionnels s'applique aux parts ou actions qui satisfaisaient aux conditions visées ci-dessus au 1er janvier. Si le redevable est décédé avant de déposer sa déclaration d'ISF, l'impôt est établi au nom du défunt, la déclaration incombant aux héritiers (D. adm. 7 S-3322 n° 13).

Une possibilité d'exonération partielle, sous conditions, existe en cas de cession de la nue-propriété des titres dans l'année qui suit le décès. Voir à ce sujet n° 740.

Titres détenus par un majeur sous tutelle

321. Sur les règles d'appréciation de la condition d'exercice effectif des fonctions lorsque des parts d'une société civile agricole sont possédées par un majeur sous tutelle, voir n° 222.

Fonctions exercées par une société

324. Le régime d'exonération des biens professionnels n'est applicable aux titres de société que si leur propriétaire exerce personnellement les fonctions prévues par l'article 885 O bis du CGI. Ne constituent donc pas des biens professionnels les titres d'une société dont les fonctions de direction visées par cette disposition sont exercées par une autre société, alors même que le contribuable ***propriétaire des titres*** est ***dirigeant*** de cette dernière entreprise (Cass. com. 22-2-2000 n° 477 : RJF 5/00 n° 720; BOI 7 S-7-00).

Ainsi, les parts détenues dans une société gérée par la société dont le redevable est lui-même le gérant ne sont donc pas considérées comme des biens professionnels. En revanche, lorsque le redevable remplit de par ses fonctions dans une société les conditions exigées par l'article 885 O bis du CGI, et qu'il détient des participations dans cette société par l'intermédiaire d'une autre société, ces participations sont prises en compte pour la détermination des seuils prévus au 2° de l'article 885 O bis, dans la limite d'un seul niveau d'interposition (n°s 815 s.).

3. Rémunération normale

340. D'une manière générale, une rémunération peut être considérée comme normale lorsque son montant est en rapport avec la rémunération courante des personnes exerçant pleinement une des fonctions considérées, compte tenu de la ***nature*** et de l'***importance de l'activité de l'entreprise*** ainsi que de ses ***résultats***.

L'appréciation du caractère normal des rémunérations doit être effectuée au vu de l'ensemble des rémunérations soumises à l'impôt sur le revenu.

L'administration considère que cette disposition doit être appliquée avec discernement. A cet égard, doivent être considérées comme anormales des rémunérations notablement insuffisantes compte tenu des caractéristiques de l'entreprise (D. adm. 7 S-3322 n° 15).

Le caractère normal des rémunérations doit être apprécié en tenant compte de l'ensemble des rémunérations directes et indirectes, perçues au cours de chaque année, qui comprennent :
- la rémunération proprement dite de la fonction ;
- les indemnités allouées à titre de compléments de rémunération (indemnités de résidence, de logement...) ;
- les avantages en nature ;
- les indemnités, remboursements et allocations forfaitaires pour frais de l'article 80 ter du CGI.

341. L'administration a précisé que lorsqu'elle entend remettre en cause l'exonération au titre des biens professionnels de parts de société au motif que la fonction dirigeante n'est pas normalement rémunérée, elle doit d'abord procéder à une ***appréciation de la fonction exercée*** en tenant compte des pouvoirs et prérogatives réels de l'intéressé.

Elle doit ensuite ***comparer*** la rémunération desdites fonctions avec celle des ***autres dirigeants*** - statutaires ou salariés - ***de l'entreprise*** afin de déterminer si la rémunération perçue est en adéquation avec l'importance des fonctions effectivement exercées.

Ces comparaisons internes peuvent être complétées par des rapprochements, dans le respect des exigences du secret professionnel, avec la rémunération de fonctions équivalentes dans des ***entreprises comparables*** (référence à des rémunérations publiées ou à une moyenne des rémunérations observées).

Nous observerons que selon la Cour de cassation (voir n° 342), le caractère normal de la rémunération perçue par le dirigeant d'une société ne peut être apprécié que par référence aux fonctions de dirigeant telles qu'elles sont définies par le droit des sociétés, sans que puisse être prise en compte la rémunération d'autres. Cette analyse implique que les ***comparaisons internes*** à la société ne peuvent a priori pas être pertinentes, dès lors que les fonctions sont en principe uniques, et que les ***comparaisons externes*** doivent se référer à des fonctions identiques dans des sociétés comparables.

342. En principe, seule la rémunération de la fonction de direction visée à l'article 885 O bis du CGI est retenue. Toutefois, si le redevable exerce par ailleurs dans la société une ***autre fonction, l'administration*** admet que la rémunération de cette dernière fonction soit également prise en compte (D. adm. 7 S-3322 n° 15 ; Inst.3 octobre 2005, 7 S-5-05).

La Cour de cassation considère quant à elle que, pour apprécier le caractère normal de la rémunération, seules les sommes perçues en contrepartie de l'exercice de la fonction de direction doivent être prises en considération. Les sommes rémunérant une activité autre ne peuvent être retenues, a fortiori au titre d'une fonction exercée dans une filiale, personne morale distincte (Cass. com. 23 avril 2003 n° 638 : RJF 8-9/03 n° 1059).

Le caractère normal de la rémunération s'apprécie en prenant en compte la fonction dirigeante effectivement exercée au 1er janvier de l'année d'imposition (Cass.com.13 novembre 2003 n° 1538 : RJF 2/04 n° 191 ; Inst.7 S-5-05 n° 5). La rémunération à retenir est, sauf exception, celle de l'année précédente (voir n° 360 à propos de la condition de 50 %).

343. *Assouplissements* – Dans les ***sociétés nouvellement créées*** (sous réserve de ne pas avoir été créée dans le cadre d'une concentration, d'une restructuration, ou de l'extension ou de la reprise d'une activité préexistante au sens de l'article 44 sexies, III du CGI), l'exonération des biens professionnels n'est pas remise en cause à raison du niveau de rémunération du dirigeant ***pendant deux ans***.

Il en est de même s'agissant ***d'une entreprise rencontrant des difficultés économiques***, commerciales ou financières (diminution du chiffre d'affaires, réduction des marges, charges financières excessives...), lorsque le contribuable en fait état dans sa déclaration. Cette période de deux ans, décomptée depuis la première année au titre de laquelle les difficultés rencontrées ont été mentionnées dans la déclaration d'ISF, pourra être, le cas échéant, prorogée par voie de prise de position formelle de l'administration au sens de l'article L 80 B, 1° du LPF (Inst. 3 octobre 2005, 7 S-5-05 n° 10).

344. Dans les ***groupes de sociétés***, une approche globale des rémunérations perçues au sein des groupes de sociétés est retenue.

Le respect de la condition de rémunération normale sera ainsi apprécié au niveau de l'ensemble des sociétés constituant un bien professionnel unique (Inst. 3 octobre 2005, 7 S-5-05 ,n° 11).

345. Le versement de ***dividendes*** peut être pris en compte pour apprécier le caractère normal de la rémunération à la double condition que l'importance de ces derniers contrebalance la faiblesse de la rémunération et que cette situation résulte de motifs économiques (Inst. 3 octobre 2005, 7 S-5-05 n° 12).

346. L'administration admet également de ne pas exiger le respect de la condition :
- dans chacune des sociétés qui constituent un ***bien professionnel unique*** (voir n° 491) ;
- au titre des fonctions exercées dans une ***société holding*** animatrice, sous réserve que le cumul des rémunérations perçues dans le holding et dans les filiales excède 50 % des revenus professionnels (voir n° 879).

4. Montant de la rémunération

350. En application de l'article 885 O bis, 1° du CGI seules peuvent être qualifiées de biens professionnels les parts ou actions de la société dans laquelle le redevable exerce l'une des fonctions prévues à cet article et dont la rémunération représente ***plus de la moitié de ses revenus annuels professionnels*** au titre desquels il a été soumis à l'impôt sur le revenu dans les catégories suivantes :
– traitements et salaires ;
– bénéfices industriels et commerciaux ;
– bénéfices agricoles ;
– bénéfices non commerciaux ;
– revenus des gérants et associés mentionnés à l'article 62 du CGI.

Les revenus qui ne proviennent pas d'une activité professionnelle ne sont donc pas retenus ; il s'agit notamment des revenus de capitaux mobiliers, des plus-values, des revenus fonciers, des pensions et rentes viagères.

351. L'administration admet que l'exercice d'un ***mandat électif***, quel que soit le montant des indemnités perçues à ce titre et son importance par rapport au revenu professionnel, ne fait pas obstacle à l'exonération d'impôt de solidarité sur la fortune au titre des biens affectés à l'exercice de l'activité professionnelle à titre individuel ou dans le cadre d'une société. En conséquence, les indemnités ne sont pas prises en compte pour l'appréciation du seuil de 50 % prévu à l'article 885 O bis, 1° du CGI (Rép. Santini : AN 31-7-2000 p. 4522).

352. Les ***jetons de présence ordinaires*** alloués à un président du conseil d'administration en contrepartie de sa présence aux séances du conseil ne peuvent pas être retenus pour l'application de la condition relative à la rémunération du redevable, dès lors qu'ils sont imposables dans la catégorie des revenus de capitaux mobiliers. De même, la ***pension de retraite*** qui lui est allouée ne peut être prise en considération pour l'application de la condition précitée [ni dans le premier terme (rémunération du dirigeant) ni dans le second terme (revenus professionnels de comparaison)].

Quant aux ***jetons de présence spéciaux*** perçus par un président-directeur général au titre de la rémunération de ses fonctions de président, seule la fraction imposable dans la catégorie des traitements et salaires est prise en considération pour l'appréciation de la condition relative à la rémunération de ses fonctions ; la quote-part imposable dans la catégorie des revenus de capitaux mobiliers est donc exclue (Rép. Dupuy : AN 6-6-1994 p. 2870).

Ces principes sont également applicables aux jetons de présence perçus, le cas échéant, par le directeur général et les directeurs généraux délégués.

353. La ***rémunération*** spécifique reçue par le ***président du conseil de surveillance***, en application de l'article L 225-81 du Code de commerce (bien qu'imposable dans la catégorie des revenus de capitaux mobiliers), peut être retenue pour l'application de la condition relative au montant de la rémunération dès lors qu'elle rétribue l'activité du redevable au sein de ce conseil en qualité de président.

Tel n'est pas le cas, en revanche, des ***jetons de présence*** qui lui sont attribués et qui ne peuvent donc pas être pris en compte au titre des revenus professionnels (Rép. Delahais : AN 5-3-1990 p. 998).

Il y a donc lieu, conformément aux dispositions de l'article 885 O bis, 1° du CGI, de comparer le montant de la rémunération spécifique reçue par le président du conseil de surveillance à l'exclusion des jetons de présence à celui de l'ensemble des revenus à raison desquels l'intéressé est soumis à l'impôt sur le revenu dans les catégories des traitements et salaires, bénéfices industriels et commerciaux, bénéfices agricoles, bénéfices non commerciaux, revenus des gérants et associés mentionnés à l'article 62 du même code, quelle que soit leur origine (Rép. Philibert : AN 22-11-1993 p. 4143).

Le président du conseil de surveillance d'une société anonyme perçoit deux types de rémunérations :

– en tant que membre du conseil de surveillance, il reçoit ***des jetons de présence*** (C. com. art. L 225-83) ;
– en qualité de président de ce conseil, il peut également recevoir une rémunération en contrepartie de l'activité de président exercée (C. com. art. L 22581). La seconde allocation rémunère une activité effective à la différence des jetons de présence qui sont fixés forfaitairement en contrepartie de la participation au conseil de surveillance. Dès lors, l'allocation des seuls jetons de présence, à l'exclusion de toute autre rémunération, ne permet pas de conférer la qualité de biens professionnels, telle que prévue à l'article 885 O bis, 1° du CGI, aux actions détenues par le président du conseil de surveillance d'une société anonyme.
Il est à noter, par ailleurs, que la rémunération du président du conseil de surveillance étant compatible avec la liquidation d'une retraite, les dirigeants retraités désirant poursuivre une activité au sein d'une société comportant un organe de cette nature peuvent, le cas échéant, bénéficier de l'exonération prévue par l'article 885 O bis, 1° du CGI, tout en percevant leur retraite (celle-ci n'étant pas prise en compte, ni dans le premier terme, ni dans le deuxième terme de comparaison ; voir n° 352).

354. La Cour de cassation considère également que pour qualifier de biens professionnels des titres de sociétés soumises à l'impôt sur les sociétés, l'article 885 O bis du CGI exige que les fonctions qu'il énumère donnent lieu à une rémunération normale représentant plus de la moitié des revenus à raison desquels l'intéressé est soumis à l'impôt sur le revenu dans diverses catégories desquelles est exclue celle des revenus de capitaux mobiliers dont relèvent les jetons de présence.

Dès lors que les ***jetons de présence*** prévus à l'article 140 de la loi du 24 juillet 1966 (C. com. art. L 225-83) et alloués par l'assemblée générale rémunèrent indistinctement et forfaitairement la ***participation des membres du conseil de surveillance audit conseil*** et non une activité effective, leur nature ne pouvant être modifiée par les modalités de leur répartition par le conseil de surveillance, selon les dispositions de l'article 118 du décret du 23 mars 1967, les sommes allouées à ce titre au président du conseil de surveillance ne constituent pas une rémunération au sens de l'article 885 O bis précité (Cass. com. 29-6-1999 n° 1333 : RJF 10/99 n° 1300 ; BOI 7 S-3-00).

355. Pour apprécier la condition tenant à l'existence d'une rémunération normale des fonctions de direction représentant plus de 50 % des revenus professionnels, l'administration considère que les revenus à prendre en compte doivent être les revenus nets de ***charges*** fiscalement déductibles soumis à l'impôt catégoriel. Seules sont retenues les charges engagées pour la réalisation du revenu. À cet égard, elle donne comme exemple les revenus nets salariaux, c'est-à-dire après déduction forfaitaire de 10 % de frais ou déduction des frais réels.

En revanche, les éventuels ***abattements*** ne sont pas admis au titre des charges déductibles (ex. : abattement entreprise nouvelle).

Ces règles s'appliquent également pour le calcul du plafonnement de l'ISF en fonction du revenu (n° 95) (Comité fiscal MOA 3-5-1990).

Période de référence

360. La rémunération étant un flux, la condition tenant à son montant doit en principe être respectée en permanence. Toutefois, tenant compte du caractère annuel de l'ISF et de l'absence d'incidence au regard de cet impôt des événements survenus après le 1er janvier de l'année d'imposition, l'administration considère que cette condition est satisfaite si la rémunération de la fonction exercée dans la société pendant l'année précédant celle au titre de laquelle l'ISF est dû représente plus de 50 % des revenus soumis à l'impôt sur le revenu dans les catégories déjà citées au titre de cette même année précédente (D. adm. 7 S-3322 n° 19).

Lorsque le seuil n'est pas atteint au cours de cette période, elle admet de prendre en considération les revenus professionnels de l'année au titre de laquelle l'ISF est dû. Cette mesure s'applique en cas de ***création ou de restructuration d'entreprises*** et de ***prise de fonctions*** de direction ***au cours de l'année précédant celle au titre de laquelle l'ISF est dû*** ou au 1er janvier de l'année d'imposition (Inst.16 mai 2002, 7 S-6-02 ; Inst. 3 octobre 2005, 7 S-5-05 n° 6).

Exercice d'une activité professionnelle par chaque conjoint

363. Dans la situation où chacun des époux (ou concubins notoires ou partenaires liés par un Pacs) exerce une activité professionnelle, l'administration admet que la proportion de 50 % s'apprécie distinctement pour chacun d'eux (D. adm. 7 S-3322 n° 20).

Exemple : M. X est directeur général de la société Z qu'il détient à hauteur de 50 %. La rémunération normale qu'il retire de cette fonction est de 100 000 €.

Il ne dispose d'aucune autre source de revenu professionnel. Mme X est salariée et déclare dans la catégorie des traitements et salaires une somme de 120 000 €.

Les actions de la société Z sont tenues pour des biens professionnels dès lors que, nonobstant la somme globale des revenus professionnels perçue par le couple (220 000 €), le salaire déclaré par M. X représente plus de la moitié de ses propres revenus professionnels.

Exercice de fonctions dans deux ou plusieurs sociétés

366. L'appréciation de la condition tenant au montant de la rémunération fait l'objet de règles particulières lorsque le redevable exerce des fonctions de direction dans plusieurs sociétés.

Ces règles diffèrent selon que les ***activités*** des diverses sociétés sont ou non soit ***similaires***, soit ***connexes et complémentaires***. Il convient, à cet égard, de se reporter à l'étude d'ensemble consacrée à cette question nos 470 s. (et plus spécialement aux nos 490 s. et 498).

B. Seuil de détention du capital

380. Aux termes du 2° de l'article 885 O bis du CGI, les parts ou actions de sociétés relevant, de droit ou sur option, de l'impôt sur les sociétés ne constituent des biens professionnels que pour le redevable qu possède au moins 25 % des droits financiers et des droits de vote attachés aux titres émis par la société dans laquelle il exerce l'une des fonctions énumérées ci-dessus (n°s 270 s.). Toutefois, l'alinéa 2 du 2° de l'article 885 O bis du CGI déroge à cette exigence d'une part pour les personnes désignées à l'article 62 du même code et d'autre part lorsque la valeur des parts ou actions détenues directement par le redevable excède 50 % de la valeur brute des biens imposables, y compris les parts ou actions en cause.

1. Dirigeants concernés

385. Le second alinéa du 2° de l'article 885 O bis du CGI précise que la condition de possession de 25 % au moins du capital de la société n'est pas exigée des gérants et associés mentionnés à l'article 62 du CGI. Il s'agit :
– des gérants majoritaires statutaires de SARL ;
– des gérants de sociétés en commandite par actions ;
– des associés de sociétés de personnes ou des sociétés civiles soumises à l'impôt sur les sociétés.

386. En conséquence sont seuls tenus de détenir 25 % des droits financiers et des droits de vote les ***dirigeants de sociétés anonymes et de SAS*** et les ***gérants minoritaires de SARL***.

387. Dans l'hypothèse où les ***parts de commandités*** détenues par un redevable bénéficient de l'exonération d'ISF au titre des biens professionnels, dès lors que le redevable exerce la fonction de gérant commandité et reçoit à ce titre une rémunération qui excède 50 % de ses revenus professionnels, les ***actions de commanditaires*** détenues, le cas échéant, par ce redevable sont susceptibles de bénéficier de la même exonération, à la condition que ce dernier et les membres de son groupe familial détiennent, directement ou par l'intermédiaire d'une société interposée, dans la limite d'un seul niveau d'interposition, plus de 25 % du capital de la société en commandite par actions (voir n°s 400 s.) (D. adm. 7 S-3322 n° 36).

2. Appréciation du seuil de 25 %

400. Pour la détermination du seuil de 25 %, il peut être tenu compte :
– de la ***participation détenue directement*** par le redevable et les membres de son groupe familial ;
– de la participation que ces mêmes personnes détiennent ***par l'intermédiaire d'une autre société*** possédant une participation dans la

société où s'exercent les fonctions de direction, dans la limite d'un seul niveau d'interposition.

La participation minimale doit être atteinte au regard tant des droits de vote que des droits financiers.

Groupe familial

403. Pour l'appréciation du seuil de 25 %, il est tenu compte des titres qui appartiennent au redevable et à l'une ou à plusieurs des personnes suivantes :
– son conjoint, son partenaire lié à lui par un Pacs ou son concubin notoire ;
– ses ascendants, ses descendants et ses frères et sœurs ;
– les ascendants, descendants et frères et sœurs de son conjoint, partenaire de Pacs ou concubin notoire.

Dès lors qu'il a dans la famille de l'adoptant les mêmes droits que les enfants légitimes, l'adopté simple est assimilé aux descendants (D. adm.7 S-3322 n° 24).

404. Selon la Cour de cassation, le fait que l'associé dirigeant d'une société puisse prendre en compte les titres que détient sa ***sœur*** dans la société pour apprécier le seuil minimum de détention de 25 % du capital qui conditionne l'exonération de ses droits sociaux n'implique pas que le dirigeant ait l'usage de ces titres au sens de l'article 885 G du CGI et qu'ils doivent par conséquent être inclus dans le patrimoine de ce dernier. Dès lors que la sœur du dirigeant n'a pas établi avoir perdu le ***droit d'user des titres*** dont elle est juridiquement propriétaire, il lui incombe de les faire figurer dans son patrimoine personnel soumis à l'ISF (Cass. com. 16-11-1999 n° 1804 : RJF 2/00 n° 303).

Ainsi, la Cour de cassation dissocie la notion d'usage de celle de détention indirecte. Si le dirigeant peut prendre en compte les titres que possède sa sœur pour remplir la condition de détention de 25 % des titres, sont néanmoins seuls exonérés comme constituant des biens professionnels les titres qui sont compris dans son patrimoine personnel, c'est-à-dire ceux qui, au sens de l'article 885 E, lui appartiennent en propre ainsi qu'à son conjoint ou à ses enfants mineurs et le cas échéant ceux, au sens de l'article 885 G, dont l'usufruit ou le droit d'usage lui a été juridiquement conféré, ce qui précisément n'était pas le cas en l'espèce.

406. *Incidence des régimes matrimoniaux* – Les parts ou actions ***détenues en propre par les ascendants, les descendants et les frères et sœurs*** du redevable ou de son conjoint sont à prendre en compte en totalité pour l'appréciation du seuil de 25 %.

Les parts ou actions ***appartenant en propre aux conjoints*** des descendants et des frères et sœurs du redevable ou de son conjoint ne peuvent pas être retenues pour l'appréciation du seuil de 25 % (D. adm. 7 S-3322 n° 25).

407. Les parts ou actions dépendant de la ***communauté conjugale des ascendants, des descendants et des frères et sœurs*** du redevable ou de son conjoint sont à retenir pour la totalité de leur valeur. Cette règle résulte d'une décision de la Cour de cassation sur laquelle l'administration s'est alignée (D. adm. 7 S-3322 n° 25).

La Cour de cassation considère, en effet, que pour apprécier le seuil minimum de détention de 25 % du capital qui conditionne l'exonération de ses droits sociaux, l'associé dirigeant d'une société anonyme peut prendre en compte en totalité, et non pas seulement pour moitié, ***les actions dépendant des communautés conjugales*** existant entre ses sœurs et leurs époux respectifs.

Les sœurs du contribuable mariées sous le régime de la communauté sont, selon les règles du droit, propriétaires des titres conjointement et pour le tout avec leurs maris. Le contribuable qui dispose de ces titres par leur intermédiaire remplit ainsi la condition légale d'exonération (Cass. com. 27-10-1992 n° 1578 : RJF 1/93 n° 163 ; BOI 7 R-2-93).

409. *Groupe familial comportant plusieurs dirigeants* – Lorsque le groupe familial comporte plusieurs redevables dirigeants, les titres appartenant à une personne parente d'un des redevables au sens de l'article 885 O bis, 2° du CGI et retenus pour apprécier l'importance de la participation de ce redevable dans la société peuvent simultanément être retenus pour apprécier l'importance de la participation d'un autre redevable du groupe familial, et notamment du propriétaire des titres lui-même, dans la même société.

Bien entendu, le second redevable doit exercer lui aussi l'une des fonctions de direction énumérées par la loi dans la société (D. adm. 7 S-3322 n° 26).

410. Les parts détenues par l'intermédiaire du groupe familial sont retenues uniquement au regard du seuil de 25 %. Le patrimoine de chaque redevable comprend bien entendu les seules actions détenues personnellement par les personnes visées à l'article 885 A du CGI et leurs enfants mineurs lorsqu'ils ont l'administration légale des biens de ceux-ci (D. adm. 7 S-3322 n°s 27 et 28).

Exemple : M. X est directeur général de la société S. Son beau-père est également président du conseil d'administration de la même société. Le capital de la société S est réparti de la façon suivante :

M.X:16%;
L'épouse de M.X:10%;
Le beau-père de M.X:20%;
Divers porteurs : 54 %.
M. X est, au regard de l'article 885 O bis du CGI, considéré comme détenant 46 % des actions, compte tenu des actions de son épouse et de son beau-père. Le beau-père de M. X peut également tenir compte de ses propres actions et de celles de sa fille : sa participation s'élève donc à 30%.

Les droits sociaux de la société S constituent des biens professionnels à concurrence :
– de 26 % du capital social pour le foyer fiscal de M. X (16 % + 10 %) ;
– de 20 % pour celui du beau-père de M. X.

Sociétés interposées

413. Le seuil de possession de 25 % peut être atteint grâce aux participations détenues dans le capital de la société par l'intermédiaire d'autres sociétés, notamment de celles dans lesquelles le groupe familial détient une participation. Dans ce cas, la valeur des titres détenus par le redevable et les membres de son foyer fiscal dans les sociétés interposées peut être qualifiée de bien professionnel dans une certaine proportion.

L'ensemble de cette question est examiné aux n°s 810 s. dans l'étude consacrée aux groupes de sociétés.

Droits financiers et droits de vote

416. La détention d'une participation minimum de 25 % doit porter sur les droits de vote et les droits financiers attachés aux titres émis par la société en contrepartie de son capital social.

Pour l'application de ces dispositions, la détention d'une participation minimum de 25 % s'entend de la détention de 25 % des droits à dividendes et de 25 % des droits de vote (D. adm. 7 S-3322 n° 31).

417. La quotité de 25 % doit être appréciée par rapport à la masse des droits de vote dans les assemblées et des droits à dividendes attachés aux titres émis par la société en contrepartie de son capital social.

Il convient donc de se référer :
– au pourcentage des droits de vote détenus par le redevable et les membres de son groupe familial par rapport à l'ensemble des droits susceptibles d'être représentés ;
– au pourcentage des droits détenus par les mêmes personnes dans l'ensemble des droits à dividendes attachés aux titres émis par la société.

418. Pour la détermination du seuil de 25 %, il y a lieu de prendre en considération les ***droits de vote*** attachés :
– aux actions ordinaires ;
– aux actions à droits de vote multiples ou privilégiés ;
– aux certificats de droits de vote.
Pour la détermination du pourcentage des ***droits à dividendes*** sont également à prendre en considération :
– les actions à dividendes prioritaires sans droit de vote ;
– les certificats d'investissements.

Il n'est pas tenu compte des bons de souscription d'actions qui n'ont pas été exercés, ni des obligations convertibles en actions qui n'ont pas été converties (D. adm. 7 S-3322 n°s 31 et 32).

A noter que depuis le 27 juin 2004, date d'entrée en vigueur de l'ordonnance 2004-604 du 24 juin 2004, il ne peut plus être émis de certificats d'investissement. A la place de ces titres qui disparaîtront progressivement, l'ordonnance a créé les actions de préférence. Les propriétaires des anciens certificats d'investissement ont un droit préférentiel de souscription d'actions de préférence sans droit de vote (C. com art. L 228-34, al 1).

419. Les parts ou actions ordinaires détenues en ***usufruit*** sont retenues pour apprécier les droits de vote et les droits financiers (D. adm. 7 S-3322 n° 32).

420. *Exemple :* Soit une société dont le capital est composé de la manière suivante :

Actions ordinaires (AO)	500
Actions à dividendes prioritaires sans droit de vote (ADPSDV)	300
Actions à droit de vote double (AVD)	500
Certificats d'investissements (CI)	100
Certificats de droits de vote (CDV)	100

Un redevable qui exerce dans cette société des fonctions de direction ouvrant droit à la qualification de biens professionnels détient dans cette société les actions suivantes :

Actions ordinaires (AO) en pleine propriété	200
Actions ordinaires (AO) en usufruit	100
Certificats d'investissements (CI)	100

Le pourcentage des droits de vote détenus par le redevable doit être déterminé en tenant compte du nombre total des droits de vote que représentent les titres composant le capital de la société. En l'occurrence, il est de : [AO (200 + 100)]/[AO (500) + ADV (500 x 2) + CDV (100)] = 300/1 600 arrondi à 19 %. Le pourcentage des droits à dividendes détenus par le redevable doit être déterminé en tenant compte du nombre total des droits de cette nature composant le capital de la société. En l'occurrence, il est de : [AO (200 + 100) + CI (100)]/[AO (500) + ADPSDV (300) + AVD (500) + CI (100)] = 400/1 400 arrondi à 28 %. Dans ce cas, le redevable ne peut bénéficier de la qualification de bien professionnel dès lors que le taux de détention des droits de vote n'atteint pas 25 %.

Date d'appréciation du seuil de 25 %

423. Pour apprécier si une personne possède 25 % du capital d'une société, il convient de se placer au 1er janvier de l'année d'imposition même si l'exercice de l'entreprise ne coïncide pas avec l'année civile.

Les ***variations de pourcentage*** de participation en cours d'année n'entrent pas en considération (D. adm. 7 S-3322 n° 34).

424. Sur la règle applicable en cas de ***fusions, scissions ou apports partiels d'actif***, voir nos 900 s.

3. Dispense du seuil de détention

440. L'article 885 O bis, 2°, 3e alinéa du CGI dispose que le seuil minimum de détention de 25 % n'est pas exigé si la valeur des parts ou actions détenues directement par un redevable excède 50 % de la valeur brute de son patrimoine taxable, y compris ses parts ou actions.

Redevables concernés

443. Il s'agit :
- des gérants minoritaires statutaires de sociétés à responsabilité limitée soumises à l'impôt sur les sociétés ;
- des dirigeants de sociétés anonymes (voir n° 290).

Par ***gérant statutaire***, il convient d'entendre gérant nommé conformément aux statuts, par opposition à gérant de fait.

444. Les dirigeants dispensés d'atteindre le seuil de participation de 25 % doivent toutefois remplir les ***autres conditions*** d'exonération, c'est-à-dire :
- exercer effectivement leurs fonctions ;
- percevoir à ce titre une rémunération normale représentant plus de la moitié de leurs revenus professionnels.

Pour le cas où le redevable exerce des fonctions de direction dans plusieurs sociétés, voir nos 494 s.

Parts ou actions concernées

447. Pour l'appréciation du seuil de 50 %, il est tenu compte des titres qui appartiennent au redevable et à l'une des personnes suivantes :
- son conjoint soumis à imposition commune, son partenaire lié à lui par un Pacs ou son concubin notoire ;
- ses enfants mineurs ou ceux de son conjoint, de son partenaire lié à lui par un Pacs ou de son concubin notoire lorsqu'ils ont l'un ou l'autre l'administration légale de ceux-ci.

En revanche, les titres détenus par les membres du groupe familial autres que ceux appartenant au foyer fiscal du redevable ne peuvent être retenus pour l'appréciation du seuil de 50 % (D. adm. 7 S-3322 n° 39 ; Inst. 7 S-1-00).

448. Le seuil de 50 % peut être atteint grâce aux participations détenues indirectement par l'***intermédiaire d'une ou de plusieurs sociétés*** dans la limite d'un seul niveau d'interposition, la valeur de ces participations étant alors retenue dans une certaine proportion.

Cette question est examinée nos 827 s. dans le cadre de l'étude d'ensemble consacrée aux groupes de sociétés.

449. Pour l'appréciation du seuil de 50 %, il convient également, sous certaines conditions, de faire masse de la valeur des participations dans les ***sociétés ayant des activités similaires ou connexes et complémentaires*** détenues par le redevable (voir à cet égard nos 494 s.).

Appréciation du seuil de 50 %

452. Les parts ou actions sont considérées comme des biens professionnels lorsque leur valeur excède 50 % de la valeur brute des biens imposables, y compris les parts et actions en cause.

Il convient donc d'établir le ***rapport entre*** :

– la valeur brute des droits sociaux susceptibles de bénéficier de l'exonération (numérateur du rapport) ;

– la valeur brute du patrimoine taxable à l'impôt de solidarité sur la fortune, augmentée de la valeur brute des parts ou actions concernées (dénominateur du rapport).

La ***valeur brute*** des biens s'entend de leur valeur avant déduction du passif. Aucune des dettes contractées n'est donc prise en compte pour l'appréciation du seuil de 50 % (D. adm. 7 S-3322 n° 44).

Pour une illustration de ces règles, voir l'***exemple*** figurant au n° 495.

453. Les ***variations de valeur*** des actions ou parts en cours d'année n'entrent pas en considération (D. adm. 7 S-3322 n° 44).

C. Exercice de fonctions de direction dans plusieurs sociétés

470. Lorsque le redevable exerce des fonctions de direction dans plusieurs sociétés, les règles qui gouvernent l'exonération des droits sociaux en tant que biens professionnels diffèrent selon que les activités exercées par les sociétés sont, ou non, soit similaires, soit connexes et complémentaires.

1. Activités soit similaires, soit connexes et complémentaires

480. En application de l'article 885 O bis, 2° du CGI, les parts ou actions détenues par une même personne dans plusieurs sociétés sont présumées constituer un seul bien professionnel :

– lorsque compte tenu de l'importance des droits détenus et de la nature des fonctions exercées, chaque participation, prise isolément, satisfait aux conditions prévues pour avoir la qualité de bien professionnel ;

– et que les sociétés en cause ont effectivement des activités soit similaires, soit connexes et complémentaires.

Dans ce cas, l'ensemble des rémunérations perçues au titre des fonctions de direction exercées dans chacune des sociétés doit représenter plus de la moitié des revenus professionnels du redevable (D. adm. 7 S-3323 n° 2).

481. La solution est étendue dans le cas où le dirigeant d'une société soumise à l'IS exerce également une ***activité*** professionnelle dans le cadre d'une ***entreprise individuelle*** ou d'une ***société de personnes*** (D. adm. 7 S-3313 n° 7).

Notion d'activités similaires ou connexes et complémentaires

484. L'application de l'article 885 O bis, 2° suppose que les différentes sociétés exercent des activités soit similaires, soit connexes et complémentaires.

485. La constatation de la ***similitude*** des activités ne présente pas, en général, de difficultés. La similitude s'apprécie en comparant la nature des activités exercées et l'objet auquel elles se rapportent. Ainsi, le fait d'exercer son activité dans deux sociétés commerciales (achat – revente) ne suffit pas pour qu'il s'agisse d'activités similaires. Il faut également que les biens vendus soient similaires (D. adm. 7 S-3323 n° 3).

486. L'analyse des rapports de ***connexité et de complémentarité,*** plus délicats à définir, ne peut être effectuée qu'en tenant compte des circonstances de fait et de l'évolution des structures économiques.

La connexité et la complémentarité vont de pair. Les deux conditions doivent être réunies. La connexité implique des rapports de dépendance étroits. Le fait qu'une société détienne au moins 50 % du capital d'une autre société permet de présumer que cette condition est remplie entre les deux sociétés en cause. La complémentarité s'entend de l'activité qui s'inscrit dans le prolongement en amont ou en aval d'une autre activité. Sont ainsi complémentaires les activités d'élevage et de marchand de bestiaux. Il en est de même de l'activité de fabrication et de vente de meubles (D. adm. 7 S-3323 nos 3 et 4).

487. ***Exemple :*** M. X détient 30 % des actions d'une SA de fabrication de chaussures et 40 % des actions d'une SA de commercialisation de la production de la société de fabrication. Il préside les deux sociétés. Ces deux participations sont considérées comme ne constituant, au regard de l'ISF, qu'un seul bien professionnel (D. adm. 7 S-3323 n° 5).

Rémunération

490. Pour que les parts ou actions détenues par une même personne dans plusieurs sociétés ayant des activités similaires ou connexes et complémentaires soient considérées comme un bien professionnel unique, l'***ensemble des rémunérations*** perçues de ces sociétés doit représenter plus de 50 % des revenus professionnels de l'intéressé.

491. L'article 885 O bis, 2e alinéa du CGI implique en principe que le redevable soit normalement rémunéré dans chacune des sociétés concernées.

Toutefois, en pratique, le dirigeant d'un groupe de sociétés n'est pas systématiquement rémunéré par l'ensemble des sociétés du groupe. En cohérence avec les dispositions de l'article 885 O bis du CGI et avec la doctrine applicable en matière de sociétés holding animatrices, une approche globale des rémunérations perçues au sein des groupes de sociétés doit être retenue. Le respect de la condition de rémunération normale doit être apprécié au niveau de l'ensemble des sociétés constituant un bien professionnel unique (En ce sens : Inst. 3 octobre 2005 , 7 S-5-05 n° 11).

Ainsi l'absence de rémunération dans l'une des sociétés où le redevable exerce l'une des fonctions visées au 1° de l'article précité n'est pas de nature à écarter la qualification de bien professionnel unique.

Valeur des participations

494. Comme il a déjà été indiqué n°s 440 s., lorsque le seuil minimum de détention de 25 % n'est pas atteint, les droits sociaux détenus par le redevable peuvent être exonérés à condition que leur valeur brute excède ***50 % de la valeur brute du patrimoine*** taxable à l'ISF.

Pour l'appréciation du seuil de 50 %, l'administration considère qu'il convient également de faire masse de la valeur des participations dans les sociétés qui ont des activités similaires ou connexes et complémentaires détenues par le redevable, directement ou par l'intermédiaire d'une société interposée.

Bien entendu, le redevable doit exercer une fonction de direction dans chaque société et percevoir, au titre de l'exercice de l'ensemble de ces fonctions, des rémunérations dont le cumul excède la moitié de ses revenus professionnels (D. adm. 7 S-3322 n° 42).

495. *Exemple :* M. X détient 3 participations dans les sociétés A, B et C dans lesquelles il exerce une fonction de direction. Les activités de ces 3 sociétés sont connexes et complémentaires.

Par ailleurs, M. X possède un patrimoine qui se décompose en :

– participation dans A inférieure à 25 %	400 000 €
– participation dans B inférieure à 25 %	500 000 €
– participation dans C inférieure à 25 %	700 000 €
– résidence principale (200 000 €), valeur après abattement de 20 %	160 000 €
– autres biens	240 000 €
– dettes	300 000 €

La valeur brute des biens imposables est de 2000000 €. Le rapport s'établit comme suit : Valeur des participations professionnelles/ Valeur de l'actif brut du patrimoine taxable = 1 600 000 €/2 000 000 € soit 80 %.

La valeur des titres des sociétés A, B, C détenus par M. X excède 50 % de la valeur brute de son patrimoine taxable. Ces titres peuvent donc être considérés comme des biens professionnels, exonérés à ce titre d'impôt de solidarité sur la fortune (D. adm. 7 S-3322 n° 43).

2. Activités ni similaires, ni connexes et complémentaires

498. Il résulte de l'article 885 O bis du CGI qu'une personne qui serait simultanément dirigeant de plusieurs sociétés par actions ne peut bénéficier de l'exonération que pour les titres de la société dans laquelle elle exerce les fonctions de direction qui lui procurent une rémunération représentant plus de la moitié de ses revenus professionnels.

Toutefois si aucune des rémunérations perçues dans ces différentes sociétés n'excède ce seuil, l'administration admet de considérer comme biens professionnels les actions de la société dans laquelle le redevable exerce la fonction dont la ***rémunération*** est ***prépondérante***. Bien entendu ce caractère prépondérant doit être apprécié par rapport à chacune des rémunérations professionnelles perçues par l'intéressé. Dès lors si une rémunération professionnelle autre que celle versée par les sociétés dont le redevable détient 25 % du capital est prépondérante, les parts de ces sociétés ne peuvent pas être considérées comme des biens professionnels (D. adm. 7 S-3322 n° 21).

3. Exemples

Exemple 1

510. M. X détient plus de 25 % du capital de 3 sociétés A, B, C et exerce des fonctions de direction dans chacune de ces sociétés.

1er ***cas :*** La rémunération des fonctions dans A est supérieure à la moitié des revenus professionnels :
– les parts de A constituent un bien professionnel ;
– si les activités de B et C ne sont ni similaires, ni connexes et complémentaires à l'activité exercée par A, les parts de B et C ne constituent pas des biens professionnels ;
– si les activités de B et C sont connexes et complémentaires à l'activité exercée par A, les parts de B et C constituent également des biens professionnels.

2e cas : Aucune des rémunérations des fonctions dans A, B ou C n'excède la moitié des revenus professionnels :
– si A, B, C ont des activités connexes et complémentaires, il est considéré que les trois participations constituent un bien professionnel unique ; il y a lieu alors de retenir l'ensemble des rémunérations des fonctions exercées dans les trois sociétés et de les comparer à la totalité des revenus professionnels ;
– si A, B, C n'ont d'activités ni similaires, ni connexes et complémentaires et dès lors que la rémunération de chacune des fonctions est inférieure à la moitié des revenus professionnels, les parts d'aucune société ne peuvent, en principe, constituer un bien professionnel.

Toutefois, l'administration admet de retenir la qualification de biens professionnels des actions de la société dans laquelle le redevable exerce la fonction dont la rémunération est prépondérante par rapport à chacune des rémunérations prises isolément. Il s'agit donc de la fonction qui procure au contribuable ses revenus les plus importants y compris les fonctions autres que celles exercées dans des sociétés dont le redevable détient 25 % du capital (D. adm. 7 S-3323 n°s 6 à 8).

Exemple 2

513. M. X détient 20 % du capital de la société A, 25 % dans les sociétés B et C et exerce des fonctions de dirigeant dans chacune de ces sociétés. La participation détenue dans la société A représente plus de 50 % de la valeur brute des biens imposables du redevable.

1er cas : La rémunération des fonctions est supérieure à la moitié des revenus professionnels dans A, inférieure dans B et C :
– les parts de A constituent un bien professionnel ;
– les parts détenues dans B et C sont susceptibles d'être qualifiées de biens professionnels si les activités de ces sociétés sont soit similaires, soit connexes et complémentaires à celle de la société A dès lors que la valeur cumulée des trois participations excède bien 50 % du patrimoine de M. X.

2e cas : Aucune des rémunérations prévues dans A, B, C n'atteint plus de la moitié des revenus professionnels :
– si les activités de A, B et C sont soit similaires, soit connexes et complémentaires, les participations détenues dans ces sociétés revêtent le caractère de bien professionnel unique si la valeur cumulée des trois participations excède bien 50 % du patrimoine de M. X et si l'addition des rémunérations perçues dans ces sociétés excède la moitié du revenu professionnel ;
– si les activités de A, B et C sont indépendantes, la qualification de bien professionnel est reconnue à la participation à laquelle est attachée la rémunération prépondérante ;
– si les activités de B et C sont soit similaires, soit connexes et complémentaires, les participations dans ces sociétés revêtent le caractère de bien professionnel unique si l'addition des rémunérations perçues dans ces sociétés excède la moitié du revenu professionnel (D. adm. 7 S-3323 n°s 12 à 14).

SECTION III

Dispositions communes aux diverses sociétés

530. La présente section est consacrée à l'examen des dispositions relatives :
- à la nature de l'activité des sociétés (n°s 540 s.) ;
- au montant de l'exonération (n°s 630 s.) ;
- aux comptes courants d'associés (n°s 700 s.) ;
- aux droits sociaux détenus par les dirigeants retraités (n°s 730 s.).

A. Nature de l'activité

540. La société doit exercer une activité ***industrielle, commerciale, artisanale agricole ou libérale*** (CGI art. 885 O ter).

D'une manière générale, les activités professionnelles à prendre en compte s'entendent de celles qui entrent dans le champ d'application de la ***taxe professionnelle.***

Il est précisé que le fait pour une entreprise de relever de l'impôt sur les sociétés n'est pas suffisant à lui seul pour permettre aux associés détenteurs des parts ou actions de cette entreprise de considérer ces dernières comme des biens professionnels. Il faut encore que la nature même de son activité soit industrielle, commerciale, artisanale, agricole ou libérale (D. adm. 7 S-3323 n° 1).

541. Les parts ou actions de sociétés, quelle que soit leur forme, exerçant une ***activité civile*** autre qu'agricole ou libérale ne peuvent être regardées comme des biens professionnels. C'est ainsi notamment que les parts ou actions de sociétés ayant pour activité la gestion de leur propre patrimoine mobilier (société de ***gestion de portefeuille***) ou immobilier (***société immobilière*** ayant pour objet la gestion de leurs immeubles nus) sont expressément exclues des biens professionnels par l'article 885 O quater du CGI, sous réserve cependant des cas particuliers mentionnés n°s 570 s. (sociétés immobilières mettant des immeubles professionnels à la disposition d'une entreprise) et n°s 860 s. (holdings) (D. adm. 7 S-3323 n° 1).

542. Les parts ou actions de ***sociétés exerçant à la fois une activité industrielle, commerciale, artisanale, agricole ou libérale et une activité civile*** ne peuvent pas bénéficier du régime des biens professionnels pour la fraction de leur valeur correspondant à cette dernière activité (D. adm. 7 S-3323 n° 1).

1. Définition

Activité industrielle

550. L'activité industrielle ne se distingue pas de l'activité commerciale en droit privé.

Activité commerciale

553. En raison des termes employés par le législateur (la loi ne fait pas référence, à cet égard, aux dispositions du CGI), les activités commerciales doivent normalement s'entendre de celles revêtant ce caractère en ***droit privé***.

Toutefois, l'administration considère qu'il y a lieu de prendre également en considération les activités qui sont regardées comme telles au sens du ***droit fiscal***. Il s'ensuit que, pour la mise en œuvre des dispositions relatives aux biens professionnels, présentent un caractère commercial les activités dont les résultats sont classés dans la catégorie des bénéfices industriels et commerciaux en application des articles 34 et 35 du CGI, y compris par conséquent :
- les activités des ***concessionnaires de mines***, des amodiataires de concessions minières, des titulaires de permis d'exploitation de mines ou de recherches minières, pétrolières ou gazières ;
- les activités de ***marchands de biens*** et de construction d'immeubles en vue de la vente ;
- les activités ***de loueurs d'établissements commerciaux*** ou industriels munis d'équipements nécessaires à leur exploitation ;
- les activités exercées par les membres de ***copropriétés de navires*** (D. adm. 7 S-3311 n° 4).

554. Il a été jugé qu'une société anonyme qui donne des ***locaux à bail*** en fournissant des prestations constituées par des ***équipements et fournitures*** d'électricité, de télex et de téléphone ne se contente pas de louer des immeubles nus mais exerce une activité commerciale. Les actions de cette société peuvent donc constituer des biens professionnels exonérés (Cass. com. 18-7-1989 n° 1077 : RJF 11/89 n° 1292).

Activité agricole

557. Selon l'administration, les activités agricoles doivent s'entendre, au regard de l'ISF, de toutes celles dont les revenus relèvent de la ***catégorie des bénéfices agricoles*** en application de l'article 63 du CGI (D. adm. 7 S-3311 n° 5). Il s'agit notamment :
- des activités d'élevage ou de culture exercées par les exploitants ;
- de la production forestière ;

– des exploitations avicoles, apicoles, piscicoles, ostréicoles et mytilicoles ;

– de l'exploitation des champignonnières et des marais salants, ainsi que des activités exercées par les obtenteurs de nouvelles variétés végétales.

Activité libérale

560. Les activités libérales s'entendent en principe de celles procurant des revenus imposables au titre des ***bénéfices non commerciaux*** (CGI, art. 92). Cependant, les activités relevant de cette catégorie ne sont susceptibles d'ouvrir droit au régime des biens professionnels que lorsqu'elles présentent un caractère professionnel.

Par ailleurs, les revenus tirés de certaines activités libérales peuvent être, sous certaines conditions, soumis à l'impôt selon les règles prévues en matière de traitements et salaires. Il s'agit :
– des commissions versées aux ***agents d'assurances*** et à leurs sous-agents par les compagnies qu'ils représentent ès qualités (CGI, art. 93-1 ter) ;
– des produits de droits d'auteur perçus par les ***écrivains et compositeurs*** intégralement déclarés par les tiers (CGI, art. 93-1 quater).

Ce mode particulier d'imposition n'a selon l'administration aucune incidence sur le caractère libéral de l'activité exercée (D. adm. 7 S-3311 n° 6).

2. Cas particulier des locations d'immeubles

570. Les parts ou actions détenues dans une société propriétaire d'immeubles qu'elle donne en location à l'exploitation individuelle de l'associé ou à une société d'exploitation (ou les met à sa disposition) ont, dans certaines conditions, le caractère de biens professionnels.

a. Droits concernés

575. Les droits pouvant être qualifiés de professionnels sont les suivants :
– ***parts ou actions de sociétés immobilières de copropriété*** visées à l'article 1655 ter du CGI lorsque les locaux professionnels représentés par les parts ou actions sont utilisés dans les conditions définies ci-dessous ;
– ***parts de sociétés civiles immobilières*** ayant pour objet la location ou la mise à disposition d'immeubles professionnels au profit de l'exploitation individuelle du redevable ou, dans certaines conditions, d'une société à activité industrielle, commerciale, artisanale, agricole ou libérale (D. adm. 7 S-3312 n° 7).

576. Peuvent également être considérés comme des biens professionnels :
– les ***parts ou actions*** détenues par une personne physique dans une ***société de capitaux propriétaire d'immeubles*** donnés en location ou mis à

la disposition d'une société d'exploitation dont la même personne détient par ailleurs des droits sociaux ayant eux-mêmes le caractère de biens professionnels (Inst. 7 R-1-89 n° 49) ;
– les ***parts de groupement foncier agricole (GFA)*** ayant pour objet la location ou la mise à disposition d'immeubles professionnels au profit de l'exploitation du redevable ou d'une société dont il détient des parts ayant elles-mêmes la qualité de biens professionnels, même si le groupement foncier agricole a été constitué par apports en espèces et même si la location ne revêt pas la forme d'un bail à long terme. Il en est de même lorsque les parts appartiennent à un membre du foyer dont les biens doivent figurer sur la même déclaration (conjoint, concubin, partenaire d'un Pacs, enfants mineurs) (Rép. Girod : Sén. 29-1-1987 p. 127).

Les parts de GFA visées ci-dessus s'entendent de celles qui ne peuvent bénéficier de l'exonération spécifique aux biens ruraux à titre professionnel (nos 2809 s.) ou dans le cadre du patrimoine privé (nos 2832 s.).

577. De même, les ***parts d'une société civile immobilière détenues par un praticien médical*** peuvent être considérées comme des biens professionnels si l'immeuble, nécessaire à l'activité exercée par la clinique dont les parts ou actions ont elles-mêmes le caractère de biens professionnels, est loué ou mis à la disposition de celle-ci ; cette solution ne concerne que la fraction d'immeuble affectée exclusivement à l'exploitation de la clinique. Dans ce cas, les parts de SCI détenues par le médecin sont considérées comme des biens professionnels dans une limite égale au produit de la quote-part professionnelle de ses droits dans la clinique par la valeur de l'immeuble, ou fraction d'immeuble, loué à cette dernière (Rép. Gouze : AN 5-11-1990 p. 5136).

b. Conditions d'exonération

585. Les biens visés ci-dessus (nos 575 s.) doivent remplir plusieurs conditions pour être qualifiés de biens professionnels (D. adm. 7 S-3312 n° 8).

1. L'***immeuble*** nécessaire à l'activité industrielle, commerciale, artisanale, agricole ou libérale exercée par la ***société d'exploitation*** doit être loué à celle-ci (ou mis à sa disposition) par son propriétaire ou par une société.

2. Les ***parts ou actions détenues dans la société d'exploitation*** par l'associé de la société immobilière doivent avoir elles-mêmes le caractère de biens professionnels. À cet égard :
– la qualification de bien professionnel est retenue même si une ***fraction d'immeuble*** seulement est affectée à l'exploitation individuelle ou à l'activité de la société d'exploitation. L'application de cette solution suppose que la fraction d'immeuble en cause nécessaire à l'exercice de l'activité professionnelle principale du redevable, ou de l'activité de la société dont les titres sont pour lui des biens professionnels, soit exclusivement affectée à cette activité ;
– si les immeubles en cause sont détenus par une ***société immobilière***,

il n'est pas exigé que celle-ci ait pour objet exclusif la location ou la mise à disposition d'immeubles professionnels au profit de l'exploitation individuelle du redevable ou de la société dont il détient des titres ayant la qualité de biens professionnels.

Si les conditions mentionnées ci-dessus sont réunies, les droits représentatifs d'immeubles dont la disposition est partiellement concédée peuvent être qualifiés de biens professionnels à hauteur de la fraction exclusivement utilisée pour les besoins de l'activité et dans certaines limites (voir n°s 595 s.).

586. S'agissant des immeubles possédés par l'intermédiaire d'une SCI ou de toute autre forme de ***société***, l'administration a précisé qu'il ne peut être admis un double ***niveau d'interposition***, telle qu'une cascade de SCI même si le bien, une usine par exemple, sert à l'activité industrielle et commerciale (Comité fiscal MOA 29-3-2000).

Sur la mise en œuvre de ce principe en cas d'***immeubles loués par une SCI à une filiale*** d'exploitation ***détenue par un holding***, voir n°s 605 s.

c. Valeur exonérée

595. Lorsque les conditions énumérées ci-dessus sont satisfaites, les droits immobiliers en cause ne sont considérés comme professionnels qu'en ***proportion*** des droits détenus par le redevable, son conjoint, son partenaire lié à lui par un Pacs ou son concubin notoire et leurs enfants mineurs dans la société à activité industrielle, commerciale, artisanale, agricole ou libérale.

600. Lorsque ***tous les associés de la société immobilière détiennent dans la société d'exploitation une participation*** à caractère professionnel, chaque associé peut considérer comme un bien professionnel, dans une certaine limite, ses parts ou actions dans la société immobilière. Pour chaque associé, cette limite est égale au produit de la quote-part de ses droits dans la société d'exploitation par la valeur de l'ensemble des immeubles loués à cette société ou mis à sa disposition par la société immobilière. L'application de cette règle n'est pas subordonnée à la condition que les associés de la société immobilière soient les seuls associés de la société d'exploitation. Elle n'est pas subordonnée non plus à la forme de la société immobilière.

Exemples : 1. Trois associés, X, Y et Z, détiennent chacun 1/3 des droits dans une société immobilière louant son immeuble d'une valeur de 15 millions d'euros à une SARL. X, Y et Z sont gérants de cette dernière et en détiennent le capital à parts égales. Les droits dans la société immobilière sont donc de 15 millions d'euros x 1/3 = 5 millions d'euros pour chacun d'eux.

L'immeuble revêt en totalité un caractère professionnel à hauteur, pour chaque associé, de 5 millions d'euros.

2. Trois associés A, B et C détiennent respectivement 40 %, 35 % et 25 % des droits dans une société immobilière ayant pour objet de mettre un immeuble d'une valeur de 10 millions d'euros à la disposition d'une SARL. A, B et C sont gérants de cette dernière, dont ils détiennent respectivement 10 %, 25 % et 40 %. Les parts restantes sont détenues par un quatrième associé, D, qui n'est pas associé de la société immobilière.

Société immobilière %	*Personnes*	*SARL %*
40	A	10
35	B	25
25	C	40
0	D	25

Dans ce cas, la participation de C dans la société immobilière peut être qualifiée de bien professionnel en totalité. En revanche, celle de B ne peut l'être qu'à hauteur de 10 millions d'euros x 25 %, soit 2,5 millions d'euros. Elle est un bien privé à hauteur de 1 million d'euros. Pour A, la participation dans la société immobilière, d'une valeur de 4 millions d'euros, ne pourrait être qualifiée de bien professionnel qu'à hauteur de 10 millions d'euros x 10 %, soit 1 million d'euros, à la condition que sa participation dans la SARL ait, grâce à la notion de groupe familial, un caractère professionnel.

602. Si l'*un des membres de la société immobilière n'exerce pas d'activité professionnelle* dans la société d'exploitation, il n'y a pas lieu d'exclure la valeur de sa quote-part dans l'ensemble immobilier

Exemple : Trois associés X, Y et Z détiennent chacun un tiers des droits dans une société immobilière louant ses immeubles, évalués à 15 millions d'euros, à une SA dans laquelle seuls X et Y détiennent des actions ayant le caractère de biens professionnels, respectivement à hauteur de 25 % et 40 %. La participation de X dans la SCI est un bien professionnel à hauteur de 15 millions d'euros x 25 % = 3,75 millions d'euros ; elle est non professionnelle pour le surplus, soit 1,25 million d'euros. Celle de Y est un bien professionnel en totalité à hauteur de 5 millions d'euros (pourcentage de participation dans la SCI inférieur au pourcentage de participation dans la société d'exploitation). La participation de Z dans la SCI n'a pas le caractère de bien professionnel (D. adm. 7 S-3312 n° 15).

604. ***Actifs loués par une SCI à une filiale d'exploitation détenue par une holding*** – Au cours de la réunion du Comité fiscal de la MOA du 29 mars 2000, il a été demandé à l'administration d'indiquer la méthode de détermination de la part d'actifs pouvant être considérée comme professionnelle dans l'hypothèse où ces actifs sont loués par une société civile immobilière (SCI) à une filiale d'exploitation détenue majoritairement par une holding dont le contribuable est actionnaire. A titre d'exemple, il a été demandé à l'administration de bien vouloir indiquer dans les situations données ci-après quelle part d'actifs loués à la société d'exploitation par l'intermédiaire d'une société civile immobilière peut être considérée comme professionnelle.

Monsieur X possède 99 % d'une SCI qui donne ses actifs à bail à une société d'exploitation B, détenue à 95 % par une holding A, elle-même détenue à 90 % par le foyer fiscal de Monsieur X.

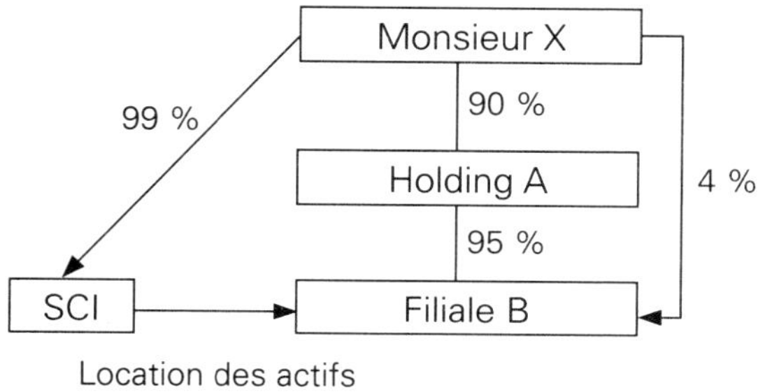

Hypothèses de travail :
La holding A est animatrice (n° 605), la holding A n'est pas animatrice (n° 606) ;
Les actifs de la SCI sont loués exclusivement à la société d'exploitation B, les actifs de la SCI sont loués en partie (40 %) à la société d'exploitation B.

605. Dans l'hypothèse où la société A est une holding animatrice, les parts détenues par M. X (90 %) dans la société holding A sont susceptibles d'être qualifiées de biens professionnels à la condition que :
– M. X exerce l'une des fonctions de direction énumérées par la loi au sein de cette société ;
– cette fonction donne lieu à une rémunération excédant 50 % de l'ensemble de ses revenus professionnels. La participation de M. X dans la filiale B n'est pas exonérée au titre des biens professionnels dès lors que seule la holding A constitue le bien professionnel. En conséquence, les parts de M. X dans la SCI dont les actifs sont loués exclusivement à la filiale B, en totalité ou en partie, ne peuvent être exonérées d'ISF au titre des biens professionnels dès lors que les parts ou actions détenues par M. X dans la filiale B n'ont pas elles-mêmes le caractère de biens professionnels (Comité fiscal MOA 29-3-2000).

On notera que, si M. X exerçait une fonction de direction dans la filiale B, les titres qu'il détient dans cette société pourraient être exonérés d'ISF au titre des biens professionnels. En effet, pour l'appréciation du seuil de détention de 25 % du capital, il peut être tenu compte de la participation que le contribuable (et les membres de son groupe familial) détient par l'intermédiaire d'une ou de plusieurs sociétés possédant une participation dans la société où s'exercent les fonctions, dans la limite d'un seul niveau d'interposition (n° 819).

M. X satisferait donc à la condition relative au seuil de détention du capital de B (4 % de détention directe + [90 % x 95 %] soit 89,5 % au total). En outre, les titres détenus par M. X dans la holding seraient également exonérés à concurrence de la valeur réelle de l'actif brut de la société A qui correspond à la participation qu'elle détient dans la filiale B (nos 840 s.). Dans une telle situation, le caractère professionnel des parts de la SCI devrait être admis dès lors que les biens sont loués à une société dont les titres ont cette valeur.

606. Dans l'hypothèse où la société A n'est pas une holding animatrice, les parts détenues, directement et par l'intermédiaire de la holding A (4 % en direct et 85,5 % par l'intermédiaire de la société A), par M. X dans la filiale B sont susceptibles d'être qualifiées de biens professionnels à la condition :
– que M. X exerce l'une des fonctions de direction énumérées par la loi au sein de cette société ;
– que cette fonction donne lieu à une rémunération excédant 50 % de l'ensemble de ses revenus professionnels. En conséquence, les parts de SCI détenues par M. X sont susceptibles de bénéficier de l'exonération d'ISF au titre des biens professionnels dès lors que les actifs de la SCI sont loués ou mis à la disposition de la filiale B qualifiée de bien professionnel.

Dans cette hypothèse, les parts de la SCI sont exonérées à hauteur du produit de la quote-part des droits de M. X dans la société professionnelle (filiale B) par la valeur de l'ensemble des biens loués à cette société ou mis à disposition par la SCI.

La valeur des biens de la SCI qui sont loués à la filiale B est fixée à 10 M €. Ces biens constituent les seuls actifs de cette société. Les droits de M. X dans la SCI sont donc de 9,9 M €.

Si les biens sont donnés en totalité en location à la filiale B, les droits de M. X dans la SCI sont :
– professionnels à hauteur de 10 M € x 89,5 % = 8,95 M €
– et non professionnels pour le surplus, soit 0,95 M € soit un total de 9,9 M € égal à sa participation dans la SCI.

Si les biens sont donnés en partie en location à la filiale B (40 %), les droits de M. X dans la SCI sont :
– professionnels à hauteur de 10 M € x 89,5 % x 40% = 3,58 M €
– et non professionnels pour le surplus, soit 6,32 M € (Comité fiscal MOA 29-3-2000).

B. Montant de l'exonération

630. Lorsque le bilan de la société dans laquelle les droits sont détenus comprend des éléments qui ne sont pas nécessaires à l'exercice de l'activité, seule la fraction de la valeur des parts ou actions qui correspond aux éléments utilisés pour les besoins de l'activité constitue un bien professionnel, le surplus étant un élément du patrimoine privé.

631. La règle de proportionnalité est notamment destinée à éviter, comme dans le cas des entreprises individuelles, des transferts abusifs dans le patrimoine de la société de biens du patrimoine non professionnel du ou des actionnaires les plus importants. En effet, un tel apport est rémunéré par la remise d'actions ou de parts qui, à défaut de la règle de proportionnalité, auraient pu avoir, pour la totalité de leur valeur, la qualité de biens professionnels.

Cela dit, il convient de tenir compte du fait que la situation des sociétés n'est pas, sous cet angle, entièrement comparable à celle des exploitations individuelles pour les raisons suivantes :
– d'une part, les sociétés ayant, par nature, un ***patrimoine distinct*** de celui de leurs associés, les risques de transferts abusifs entre le patrimoine de l'entreprise et celui des associés sont moindres que dans les exploitations individuelles. Ainsi les apports en société sont subordonnés à des règles de procédure fixées par la loi et entraînent, le cas échéant, le paiement de droits d'enregistrement spécifiques ; par ailleurs les sommes, même non prélevées sur les bénéfices sociaux, mises à la disposition des associés sont, en vertu de l'article 109, 1-2° du CGI, considérées comme des revenus distribués et taxées en cette qualité à l'impôt sur le revenu ;
– d'autre part, la présence d'***actionnaires minoritaires*** entraîne automatiquement, dans les sociétés cotées, une certaine surveillance de la conformité aux intérêts sociaux des actes de gestion des associés majoritaires ;
– enfin et surtout, les ***comptes courants*** détenus dans une société par des associés sont en principe considérés pour les intéressés au regard de l'ISF comme des biens non professionnels (n°s 700 s.).

632. Dans le cas exceptionnel où certains actifs d'une société apparaîtraient comme dépourvus d'utilité professionnelle, le ***calcul de la part professionnelle*** de la valeur des parts ou actions est effectué en appliquant à cette valeur le rapport existant entre la valeur réelle nette des biens professionnels figurant au bilan de la société et la valeur réelle nette globale du patrimoine social (D. adm. 7 S-3323 n° 26).

1. Actifs sociaux professionnels

640. D'une façon générale, les biens professionnels s'entendent de ceux qui, ayant un lien de causalité directe suffisant avec l'exploitation, sont utilisés effectivement pour les besoins de l'activité professionnelle ou ne pourraient être utilisés à un autre usage.

641. Les actifs sociaux sont ***présumés*** professionnels. Il ne s'agit cependant que d'une présomption simple que l'administration est autorisée à combattre (Cass. com. 15-6-1993 n° 1120 : RJF 8-9/93 n° 1244).

Il existe par ailleurs des règles particulières pour certaines catégories d'actifs (n°s 645 s.).

642. La ***date à laquelle doit être apprécié le caractère professionnel*** des actifs est, en principe, le 1er janvier de l'année d'imposition. Toutefois, pour les entreprises dont l'exercice ne coïncide pas avec l'année civile, l'administration admet que soit retenue la date de clôture du dernier exercice arrêté l'année précédente, à condition que cette méthode soit suivie chaque année (D. adm. 7 S-3314 n° 51).

Immeubles et autres immobilisations corporelles

645. Les immeubles – ou les droits immobiliers portant sur ces immeubles – utilisés pour l'exercice de l'***activité professionnelle*** (locaux à usage industriel, commercial, artisanal) sont présumés professionnels (D. adm. 7 S-3314 n° 10).

646. Sont considérés comme professionnels les bâtiments affectés au ***logement du personnel*** et aux ***œuvres sociales*** de l'entreprise, à l'exception des logements (ou de toutes autres immobilisations corporelles) mis à la disposition, même à titre onéreux, des associés ou des dix ou cinq dirigeants ou cadres de direction les mieux rémunérés de l'entreprise (selon que l'effectif du personnel dépasse ou non 200 salariés) (D. adm. 7 S-3323 n° 28).

Il est précisé que, si un ***immeuble*** est ***affecté en partie à l'exploitation*** et se trouve pour le surplus mis, gratuitement ou non, à la disposition privative de l'une des personnes énumérées ci-dessus, seule la fraction de l'immeuble utilisée à l'exercice de l'activité peut être considérée comme un bien professionnel (D. adm. 7 S-3314 n° 10).

647. Des immeubles inscrits au poste « terrain et construction » d'une société ne peuvent pas être considérés comme des biens professionnels en raisons des circonstances suivantes :

- les immeubles ont été ***occupés par le contribuable pour ses besoins personnels et familiaux*** ;
- l'application de l'article 2 des statuts de la société aurait dû conduire à les inscrire en ***comptabilité*** sur un compte de « stocks » et non sur un compte « immobilisation » ;
- le contribuable ne soutient pas davantage que, lors de l'achat de ces immeubles, aurait été souscrit l'engagement de revendre généralement pris par les ***marchands de biens*** pour bénéficier d'un droit de mutation réduit.

Au vu de ces éléments, l'***intention spéculative lors de l'achat*** de ces immeubles, qui aurait permis de les considérer comme utiles à l'activité commerciale de la société, et par suite de leur reconnaître le caractère de biens professionnels, n'est pas établie par le contribuable qui a la charge de la preuve et qui ne peut pas se contenter de se référer de manière générale à l'article 2 des statuts de la société, sans montrer in concreto en quoi les immeubles étaient utiles à l'activité commerciale de la société, ou encore d'expliquer l'usage fait de ces immeubles comme une conséquence de la crise de l'immobilier (CA Paris 10 mars 2006 n° 04-1638, 1e ch. B. Mamet : RJF 8-9/06 n° 1121).

648. Sont présumés non professionnels les ***immeubles donnés en location*** (immeubles de rapport), sauf lorsque leur acquisition résulte d'une obligation légale ou réglementaire pour la société.

Il en est ainsi, à titre d'exemple, des immeubles affectés à la représentation des provisions techniques des compagnies d'assurances, conformément aux dispositions des articles R 332-2 et R 332-3 du Code des assurances (D. adm. 7 S-3323 n° 28).

649. Les ***immeubles donnés en location*** par une société ***à une autre société*** doivent normalement être présumés non professionnels pour la société propriétaire alors même que l'entreprise locataire les utiliserait exclusivement pour les besoins de son activité.

Par exception, il y a lieu toutefois de considérer comme biens professionnels les immeubles, ou droits immobiliers y afférents, mis à la disposition d'une société par une autre société à condition que la société bailleresse remplisse à l'égard de sa filiale (ou inversement que la locataire remplisse à l'égard de la bailleresse) les conditions prévues à l'article 145 du CGI relatives à l'application du régime des sociétés mères et filiales, la condition tenant à l'assujettissement à l'impôt sur les sociétés n'étant toutefois pas exigée ; dans ce cas, la qualité de bien professionnel n'est cependant reconnue qu'en proportion de la participation directe de la société mère dans sa filiale et sous la réserve que l'immeuble en cause soit nécessaire à l'exercice de l'activité industrielle, commerciale, artisanale, agricole ou libérale de la société locataire.

Exemple : Une société A détient 25 % et 40 % du capital de deux filiales industrielles F1 et F2. La société A donne en location un immeuble I à la société F1 et un immeuble J à la société F2. Celle-ci réserve 1/4 de l'immeuble J au logement de son président. Pour la société A, propriétaire des deux immeubles, l'immeuble I est présumé constituer un bien professionnel pour 25 % de sa valeur vénale et un bien non professionnel pour 75 % ; l'immeuble J est, pour la même société, présumé constituer un bien professionnel à hauteur de 40 % x 3/4 = 30% de sa valeur, et un bien non professionnel à hauteur de 70 % (soit 40 % x 1/4 + 60 %) (D. adm. 7 S-3323 n° 29).

Titres de participation

651. Les titres de participation doivent s'entendre des titres dont la possession durable est estimée utile à l'activité de l'entreprise, notamment parce qu'elle permet d'exercer une certaine ***influence*** dans la société émettrice des titres ou d'en assurer le contrôle.

Par ailleurs, l'article 39, 1-5° du CGI présume qu'ont le caractère de titres de participation les actions acquises en exécution d'une ***offre publique d'achat ou d'échange*** ainsi que les titres susceptibles d'ouvrir droit au ***régime fiscal des sociétés mères*** défini aux articles 145 et 216 du même code.

Les titres de participation inscrits à l'actif du bilan de la société et répondant aux conditions de l'alinéa précédent sont présumés être des biens professionnels. Toutefois, l'administration a précisé qu'elle pourrait, le cas échéant, être amenée à remettre en cause cette qualification dans le cas où la société détentrice des titres n'exercerait pas, en fait, une certaine influence dans la société émettrice (D. adm. 7 S-3323 n° 30).

À noter par ailleurs qu'ont nécessairement le caractère de biens professionnels les parts détenues par une société de travaux publics dans une ***société auxiliaire de matériel*** (D. adm. 7 S-3314 n° 10)

652. ***Apport*** par un contribuable ***d'actions*** d'une société A à la société B avec émission en contrepartie d'actions de cette dernière.

L'ensemble de la participation du contribuable dans la société B ne peut pas constituer un bien professionnel, dès lors que le contribuable ne démontre ***pas*** que l'apport des titres de la société A était ***nécessaire*** à l'activité de la société B dans la ***poursuite*** de son ***objet social*** en raison des circonstances suivantes :
- le contribuable, qui a la charge de la preuve, se contente d'affirmer que l'apport des titres était indispensable pour rassurer la société A en contrepartie des efforts financiers important qu'elle consentait à B et pour disposer de capitaux propres importants permettant le développement de l'activité dans des domaines d'activité de son objet social, à savoir les marchés relatifs à l'immobilier et à l'art, qu'il est donc évident que la détention des titres de A était nécessaire à l'activité commerciale de l'entreprise ; il ne précise pas pour autant les investissements ou développements réalisés ou envisagés que l'apport de titres a effectivement permis ;
- l'apport des titres ne permettait pas à la société B d'exercer une influence significative dans la société A dès lors que le nombre de titres détenus par B dans A, représentant seulement 1,3 % du capital de A, essentiellement contrôlée par un autre groupe, était bien inférieur au seuil lui permettant d'exercer un certain rôle ;
- l'augmentation de capital de la société B résultant de l'apport des titres a été modeste et n'a donc pas permis des investissements ou un développement significatif de cette société ; par contre la prime d'émission était importante ce qui suggère que la société n'avait pas financièrement besoin de cette recapitalisation ;
- le contrat commercial liant la société B, la société A et le contribuable est essentiellement un contrat de prestations intellectuelles permettant une certaine synergie entre les deux sociétés mais ne nécessitant pas de structures lourdes ni d'investissements importants en moyens, le contrat conclu étant fondé surtout sur la valorisation des compétences du contribuable et de son équipe dans le domaine de la communication ; en tout état de cause, la valeur du portefeuille figurant au 31 décembre de l'année de passation du contrat à l'actif de la société B, représenté par les titres A est hors de proportion avec les besoins de l'entreprise dans l'objectif du contrat susvisé (CA Paris 10 mars 2006 n° 04-1636, 1e ch., B. Mamet et CA 10 mars 2006 n° 04-1638, 1e ch., B. Mamet : RJF 8-9/06 n° 1121).

Titres de placement et liquidités

654. Les liquidités et titres de placement inscrits au bilan d'une société sont présumés constituer des actifs nécessaires à l'activité professionnelle dès lors que leur acquisition découle de leur activité sociale ou résulte d'apports effectués sur des comptes courants d'associés.

Cependant, s'agissant d'une présomption simple, l'administration peut, dans certains ***cas exceptionnels***, démontrer que ces liquidités et titres de placement ne sont pas nécessaires à l'accomplissement de l'objet social.

L'exonération se trouve alors limitée à la fraction de la valeur des parts ou actions correspondant aux éléments du patrimoine social autres que les liquidités et titres de placement.

Mettant en œuvre ces principes, un arrêt de la cour d'appel de Paris (CA Paris 28 novembre 2002 n° 01-8362 : RJF 12/03 n° 1453) a confirmé un jugement de première instance ayant conclu qu'un portefeuille de valeurs mobilières n'était pas nécessaire à l'accomplissement de l'objet social de la société en cause, après avoir relevé que :
- le portefeuille litigieux était hors de proportion avec le volume d'activité de la société, les titres de placement représentant six à sept fois le montant du chiffre d'affaires ;
- ce portefeuille n'était pas utilisé pour couvrir des besoins de trésorerie, compte tenu d'un passif exigible à court terme de la société toujours inférieur au montant de ses créances ;
- la nature de l'activité de la société, le conseil en industrie, ne nécessitait aucun investissement, ainsi que le confirmait la faiblesse de l'actif immobilisé.

Le fait que les valeurs réalisables à court terme ou disponibles d'une société (y compris les titres de placement) excèdent largement son passif exigible à court terme (y compris les comptes courants d'associés) ne constitue qu'un indice de l'existence éventuelle d'actifs ne revêtant pas un caractère professionnel (Inst. 12 janvier 2005, 7 S-1-05).

L'arrêt de la cour d'appel de Paris cité par l'administration a été confirmé par la Cour de cassation (n° 657).

655. Tout comme l'administration, la Cour de cassation considère que les liquidités et les titres de placement sont en principe présumés constituer des biens professionnels pour les sociétés dès lors que leur acquisition découle de l'activité sociale.

Ainsi, selon elle, le juge du fond soumet l'application de l'exonération fiscale à une condition non prévue par la loi en retenant que les placements doivent être provisoires en vue d'un réinvestissement et qu'il n'y a pas eu réinvestissement immédiat dans le cas de liquidités et titres de placement provenant de la vente, une dizaine d'années auparavant, d'une partie d'un domaine agricole géré par une société anonyme.

Par suite, cette présomption ne peut être écartée aux seuls motifs que les ventes dont proviennent les titres et liquidités sont intervenues depuis de très nombreuses années, et que le contribuable n'apporte aucun élément de nature à établir qu'il s'est trouvé dans l'impossibilité de réinvestir les produits de ces ventes par l'acquisition d'éléments de même nature (Cass. com. 18-5-1993 n° 891: RJF 7/93 n° 1076; Cass. com. 13-1-1998 n°s 127 et 128 : RJF 4/98 n° 487).

656. Sont impropres à renverser la présomption selon laquelle les valeurs de placement étaient nécessaires aux investissements envisagés par la société dans le cadre de son activité commerciale des motifs retenant que ces ***fonds*** n'avaient pas été utilisés par la société dans le cadre de son activité de location-gérance d'un hôtel-restaurant de juin 1991 à juin 1994, que si des ***pourparlers*** avaient effectivement été menés en 1991 entre la société et une autre société pour la réalisation d'un ensemble hôtelier, ce projet n'avait ***pas abouti*** et que la volonté de réinvestissement alléguée par la société était insuffisante (Cass. Com. 18 mai 2005 n° 751 : RJF 11/05 n° 1319).

657. Le juge n'a pas soumis l'exonération fiscale des biens professionnels à une condition non prévue par la loi, et n'a méconnu, ni la charge de la preuve incombant à l'administration, ni le caractère annuel de l'impôt en déduisant de ses constatations que la preuve était rapportée que les titres de placement litigieux n'étaient pas nécessaires à l'activité de la société (Cass. Com. 8 février 2005 n° 189 : RJF 6/05 n° 631).

Créances

658. Sont présumés non professionnels les ***prêts*** consentis par une société ***sans*** qu'il y ait de ***lien direct avec ses opérations professionnelles***, et notamment les prêts consentis à ses dirigeants, ses associés ou aux membres de leurs familles.

En revanche, les prêts consentis aux ***filiales*** peuvent être considérés comme professionnels dans la mesure où l'entreprise emprunteuse les affecte elle-même au financement d'un besoin professionnel. Cette mesure est subordonnée à la condition que la société prêteuse remplisse à l'égard de sa filiale emprunteuse les conditions prévues à l'article 145 du CGI relatives à l'application du régime des sociétés mères et filiales, la condition tenant à l'assujettissement à l'impôt sur les sociétés n'étant toutefois pas exigée (D. adm. 7 S-3323 n° 31).

2. Dettes professionnelles

670. Les ***comptes courants créditeurs*** d'associés ouverts dans les sociétés sont présumés être des dettes professionnelles. Sur la situation du titulaire du compte, voir n°s 700 s.

671. Conformément à la jurisprudence du Conseil d'État, les dettes contractées pour ***l'acquisition de parts ou actions de sociétés*** constituent des dettes privées. Il en est ainsi alors même que ces titres présenteraient le caractère de biens professionnels au regard de l'ISF, ces dettes étant alors imputables sur le patrimoine imposable à l'ISF si leur montant excède la valeur des titres exonérés.

En revanche, ont le caractère de dettes professionnelles en application des dispositions de l'article 151 nonies, I du CGI les dettes contractées pour l'acquisition de leurs droits ou parts dans la société par les redevables exerçant leur activité professionnelle dans le cadre d'une société dont les bénéfices sont, en application des articles 8 et 8 ter du CGI, soumis à leur nom à ***l'impôt sur le revenu*** dans la catégorie des bénéfices agricoles réels, des bénéfices industriels ou commerciaux ou des bénéfices non commerciaux (D. adm. 7 S-3323 n° 33).

672. Lorsque le montant des dettes contractées pour l'achat de biens exonérés d'ISF ou dans l'intérêt de tels biens se révèle supérieur à la valeur des biens qu'elles grèvent, cet excédent de valeur est déductible du patrimoine imposable à l'ISF.

Dans l'hypothèse d'un ***emprunt*** souscrit en vue d'***acquérir*** de nouveaux ***titres*** d'une société dans laquelle le redevable détient des participations exonérées d'ISF au titre des ***biens professionnels,*** cet emprunt doit être imputé en priorité sur la valeur du bien professionnel dans son ensemble (Rép. Mathieu : Sén. 2-4-1998 p. 1055).

3. Exemple de calcul

680. Une société présente au 1er janvier la situation du tableau figurant ci-dessous :

Éléments actifs (valeur réelle)		Dettes	
	€		€
Immobilisations et valeurs immobilisées		Dettes à long terme	53 000 000 €
– professionnelles	100 000 000 €		
– non professionnelles	5 000 000 €	(dont spécifiques à une immobilisation non professionnelle)	1 000 000 €
Stocks	28 000 000 €		
Valeurs réalisables à court terme ou disponibles :		Comptes courants d'associés	2 000 000 €
– clients	3 000 000 €		
– liquidités et placements assimilés (titres de placements, bons de caisse, compte à terme, liquidités)	14 000 000 €	Autres dettes à court terme (fournisseurs et découvert)	11 000 000 €
	150 000 000 €		66 000 000 €

Le prorata est à calculer de la façon suivante :

Actif net réel

(150 000 000 € - 66 000 000 €) = 84 000 000 €

Valeur nette des biens non professionnels :

Immobilisations	5 000 000 €
Part considérée comme non professionnelle des liquidités et placements assimilés après examen de la situation de fait (voir remarque 1)	500 000 €
Moins : dettes non professionnelles	– 1 000 000 €
Total net	4 500 000 €
Valeur nette réelle des biens professionnels (84 000 000 - 4 500 000)	79 500 000 €
Prorata	79 500 000 / 84 000 000 = 94,60 %

Si le capital de la société est divisé en 100 000 actions, évaluées chacune à 600 € (voir remarque 2) et si M. X, président de la société exerçant cette fonction à titre principal en détient 30 000, soit 30 %, la valeur de ces titres sera ainsi répartie :
Valeur globale = 600 € x 30 000 = 18 000 000 €
Dont :
Fraction ayant la qualité de biens professionnels :
18 000 000 € x 94,60 % = 17 028 000 €
Fraction n'ayant pas cette qualité :
18 000 000 € x 5,4% = 972 000 €.

Remarques :

1. Dans la situation envisagée ci-dessus, est présumée constituer un bien professionnel la part des liquidités et placements assimilés égale à la différence entre le passif exigible à court terme de l'entreprise et les créances d'exploitation, soit 13 000 000 € – 3 000 000 € = 10 000 000 €.

Le surplus des liquidités et placements assimilés, soit 4 000 000 €, doit, selon l'administration, faire l'objet d'un examen attentif destiné à déceler d'éventuels transferts « abusifs » entre le patrimoine privé des associés et celui de la société ; au cas particulier, il est supposé que cet examen a conduit à considérer comme professionnelle une part de cet excédent égale à 3 500 000 € et comme non professionnel le reliquat, soit 500 000 €.

2. La valeur de l'action peut différer, parfois significativement, de celle de l'actif net réel par action, c'est-à-dire de la valeur mathématique, pour diverses raisons :
– si la société est cotée, dans l'hypothèse où le cours en bourse est supérieur ou inférieur à la valeur mathématique ;
– si la société n'est pas cotée, en raison de la prise en compte d'éléments comme la valeur de rendement, les perspectives de développement de l'entreprise, la survaleur, etc.

C. Comptes courants d'associés

Principe

700. Sous réserve des exceptions prévues en faveur des comptes courants détenus par les adhérents dans les coopératives agricoles et les Sica et par les promoteurs-constructeurs dans les sociétés civiles de construction-vente (n°s 706 et 708), les comptes courants d'associés n'ont pas le caractère de biens professionnels, même si les sommes correspondantes constituent une dette professionnelle pour la société (n° 670).

701. L'administration a ainsi précisé que l'exonération d'ISF au titre des biens professionnels lorsque la profession est exercée dans le cadre d'une société s'applique, sous certaines conditions, aux seules actions et parts sociales, c'est-à-dire aux ***sommes investies en fonds propres*** dans l'entreprise.

Les sommes placées au crédit d'un compte courant d'associé, alors même que le compte courant serait bloqué pour une période plus ou moins longue, ne constituent pas pour une société une augmentation de ses fonds propres mais s'analysent en une simple ***opération de prêt***. Cette analyse conduit à soumettre à l'ISF la créance des associés, titulaires de ces comptes, sur la société (Rép. Meyer : AN 23-9-2002 p. 3241 n° 209).

702. De même, selon la Cour de cassation, les sommes portées en compte courant, même ***bloquées pour de nombreuses années*** en garantie de prêts, ne constituent pas des biens professionnels. En effet, les comptes courants d'associés correspondent à des fonds personnels de l'associé que celui-ci met à la disposition de la société et qui continuent à lui appartenir, de sorte que les avances ainsi consenties, quelles que soient leurs modalités et leur utilité au regard de l'intérêt social, ne sont pas nécessaires à l'exercice à titre principal de l'activité professionnelle de l'associé dans la société. En outre, ces sommes ne sont pas juridiquement incluses dans le capital social et ne donnent pas lieu, en contrepartie, à l'attribution de parts sociales (Cass. com. 18 décembre 1990 n° 1521: RJF 2/91 n° 227).

703. La ***nature juridique*** des avances en compte courant diffère de celle d'apports donnant lieu à l'attribution de droits sociaux. Il n'est pas possible d'assimiler les unes aux autres pour l'application de l'impôt sur la fortune. L'administration n'apporte aucun tempérament sur ce point (Cass. com. 16-6-1992 n° 1148 : RJF 10/92 n° 1436).

704. En ***l'absence de transcription dans les comptes*** de la société, régulièrement approuvés par les associés à l'occasion de chaque examen annuel, la ***décision d'affectation en réserve*** prise par l'assemblée est demeurée inappliquée et par conséquent sans effet.

Dès lors, les sommes correspondantes inscrites en compte courant au nom de l'associé constituaient une créance de ce dernier imposable au titre de l'impôt de solidarité sur la fortune (Cass. Com. 5 avril 2005 n° 585 : RJF 7/05 n° 792).

Exceptions

706. ***Coopératives agricoles ou Sica*** – Dans le cas des coopératives agricoles ou Sica, les comptes courants qui enregistrent les ***livraisons ou achats effectués par les adhérents*** doivent être considérés comme des biens professionnels dès lors que les créances et les dettes correspondantes présentent un caractère professionnel pour les exploitants concernés (D. adm. 7 S-3323 n° 37).

708. ***Sociétés civiles de construction-vente*** – L'administration reconnaît le caractère de biens professionnels aux comptes courants détenus par des ***associés-dirigeants*** dans des sociétés civiles de construction-vente (sociétés de l'article 239 ter du CGI) visées par la loi du 16 juillet 1971 dès lors que les versements effectués sur ces comptes courants répondent aux conditions suivantes (D. adm. 7 S-3323 n° 39) :

1. Les versements doivent être réalisés en conformité avec les prescriptions édictées par l'article L 211-3 du Code de la construction et de l'habitation, issu de la loi précitée, et avoir pour ***objet*** exclusif de satisfaire aux appels de fonds nécessaires à l'accomplissement de l'objet social ;

2. Au plan fiscal, ces versements doivent avoir le caractère de ***complément d'apport***. Ce caractère est reconnu aux sommes qui, versées à titre obligatoire et proportionnelles au montant nominal des parts, sont rétribuées par une participation aux bénéfices de la même manière que l'apport social proprement dit sans être remboursables avant la dissolution de la société ;

3. Les versements effectués dans les conditions indiquées ci-dessus doivent être, pour chaque associé de la société civile de construction-vente, ***différenciés*** de ceux qui ne rempliraient pas ces conditions.

709. Cette mesure de tempérament est d'***interprétation stricte.*** Elle ne peut être étendue :
– aux comptes courants détenus dans les ***entreprises visées à l'article 209 quater A du CGI*** dès lors que ces entreprises, constituées sous forme de sociétés commerciales, ne relèvent pas de la loi du 16 juillet 1971, qui vise uniquement les sociétés à forme civile, mais de celle du 24 juillet 1966 dont aucune disposition ne prévoit l'obligation de satisfaire à des appels de fonds dans des conditions semblables à celles édictées par l'article L 211-3 du Code de la construction et de l'habitation (Rép. Proriol : AN 21-3-1983 p. 1319 n° 24049) ;
– aux comptes courants détenus par les associés de ***sociétés en nom collectif*** (Cass. com. 20-12-1988 n° 1283) ;
– aux comptes courants ouverts au nom d'un associé d'une ***société de construction-vente*** en dehors des prescriptions de l'article L 211-3 du Code de la construction et de l'habitation (Cass. com. 29-3-1989 n° 498 : RJF 5/89 n° 646).

710. Les prêts consentis par une société à sa filiale peuvent être considérés comme professionnels dès l'instant que l'entreprise emprunteuse les affecte elle-même au financement d'un besoin professionnel.

La qualité de filiale est appréciée au regard des dispositions de l'article 145 du CGI, l'assujettissement à l'impôt sur les sociétés n'étant toutefois pas exigé. Il en est de même des ***comptes courants détenus par une société de promotion*** dans une société de construction-vente. Dans le cas où la société de promotion n'aurait pas la qualité de société mère, les comptes courants auraient néanmoins le caractère professionnel à la condition que les sommes y soient versées à titre obligatoire pour répondre aux appels de fonds mentionnés à l'article L 211-3 du Code de la construction et de l'habitation (D. adm. 7 S-3323 n° 38).

D. Dirigeants retraités

730. Au regard de l'ISF, et conformément aux dispositions de l'article 885 G du CGI, les parts ou actions de sociétés grevées d'un usufruit sont comprises, en principe, dans le patrimoine de l'usufruitier pour leur valeur en pleine propriété.

Toutefois, l'article 885 O quinquies du CGI prévoit sous certaines conditions que le redevable qui transmet les parts ou actions d'une société avec ***constitution d'un usufruit*** sur ces parts ou actions à son profit peut retenir, pour l'application de l'article 885 G, la qualification professionnelle pour ces titres, à hauteur de la quotité de la valeur en pleine propriété des titres ainsi démembrés correspondant à la nue-propriété.

Remarque : Lorsqu'un dirigeant conserve ses parts ou actions après son départ à la retraite, il peut également, sous certaines conditions, prétendre à l'exonération d'ISF à concurrence de 75 % de leur valeur qui est prévue à l'article 885 I quater du CGI (voir n°s 2400 s.). Mais, en principe, les deux mesures ne peuvent pas se cumuler.

1. Conditions d'exonération

735. La qualification de biens professionnels des titres démembrés est subordonnée au respect simultané de deux séries de conditions qui doivent être respectivement remplies avant le démembrement des titres et au 1er janvier de chaque année d'imposition.

Conditions préalables au démembrement

738. Ces conditions sont de deux ordres :
- la pleine ***propriété des titres*** était détenue, par le redevable usufruitier ou par son conjoint, durant les trois années précédant le démembrement et jusqu'à ce dernier ;

– le redevable usufruitier ou son conjoint, durant les ***trois années précédant*** le démembrement, remplissait les conditions prévues par l'article 885 O bis du CGI pour que les titres en cause bénéficient de la qualification de ***biens professionnels***.

739. En cas d'***absence d'identité des titres*** exonérés d'ISF au titre des biens professionnels pendant le délai de trois ans en raison d'une ***opération d'apport*** par exemple, l'administration admet que le redevable puisse produire à l'appui de sa déclaration, pour les trois années précédant le démembrement, les pièces justificatives établissant la filiation juridique des titres exonérés avant et après l'opération d'apport (D. adm. 7 S-3323 n° 42).

740. En principe, la ***cessation des fonctions*** professionnelles prévues à l'article 885 O bis du CGI doit intervenir en même temps que le démembrement.

Toutefois lorsque la cessation des fonctions professionnelles résulte d'un ***décès***, le démembrement des titres peut intervenir dans un délai n'excédant pas un an, sans pour autant faire perdre au redevable usufruitier le bénéfice de la mesure. Dans ce cas, le régime en cause s'applique pour l'impôt dû au titre de l'année suivant celle au cours de laquelle le démembrement des titres est intervenu (D. adm. 7 S-3223 n° 43).

En ce qui concerne les solutions admises en cas de démembrement préalable à la cessation de fonctions, voir n°s 746 s.

Conditions à remplir au 1er janvier de chaque année

743. Le ***nu-propriétaire des titres*** doit être un ascendant, un descendant, un frère ou une sœur du redevable usufruitier ou de son conjoint. Il doit, en outre, exercer lui-même à titre effectif des fonctions professionnelles prévues à l'article 885 O bis du CGI dans la société dont les titres sont démembrés et satisfaire aux conditions prévues à cet article.

Il est admis que les fonctions professionnelles mentionnées ci-dessus soient exercées par le conjoint du nu-propriétaire.

Lorsque les titres démembrés sont des actions ou des parts de SARL soumises à l'impôt sur les sociétés, le redevable ***usufruitier*** doit soit détenir, directement ou par l'intermédiaire de son groupe familial, au moins 25 % du capital de la société, en usufruit ou en pleine propriété, soit détenir directement des actions ou parts sociales qui représentent au moins 50 % de la valeur brute de ses biens imposables, y compris les parts ou actions déjà citées.

Pour l'appréciation du ***seuil de 50 %***, l'administration admet que le rapport soit déterminé en retenant la valeur en pleine propriété des titres dont la propriété a été démembrée (D. adm. 7 S-3323 n° 44).

Concomitance du démembrement de propriété et de la cessation d'activité

746. Les dispositions de l'article 885 O bis du CGI ne sont en principe applicables qu'aux démembrements de propriété des titres intervenus simultanément à la cessation d'activité du redevable et postérieurement à l'entrée en vigueur de la loi instituant cet article, c'est-à-dire à compter du 1er janvier 1989.

Il est apparu que l'application de ces dispositions pouvait avoir des conséquences sévères dans certaines situations, notamment en cas de démembrement préalable à la cessation de fonctions ou lorsque ces événements sont intervenus avant la date d'entrée en vigueur de l'ISF. Afin de ne pas pénaliser les contribuables qui se trouvent dans ces situations, l'administration applique les solutions exposées ci-après.

748. ***Cessation d'activité et démembrement des titres avant le 1-1-1986*** – Jusqu'au 1er janvier 1986, en application d'une décision ministérielle du 13 juin 1984 (BOI 7 R-7-84), le redevable qui transmettait les parts ou actions d'une société en s'en réservant l'usufruit pouvait, dans le cadre des dispositions de l'article 885 G du CGI, retenir la qualification de biens professionnels à hauteur de la quotité de la valeur en pleine propriété des titres démembrés correspondant à la nue-propriété, si :
– lui-même, ou son conjoint, remplissait avant le démembrement les conditions requises pour que les droits sociaux aient le caractère de biens professionnels et ce y compris dans le cas où la transmission de la nue-propriété avait eu lieu avant l'entrée en vigueur de l'IGF ;
– la nue-propriété était transmise à un ascendant, un descendant, un frère ou une sœur du redevable ou de son conjoint ;
– le nu-propriétaire exerçait à titre principal et effectif dans la société les fonctions prévues à l'article 885 O ancien du CGI (s'il s'agissait d'une société par actions, il devait effectivement y exercer des fonctions de direction, gestion ou administration ; s'il s'agissait d'une SARL, il devait en être gérant) ;
– le redevable usufruitier détenait, directement ou indirectement par l'intermédiaire des membres de son groupe familial, défini à l'article 885 O bis du CGI, en usufruit ou en pleine propriété, au moins 25 % du capital de cette société, lorsque cette dernière était une société à responsabilité limitée ou par actions.

Les redevables qui bénéficiaient de cette ***exonération dans le cadre de l'IGF*** peuvent se prévaloir, pour l'application de l'ISF, de l'exonération prévue au 1er alinéa de l'article 885 O quinquies du CGI, si les conditions suivantes sont en outre satisfaites (D. adm. 7 S3323 n° 49) :
– le redevable usufruitier doit avoir exercé les fonctions de président, directeur général, président du conseil de surveillance ou membre du directoire d'une société par actions, gérant statutaire d'une SARL ou d'une société en commandite par actions, associé en nom d'une société de personnes ;

– le nu-propriétaire doit également exercer l'une des fonctions ouvrant droit à l'exonération ;
– la rémunération de l'un et l'autre doit représenter plus de la moitié de leur revenu professionnel au sens de l'article 885 O bis 1°.

750. ***Cessation d'activité et démembrement des titres entre le 2-1-1986 et le 31-12-1988*** – Les redevables qui ont cessé leur activité et démembré leurs titres, ou réalisé seulement une de ces opérations entre le 2 janvier 1986 et le 31 décembre 1988, peuvent bénéficier, sous certaines conditions, de l'exonération partielle prévue à l'article 885 O quinquies du CGI.

En raison de l'***absence de législation relative à l'impôt sur la fortune pendant cette période***, il n'est pas exigé que l'arrêt de l'activité professionnelle soit concomitant avec le démembrement du droit de propriété des titres.

La situation de ces redevables au regard de l'ISF est donc la suivante (D. adm. 7 S-3323 n°s 50 à 53) :

1. L'***arrêt de l'activité professionnelle et le démembrement*** de la propriété des titres sont intervenus entre le 2-1-1986 et le 31-12-1988. Les redevables dans cette situation, même si la cessation d'activité et le démembrement ne sont pas concomitants, peuvent bénéficier de l'exonération d'ISF si les autres conditions prévues à l'article 885 O quinquies sont remplies.

Si la ***cessation*** est intervenue ***avant le démembrement***, les conditions relatives à la qualification de biens professionnels de titres détenus par l'usufruitier sont appréciées à la date de cessation d'activité.

2. Le ***démembrement*** de la propriété des titres est intervenu ***entre le 2-1-1986 et le 31-12-1988***, et la ***cessation d'activité*** intervient ***après cette période***.

Les redevables dans cette situation peuvent bénéficier de l'exonération partielle d'ISF si les autres conditions prévues à l'article 885 O quinquies sont remplies.

Cette exonération partielle ne s'applique que pour l'ISF dû au titre des années postérieures à la cessation d'activité.

3. ***L'arrêt de l'activité professionnelle*** est intervenu ***entre le 2-1-1986 et le 31-12-1988***, et le ***démembrement intervient après*** cette période. Les redevables dans cette situation peuvent bénéficier de l'exonération partielle d'ISF si :
– les autres conditions prévues à l'article 885 O quinquies sont remplies ;
– et le démembrement est intervenu avant le 1er janvier 1991.

752. ***Cessation d'activité et démembrement des titres après le 1-1-1989*** – Pour ce qui concerne les redevables ayant cessé leur activité professionnelle et démembré la propriété de leurs titres après l'entrée en vigueur de l'ISF, c'est-à-dire après le 1er janvier 1989, deux situations doivent être envisagées (D. adm. 7 S-3323 n° 54 à 56).

1. La cessation d'activité intervient ***préalablement au démembrement*** de la propriété des droits sociaux :

En application de l'article 885 O quinquies, le redevable ne peut bénéficier de l'exonération partielle des droits sociaux à l'ISF que s'il remplit trois ans au moins avant le démembrement les conditions requises pour que ses parts ou actions aient le caractère de bien professionnel. Il s'agit notamment des fonctions de direction énumérées à l'article 885 O bis du CGI.

Tel n'est pas le cas lorsque le démembrement est pratiqué postérieurement à la cessation des fonctions professionnelles. L'exonération partielle n'est donc pas applicable dans cette situation (voir toutefois n° 740).

2. Le ***démembrement*** est ***antérieur à la cessation d'activité*** :

Dans ce cas, les titres conservent en principe leur caractère de biens professionnels exonérés si leur titulaire continue de remplir les conditions posées à l'article 885 O bis du CGI. Mais si ultérieurement le redevable abandonne ses fonctions professionnelles au bénéfice de l'une des personnes désignées à l'article 885 O quinquies du CGI, le maintien de l'exonération partielle à l'ISF est admis nonobstant l'absence de concomitance entre la date de la cessation des fonctions et du démembrement si les autres conditions prévues par le texte légal sont remplies à la date de la cessation d'activité.

753. En ce qui concerne la transmission des ***titres d'une société interposée postérieurement au démembrement*** de ces derniers, voir n° 762.

2. Titres exonérés

760. Les parts ou actions susceptibles de bénéficier de la qualification de biens professionnels au 1er janvier de chaque année d'imposition sont celles qui étaient détenues par l'ancien dirigeant ou son conjoint, au moment du démembrement.

En cas d'***absence d'identité*** entre les parts ou actions prises en compte au moment du démembrement et celles déclarées au 1er janvier de chaque année d'imposition, les redevables usufruitiers ne peuvent bénéficier de ce régime que s'ils établissent, dans une note jointe à leur déclaration, la filiation juridique existant entre ces parts et actions. Ainsi, par exemple, en cas de ***fusion de sociétés***, les titres de la société nouvelle résultant de la fusion peuvent être pris en compte si, en vertu d'un contrat de fusion, ils ont été échangés contre les titres de l'une des sociétés fusionnées (D. adm. 7 S-3323 n° 45).

761. Si toutes les conditions sont remplies, les parts ou actions concernées peuvent être considérées comme professionnelles, dans le patrimoine de l'usufruitier, à hauteur de la quotité correspondant, dans la valeur totale de ces parts ou actions, à la ***nue-propriété*** détenue par le ou les nu-propriétaires qui exercent à titre effectif, dans la société, les fonctions prévues à l'article 885 O bis du CGI et satisfont aux conditions prévues à cet article.

Pour déterminer la valeur de la nue-propriété des titres, il convient de faire application du barème prévu à l'article 669 du CGI (voir n° 6270).

La fraction de la ***valeur correspondant à l'usufruit*** des titres qui bénéficient du maintien de la qualification de biens professionnels ainsi que la valeur en pleine propriété des titres dont les nu-propriétaires n'exercent pas dans la société les fonctions prévues à l'article 885 O bis du CGI demeurent en tout état de cause comprises dans le patrimoine taxable de l'usufruitier (D. adm. 7S-3323 n°s 46 et 47).

762. L'administration admet que le dirigeant qui transmet les ***titres d'une société interposée*** pour lesquels il bénéficiait de l'exonération au titre des biens professionnels puisse, postérieurement au démembrement de ces derniers, se prévaloir des dispositions de l'article 885 O quinquies précité, sous réserve du respect des autres conditions édictées par cet article. À cet effet, il est précisé que le nu-propriétaire doit exercer ses fonctions de direction au sein de l'outil professionnel et non dans la société interposée (Rép. Dejoie : Sén. 2-8-2001 p. 2531).

SECTION IV

Situations particulières

800. Des règles spéciales sont prévues, par la loi ou la doctrine administrative, dans les cas suivants :
- groupes de sociétés (n°s 810 s.) ;
- fusions, scissions ou apports partiels d'actif (n°s 900 s.) ;
- biens situés hors de France (n°s 980 s.).

A. Groupes de sociétés

810. Des règles spécifiques permettent :
- de prendre en compte, pour l'appréciation du seuil de participations, celles détenues par l'intermédiaire d'autres sociétés (n°s 815 s.) ;
- d'exonérer une fraction de la valeur des titres détenus dans une société interposée (n°s 840 s.) ;
- d'exonérer les parts ou actions détenues dans certains holdings (n°s 860 s.).

1. Prise en compte des détentions indirectes

815. Les titres détenus par le redevable dans une société possédant une participation dans la société qu'il dirige peuvent être pris en compte pour l'appréciation du seuil minimum de détention de 25 % (n°s 819 s.) ou, lorsque ce seuil n'est pas atteint, pour l'appréciation du seuil de 50 % de la valeur du patrimoine brut taxable (n°s 827 s.).

816. La prise en compte des participations dans une société interposée ne se justifie que dans la mesure où un seuil minimum de détention est exigé. Tel n'est pas le cas lorsque les titres sont détenus par l'une des personnes désignées à l'article 62 du CGI (Rép. Dubernard : AN 6-11-1995 p. 4660).

Seuil de 25 %

819. Afin d'assurer à l'ISF une certaine neutralité à l'égard des différentes formes d'organisation du capital et des structures d'entreprises, l'article 885 O bis, 2° du CGI précise que les titres détenus par le redevable ou par les membres de son foyer fiscal dans une ***société possédant une participation*** dans la société dans laquelle il exerce ses fonctions sont pris en compte dans la proportion de cette participation.

Les redevables peuvent donc, pour l'application de la condition tenant au minimum de 25 % prévue à l'article 885 O bis du code déjà cité, tenir compte des droits qu'eux-mêmes, leur conjoint, partenaire lié à eux par un Pacs ou concubin notoire et les membres du groupe familial visés au même article détiennent par l'intermédiaire d'une ou de plusieurs sociétés dont ils sont associés ou actionnaires dans la limite d'un seul niveau d'interposition.

820. La prise en compte de la détention indirecte s'applique quels que soient l'***importance de la participation*** détenue dans la société interposée, la ***forme juridique*** de celle-ci et son ***objet social*** (sociétés ayant une activité professionnelle propre, holding animatrice de ses filiales ou sociétés de portefeuille gérant son patrimoine mobilier ou immobilier) (D. adm. 7 S-3322 n° 29).

821. Les règles prévues par l'article 885 O bis, 2° du CGI sont applicables lorsque l'associé dirigeant de la filiale et les membres de son groupe familial détiennent des ***droits en usufruit*** dans le capital de la société interposée (Rép. Dejoie : Sén. 6-2-1997 p. 373).

822. La *limitation* de la détention indirecte *à un seul niveau d'interposition* implique :
– d'une part, que l'ensemble des filiales directes d'une même société peut se trouver concerné, mais non les sous-filiales (ou au-delà), sous réserve de la similitude ou de la connexité et complémentarité de leurs activités ;
– d'autre part, que si une même société se trouve être simultanément la filiale de plusieurs sociétés dont le redevable détient des actions ou parts

sociales, la détention indirecte peut être recherchée à travers les diverses sociétés participantes (D. adm. 7 S-3322 n° 29).

823. *Exemple* : Le capital d'une société X est détenu à 30 % par M. A. Cette société détient 40 % d'une société filiale B. M. A. détient en outre 13 % de la société B, société dans laquelle il exerce sa seule activité professionnelle de directeur général. Le taux de détention de B par M. A. est de :

– détention directe : 13 % ;
– détention indirecte : 40 % x 30%=12%;
– détention totale : 13 % + 12 % = 25 %.

Seuil de 50 %

827. Afin d'assurer à l'ISF une certaine neutralité à l'égard des différentes formes d'organisation du capital et des structures d'entreprises, l'administration admet, pour l'appréciation du seuil de 50 %, de prendre en compte la valeur des participations détenues par le redevable ou les membres de son foyer fiscal dans une ***société possédant une participation*** dans la société dans laquelle il exerce une fonction de direction, dans la proportion de cette participation.

Les redevables peuvent donc tenir compte de la valeur des droits qu'eux-mêmes, leur conjoint, partenaire lié à eux par un Pacs ou concubin notoire, leurs enfants mineurs dont ils ont l'administration légale, détiennent par l'intermédiaire d'une ou de plusieurs sociétés dont ils sont associés ou actionnaires, dans la limite d'un seul niveau d'interposition. Il en va ainsi, quels que soient l'importance de la participation détenue dans la société interposée, la forme juridique de celle-ci et son objet social.

La limitation de la détention indirecte à ***un seul niveau d'interposition*** implique que, si une même société se trouve être simultanément la filiale de plusieurs sociétés dont le redevable détient des actions ou parts sociales, la détention indirecte peut être recherchée à travers les diverses sociétés participantes.

En conséquence, les titres d'une société interposée sont exonérés à la condition que la valeur représentative de sa participation dans la société dans laquelle le redevable exerce ses fonctions de direction excède bien 50 % de la valeur de son patrimoine brut taxable, y compris ces parts ou actions.

Pour l'appréciation du seuil de 50 %, la valeur des titres susceptibles d'être exonérés est retenue à hauteur de la valeur réelle de l'actif brut de la société interposée représentative de sa participation dans la société où le redevable exerce ses fonctions (En ce sens : D. adm. 7 S-3322 n° 40).

En ce qui concerne la quotité de la valeur des titres de la société interposée susceptible d'être exonérée, voir n° 847.

828. *Exemple :* Au 1er janvier 2004, Monsieur Z détient une participation de 10 % dans une société A dans laquelle il exerce des fonctions de directeur général qui lui procurent son seul revenu professionnel.

Il détient par ailleurs une participation de 10 % dans une société B qui a, à son actif, une participation dans la société A représentant 5 millions d'euros, soit 5/6 de la valeur de son actif brut.

Le patrimoine de Monsieur Z se décompose comme suit :
– participation dans la société A : 1 000 000 €
– participation dans la société B : 600 000 €
– résidence principale (valeur après abattement de 20 %) : 500 000 €
– autres biens : 200 000 €
– dettes : 200 000 €

Le calcul du seuil de 50 % s'effectue de la manière suivante :

– valeur de la participation directe dans A :1 000 000 €
– valeur de la participation indirecte dans A via la société B :

$$\frac{600\,000\,€ \times 5\,000\,000\,€}{6\,000\,000\,€} = 500\,000\,€$$

Valeur de la participation directe et indirecte dans A :1 500 000 €.

Le rapport entre la valeur brute des droits sociaux et celle du patrimoine taxable s'établit ainsi : 1 500 000 /2 300 000 = 65,21 %.

Monsieur Z bénéficie de l'exonération au titre des biens professionnels. Toutefois, les titres détenus dans B ne sont exonérés qu'à hauteur de 5/6, soit 500 000 €, le surplus étant imposable dans les conditions de droit commun (voir n° 847).

2. Exonération partielle des titres de la société interposée

840. Les titres détenus dans une société interposée (quels que soient sa forme et son objet) qui possède une participation dans la société où le redevable exerce ses fonctions sont exonérés pour une fraction de leur valeur (D. adm. 7 S-3323 n° 35).

Ces dispositions sont notamment applicables aux titres détenus par un redevable dans une société de participations financières de professions libérales (Décision de rescrit 7-2-2006 n° 200613 ENR).

841. Les titres de la société interposée ne sont susceptibles d'être exonérés que si la participation détenue directement et par société interposée par le redevable dans le capital de la société qu'il dirige atteint le seuil de 25 % (voir n°s 819 s.) ou, à défaut, excède 50 % de la valeur de son patrimoine brut taxable (voir n°s 827 s.).

842. Cette exonération se cumule avec celle dont bénéficie le redevable pour les actions ou parts de la société au sein de laquelle il exerce des fonctions de direction.

L'exonération ne trouve toutefois à s'appliquer que si les titres de la société interposée ne sont pas déjà exonérés dans le cadre d'***autres dispositions*** avec lesquelles elle doit être combinée. Tel est le cas en particulier lorsque le propriétaire des titres exerce simultanément des fonctions dans la société intermédiaire et dans la filiale, et où, en raison des liens entre les deux sociétés, l'ensemble des titres est considéré comme un bien professionnel unique (voir nos 470 s.).

Titres exonérés

843. L'exonération partielle s'applique aux titres détenus dans la société interposée à la condition qu'ils soient la ***propriété personnelle*** du redevable. Il s'agit donc des titres détenus directement par le redevable et les membres de son ***foyer fiscal*** (D. adm. 7 S-3323 n° 35).

844. L'exonération partielle des titres détenus dans une société interposée, non animatrice de groupe, est applicable alors même que l'associé dirigeant de la filiale et les membres de son groupe familial détiennent des ***droits en usufruit*** dans le capital de la société interposée (Rép. Dejoie : Sén. 6-2-1997 p. 373).

Sur la situation du dirigeant en cas de cessation ultérieure d'activité voir n° 762.

Montant de l'exonération

847. Les titres sont exonérés à concurrence de la valeur réelle de l'actif brut de la société qui correspond à la participation qu'elle détient dans la société où le redevable exerce ses fonctions (D. adm. 7 S-3323 n° 35).

La fraction exonérée de la valeur des titres de sociétés interposées s'obtient donc par la formule suivante :

$$\frac{\text{Valeur des titres dans la société interposée} \times \text{Valeur de la participation dans la société où le redevable exerce ses fonctions}}{\text{Actif brut de la société interposée}}$$

848. Exemple : M. X possède 30 % d'une société A qui a une filiale F à 50 %. Il détient directement 20 % de F dans laquelle il exerce des fonctions de direction.

Les titres détenus directement par M. X dans F sont considérés comme des biens professionnels pour leur valeur totale.

Les titres détenus par M. X dans la société intermédiaire sont considérés comme des biens professionnels à hauteur d'une fraction de leur valeur déterminée par application du rapport :

$$\frac{\text{Valeur réelle des titres de F détenus par la société A}}{\text{Valeur réelle de l'actif brut de A}}$$

(D'après D.adm. 7 S-3323 n° 35).

3. Sociétés holdings

860. Conformément aux dispositions de l'article 885 O quater du CGI, les parts ou actions de sociétés ayant pour activité la gestion de leur propre patrimoine mobilier (société de gestion de portefeuille notamment) ou immobilier (société immobilière ayant pour objet la gestion de leurs immeubles nus) ne sont pas considérées comme des biens professionnels.

Des dérogations sont toutefois admises par l'administration à l'égard des parts ou actions de certaines sociétés holdings.

Sur la situation d'une ***SCI louant des immeubles à une société dont les titres sont détenus par un holding***, voir n°s 604 s.

861. En ce qui concerne les sociétés dont l'actif est principalement composé de participations financières dans d'autres entreprises (sociétés holdings), l'administration distingue :
- celles qui ne font qu'exercer les ***prérogatives usuelles d'un actionnaire*** (exercice du droit de vote, c'est-à-dire décisions lorsque l'importance de la participation le permet, et des droits financiers). Les parts et actions de ces sociétés dont l'activité principale est la gestion de leur patrimoine ne peuvent constituer des biens professionnels ; elles peuvent toutefois faire l'objet d'une exonération partielle si la société détient une participation dans une autre société où le redevable exerce des fonctions de direction (n°s 840 s.) ;
- celles qui sont les ***animatrices effectives*** de leur groupe participent activement à la conduite de sa politique et au contrôle des filiales et rendent, le cas échéant et à titre purement interne au groupe, des services spécifiques administratifs, juridiques, comptables, financiers ou immobiliers. Ces sociétés utilisent ainsi leur participation dans le cadre d'une activité industrielle ou commerciale qui mobilise du personnel et des moyens spécifiques.

Les parts ou actions des sociétés holdings animatrices peuvent être exonérées si le redevable y exerce l'une des fonctions de direction énumérées par la loi et détient 25 % au moins du capital (ou si la participation représente plus de 50 % du patrimoine taxable) (en ce sens : D. adm. 7 S-3323 n°s 16 et 17).

862. Les règles prévues en faveur des associés ou actionnaires de sociétés holdings qui sont animatrices de leur groupe sont applicables quelle que soit la ***forme*** du holding (***SA, SARL, sociétés civiles, sociétés en commandite par actions...***) (D. adm. 7 S-3323 n° 17).

863. Bien entendu, s'appliquent également aux holdings, comme à l'ensemble des sociétés, les solutions concernant :
- le caractère professionnel des ***immeubles d'exploitation*** exclusivement donnés en location par la société à des filiales ou mis à leur disposition, à hauteur d'une fraction de leur valeur égale au pourcentage du capital détenu directement par la société mère dans ces filiales (n° 648) ;
- le caractère professionnel des ***prêts*** accordés par une société à ses filiales, sauf lorsque celles-ci les affectent à des besoins non professionnels (n° 658) (D. adm. 7 S-3323 n° 19).

865. ***Société holding animatrice d'un groupe de sociétés civiles immobilières –*** L'article 885 O quater du CGI exclut, de l'exonération des biens professionnels, les parts ou actions de sociétés ayant pour activité la gestion de leur propre patrimoine mobilier ou immobilier.

Par dérogation, il est admis que les parts ou actions de sociétés holdings animatrices effectives de leur groupe puissent bénéficier de l'exonération sous réserve, bien entendu, que les autres ***conditions*** d'éligibilité au dispositif soient par ailleurs réunies. À cet égard, s'appliquent également aux sociétés holdings animatrices, comme à l'ensemble des sociétés, les règles de détermination du ***caractère professionnel de l'actif***, prévues à l'article 885 O ter du code précité.

Ainsi, dès lors qu'une société holding animatrice détient à l'actif uniquement des parts de ***sociétés*** civiles immobilières, ***ayant pour activité*** principale la ***gestion de leur propre patrimoine*** mobilier ou immobilier, les parts ou actions de la société holding ne sauraient être éligibles à l'exonération des biens professionnels, la loi excluant ce type d'activité. L'interposition d'une société holding animatrice entre le redevable et les sociétés civiles immobilières considérées ne peut avoir pour effet de détourner l'application des règles précitées (Rép. Ducout : AN 19-5-2003 p. 3885).

Notion de société holding animatrice

868. La jurisprudence et la doctrine administrative ont été amenées à préciser la notion de société holding animatrice dans un certain nombre de décisions et solutions que nous passons en revue ci-après.

869. C'est ainsi que le caractère de société holding ne peut être reconnu à une ***société qui ne fait partie d'aucun groupe*** de sociétés (Cass. com. 16-6-1992 n° 1148 : RJF 10/92 n° 1436).

870. L'***identité des dirigeants*** d'une société holding et de sa filiale et le fait que la société holding « dispose d'un moyen humain capital pour être l'animatrice de son groupe et à l'origine des décisions prises au sein de la filiale » ne sauraient à eux seuls constituer des circonstances propres à caractériser le rôle d'animation de la holding sur sa filiale au sens du texte légal et de son interprétation administrative (Cass. com. 19-11-1991 n° 1457 : RJF 2/92 n° 270 ; BOI 7 R-1-93).

871. De même, n'établissent pas la réalité du rôle d'animateur attribué à la société holding les motifs retenant l'***exercice de la direction*** de la société holding et de sa filiale par des ***membres de la même famille*** et la ***détention*** par la société holding de la presque totalité du ***capital de la filiale.*** Par suite, le contribuable n'apporte pas la preuve qui lui incombe que la société holding exerce au sein du groupe qu'elle forme avec sa filiale un rôle d'animation effective, au sens du texte légal tel qu'interprété par la doctrine administrative (Cass. com. 8-7-1997 n° 1787 : RJF 12/97 n° 1196).

872. Le juge peut décider que les parts d'une société détenant 39,53 % du capital d'une société anonyme ne constituent pas des biens professionnels exonérés de l'impôt sur la fortune, lorsqu'il retient que la société holding se borne à assurer la ***gestion des titres*** de la société anonyme qui lui ont été apportés et que le contribuable se borne à soutenir, sans fournir aucun élément concret, que la société holding a un rôle de gestion et d'animation de la société anonyme (Cass. com. 7-12-1993 n° 1957: RJF 4/94 n° 495).

873. Il a également été jugé que sont impropres à caractériser le rôle d'animation effective d'une société sur une autre société ou sur un groupe, au sens du texte légal et de son interprétation administrative favorable au contribuable, des motifs retenant :
– que la société détient 25 % du capital de l'autre société et que l'épouse du contribuable était ***président du conseil d'administration*** de la première société et ***administrateur*** de la seconde ;
– que la société est devenue une des sociétés holdings d'une banque, sans indiquer pour quelle proportion du capital, qu'il entre dans son ***objet de prendre des participations*** dans le capital de la société dont les titres sont admis aux négociations sur un marché réglementé et que, pendant une dizaine d'années, le contribuable a occupé les fonctions de conseiller technique et de président du conseil de surveillance, puis de membre du conseil d'une autre société holding de la banque, celle de directeur d'une de ses filiales et d'administrateur de deux autres filiales (Cass. com. 15-2-1994 n° 454 : RJF 7/94 n° 854 ; BOI 7 R-2-94).

874. En revanche, constituent des biens professionnels, au sens du texte légal tel qu'interprété par la doctrine administrative, les actions d'une société entretenant avec une autre des ***relations de société mère à société filiale*** dans des conditions selon lesquelles la mère est appelée à ***contrôler, gérer et animer*** la filiale et ne se borne pas à gérer son portefeuille titres.

Tel est le cas lorsque le titulaire des actions de la société mère lui avait apporté lors de sa constitution la majorité (50,16 %) des actions, pour la plupart à droit de vote double, de l'autre société, qui constituaient la quasi-totalité (99 %) des actifs de la mère, et était le dirigeant des deux sociétés (Cass. com. 2-6-1992 n° 958 : RJF 8-9/92 n° 1276).

875. Le juge dénature par omission les ***conventions*** conclues entre une société holding et ses filiales en retenant que le rôle d'animateur de la société holding n'est pas caractérisé par les circonstances de l'espèce, alors que ces conventions prévoient que les organes dirigeants des sociétés filiales devront ***respecter la politique générale du groupe définie seulement et exclusivement par le holding*** (Cass. Com. 8-2-2005 n° 191 : RJF 4/05 n° 508).

876. Le caractère de société animatrice de son groupe par la société S est établi par les circonstances suivantes :
- si la ***convention d'assistance de groupe*** conclue entre la société S, la société Etablissement O et la société M décrit la société Etablissement O comme le Holding opérationnel remplissant le rôle d'animateur direct et de support financier du groupe O, cependant cette convention précise que l'organisation du groupe, qui permet de diriger, gérer et, d'une manière

générale, administrer conformément aux orientations et impulsions de la société mère a pour but de permettre à la société S, qualifiée de société mère, « de conserver le recul nécessaire à la bonne compréhension des phénomènes et l'efficacité de ses interventions à tous niveaux sur instruction des dossiers » ; il ressort de cette convention que la politique commerciale et économique du groupe est déterminée par S ;
- il ressort des ***éléments en cause*** que le rôle effectivement rempli par S est bien celui d'animateur du groupe.

100 % de l'actif de la société civile O étant composés au 1er janvier de l'année d'imposition par ces actions de la société S, détenues par la famille de M. Joseph O, bien professionnel dont M. Joseph O est membre du directoire, les parts détenues par les époux O sont elles-mêmes des biens professionnels au sens de l'article 885 O bis, 2° du CGI (CA Paris 14-10-2005 n° 03-16746 : RJF 5/06 n° 613).

Le caractère en totalité professionnel des parts de la société civile (société interposée au sens de l'article 885 O bis, 2° du CGI) découle de celui des titres de la société holding constituant son actif à 100 %.

877. Le caractère de société animatrice de son groupe est établi par les circonstances suivantes :
- ***rôle essentiel du dirigeant*** du holding auprès des filiales du groupe, démontré par les ***comptes rendus des conseils d'administration*** et le ***rapport des commissaires aux comptes*** ;
- ***prestations de services*** rendues aux filiales consistant à étudier et à conseiller les investissements assurant la croissance externe du groupe ou les réorientations stratégiques.

Le bénéfice de la qualification de biens professionnels ne peut être subordonné à l'existence, au sein de la société holding, de ***structures importantes*** pour réaliser l'animation du groupe et à la fourniture par cette société de ***services spécifiques rendus de manière habituelle*** (Cass. com. 27-9-2005 n° 1324 : RJF 1/06 n° 100.

878. Les parts de sociétés en commandite par actions qui sont la propriété du gérant commandité au 1er janvier de l'année d'imposition à l'ISF sont susceptibles de bénéficier de l'exonération attachée aux biens professionnels, dès lors que les autres conditions posées par la loi sont respectées (notamment, seuil minimum de participation de 25 %).

Selon l'administration, ces dispositions ne paraissent pas applicables à un redevable qui possède directement ou indirectement plus de 25 % du capital d'un holding, constitué sous la forme d'une ***société en commandite par actions***, lorsque la ***gérance*** du holding est assurée par une ***société à responsabilité limitée*** dont il est gérant statutaire (Rép. Arthuis : Sén. 24-8-1989 p. 1322).

Sur l'application de cette réponse au cas d'un holding constitué sous la forme d'une société par actions dont la gérance est assurée par une société à responsabilité limitée dont le redevable est le gérant, voir n° 324.

Conditions de l'exonération

879. L'exonération des parts ou actions des sociétés holdings animatrices soumises à l'IS est subordonnée aux conditions générales d'application du régime des biens professionnels (n°s 250 s.) :
– les ***titres*** détenus par le foyer fiscal au sens de l'ISF, directement ou par l'intermédiaire d'une société dans la limite d'un seul niveau d'interposition, représentent 25 % du capital de la société ou leur valeur excède 50 % du patrimoine imposable de celui-ci (pour l'appréciation du seuil de 25 %, il convient également de retenir les titres détenus dans les mêmes conditions par les membres du groupe familial ; voir n°s 403 s.) ;
– l'un des membres du foyer fiscal exerce dans la société l'une des ***fonctions*** de direction prévues à l'article 885 O bis 1° du CGI ;
– cette fonction donne lieu à une ***rémunération*** normale qui représente plus de la moitié des revenus professionnels du dirigeant.

De même, l'***actif*** de la société doit revêtir un ***caractère professionnel*** (voir n° 865).

880. S'agissant de la rémunération, l'administration admet toutefois que les participations dans des sociétés holdings animatrices d'un groupe bénéficient de l'exonération d'ISF au titre des biens professionnels alors même que les ***fonctions*** de direction qu'y exerce le redevable ne sont ***pas ou peu rémunérées***.

L'***application de cette mesure*** de tempérament est subordonnée à la double condition que :

– l'intéressé exerce simultanément des fonctions de direction au sein d'une ou de plusieurs filiales dont la société mère détient 50 % ou 25 % selon que cette dernière poursuit une activité industrielle ou commerciale propre ou qu'elle limite son activité à l'animation de son groupe ;
– l'intéressé perçoive, à raison de l'exercice de ses fonctions de direction au sein de la société holding animatrice et d'une ou de plusieurs filiales, une ou des rémunérations dont le montant cumulé, le cas échéant, excède 50 % de ses revenus professionnels (D. adm. 7 S-3323 n° 21).

> Exemple : M. X détient 80 % d'une société H holding animatrice d'un groupe constitué de deux filiales F1 et F2, détenues à 50 % par la société mère.
> M. X exerce dans ces trois sociétés des fonctions de direction. 1er cas : la fonction de direction dans H n'est pas rémunérée. Les titres de H détenus par M. X peuvent conserver leur caractère professionnel à la condition que la rémunération perçue dans F1 ou F2, ou les rémunérations perçues dans F1 et F2 excèdent 50 % des revenus professionnels de l'intéressé.
> 2e cas : la rémunération perçue dans H représente 1/3 des revenus professionnels de M. X.
> Les titres de H détenus par M. X peuvent conserver leur caractère professionnel à la condition que le cumul des rémunérations perçues par M. X au sein de H et de F1 et/ou F2 excède 50 % des revenus professionnels de M. X.

Exemples

882. ***1er exemple :*** M. X détient 40 % des actions d'une société holding H et 10 % de celle d'une filiale F à 50 % de ce holding. H, qui a une activité industrielle, contrôle F et anime la politique du groupe.

Première hypothèse : M. X exerce des fonctions éligibles seulement dans H : seuls les titres de H ont, pour M. X, le caractère de biens professionnels.

Deuxième hypothèse : M. X exerce ses fonctions seulement dans F : les titres de F ont la qualité de biens professionnels. En effet, compte tenu de sa participation dans le capital de H, M. X est réputé, au regard du seuil de contrôle, détenir 30 % du capital de F. Par ailleurs, les titres détenus dans H peuvent être qualifiés de biens professionnels pour une fraction de leur valeur.

Troisième hypothèse : M. X exerce des fonctions éligibles dans H et F : ses titres H et F sont considérés comme constituant un bien professionnel unique, dès lors que chaque participation prise isolément (mais en tenant compte de la détention indirecte) a cette qualité et que les sociétés F et H ont des activités connexes et complémentaires.

883. ***2e exemple :*** Le capital d'une société mère A est détenu à 51 % par M. X, à 20 % par son fils F, et à 20 % par son autre fils G. La société A contrôle à 90 % une filiale B et à 80 % une filiale C ; F détient directement 9% de B et 10% de C; G détient directement 9% de C; A, B et C ont des activités connexes et complémentaires.

M. X est président-directeur général de A et F directeur général de A. Il est aussi président de B et directeur général de C ; G est directeur commercial de A et président de C.

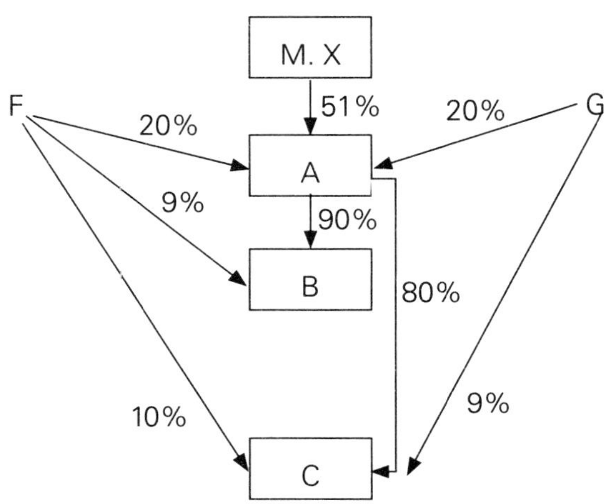

La situation de ces trois personnes est la suivante en supposant les autres conditions remplies.

Pour X, ses actions A constituent un bien professionnel.

Pour F, ses actions A, B et C constituent des biens professionnels. En effet :

• l'intéressé détient, avec son père et son frère, 91 % du capital de A et y exerce la fonction de directeur général ;

• de même, il détient, avec les mêmes personnes, directement ou sous le couvert d'une seule autre société, 90,9 % du capital de B et 91,8 % du capital de C, sociétés dont il est respectivement président et directeur général ;

• enfin, les sociétés A, B et C ayant des activités connexes et complémentaires, les trois participations de F peuvent être considérées comme constituant un bien professionnel unique dès lors que chacune, prise isolément (mais en tenant compte de la détention indirecte), satisfait aux conditions relatives à la nature des fonctions et au taux de détention.

Pour G, ses actions C sont un bien professionnel car G détient, avec son père et son frère, directement ou sous le couvert d'une seule autre société, 91,8 % du capital de C et préside cette société.

884. ***3e exemple :*** Le capital d'une société mère M est détenu respectivement à 30 % et 25 % par deux frères X et Y ; X préside la société mère ; celle-ci a une filiale F à 90 % qui contrôle elle-même à 50 % une sous-filiale SF, dirigée par Y ; Y et X, en outre, détiennent personnellement 12 % et 8 % des actions de SF.

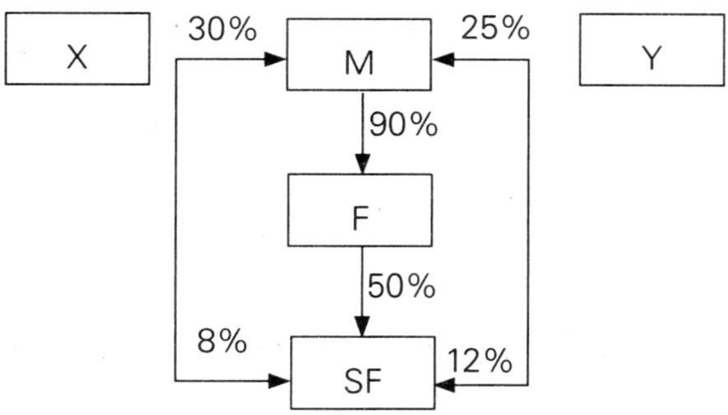

– Pour Y :

• ses actions M ne sont pas un bien professionnel (pas de fonctions éligibles) ;

• ses actions SF ne le sont pas non plus en dépit des fonctions exercées par Y dans cette société (le seuil de 25 % n'est atteint, par lui-même et son frère, qu'en prenant en compte une participation indirecte par l'intermédiaire de deux sociétés, M et F). Toutefois, elles le deviendraient si son frère X détenait 30 % non pas dans M mais dans F : dans ce cas, en effet, la participation indirecte de X dans SF, sous couvert de la seule société F, soit 15 %, pourrait être ajoutée aux participations directes de 12 % et 8 % de Y et X dans SF.

– *Pour X :*

• ses actions M sont un bien professionnel (contrôle familial de 55 % et fonctions éligibles) ;

• ses actions SF ne sont pas un bien professionnel (absence de fonctions éligibles).

B. Fusions, scissions et apports

900. Si une fusion ou une opération assimilée a eu lieu entre deux sociétés au cours de l'année précédant celle de l'imposition, l'assiette de l'ISF dû, s'il y a lieu, par les associés de ces sociétés est déterminée, en consistance et en valeur, à la date du 1er janvier suivant l'opération. Par suite, seules les parts ou actions détenues à cette date dans la société bénéficiaire des apports sont prises en considération.

Toutefois, s'agissant de l'appréciation du caractère professionnel de ces droits sociaux, des règles particulières sont prévues pour tenir compte de la spécificité des fusions et opérations assimilées.

Ces règles distinguent les opérations réalisées entre sociétés préexistantes et les transferts à une entreprise nouvelle.

1. Fusions et opérations assimilées entre entreprises préexistantes

910. Les opérations concernées sont les opérations de fusion, scission, apport partiel ou apport pur et simple entre sociétés anonymes ou à responsabilité limitée préexistantes ou d'apports à titre pur et simple entre entreprises individuelles et sociétés préexistantes.

a. Fusions et scissions

915. L'application des règles générales définies à l'article 885 O bis du CGI conduirait normalement, en cas de fusion ou de scission, à ne tenir compte que de la situation des associés ou actionnaires, anciens ou nouveaux, de la société bénéficiaire des apports au 1er janvier suivant l'opération et cela aussi bien pour la détermination de la valeur de leurs titres que pour l'appréciation de leur caractère de biens professionnels.

Toutefois, dans l'esprit des règles déjà appliquées en matière d'impôt sur les bénéfices en vue d'assurer la ***neutralité fiscale*** des opérations de fusion et scission, les ***associés ou actionnaires de la société bénéficiaire***

des apports peuvent, pour l'ISF de l'année suivant celle de l'opération, bénéficier d'un régime particulier.

Ce régime permet de tenir compte, sous certaines conditions, des changements entraînés par l'opération elle-même dans la répartition du capital de la société bénéficiaire des apports et dans la personne de ses dirigeants.

Il est fondé sur la recherche d'une ***équivalence*** entre les parts ou actions détenues au 1er janvier suivant l'opération dans la société bénéficiaire des apports, et les parts ou actions qui étaient ou auraient été détenues, si l'opération n'avait pas eu lieu, dans chacune des sociétés concernées (D. adm. 7 S-3322 n° 46).

Règle d'équivalence

918. La règle d'équivalence est destinée à évaluer, à partir des parts ou actions effectivement détenues au 1er janvier suivant l'opération par les associés ou actionnaires de la société bénéficiaire des apports, quelle était ou aurait été en l'absence de fusion ou de scission la participation de ces associés dans chacune des sociétés concernées, compte tenu des modalités de l'échange intervenu.

919. Pour déterminer la participation reconstituée, il y a lieu de distinguer, dans le capital de la société bénéficiaire des apports au 1er janvier suivant l'opération, entre les parts ou actions anciennes et les parts ou actions nouvelles. ***Les parts ou actions anciennes*** sont représentatives du capital de la société bénéficiaire des apports avant la fusion ou la scission ; par ***parts ou actions nouvelles***, il faut en revanche entendre les parts ou actions de la société bénéficiaire des apports remises en rémunération de ceux-ci aux associés ou actionnaires de la société absorbée.

Ainsi, la ***proportion*** de parts ou actions qui étaient ou auraient été détenues ***dans le capital de la société absorbée*** par chacun des associés ou actionnaires de la société bénéficiaire des apports au 1er janvier suivant l'opération est réputée égale au rapport existant entre les parts ou actions nouvelles possédées à la même date par chacun d'eux et le nombre total des parts ou actions nouvelles.

De même, la ***proportion*** de parts ou actions qui étaient ou auraient été, en l'absence de fusion, détenues ***dans le capital de la société bénéficiaire des apports*** est réputée égale au rapport entre les parts ou actions anciennes possédées par chaque associé ou actionnaire au 1er janvier suivant l'opération et le nombre total des parts ou actions anciennes (D. adm. 7 S-3322 n° 47, 1er octobre 1999).

920. *Entre la date de la fusion ou de la scission et le 1er janvier suivant*, les parts ou actions, anciennes ou nouvelles, peuvent avoir fait l'objet de ***transactions*** entre associés ou avec des tiers, mais en tout état de cause seuls la qualité d'associés et le nombre de parts ou actions nouvelles ou anciennes possédées ***au 1er*** janvier suivant l'opération doivent être pris en considération pour l'application de la règle d'équivalence (D. adm. 7 S-3322 n° 47).

921. Pour se prévaloir de la règle d'équivalence, les associés de la société bénéficiaire des apports doivent être en mesure de ***justifier*** de la qualité de parts ou d'actions nouvelles ou de parts ou d'actions anciennes de leurs droits détenus au 1er janvier suivant l'opération et du nombre de parts ou actions appartenant à chacune de ces deux catégories (D. adm. 7 S-3322 n° 53).

922. *Exemple :* Le capital d'une société A est composé de 1 000 actions ; deux personnes physiques X et Y détiennent respectivement 600 et 300 actions de cette société, les 100 autres appartenant à divers porteurs.

La société A est absorbée le 1er octobre de l'année N-1 par une société B dont le capital est divisé en 3 000 actions. Deux autres personnes physiques, T et U, détiennent respectivement 2 100 et 800 actions de la société B.

La société B émet, pour rémunérer les actionnaires de la société A, 2 000 actions nouvelles, le rapport d'échange s'établissant ainsi à deux actions nouvelles de B pour une action ancienne de A.

Au 1er janvier suivant, deux situations peuvent se présenter.

1. Il n'y a pas eu, postérieurement à l'échange, de mutations d'actions, nouvelles ou anciennes de la société B. Dans ce cas, le capital de B se répartit ainsi à la date indiquée :

	Actions nouvelles	*Actions anciennes*	*Total*
X	1 200	0	1 200
Y	600	0	600
T	0	2 100	2 100
U	0	800	800
Divers	200	100	300
Total	2 000	3 000	5 000

L'application de la règle d'équivalence conduit alors, comme il est logique, à des participations réputées détenues par X, Y, T et U dans le capital des sociétés A et B, comme si l'opération n'avait pas eu lieu, égales à ce qu'elles étaient effectivement au moment de l'opération.

	Participation dans le capital de la société absorbée A, calculée comme si l'opération n'avait pas eu lieu (règle d'équivalence)	Participation dans le capital de la société B, bénéficiaire des apports, calculée comme si l'opération n'avait pas eu lieu (règle d'équivalence)	Participation effective dans le capital de la société B au 1er janvier de l'année d'imposition
X	1 200/ 2 000 = 60 %	0	1 200/ 5 000 = 24 %
Y	600/ 2 000 = 30 %	0	600/ 5 000 = 12 %
T	0	2 100/ 3 000 = 70 %	2 100/ 5 000 = 42 %
U	0	800/3 000 = 26,7%	800/ 5 000 = 16 %

2. Des mutations d'actions, nouvelles ou anciennes, de la société B bénéficiaire des apports sont intervenues après l'opération et avant le 1er janvier suivant. Ainsi, si l'on suppose que Y a cédé 400 des actions nouvelles de B reçues par lui respectivement à T (300 actions) et à U (100 actions), et que X a acquis de U 300 actions anciennes, le capital de B se répartit au 1er janvier l'année N) :

	Actions nouvelles	Actions anciennes	Total
X	1 200	300	1 500
Y	200	0	200
T	300	2 100	2 400
U	100	500	600
Divers	200	100	300
Total	2 000	3 000	5 000

Dans ces conditions, les actionnaires X, Y, T et U sont réputés avoir détenu respectivement :

	Participation dans le capital de la société absorbée A, calculée comme si l'opération n'avait pas eu lieu (règle d'équivalence)	Participation dans le capital de la société B, bénéficiaire des apports, calculée comme si l'opération n'avait pas eu lieu (règle d'équivalence)	Participation effective dans le capital de la société B au 1er janvier de l'année d'imposition
X	1 200/ 2 000 = 60 %	300/ 3 000 = 10 %	1 500/ 5 000 = 30 %
Y	200/ 2 000 = 10 %	0	200/ 5 000 = 4 %
T	300/ 2 000 = 15 %	2 100/ 3 000 = 70 %	2 400/ 5 000 = 48 %
U	100/ 2 000 = 5 %	500/ 3 000 = 16,7 %	600/ 5 000 = 12 %

Remarques

925. Même lorsqu'il est fait application des règles spéciales prévues pour les fusions, la consistance et la valeur des patrimoines des associés ou actionnaires restent appréciées, dans tous les cas, au 1er janvier suivant l'opération de restructuration.

926. Les associés ou actionnaires au 1er janvier suivant l'opération de la société bénéficiaire des apports demeurent, en tout état de cause, fondés à faire application, si elles leur sont plus favorables, des ***règles de droit commun*** (D. adm. 7 S-3322 n° 50).

Ils peuvent donc se référer :
– d'une part, aux fonctions exercées à titre principal au 1er janvier par eux-mêmes ou leur conjoint ;
– d'autre part, à la proportion de parts ou d'actions détenues à la même date par leur foyer fiscal, tel qu'il est défini à l'article 885 E du CGI (ou, pour l'appréciation du seuil de 25 %, par les autres membres du groupe familial).

927. Pour l'ISF afférent aux ***années ultérieures***, les règles de droit commun s'appliquent dans leur totalité aux associés ou actionnaires de la société bénéficiaire des apports.

Si la fusion a eu lieu, par exemple, en 2005, seule l'année 2006 est concernée par le régime spécial ; l'ISF des années 2007 et suivantes obéit aux règles ordinaires.

928. Les ***clauses de rétroactivité*** des fusions et opérations assimilées sont sans effet au regard de l'ISF, dès lors que ces clauses ont généralement pour seul objet de permettre aux parties de se référer, pour fixer les conditions financières de l'opération, à la valeur des patrimoines des sociétés en présence à l'ouverture de l'exercice.

Dans ces conditions, au cas où une fusion ou opération assimilée, intervenant dans le courant de l'année d'imposition, rétroagirait au 1er janvier de cette année (ou à une date antérieure), il y a lieu, pour l'ISF dû au titre de la même année, de se référer exclusivement à la situation qui était celle des associés ou actionnaires des sociétés en présence au 1er janvier, abstraction faite de la clause de rétroactivité. Pour la détermination du patrimoine professionnel de l'année suivant celle de l'opération, le régime spécial est applicable (D. adm. 7 S-3322 n° 52).

b. Apports partiels d'actif

935. Dès lors que la ***société apporteuse*** continue d'exister après la réalisation de l'apport partiel, il convient d'apprécier le caractère professionnel des titres de cette société au 1er janvier suivant la réalisation de l'apport. En ce qui concerne la situation des associés ou actionnaires de la ***société bénéficiaire de l'apport*** au 1er janvier suivant l'opération, elle doit être réglée mutatis mutandis comme en matière de fusion ou de scission (nos 915 s.) (D. adm. 7 S-3322 n° 54).

936. Dans le cas où, du fait de l'apport, la société apporteuse devient un ***holding***, il est fait application des solutions prévues pour ce type de sociétés (voir n°s 860 s.) (D. adm. 7 S-3322 n° 54).

c. Apports à titre pur et simple à une société

945. Lorsque l'apport est effectué ***par une société*** à une autre société, il convient de mettre en œuvre les solutions prévues en cas d'apport partiel d'actif (n°s 935 s.).

En cas d'apport effectué ***par une entreprise individuelle*** à une société, il doit être fait application des solutions prévues en cas d'apport partiel d'actif, si l'apport n'entraîne pas la disparition de l'entreprise individuelle.

Si l'apport entraîne la ***disparition*** de l'entreprise individuelle, il y a lieu de transposer, avec les adaptations nécessaires, les solutions prévues en cas de fusion (n°s 915 s.) (D. adm. 7 S-3322 n°s 55 et 56).

2. Apports ou transferts à une entreprise nouvelle

960. Il convient de distinguer les deux hypothèses suivantes.

1. Apport en nature effectué ***par une personne physique*** à une société nouvelle ou transfert à son exploitation individuelle nouvelle, en vue d'une utilisation professionnelle, de biens antérieurement non affectés à un tel usage.

Les règles relatives aux biens professionnels trouvent à s'appliquer, y compris pour l'exercice de la création de l'entreprise, dans les conditions de droit commun.

2. Apport de biens professionnels ***d'une société*** anonyme ou à responsabilité limitée ou d'une entreprise individuelle à une société anonyme ou à responsabilité limitée nouvelle.

Il convient dans cette hypothèse de transposer, mutatis mutandis, les règles mentionnées ci-dessus (n°s 935 s.) applicables au cas où la société bénéficiaire de l'apport préexistait à l'opération.

Sans qu'il y ait lieu ici d'entrer dans le détail, on voit qu'il convient de distinguer les cas suivants :
- apport-fusion ou apport-scission d'une société préexistante au profit d'une ou de plusieurs sociétés nouvelles ;
- apport partiel d'actif d'une société préexistante à une société nouvelle ;
- apport pur et simple d'une société préexistante à une société nouvelle ;
- apport pur et simple d'une entreprise individuelle à une société nouvelle, sans disparition de l'entreprise individuelle ;
- apport pur et simple d'une entreprise individuelle à une société nouvelle, avec disparition de l'entreprise.

C. Biens situés hors de France

980. Les personnes physiques ayant leur ***domicile fiscal en France*** sont redevables de l'ISF à raison de leurs biens situés en France ou hors de France (il est rappelé que la France s'entend de la France métropolitaine et des départements d'outre-mer : Guadeloupe, Guyane, Martinique et Réunion) (voir n° 15).

Les ***biens étrangers*** sont, sauf exceptions, ceux qui ont leur assiette matérielle à l'étranger (immeubles, fonds de commerce, meubles corporels) ainsi que les biens incorporels considérés comme étrangers par l'article 750 ter, 2° -2e alinéa du CGI (créances sur les débiteurs domiciliés à l'étranger, valeurs mobilières émises par des collectivités ayant leur siège à l'étranger).

Ces biens peuvent de façon générale être qualifiés de biens professionnels sous réserve que soient remplies les conditions prévues par les articles 885 N à 885 R du CGI.

Droits sociaux de sociétés étrangères

983. Les droits sociaux détenus par les redevables domiciliés en France dans une société de droit étranger assimilable aux catégories correspondantes du droit des sociétés françaises peuvent être considérés comme des biens professionnels s'ils satisfont à l'ensemble des conditions posées aux articles 885 N à 885 R du CGI.

Toutefois, ces articles ne peuvent être appliqués sans adaptation, compte tenu des différences de statut entre les sociétés françaises et les sociétés étrangères.

Pour savoir quelles sont les conditions applicables, il appartient aux redevables de déterminer à ***quel type de société française*** les sociétés étrangères dont ils sont associés peuvent être rattachées, en fonction des caractéristiques propres de ces dernières, et de démontrer qu'ils exercent dans ces sociétés des ***fonctions similaires*** à celles mentionnées à l'article 885 O bis du CGI (D. adm. 7 S-335 n° 5).

984. Dans un souci de ***simplification***, les règles suivantes peuvent être observées en ce qui concerne les sociétés non situées dans un État ou territoire dont le régime fiscal est privilégié au sens de l'article 238 A du CGI.

1. La ***société étrangère*** est elle-même ***imposable à l'impôt sur les bénéfices à l'étranger***.

Dans ce cas, les droits sociaux peuvent être considérés, par leur détenteur, comme des biens professionnels à la condition :
- qu'ils représentent au moins 25 % des droits financiers et des droits de vote ;
- et que leur titulaire exerce à titre principal des fonctions comparables à celles mentionnées à l'article 885 O bis du CGI (voir nos 270 s.).

2. La ***société étrangère*** n'est ***pas assujettie à l'impôt sur les bénéfices***, les associés étant personnellement imposables sur leur part de bénéfices.

Les droits sociaux peuvent être considérés comme des biens professionnels, quel que soit le pourcentage de droits de vote détenu, à la condition que l'associé exerce dans la société des fonctions professionnelles à titre principal et de manière effective (D. adm. 7 S-335 n° 6).

985. La règle conférant le caractère de biens professionnels à la seule fraction de la valeur des parts ou actions correspondant aux ***éléments utilisés par la société*** pour les besoins de son activité est applicable aux sociétés étrangères (D. adm. 7 S-335 n° 7).

Entreprises détenant des biens étrangers

990. Dans le cas où une personne physique est redevable de l'ISF à raison d'une exploitation individuelle française ou étrangère ou des parts ou actions d'une société française ou étrangère, il y a lieu de considérer que les ***biens*** ou les ***établissements*** de l'entreprise en cause ***situés à l'étranger*** font, comme ceux situés en France, partie de son actif professionnel s'ils sont nécessaires à l'exercice de son activité.

Il en va de même des ***parts ou actions de sociétés étrangères inscrites à l'actif*** du bilan de l'entreprise, à condition qu'il s'agisse de titres de participation. Il est rappelé que les titres inscrits à l'actif d'une exploitation individuelle sont considérés comme étant la propriété personnelle de l'exploitant et que c'est au regard de celui-ci considéré comme personne physique qu'il convient d'apprécier le caractère professionnel de ces titres selon les règles générales posées par la loi (D. adm. 7 S-335 n° 8).

CHAPITRE III

Exonération de 75% des titres faisant l'objet d'un engagement collectif de conservation

2000. L'article 885 I bis, introduit dans le CGI par l'article 47 de la loi pour l'initiative économique 2003-721 du 1er août 2003, a institué, à compter du 1er janvier 2004, une exonération de moitié sur la valeur des titres d'une société exploitante que leurs propriétaires s'engagent à détenir collectivement pendant au moins six ans, mais cela à la double condition que cette détention collective couvre au moins 20 % du capital de la société, s'il s'agit de titres cotés, et au moins 34 % dans le cas contraire et qu'adhère à l'engagement collectif au moins un associé exerçant des fonctions dirigeantes dans cette société. L'exonération a été portée aux trois quarts de la valeur des titres à compter du 1er janvier 2006 (loi 2005-1719 du 30 décembre 2005 art. 26).

La mesure instituée par l'article 885 I bis du CGI n'est pas, à proprement parler, une exonération. Ce texte précise que les parts ou actions visées ne sont pas comprises dans les bases d'imposition à l'ISF, à concurrence des trois quarts de leur valeur, ce qui signifie qu'à due concurrence, ces parts ou actions sont en réalité placées hors du champ d'application de l'impôt. Nous qualifierons néanmoins cette mesure par le terme d'exonération.

SECTION I

Portée de l'exonération partielle et conditions de son obtention

I. Titres concernés

2010. L'exonération partielle a vocation à s'appliquer aux ***trois catégories de titres*** ci-après :
– parts ou actions d'une société ayant une activité industrielle, commerciale, artisanale, agricole ou libérale ;
– parts ou actions d'une société détentrice d'une participation dans le capital d'une société exerçant l'une des activités visées ci-dessus ;
– parts ou actions d'une société associée d'une société détentrice d'une participation de la nature de celles ci-dessus visées.

A. Parts ou actions d'une société exploitant une entreprise

2013. Sont visées les parts ou actions de toute société, quels qu'en soient la forme et le régime fiscal, qui exerce une ***activité industrielle, commerciale, artisanale, agricole*** ou ***libérale***.

L'administration a précisé (Inst. 7S-3-04 n° 1) que ces activités se définissent de la même façon que pour l'application de l'exonération des biens professionnels (voir n°s 550 à 560) et qu'elles comprennent en particulier la location d'établissements commerciaux ou industriels munis d'équipements nécessaires à leur exploitation (Rép. Marini : Sénat 15 juillet 2004 p. 1570 n° 10021).

Il n'existe aucune restriction territoriale. L'exonération peut donc valablement être revendiquée sur les titres d'une ***société établie à l'étranger***.

L'article 885 I bis n'exige pas que la société se consacre exclusivement à son activité professionnelle, contrairement à l'article 885 I ter, créé par l'article 48 de la même loi, qui soumet l'exonération totale des titres issus des apports en numéraire consentis aux petites et moyennes entreprises à la condition que la société concernée se consacre exclusivement à son activité industrielle, commerciale, artisanale, agricole ou libérale (voir n° 2621). L'administration admet ainsi au bénéfice du régime de faveur les titres d'une société qui, en sus de son activité professionnelle, se livre à des opérations civiles, à condition toutefois que l'activité civile ne soit pas prépondérante (Inst. 7S-3-04 précitée n° 1).

Alors que pour le calcul de l'exonération applicable aux titres formant l'« outil de travail » des associés dirigeants au sens des articles 885 O et 885 O bis du CGI, seule la fraction de la valeur des parts ou actions correspondant aux éléments du patrimoine social nécessaire à l'activité industrielle, commerciale, artisanale, agricole ou libérale de la société est considérée comme un bien professionnel (CGI art. 885 O ter), aucune trace de cette restriction ne figure dans l'article 885 I bis. L'exonération porte donc sur les trois quarts de la valeur des titres, sans qu'il y ait à distraire de la base d'exonération la fraction de ladite valeur qui provient de la présence au bilan d'éléments non nécessaires à l'activité professionnelle de la société.

Sociétés holdings animatrices

2016. On sait (n° 861) qu'entre les mains des associés dirigeants, les titres des sociétés dont l'actif est principalement composé de participations financières dans d'autres entreprises bénéficient de la qualification de bien professionnel à la condition que ces sociétés soient les ***animatrices effectives de leur groupe***, qu'elles participent activement à la conduite de sa politique et au contrôle des filiales et qu'elles rendent, le cas échéant et à titre purement interne au groupe, des services spécifiques, administratifs, juridiques, comptables, financiers ou immobiliers. Il en est ainsi quelle que soit la forme de la société holding.

Les titres d'une société holding animatrice ouvrent droit également à l'exonération partielle instituée par l'article 885 I bis (Inst. 7S-3-04 n° 3).

> L'exonération partielle des titres d'une société holding non animatrice est également possible, mais suivant le régime examiné ci-après (n°s 2025 s.) des titres d'entreprise détenus par personne interposée.

Sociétés constituées pour l'exercice d'une activité libérale

2019. Les participations détenues dans une société d'exercice libéral constituent des biens professionnels exonérés pour les associés qui exercent leur profession à titre principal dans la société sans qu'il soit exigé d'eux qu'ils détiennent un pourcentage minimal du capital ni qu'ils occupent des fonctions dirigeantes (n° 253). L'exonération édictée par l'article 885 I bis n'est donc susceptible d'intéresser que les personnes qui détiennent des titres dans des sociétés au sein desquelles elles n'exercent pas ou plus d'activité professionnelle ou au sein desquelles elles n'exercent pas leur activité professionnelle principale.

B. Parts ou actions d'une société détentrice d'une participation dans une société exploitante

2025. L'exonération partielle a vocation à s'appliquer aux titres d'une société, quels qu'en soient la forme et le régime fiscal, qui détient dans une ou plusieurs sociétés exerçant une activité industrielle, commerciale, artisanale, agricole ou libérale une participation qu'elle s'est engagée, avec d'autres associés de la société concernée, à conserver collectivement pendant au moins six ans.

Les sociétés susceptibles de trouver un avantage à se plier à ces engagements dans l'intérêt de leurs propres associés sont celles qui ont été formées, notamment entre membres d'une famille, pour assurer la détention collective durable d'une fraction déterminée du capital d'une entreprise ou de plusieurs entreprises (***holdings à vocation patrimoniale***).

L'exonération joue alors sans qu'il soit nécessaire que l'associé détienne directement des droits dans le capital de la ou des sociétés exploitantes et, s'il en détient, sans qu'il soit nécessaire qu'il ait lui-même souscrit à l'engagement ou aux engagements auxquels la société aura personnellement adhéré. Aucun engagement particulier n'est requis de lui, du moins sur le plan formel. Mais il devra garder inchangée sa participation pendant la durée de l'engagement collectif auquel la société dont il est membre aura elle-même souscrit (voir n° 2120).

L'exonération des trois quarts porte sur la ***valeur des droits*** détenus, affectée du ***rapport*** qui existe ***entre la valeur réelle des titres*** sur lesquels la société participante a fait porter son engagement ***et la valeur réelle*** de son ***actif brut total***. Ce rapport sera donc sujet à variation d'année en année.

Exemple : Détention par M. X de 20 % du capital d'une société G dont l'actif comprend une participation de 35 % valant 9 M € dans une société exploitante et d'autres éléments pour 6 M €. Compte tenu du passif réel de la société G, cette part de capital de 20 % est estimée à 1,8 M €. La société G a conclu, en y soumettant l'intégralité de sa participation, un engagement collectif de conservation avec MM. Y et Z, chacun détenteur de 10 % du capital de la société exploitante. M. Y est dirigeant.

M. X exclura des bases de l'ISF les trois quarts de $\frac{1{,}8 \times 9}{15}$ = 1,08 M € ce qui représente une réduction de 810 000 €. La somme restant à comprendre dans les bases de l'ISF se limitera ainsi à 990 000 € (1 800 000 – 810 000).

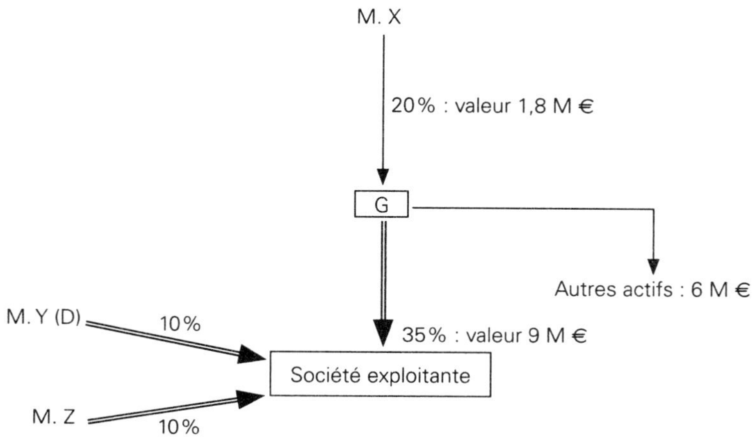

(Les flèches à double épaisseur désignent les participations sous engagement.)

- Actif brut total de G : 9 M € + 6 M € = 15 M €
- Proportion des titres sous engagement détenus dans la société exploitante par rapport à l'actif brut total : 9/15
- Assiette de l'exonération des trois quarts à laquelle ouvrent droit les titres de M. X : 1,8 M € × 9/15 = 1,08 M €

2026. Toute société adhérant à un ou plusieurs engagements collectifs de conservation devra donc ***informer ses associés*** de cette situation pour leur permettre de faire valoir, s'ils le souhaitent, leurs droits à exonération partielle et sera conduite en outre, chaque année, à communiquer aux intéressés la proportion que représentent les titres sous engagement par rapport à la valeur globale de ses actifs.

C. Parts ou actions d'une société associée d'une société détentrice d'une participation dans une société exploitante

2030. La situation ici visée est la même que celle décrite au n° 2025, mais avec un ***niveau d'interposition supplémentaire***. La personne physique redevable détient ses droits dans une société (dont la forme et le régime fiscal sont, cette fois encore, indifférents) qui détient les titres de celle qui est titulaire, dans une ou plusieurs sociétés exploitantes, de la ou des participations soumises à engagement de conservation.

Ce mode d'organisation peut avoir diverses origines. Par exemple, certains membres d'un holding patrimonial (telle branche d'une famille) ont décidé de créer entre eux un lien spécifique, ce qui les a conduits à isoler leurs titres dans une société commune. Il a pu aussi arriver qu'à la suite de restructurations, la société de tête qui jouait le rôle de holding actif et dont les titres étaient réunis au sein d'un holding de détention ait abandonné ce rôle au profit d'une filiale formée par elle et soit ainsi elle-même devenue à son tour un holding de détention.

Le texte ne subordonne l'exonération des titres de la société associée qu'à une condition d'abstention : tout au long de la durée de l'engagement ou des engagements collectifs contractés par celle dont elle détient les titres, sa participation dans cette société doit être conservée inchangée (voir n° 2128). Aucun engagement formel n'est requis à cet effet. Le redevable associé n'est lui-même soumis à aucun engagement formel mais sa participation devra, elle aussi, demeurer inchangée (voir n° 2133).

L'exonération des trois quarts porte alors sur la ***valeur des droits*** détenus, ramenée au ***pourcentage*** que représente la ***valeur réelle des titres sous engagement indirectement détenus*** par rapport à la ***valeur réelle de l'actif brut total de la société***, pourcentage qui sera sujet à variation chaque année.

Exemple : On suppose qu'une société H détient des titres d'OPCVM pour 1 M € et 50 % du capital d'une société G, laquelle est titulaire d'une participation de 9 M € dans une société exploitante et d'autres éléments pour 6 M €. Compte tenu du passif réel de la société G, cette part de capital de 50 % est, par hypothèse, estimée à 4,5 M €. La société H, qui n'a pas de passif, est évaluée 5,5 M €. M. X, détenteur de 70 % du capital de la société H, dispose à ce titre d'un patrimoine taxable de 3,85 M €. La société G a conclu, en y soumettant l'intégralité de sa participation, un engagement collectif de conservation avec MM. Y et Z, chacun détenteur de 10 % du capital de la société exploitante. M. Y est dirigeant. Dans le patrimoine de la société G, la valeur de la participation soumise à engagement représente 9/15 de l'actif brut total (60 %). Dans le patrimoine de la société H, la valeur de cette même participation, telle qu'elle s'exprime au travers de la détention des titres G valorisés 4,5 M €, ressort à 2,7 M € (4,5 M € x 9/15) pour un patrimoine global de 5,5 M €, soit 49 % de la valeur de ce patrimoine. Les titres que détient M. X dans la société H représentent donc à hauteur de 1 886 500 € (3,85 M € x 49 %) la valeur de la participation soumise à engagement. La somme à exclure de la base de calcul de l'ISF à la charge de M. X s'établit donc aux trois quarts de cette somme de 1 886 500 €, soit 1 414 875 €. La somme qu'il lui restera à comprendre dans ses bases imposables sera donc de 3 850 000 € – 1 414 875 € = 2 435 125 €.

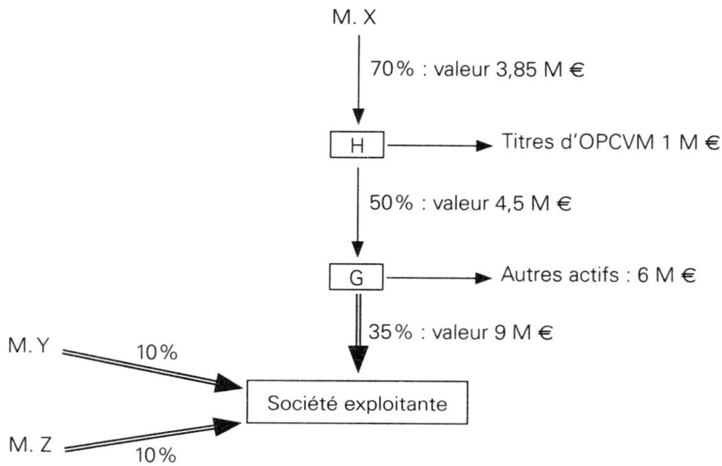

(Les flèches à double épaisseur désignent les participations sous engagement.)

- Actif brut total de G : 9 M € + 6 M € = 15 M €
- Proportion des titres sous engagement détenus dans la société exploitante par rapport à l'actif brut total : 9/15
- Actif brut total de H : 4,5 M € + 1 M € = 5,5 M €
- Proportion des titres sous engagement dans la société exploitante par rapport à l'actif brut total de H :

$$\frac{4{,}5\ \text{M€} \times 9/15}{5{,}5\ \text{M€}} = 49\%$$

- Assiette de l'exonération des trois quarts à laquelle ouvrent droit les titres de M. X : 3,85 M € × 49% = 1 886 500 €

2031. La société associée aura normalement, en cette qualité, été informée par celle qui est titulaire de la participation dans la société exploitante de l'engagement de conservation qui aura été souscrit (voir n° 2026). Elle sera ainsi en mesure, à son tour, d'***informer*** ses propres ***associés*** de cette situation pour leur permettre d'exercer, s'ils le souhaitent, leurs droits à exonération partielle. Elle devra en outre communiquer, chaque année, aux intéressés la proportion que représentent les titres sous engagement qu'elle détient indirectement par rapport à la valeur globale de ses actifs.

D. Cas où le redevable détient dans une ou plusieurs entreprises des titres relevant des diverses catégories ci-avant définies

2035. Rien ne s'oppose à ce qu'un redevable bénéficie de l'exonération des trois quarts sur l'ensemble des titres en sa possession remplissant les conditions requises à cet effet, qu'il s'agisse d'une ***participation directe***

dans une ou plusieurs sociétés exploitantes ou de ***participations indirectes***, via une ou deux sociétés interposées, dans cette même ou dans ces mêmes sociétés exploitantes, voire dans d'autres sociétés exploitantes. Rappelons qu'il n'est tenu à cet effet de souscrire un engagement qu'à raison de ses participations directes dans une société exploitante.

II. Adhésion à un engagement collectif de conservation

2050. L'exonération partielle repose, on l'a vu, sur la souscription d'un engagement de conservation conclu pour une période minimale de six ans par des associés affectant à cet engagement une certaine fraction du capital de la société qui exploite l'entreprise.

A. Nombre minimal de titres à placer sous engagement

2055. Aux termes du b de l'article 885 I bis du CGI, l'engagement collectif de conservation doit porter sur au moins 20 % des droits financiers et des droits de vote attachés aux titres émis par la société s'ils sont admis à la négociation sur un marché réglementé ou, dans le cas contraire, sur au moins 34 % des parts ou actions de la société.

1. Titres négociés sur un marché réglementé

2058. Cette catégorie comprend non seulement les actions négociées sur le marché Eurolist mais aussi celles négociées sur les autres marchés réglementés.

Il importe que soit soumis à l'engagement un nombre de titres tel que leur total représente à la fois ***au moins 20 %*** des droits financiers et au moins 20 % des droits de vote, ces pourcentages s'appréciant par rapport à la masse des droits de vote dans les assemblées et des droits à dividendes attachés aux titres émis par la société en contrepartie de son capital social.

Pour le calcul du pourcentage des ***droits à dividendes***, il faut retenir les droits attachés :
– aux actions ordinaires ;
– aux actions de préférence;
– aux actions à dividende prioritaire sans droit de vote et aux certificats d'investissement (catégories en voie d'extinction).

Les ***droits de vote*** à considérer sont ceux attachés :

– aux actions ordinaires ;
– aux actions de préférence;
– aux actions à droit de vote double et aux certificats de droits de vote (catégorie en voie d'extinction).

Précisions complémentaires

2060. Le seuil de 20 % s'apprécie en pourcentage des droits financiers et des droits de vote « attachés aux ***titres émis*** » par la société. A priori, le texte incite à comparer les droits réunis par les signataires de l'engagement au montant total des droits attachés aux titres émis par la société, sans soustraction des titres qui sont privés du droit à dividende, du droit de vote ou encore de ces deux droits à la fois (ce qui est le cas, en particulier, lorsque la société détient ses propres actions). Il se pourrait toutefois que l'administration admette qu'il soit fait abstraction de ces titres. Il existe un précédent en ce sens, à propos du calcul de la détention minimale requise de 95 % du capital d'une filiale par la société mère désireuse de comprendre cette filiale dans le périmètre de son groupe d'intégration fiscale (Inst. 4 H-10-90 n° 125). Mais, si cela était, un engagement qui ne réunirait le taux exigé de 20 % que sur la base de cette interprétation libérale serait vulnérable car, en remettant ses propres actions sur le marché, la société exposerait les signataires à la perte de leur exonération.

2061. Pour le calcul des pourcentages de détention des droits financiers et des droits de vote, il n'y a pas lieu de tenir compte, lorsque les droits qui s'y attachent n'ont pas encore été exercés à la date de souscription de l'engagement, des ***titres (ou engagements) donnant un accès différé au capital*** tels que : obligations convertibles en actions ou échangeables contre des actions, obligations ou actions avec bons de souscription d'actions, obligations remboursables en actions, bons autonomes donnant le droit de souscrire des actions, options de souscription d'actions offertes à des salariés, essentiellement. Si, du fait de l'exercice des droits correspondants, le pourcentage des titres sous engagement tombait ensuite au-dessous du seuil exigé, cette circonstance n'entraînerait pas en elle-même pour le passé la perte des avantages que confère la souscription de l'engagement (n° 2350).

2. Titres non admis à la négociation sur un marché réglementé

2064. La loi fixe alors le pourcentage à réunir par les signataires de l'engagement à ***34 % au moins*** des parts ou actions de la société. Il faut, dans ce cas, que les titres sous engagement représentent au moins 34 % du capital de la société. La formule adoptée par le texte n'invite pas alors à vérifier que ce pourcentage est atteint tant au regard des droits financiers qu'au regard des droits de vote (Inst. 7S-3-04 n° 9).

2065. Les ***titres donnant un accès différé au capital*** (n° 2061) n'entrent pas en ligne de compte pour déterminer si le pourcentage requis est atteint à la date de souscription de l'engagement et l'exercice des droits qu'ils confèrent n'aura pas en lui-même d'incidence négative pour le passé (n° 2350).

B. Possibilité pour tout associé de s'engager sur un nombre de titres librement déterminé

2070. Le ***nombre des associés*** autorisés à se réunir dans un même engagement n'est pas limité.

Les ***personnes morales*** ont la capacité de s'engager, comme les ***personnes physiques***. L'adhésion de la personne morale est d'ailleurs, on l'a vu, une condition exigée pour l'obtention de l'exonération partielle sur les titres émis par cette personne morale (cas examiné au n° 2025 d'une interposition simple), voire sur les titres émis par une société membre de cette personne morale (n° 2030).

Il n'est pas exigé du souscripteur qu'il ait un ***intérêt*** propre, au regard de l'ISF, à placer ses titres sous engagement. Rien n'interdit par exemple l'adhésion d'un associé dirigeant dont la participation a le caractère de bien professionnel exonéré ou d'un associé dont les titres ne donnent pas prise à l'ISF (seuil d'imposition non atteint, titres détenus en nue-propriété, titres formant un placement financier entre les mains d'une personne domiciliée à l'étranger).

De même, une société peut valablement s'engager à détenir collectivement des titres figurant à son bilan pour favoriser la conclusion d'un engagement exonératoire par des coassociés, alors même que cet engagement serait sans effet pour les personnes physiques qui la détiennent directement (ces personnes n'étant pas assujetties à l'ISF) ou indirectement (ces personnes n'apparaissant, par hypothèse, qu'à un troisième échelon d'interposition).

2071. Chaque associé peut librement décider de s'engager sur ***tout ou partie des titres*** qu'il détient.

C. Caractère collectif de l'engagement

2075. L'exonération partielle ne peut naître que de la souscription d'un engagement de conservation par deux associés au moins. Mais rien n'empêche l'associé qui est en mesure de placer à lui seul sous engagement une quotité de capital supérieure au seuil requis de satisfaire à cette exigence avec ses propres forces. Il lui suffit d'associer à la souscription de l'engagement une société holding personnelle préalablement dotée par lui de quelques titres lui conférant la qualité d'associé.

Un dirigeant qui ne tire pas de la société sa principale source de rémunération et ne profite pas ainsi de l'exonération des biens professionnels pourra être intéressé par cette solution.

La préservation du caractère collectif de l'engagement supposera que le nombre des souscripteurs ne tombe jamais à moins de deux. Cette condition sera peu contraignante chaque fois que la souscription de l'engagement reposera sur la réunion de titres appartenant à une pluralité d'associés, chacun titulaire d'une fraction de droits bien inférieure au pourcentage requis. Et, de toute façon, s'il advenait qu'au gré des cessions et donations effectuées entre les signataires, l'***ensemble des titres*** sous engagement se trouvent ***réunis entre les mains d'un seul***, cette circonstance n'affecterait pas la validité de l'engagement (Inst. 7S-3-05 n° 28).

D. Personnes ayant qualité pour souscrire l'engagement de conservation

2080. Il résulte du a de l'article 885 I bis du CGI que l'engagement doit être pris par le propriétaire des parts ou actions, pour lui et ses ayants cause à titre gratuit avec d'autres associés.

1. Personnes physiques

2083. L'auteur de l'engagement doit non seulement être propriétaire des titres mais aussi avoir la capacité de s'engager, ce qui n'est pas le cas s'il s'agit d'un ***mineur*** ou d'une ***personne majeure sous tutelle*** ou ***sous curatelle***. Dans cette situation, le représentant légal sera autorisé à souscrire l'engagement pour le compte du propriétaire sans avoir à être autorisé par le juge des tutelles (l'objet de l'engagement – la conservation – étant aux antipodes de l'acte de disposition).

L'administration a précisé que si les ***biens du mineur*** font l'objet d'une ***administration légale pure et simple*** (C. civ. art. 389-1), chacun des deux parents peut souscrire seul l'engagement au nom de son enfant mineur et que si l'administration légale n'opère ***sous contrôle judiciaire*** (C. civil art. 389-2), la capacité de signer l'engagement est reconnue au parent désigné comme administrateur (Inst. 7S-3-04 n° 4).

a. Titres dépendant d'une communauté entre époux

2085. Sous le régime de la communauté légale, les titres tombent en communauté s'ils constituent des acquêts.

S'il s'agit de ***titres négociables***, les époux peuvent en disposer l'un sans l'autre (C. civ. art. 1421). L'engagement ne sera efficace que si les deux époux se sont engagés ensemble à ne pas vendre.

S'il s'agit de ***titres non négociables***, les époux ne peuvent pas en disposer l'un sans l'autre (exigence de cogestion prévue par l'art. 1424 C. civ.). Même si les deux époux sont associés, l'engagement d'un seul suffit à garantir l'engagement, puisque l'autre ne peut pas vendre seul.

A titre de règle pratique, l'administration admet que l'***engagement signé par un seul des époux*** – qu'il ait seul la qualité d'associé ou partage cette prérogative avec l'autre – institue l'époux non signataire participant à l'engagement (Inst. 7S-3-04 n° 4).

Est ainsi résolue une difficulté qui pourrait surgir sur des titres non négociables lorsque le conjoint ne demande pas à être associé, situation dans laquelle seule la valeur vénale des parts sociales tombe en communauté, tandis que le titre d'associé est un bien propre. En cas de décès ou de divorce, c'est la valeur vénale des titres qui se transmet, et non les titres eux-mêmes, si bien qu'en l'absence de la solution susvisée, les héritiers du conjoint non associé ne deviendraient participants à l'engagement, à titre d'ayants cause du souscripteur, que si leur auteur a lui-même souscrit l'engagement.

b. Titres détenus en indivision

2087. Quelle que soit la forme de la société, chaque coïndivisaire a la qualité d'associé en même temps que celle de propriétaire des titres. Chacun doit donc signer personnellement l'engagement, faute de quoi celui-ci ne serait pas valable.

Dans le cas où les coïndivisaires sont représentés par un gérant de l'indivision (C. civ. art. 815-3), ce dernier a la capacité de les engager tous par sa seule signature.

c. Titres démembrés

2089. Alors que c'est l'usufruitier qui est en principe soumis à l'ISF sur la valeur des titres en pleine propriété, la validité de l'engagement exonératoire implique la signature du ***nu-propriétaire***. On prendra aussi la précaution, comme l'exige l'administration (Inst. 7S-3-05 n° 4) d'engager l'***usufruitier***.

2. Personnes morales

2092. Le pouvoir de signer l'engagement collectif appartient au ***représentant légal*** de la société. Ont cette qualité :

– dans les sociétés anonymes dotées d'un conseil d'administration, le directeur général (qu'il soit ou non président du conseil) et, s'il en existe, les directeurs généraux délégués ;
– dans les sociétés anonymes à directoire, le président du directoire et les directeurs généraux (ou le directeur général unique) ;
– dans les sociétés par actions simplifiées, le président ou le directeur ou directeur général délégué désigné statutairement ;
– dans les sociétés à responsabilité limitée et les sociétés en commandite, le ou les gérants ;
– dans les sociétés en nom collectif, les gérants ;
– dans les sociétés civiles, les gérants.

a. Appréciation de l'intérêt de la personne morale à souscrire l'engagement

2094. Bien que n'étant facteur d'aucun coût immédiat, la souscription de l'engagement paralyse temporairement la cession des titres qui y sont soumis quand bien même une forte plus-value pourrait en être attendue.

À défaut d'intérêt social, la signature de l'engagement pourrait constituer une faute de gestion susceptible d'entraîner la responsabilité civile de ses dirigeants ou, plus grave, un abus de bien social engageant leur responsabilité pénale.

L'intérêt de la signature de l'engagement de conservation des titres de la société exploitante pourra être trouvé dans la ***stabilisation du capital*** de la filiale et se trouvera encore renforcé si la société souscriptrice se voit consentir par ses cosouscripteurs un ***droit de préférence ou de préemption sur les titres*** en leur possession (voir n° 2385).

b. Décision de souscrire

2096. La décision de souscrire l'engagement relève, à notre avis, de la compétence des représentants légaux dont il a été question au n° 2092. Dans le cas où la société souscriptrice revêt la forme d'une SA, d'une SAS, d'une SARL ou d'une société en commandite par actions, la présence d'administrateurs, de directeurs généraux, de membres du directoire ou du conseil de surveillance communs à cette société et à celle dont les titres sont placés sous engagement doit, selon nous, inciter la société souscriptrice à respecter la ***procédure des conventions réglementées***. Même en l'absence de dirigeants communs, cette procédure devra être respectée chaque fois que la société souscriptrice détient plus de 10 % des droits de vote d'une autre société souscriptrice.

L'engagement en cause ne paraît pas pouvoir relever de la catégorie des conventions courantes conclues à des conditions normales.

Rappelons que cette procédure comporte pour les SARL un rapport du gérant ou du commissaire aux comptes s'il en existe et une ratification par l'assemblée, pour les SA une autorisation préalable du conseil d'administration ou du conseil de surveillance, un rapport des commissaires aux comptes et une ratification par l'assemblée, pour les SCA une autorisation préalable du conseil de surveillance, un rapport des commissaires aux comptes et une ratification par l'assemblée et pour les SAS un rapport des commissaires aux comptes et une ratification par décision collective des associés.

E. Portée de l'engagement pris

2100. Les titres placés sous engagement ne doivent pas faire l'objet d'une ***cession*** (sauf, comme on le verra au n° 2285, au bénéfice d'un autre signataire de l'engagement). Il est donc impossible, en particulier, pour leur détenteur de les apporter à une société sauf si cette société se trouve être elle-même signataire de l'engagement collectif auquel a adhéré l'apporteur, auquel cas cette société assumera, à la place de celui-ci, l'engagement relatif aux titres qui lui sont transférés. Cette donnée pourra inciter certains associés à constituer à titre préventif une société qui participerait à la souscription de l'engagement pour les titres constituant sa dotation d'origine et à laquelle l'associé (ou tout autre signataire) aurait la capacité ultérieurement de céder ou d'apporter d'autres titres sous engagement, si le besoin s'en faisait sentir.

2101. Rien ne paraît s'opposer à ce que les titres placés sous engagement fassent l'objet d'un ***nantissement*** (encore que cette situation soit porteuse de risques en cas de réalisation du gage).

2102. L'obligation de conservation porte sur les titres qui ont été déclarés être soumis à l'engagement, c'est-à-dire sur un ***ensemble de titres*** dont le nombre aura dû être ***précisé***. L'engagement serait donc rompu si la société décidait de les rembourser en procédant à une annulation partielle des titres qu'elle a émis. Il ne le serait pas, bien que cette opération puisse avoir les mêmes effets économiques, si la société décidait dans le même but de réduire le montant nominal des titres (En ce sens Cass. com. 25 mars 2003 n° 576 : RJF 7/2003 n° 869).

2103. Les titres collectivement placés sous engagement doivent en permanence représenter un pourcentage au moins égal au seuil de 20 % ou de 34 %. Mais les associés s'engagent sur la quantité de titres qu'ils ont déclaré vouloir conserver et non sur un ***taux minimal de participation***. Si ce seuil cesse d'être atteint du fait d'une opération entraînant la dilution de la participation placée sous engagement, il n'est donc pas possible de réalimenter l'engagement en cours par affectation de titres complémentaires que les associés signataires de l'engagement collectif détiendraient par ailleurs ou auraient acquis spécialement. Un nouvel engagement prenant date au jour de sa conclusion doit alors être conclu, ce qui n'empêche pas que les exonérations déjà obtenues puissent, dans certaines situations, être préservées (voir n° 2350). Mais l'engagement d'origine cesse d'exercer son effet exonératoire pour le futur.

Exemple : Supposons qu'un groupe d'associés détenteurs de 70 % du capital se sont engagés sur un nombre de titres représentant 40 % du capital, le minimum exigé étant de 34 %. Une augmentation de capital réservée permet à un tiers de devenir associé à 20 %, cette augmentation ayant correspondu au quart du capital initial. Cet événement fait tomber à 32 % (40/125) le taux de la participation initialement placée sous engagement, ce qui retire audit engagement son effet exonératoire pour les années futures.

F. Règles à respecter par les sociétés interposées et par leurs associés personnes physiques

1. Société détentrice d'une participation dans la société exploitante (un niveau d'interposition)

2110. Pour que ses propres associés personnes physiques soient en mesure de profiter de l'exonération partielle sur les parts ou actions qu'elle a émises, cette société doit :
- d'une part, avoir adhéré personnellement à l'engagement collectif de conservation,
- d'autre part, conserver inchangée sa participation pendant toute la durée de l'engagement collectif.

En réalité, pour cette société, les deux ***conditions*** ci-dessus n'en forment qu'une seule étant donné que l'adhésion à l'engagement collectif de conservation entraîne déjà par elle-même l'obligation de conserver les titres désignés à l'occasion de cette adhésion.

2111. Rien ne s'oppose à ce que la société s'abstienne de s'engager sur une ***partie des titres*** qu'elle détient dans la société exploitante (ce qui réduira d'autant la base de calcul de l'exonération partielle obtenue par ses membres). Les titres libres de l'engagement peuvent alors être cédés sans que cette cession comporte de conséquences désavantageuses.

2112. Rien ne s'oppose non plus à ce que la société procède, en cours d'engagement, à des ***acquisitions complémentaires*** de titres de la société exploitante. Mais ces nouveaux titres ne viendront pas s'agréger à ceux désignés dans l'engagement pris ni augmenter, par conséquent, les droits à exonération des associés (voir toutefois n° 2116).

2113. En définitive, la règle suivant laquelle la société doit conserver *in-*

changée sa *participation* pendant toute la durée de l'engagement collectif a pour but de figer les droits à exonération des personnes physiques associées en fonction du nombre de titres que la société aura librement affectés à l'engagement, mais non de lui interdire de renforcer le taux de sa participation (ou de baisser ce taux, à hauteur de la marge que lui confère la détention de titres libres d'engagement).

Cas où la société acquiert des titres auprès d'un autre signataire de l'engagement collectif

2116. Eu égard à la faculté ouverte aux signataires de l'engagement de se céder mutuellement les titres placés sous engagement (voir n° 2285), les titres que la société ***acquiert*** auprès d'un autre souscripteur (***ou reçoit*** de lui en ***apport***) sont réputés couverts par l'engagement pris à l'origine et viennent ainsi renforcer la participation détenue dans la société exploitante, telle que retenue pour l'appréciation des droits à exonération des membres (Inst. 7S-3-04 n° 33).

Exemple : M. X, détenteur direct de 30 % du capital de la société E, a souscrit l'engagement de conservation de ses titres E en même temps qu'une société H, formée entre lui et ses enfants, qui a affecté à l'engagement sa participation de 25 % dans le capital de E. Les titres soumis à l'engagement collectif représentent ainsi 55 % du capital de E. En cours d'engagement, M. X cède 10 % du capital de E à la société H dont la participation dans E passe ainsi de 25 % à 35 %. C'est dorénavant en fonction de cette participation de 35 % qu'il y a lieu de déterminer les droits à exonération des associés de la société H (les droits à exonération de M. X, à raison de sa participation directe dans E, ne s'exerçant plus corrélativement que sur 20 %).

Cas où la société vend des titres à un autre signataire de l'engagement collectif

2117. Il n'est pas interdit à la société d'alléger sa participation sous engagement en en cédant tout ou partie à un autre souscripteur de l'engagement collectif. Les ***droits à exonération*** des membres sont alors ***ajustés*** en fonction de la valeur de la ***participation résiduelle*** (Inst. 7S-3-04 n° 33).

2. Personnes physiques associées de la société détentrice d'une participation dans la société exploitante (un niveau d'interposition)

2120. Comme on l'a vu au n° 2025, aucun engagement formel n'est exigé des associés de la société souscriptrice de l'engagement collectif pour obtenir l'exonération partielle des titres qui représentent indirectement leurs droits dans la société exploitante. Mais ils doivent conserver leur ***participation inchangée*** pendant la durée de l'engagement collectif.

En réalité, la loi (quatre derniers alinéas du b de l'article 885 I bis) n'emploie le terme de « participation » que pour désigner les droits que détient une société souscriptrice de l'engagement dans la société exploitante et les droits que détient dans la société souscriptrice de l'engagement une société placée à un échelon supérieur. Les titres que détiennent les personnes physiques qui en sont les associés respectifs ne font l'objet d'aucune mention ni prescription particulière. Mais les débats parlementaires attestent que l'objectif est « la stabilité de l'actionnariat, avec un pourcentage affiché dès le départ, que ce soit directement ou par le biais de sociétés intermédiaires, qui ne doit pas varier pendant les six ans » (Déclaration de M. Gilles Carrez : AN 5 juin 2003 p. 4547). Au regard de cet objectif, les associés des sociétés interposées sont de fait tenus eux aussi de conserver leur propre participation inchangée.

Cette condition assigne à chaque associé pris individuellement l'obligation de conserver dans la société dont il est membre un ***nombre de titres constamment égal*** (ou au moins égal) à celui des titres à raison desquels il est devenu apte à se prévaloir de l'exonération partielle suite à l'engagement pris par la société dont il est membre. C'est sur ce nombre de titres que se calculeront ses droits à exonération jusqu'au terme de l'engagement. S'il vient à en ***céder certains***, ses droits à exonération disparaîtront et cela rétrospectivement depuis la signature de l'engagement. S'il en ***acquiert de nouveaux***, ses droits à exonération seront préservés mais continueront de s'apprécier en fonction de la participation d'origine, sans se trouver augmentés.

2121. La ***contrainte de conservation*** est ***individuelle*** et non collective. Dès lors, les droits à exonération d'un associé ayant, par hypothèse, satisfait à son obligation ne sauraient se trouver compromis par le manquement d'un ou plusieurs autres coassociés. En pareille circonstance, les droits à exonération de cet autre ou de ces autres associés seront perdus rétroactivement sans pouvoir renaître sur la durée de l'engagement restant à courir. Ceux des associés qui auront conservé leurs titres garderont le bénéfice des exonérations déjà obtenues et continueront de pouvoir prétendre aux exonérations annuelles sur la durée de l'engagement restant à courir.

Cas des cessions opérées entre membres de la société détentrice de la participation dans la société exploitante

2124. Il serait équitable que ces cessions soient reconnues possibles, comme le sont les cessions opérées entre associés personnellement souscripteurs de l'engagement, dans le cas où elles s'opèrent entre personnes qui ont elles-mêmes adhéré à l'engagement collectif de conservation à raison des titres qu'elles détiennent directement dans la société exploitante. Cette solution permettrait d'augmenter les droits à exonération de l'associé acquéreur en préservant les exonérations déjà obtenues par le cédant. Mais l'administration n'a pas donné sur ce point les assurances espérées.

3. Société associée de celle qui est détentrice de la participation dans la société exploitante (deux niveaux d'interposition)

2128. Pour permettre à ses propres associés personnes physiques de profiter de l'exonération partielle sur les parts ou actions qu'elle a émises, cette société doit seulement satisfaire à l'***obligation de conserver inchangée sa participation*** dans la société qui détient directement la participation dans la société exploitante et qui a adhéré à l'engagement collectif de conservation. Cette obligation pèse sur elle pour la période qui sépare la souscription de l'engagement collectif et le terme de cet engagement.

2129. Les droits qu'elle doit conserver sont tous ceux qu'elle détient au jour de la conclusion de l'engagement. Rien ne s'oppose à ce qu'elle procède ensuite à des ***acquisitions complémentaires***. Mais les titres nouvellement acquis ne viendront pas augmenter les droits à exonération de ses associés, définitivement figés en fonction du niveau atteint par sa participation lors de la prise d'effet de l'engagement souscrit par la société dont elle est membre.

4. Personnes physiques associées de la société membre de celle qui est détentrice de la participation dans la société exploitante (deux niveaux d'interposition)

2133. Comme on l'a vu au n° 2030, aucun engagement formel n'est exigé des associés de la société qui est membre de celle qui a souscrit l'engagement collectif pour obtenir l'exonération partielle des titres qui représentent indirectement leurs droits dans la société exploitante. Mais ils doivent conserver leur ***participation inchangée*** pendant la durée de l'engagement collectif (voir n° 2120).

Cette condition assigne à chaque associé pris individuellement l'obligation de conserver dans la société dont il est membre un nombre de titres constamment égal (ou au moins égal) à celui des titres à raison desquels il est devenu apte à se prévaloir de l'exonération partielle suite à l'engagement pris par la société dont une fraction du capital est détenue par celle dont il est membre. C'est sur ce nombre de titres que se calculeront ses droits à exonération jusqu'au terme de l'engagement. S'il vient à en ***céder certains***, ses droits à exonération disparaîtront et cela rétrospectivement depuis la signature de l'engagement. S'il en ***acquiert de nouveaux***, ses droits à exonération seront préservés mais continueront de s'apprécier en fonction de la participation d'origine, sans se trouver augmentés.

2134. La ***contrainte de conservation*** est ***individuelle*** et non collective. Dès lors, les droits à exonération d'un associé ayant, par hypothèse, satisfait à son obligation ne sauraient se trouver compromis par le manquement d'un ou plusieurs autres coassociés. En pareille circonstance, les droits à exonération de cet autre ou de ces autres associés seront perdus rétroactivement sans pouvoir renaître sur la durée de l'engagement restant à courir. Ceux des associés qui auront conservé leurs titres garderont le bénéfice des exonérations déjà obtenues et continueront de pouvoir prétendre à de nouvelles exonérations sur la durée de l'engagement restant à courir.

Cas des cessions opérées entre membres de la société

2136. Il serait équitable que ces cessions soient reconnues possibles, comme le sont les cessions opérées entre associés personnellement souscripteurs de l'engagement, dans le cas où elles s'opèrent entre personnes qui ont elles-mêmes adhéré à l'engagement collectif de conservation à raison des titres qu'elles détiennent directement dans la société exploitante. Mais l'administration ne s'est pas exprimée sur cette possibilité.

G. Droit d'affecter les mêmes titres à des engagements collectifs distincts

2140. La loi ne s'oppose pas à ce qu'un associé adhère, en y affectant les mêmes titres, à des ***engagements*** collectifs ***comportant des périmètres différents***. Il est d'ailleurs nécessaire qu'il en soit ainsi eu égard à l'impossibilité, au cours de la durée d'un engagement collectif, d'élargir le périmètre de cet engagement (voir n° 2200).

Prenons le cas d'un groupe d'associés qui souscrivent ensemble, l'année n, un engagement portant sur 40 % du capital de la société exploitante. L'année n + 2, un autre associé, détenteur de 15 % du capital, souhaite s'engager aux côtés des signataires de l'engagement pris en n, ce que les intéressés acceptent. Il n'y a pas d'obstacle à ce qu'un engagement collectif élargi, réunissant désormais 55 % du capital, soit alors souscrit pour une durée minimale de 6 ans courant à compter de l'année n + 2.

Rien ne s'oppose non plus à ce qu'un associé adhère, la même année, à deux ou plusieurs engagements collectifs comportant des périmètres différents, en y affectant les mêmes titres. Une telle initiative peut constituer une protection dans l'éventualité de la défaillance d'un cosouscripteur.

H. Spécificité de l'engagement collectif souscrit pour l'ISF par rapport à celui qui conditionne la réduction des droits de mutation à titre gratuit

2145. Lorsqu'il est souscrit dans la perspective d'une ***transmission à titre gratuit***, l'engagement collectif offre le moyen d'atténuer une imposition dont le fait générateur se produira à une date future (au moment du décès ou de la donation des titres). Le fait que les participants rompent leur engagement ou en aménagent le périmètre avant qu'il ait produit ses effets (aucun participant n'étant décédé ou n'ayant consenti une donation) n'a donc qu'une incidence fiscale relativement faible. Cet événement peut, au plus, retarder le moment où l'engagement atteindra l'ancienneté requise de deux ans (voir n°s 4665 s.).

Lorsqu'il est souscrit pour bénéficier de l'exonération partielle d'***ISF***, l'engagement produit immédiatement son effet exonératoire et fait immédiatement peser sur ses souscripteurs l'interdiction temporaire de céder les titres placés sous engagement à une personne autre qu'un signataire, sous peine d'être déchus des allégements obtenus et d'encourir la majoration représentative de l'intérêt de retard.

Chaque engagement a ainsi sa finalité propre.

2146. On aurait tort de penser que la conclusion du plus exigeant des deux (celui relatif à l'ISF souscrit pour six ans) est une mesure suffisante pour le redevable désireux de préparer aussi la transmission à titre gratuit de ses titres à des conditions fiscalement favorables. Même si formellement l'engagement souscrit pour l'ISF peut servir à asseoir l'exonération partielle des droits de transmission (Inst. 7S-3-04 n° 42), il est préférable qu'un engagement distinct soit souscrit au regard de chacun des deux impôts.

I. L'engagement collectif est-il une simple déclaration fiscale ou un acte porteur d'effets civils ?

2150. En soi, l'*engagement* est *purement civil*. En effet :

– diverses personnes souscrivent un engagement de ne pas faire, à savoir de conserver leurs titres pendant une certaine période ;

– en outre, ces engagements ne sont pas individuels : chacun souscrit en considération de l'engagement des autres.

Ces éléments caractérisent un ***acte juridique collectif***, qui relève du droit civil.

Quelle est la cause de chacun de ces engagements ? Quelle est la finalité poursuivie par chaque associé ?

Globalement, la ***cause*** est ***fiscale*** : l'engagement est formé pour procurer à ses membres des économies d'ISF.

Il n'est cependant pas possible d'estimer que la cause est exclusivement fiscale. En effet :
– Il pourra arriver que l'engagement soit souscrit par des personnes non assujetties à l'ISF. Dans ce cas, la cause procédera de la volonté de procurer à d'autres un ***avantage sans contrepartie***.
– De même, il arrivera que l'engagement soit souscrit dans le but de stabiliser l'actionnariat d'une société, la cause étant alors ***sociétaire***.

2151. La fiscalité n'apparaît donc qu'au stade de la cause ; mais globalement, c'est bien d'un engagement de nature civile qu'il s'agit. Cette nature juridique produit une conséquence fort importante : si l'engagement de ne pas vendre est méconnu par un signataire et si cette violation du pacte entraîne des rappels d'imposition à la charge des autres signataires – ce qui arrivera si l'engagement subsistant cesse de réunir une fraction du capital atteignant le seuil requis de 20 % ou de 34 % sans être remplacé dans le délai d'un an par un engagement couvrant à nouveau la quotité du capital requise (voir n° 2308) –, la ***responsabilité civile de la personne défaillante*** pourra être engagée.

Pour que la responsabilité d'une personne soit mise en cause, il faut qu'une faute de sa part ait entraîné un préjudice chez autrui. La ***faute*** se situe ici dans la violation du pacte. Le ***préjudice*** causé aux tiers consiste dans les impositions rappelées.
Il faut enfin un ***lien de causalité*** entre la faute et le préjudice : le redressement vient de la défaillance, mais aussi du fait qu'un pacte substitutif n'aura pas été conclu par les autres associés dans le délai d'un an. Ce dernier élément sera susceptible de jouer en faveur d'une atténuation de la responsabilité.

La responsabilité civile du souscripteur défaillant sera ***de nature contractuelle***, dans le cas général, lorsque le préjudice se produit dans le chef des autres signataires. Dans le cas où des personnes interposées sont souscriptrices, la responsabilité sera ***de nature délictuelle*** vis-à-vis des détenteurs de parts du holding : la défaillance d'un signataire s'analyse en une faute délictuelle à l'égard des tiers victimes.

2152. L'engagement de cette responsabilité pourra conduire à des dommages-intérêts assez lourds. En principe, le responsable devrait indemniser les victimes de sa faute de l'entier préjudice subi. Mais, lorsque la responsabilité est contractuelle, les parties à l'engagement collectif pourront encadrer les effets de la responsabilité :
– soit en l'allégeant par une ***clause limitative***, ou ***exonératoire***, de responsabilité ;
– soit en l'aggravant par une ***clause pénale***, qui ajoute aux dommages-intérêts prévisibles une somme forfaitaire à titre de sanction. Ces clauses ne valent toutefois qu'en matière contractuelle. Elles seraient sans portée en matière délictuelle.

III. Adhésion d'un dirigeant au moins à l'engagement collectif

2160. L'engagement collectif doit nécessairement comprendre parmi ses souscripteurs :
– s'il porte sur les titres d'une société soumise au régime des sociétés de personnes, au moins un associé qui exerce dans la société son activité professionnelle principale,
– s'il porte sur les titres d'une société soumise à l'impôt sur les sociétés, au moins un associé qui exerce l'une des fonctions énumérées au 1° de l'article 885 O bis du CGI.

La participation d'un associé dirigeant à l'engagement collectif est requise lors de la souscription de celui-ci et pendant toute sa durée. La personne du dirigeant pourra changer à condition que le nouveau dirigeant soit issu du cercle des souscripteurs d'origine ou choisi parmi leurs ayants cause à titre gratuit. L'associé qui cesse d'être dirigeant en cours d'engagement n'est pas de ce fait délié de l'obligation de conserver les titres qu'il avait placés sous engagement.

A. Engagement relatif aux titres émis par une société de personnes

2165. Rappelons que les parts des sociétés soumises au régime fiscal des sociétés de personnes (donc non assujetties à l'impôt sur les sociétés) constituent des biens professionnels exonérés, quel que soit le pourcentage de participation qu'elles représentent, lorsque leur détenteur (ou son conjoint) exerce dans la société son activité ***professionnelle principale*** (n°s 225).

L'engagement collectif devra donc recevoir l'adhésion d'au moins une personne bénéficiant pour ses propres droits sociaux de l'exonération susvisée. L'engagement pris par cet associé actif portera sur la conservation pendant une durée minimale de six ans d'un nombre de titres déterminé (tous ceux qu'il détient ou une partie seulement). La loi ne va pas jusqu'à exiger qu'il s'engage à maintenir dans la société son activité professionnelle principale tout au long de la période. Il pourra donc être judicieux d'impliquer dans l'engagement collectif, s'il en existe plusieurs, le nombre le plus élevé possible d'associés actifs. Si un seul satisfait à ce critère et cesse ensuite d'occuper ses fonctions principales dans la société, la sauvegarde de l'engagement en cours exigera qu'une autre personne, choisie parmi les autres souscripteurs (ou ayant la qualité d'ayant cause à titre gratuit d'un des signataires d'origine), recentre son activité professionnelle principale sur la société.

B. Engagement relatif aux titres émis par une société soumise à l'impôt sur les sociétés

2170. S'il porte sur les titres d'une société soumise à l'impôt sur les sociétés, l'engagement collectif doit nécessairement comprendre parmi ses souscripteurs au moins un associé qui exerce l'une des fonctions énumérées au 1° de l'article 885 O bis du CGI. Ces fonctions sont celles exercées par les personnes suivantes :

Dans les ***sociétés à responsabilité limitée*** : tout gérant nommé conformément aux statuts, qu'il soit seul gérant ou membre d'un collège de gérants et sans égard au caractère majoritaire ou minoritaire de la gérance.

Dans les ***sociétés de personnes soumises à l'impôt sur les sociétés*** : tout associé d'une société en nom collectif, d'une société en commandite simple (associé commanditaire ou associé commandité), voire d'une société en participation ou d'une société créée de fait.

Dans les ***sociétés en commandite par actions*** : tout gérant commandité nommé conformément aux statuts, qu'il soit seul gérant ou membre d'une gérance collégiale.

Les parts de commandité n'étant pas représentatives de droits dans le capital, le gérant de la commandite sera nécessairement conduit à placer sous engagement de conservation des actions de commanditaire.

Dans les ***sociétés anonymes*** : le président du conseil d'administration, le ou les directeurs généraux, le ou les directeurs généraux délégués, les membres du directoire, le président du conseil de surveillance.

Dans les ***sociétés par actions simplifiées*** : le président de la société et tout associé exerçant des fonctions identiques à celles de directeur général, directeur général délégué, membre du directoire ou président du conseil de surveillance d'une société anonyme (voir n° 295).

Le président de la SAS ne donnera sa validité à l'engagement collectif que s'il détient dans la société des actions qu'il accepte de soumettre à cet engagement. S'il n'est pas actionnaire, ce qui n'est pas incompatible avec l'exercice de ses fonctions, sa signature serait inopérante.

C. Caractère exclusif du critère attaché à la qualité d'associé ou à la nature des fonctions exercées

2175. L'associé de la ***société non soumise à l'impôt sur les sociétés*** qui, eu égard au fait qu'il exerce dans la société son activité professionnelle principale, a la capacité de donner naissance à l'exonération partielle au bénéfice de ses coassociés peut n'avoir qu'une faible participation. L'intéressé n'est pas non plus tenu d'affecter à l'engagement tous les droits qu'il détient dans la société.

2176. Dans une ***société soumise à l'impôt sur les sociétés***, le dirigeant qui occupe les fonctions requises donne à l'engagement sa validité par sa seule qualité : ni le taux de sa participation ni le niveau de la rémunération qu'il reçoit de la société, comparé au niveau de ses autres rémunérations, ne figurent parmi les critères retenus par le texte (contrairement à la règle posée pour l'admission des titres d'un associé dirigeant à l'exonération des biens professionnels). Il doit, bien entendu, exercer ses ***fonctions*** de ***façon effective*** et être en mesure de l'établir.

Le dirigeant intéressé n'est pas tenu de placer sous engagement la totalité des titres qu'il détient dans la société.

2177. Dans le cas où l'associé ou le dirigeant bénéficie de l'***exonération des biens professionnels*** sur les titres qu'il détient dans la société, le fait pour lui de placer ces titres sous engagement ne le prive pas de son exonération. Celle-ci continue de porter sur l'intégralité de la participation. Dans ces conditions, la détermination de la quotité de cette participation à placer sous engagement pourra dépendre d'autres considérations : appréciation de l'appoint à fournir pour que soit réuni au sein de l'engagement le taux de participation requis, perspective plus ou moins proche de l'abandon des fonctions dirigeantes, au vu de quoi l'accession au bénéfice de l'exonération partielle constituerait une sauvegarde.

D. Présence permanente d'un associé ou d'un dirigeant faisant partie des personnes ayant souscrit l'engagement

2180. La participation à l'engagement collectif d'au moins un associé dirigeant est requise lors de la souscription de celui-ci et pendant toute sa durée. La perte de l'appui d'un dirigeant serait cause de rupture de l'engagement.

La personne du dirigeant pourra changer à condition que le nouveau dirigeant soit issu du cercle des souscripteurs d'origine ou choisi parmi leurs ayants cause à titre gratuit devenus associés.

2181. Dans le ***cas où le dirigeant*** qui donne son efficacité à l'engagement ***cesse ses fonctions*** (aucun autre souscripteur n'occupant déjà, par hypothèse, les fonctions requises), il est admis que la désignation de son remplaçant puisse prendre trois mois (Inst. 7S-3-04 n° 13).

2182. La présence permanente d'un dirigeant choisi parmi les titulaires de l'engagement est sans doute la plus contraignante des conditions posées pour l'obtention de l'exonération. Pour préserver la validité de leur engagement, les associés s'efforceront donc, chaque fois que cela est possible, d'élargir le cercle des souscripteurs pour y faire entrer de ***possibles futurs dirigeants*** choisis aussi bien dans leur famille qu'au sein de la société, par exemple parmi les collaborateurs titulaires de postes de responsabilité.

Il pourra aussi être opportun de réunir simultanément dans l'engagement plusieurs associés investis de fonctions dirigeantes de manière à limiter l'influence que confère à chacun sa position privilégiée sur la préservation des droits à exonération de ceux des souscripteurs qui n'occupent pas ces fonctions.

E. Nomination d'un dirigeant personne morale

2185. On sait que la gérance d'une société en commandite par actions, de même que la présidence d'une SAS, peuvent valablement être confiées à une personne morale. L'article 885 I bis n'interdit pas qu'en tant qu'associée, cette personne morale adhère à l'engagement collectif et n'exclut pas que cette personne morale compte parmi les dirigeants dont l'adhésion est requise pour donner sa validité à l'engagement. L'administration reconnaît qu'une personne morale peut valablement être désignée comme dirigeant pour satisfaire à la condition exigée (Inst. 7S-3-04 n° 15).

IV. Engagement d'une durée minimale de six ans

2190. L'engagement collectif doit être conclu pour une durée minimale de six ans appréciée de date à date. Ainsi un engagement signé le 15 décembre 2006 devra-t-il être respecté jusqu'au 15 décembre 2012 pour assurer aux participants le bénéfice de l'exonération partielle au titre des six impositions venant à échéance du 1er janvier 2007 au 1er janvier 2012.

L'administration n'accepte pas de regarder l'engagement comme ayant été signé avant la date à laquelle, du fait de sa présentation à l'enregistrement, il lui devient opposable (n° 2220). Dans l'exemple ci-avant, les signataires ne doivent donc s'attendre à être libérés le 16 décembre 2012 que si l'engagement a été signé et enregistré le 15 décembre 2006.

Sont autorisées :

– les ***prorogations*** ou ***reconductions***, tacites ou expresses, pour une durée quelconque,

–la ***modification par avenant de la durée de l'engagement*** : soit pour l'étendre pour une durée librement choisie, soit pour la réduire sans que, dans ce cas, l'engagement initial puisse être ramené à moins de six ans.

2191. Comme on le verra plus loin (n° 2296), un ***engagement dont la durée aura excédé six ans*** pourra être rompu sans exposer ses participants à une remise en cause plus étendue que la perte du bénéfice de la dernière exonération obtenue.

Un engagement signé le 15 décembre 2006, tenu jusqu'au 15 décembre 2012 et dont les souscripteurs auront avant cette date prorogé la durée, conférerait aux intéressés un droit acquis sur les exonérations obtenues au titre des années 2007 à 2012 (six années). S'il était rompu en 2013, l'exonération 2012 resterait acquise mais les souscripteurs perdraient le droit de s'exonérer pour 2013 (rupture avant le 15 juin 2013) ou devraient reverser l'ISF indûment économisé sur la déclaration de leur patrimoine taxable au 1er janvier 2013 (rupture après le 15 juin 2013).

Dans ces conditions, il importe que l'engagement initial (nécessairement conclu pour une période d'au moins six ans) soit prorogé plutôt que reconduit. En effet, seule la prorogation permet de déplacer le terme d'un engagement, la reconduction donnant naissance à un nouvel engagement.

La ***prorogation*** doit être décidée avant le terme de l'engagement initial. L'une des formules envisageables est la souscription d'un engagement d'une durée de six ans avec indication d'une prorogation tacite de cette durée pour des périodes successives de douze mois, chaque participant ayant la faculté de faire échec à la prorogation en notifiant sa décision aux autres dans un certain délai (à fixer) avant le début de chaque phase de prorogation. On peut aussi songer à la souscription d'un engagement d'une durée de six ans avec indication que l'engagement deviendra, au-delà de son terme, un engagement à durée indéterminée qui s'éteindra de plein droit dans le cas où les titres sur lesquels il porte cessent de représenter la fraction du capital requise comme condition de sa validité fiscale.

Cette seconde formule permet d'éviter qu'un signataire provoque la cessation d'un engagement qui conserve toute son utilité pour les autres signataires et dont l'ancienneté renforce l'intérêt.

2192. Les souscripteurs trouveront avantage à s'engager pour une période initiale ***n'excédant pas six ans***. On verra en effet que dans diverses circonstances de ***rupture subie*** de l'engagement (les titres sous engagement cessant d'exister suite à l'absorption ou à la scission de la société émettrice ; les titres sous engagement cessant de représenter la quotité du capital requise suite à une augmentation du capital de la société émettrice souscrite par des tiers), les souscripteurs éviteront la déchéance des exonérations déjà obtenues à condition de conserver leurs titres (ou ceux reçus en remplacement) jusqu'au terme de l'engagement pris. Leur intérêt sera alors d'être libérés au plus tôt de la contrainte qui pèse sur eux pour la simple sauvegarde de leurs exonérations passées.

V. Fixité du périmètre de l'engagement

2200. Les souscripteurs (associés ou actionnaires de la société exploitante) ne bénéficient de l'avantage qui leur est conféré que pour les titres qu'ils ont déclaré soumettre à l'engagement. S'ils en acquièrent d'autres de même nature, l'exonération partielle de la ***participation complémentaire*** nécessitera la souscription d'un engagement collectif distinct pris pour une période initiale d'au moins six ans et se superposant à l'engagement existant.

2201. *Exemple :* Des associés souscrivent ensemble, l'année n, un engagement portant sur 40 % du capital de la société exploitante. L'année n + 2, l'un des souscripteurs acquiert dans la société exploitante une participation complémentaire représentant 10 % du capital de cette société. Pour obtenir l'exonération partielle de cette participation complémentaire, l'intéressé devra recruter des cosouscripteurs pour un engagement collectif distinct atteignant le seuil minimal de 34 % ou de 20 %, qui sera souscrit pour une durée minimale de six ans courant à compter de l'année n + 2.

2202. Les souscripteurs sont autorisés à rattacher au lot des titres sur lesquels porte leur engagement les ***actions gratuites reçues dans le cadre d'une augmentation de capital*** réalisée par incorporation des réserves (Inst. 7S-3-04 n° 8). Ces titres nouveaux étant détachés de la participation d'origine, leur durée de conservation obligatoire a pour terme celui de l'engagement en cours grevant cette participation.

Il sera de sage précaution de solenniser la décision d'affectation des actions gratuites à l'engagement par la signature d'un avenant dûment enregistré et communiqué à la société émettrice.

2203. L'administration a précisé que les ***actions nouvelles émises en contrepartie*** de la ***réduction de la valeur nominale des actions d'origine*** sont de plein droit couvertes par l'engagement de conservation en cours (Inst. 7S-3-04 n° 8).

2204. Les ***titres nouveaux issus de souscription en numéraire*** ne sont pas susceptibles d'être regardés comme couverts par l'engagement en cours. Leur admission au bénéfice de l'exonération partielle suppose donc la souscription d'un engagement élargi, et conclu pour une durée couvrant une nouvelle période de six ans.

Dans le cas où l'augmentation de capital réalisée par la société fait tomber le pourcentage des titres affectés à l'engagement initial au-dessous du seuil requis, de 34 % ou de 20 %, les souscripteurs conservent le bénéfice de l'exonération partielle à condition de conserver jusqu'au terme convenu les titres qu'ils avaient placés sous engagement (voir n° 2350).

2205. Il est exclu qu'un ***associé*** qui n'a ***pas*** été ***souscripteur*** de l'engagement conclu par d'autres obtienne après coup l'exonération partielle de ses titres en adhérant à cet engagement. Les seules personnes admises à rejoindre un engagement en cours sont les ayants cause à titre gratuit d'un souscripteur (voir n° 2270), cela en raison du fait que l'intéressé aura dû s'engager pour lui et pour ses ayants cause à titre gratuit.

VI. Formalités requises

2210. La loi est à cet égard peu exigeante. Les souscripteurs de l'engagement doivent établir un écrit qu'ils feront enregistrer et notifieront à la société émettrice, celle-ci étant tenue de leur délivrer chaque année une attestation. Si les titres sous engagement sont admis à la négociation sur un marché réglementé, une information peut avoir à être fournie à l'Autorité des marchés financiers (AMF).

A. Forme et contenu de l'engagement

2215. L'engagement revêt la forme d'un écrit signé de ses souscripteurs désignés avec toutes les mentions nécessaires à leur identification.

Un ***acte sous seing privé*** suffit. L'établissement d'un ***acte authentique*** n'est pas exigé : la forme authentique n'accroît pas d'ailleurs la force contraignante des engagements pris.

L'acte mentionnera le nombre des titres que les associés déclarent vouloir conserver collectivement (engagement les liant eux-mêmes et leurs ayants cause à titre gratuit) pendant une durée minimale de six ans et, au sein de cet ensemble, le nombre de titres que chaque souscripteur affecte individuellement à cet engagement.

L'acte portera la date de sa signature.

Il sera utile d'en établir autant d'***exemplaires*** qu'il y a de signataires, plus deux : un pour être conservé par chaque signataire, un destiné à l'enregistrement et le dernier à la société émettrice. Un troisième exemplaire supplémentaire sera à prévoir s'il y a lieu de prévenir l'Autorité des marchés financiers (n° 2231).

B. Présentation de l'engagement à l'enregistrement

2220. Aux termes de la loi, l'engagement collectif de conservation n'est opposable à l'administration qu'à compter de la ***date de l'enregistrement*** de l'acte qui le constate. S'il est dressé par ***acte authentique***, c'est à la date même de cet acte qu'il devient opposable à l'administration.

L'enregistrement s'effectue au droit fixe de 125 € applicable aux actes non soumis à un tarif particulier.

L'engagement produit son premier effet exonératoire au 1er janvier de l'année suivant celle de son enregistrement. Le 31 décembre 2006 est donc la date ultime pour l'enregistrement des engagements desquels les souscripteurs attendent une première exonération à compter de l'ISF 2007.

Les engagements visant à obtenir la première exonération partielle (celle applicable à l'ISF dû au titre de l'année 2004) ont pu valablement être enregistrés jusqu'au 31 mars 2004 (report de 3 mois de l'échéance légale qui tombait le 31 décembre 2003 par instruction du 23 décembre 2003, 7S-5-03).

C. Notification de l'engagement à la société émettrice

2225. A l'appui de la déclaration de leur patrimoine taxable à l'ISF comprenant les titres sous engagement retenus pour leur valeur réduite des trois quarts, les signataires seront invités à produire une ***attestation de la société émettrice*** certifiant que les conditions énoncées aux paragraphes a et b de l'article 885 I bis (existence d'un engagement collectif réunissant, suivant le cas, 20 % ou 34 % du capital) ont été remplies l'année précédant celle au titre de laquelle la déclaration est souscrite. Il importe donc que l'engagement signé soit communiqué à la société. Tout avenant doit, de même, lui être communiqué (pour un exemple, voir n° 2202).

Pour la ***déclaration de l'année qui suit celle de la signature*** de l'engagement (2007 dans le cas des engagements signés en 2006), la société attestera que les conditions exigées ont été remplies – et donc que l'engagement pris a été tenu – depuis la date de signature jusqu'à la fin de l'année en cours.

Pour ***chaque déclaration postérieure***, la société attestera que les conditions exigées ont été remplies – et donc que l'engagement pris a été tenu – tout au long de l'année qui aura précédé.

L'attestation devra être remise à chaque signataire, personne physique ou personne morale.

D. Notification de l'engagement à l'Autorité des marchés financiers (titres cotés)

2230. L'article 885 I bis du CGI prévoit que dans le cas des ***titres admis à la négociation sur un marché réglementé***, l'engagement collectif de conservation est soumis aux dispositions de l'article L 233-11 du Code de commerce.

Aux termes de l'article L 233-11 :
« Toute clause d'une convention prévoyant des conditions préférentielles de cession ou d'acquisition d'actions admises aux négociations sur un marché réglementé et portant sur au moins 0,5 % du capital ou des droits de vote de la société qui a émis ces actions doit être transmise dans un délai fixé par dé-

cret à l'Autorité des marchés financiers qui en assure la publicité. A défaut de transmission, les effets de cette clause sont suspendus, et les parties déliées de leurs engagements, en période d'offre publique.
L'Autorité doit également être informée de la date à laquelle la clause prend fin. Elle assure la publicité de cette information. »

Même dans le cas où l'engagement collectif est dépourvu de clauses assurant aux signataires le bénéfice d'un droit de préférence ou de préemption en cas de cession décidée par l'un d'eux, le dispositif fiscal conduit de fait à accorder aux intéressés la position d'acquéreurs privilégiés : en effet, les seules cessions de titres susceptibles d'être réalisées sans compromettre les droits à exonération sont celles consenties entre signataires. De cette observation, on pouvait déduire que l'Autorité des marchés financiers exigerait, quel que soit le contenu de l'engagement, la communication d'un exemplaire de ce document.

Tel n'est en réalité pas le cas. L'AMF a indiqué qu'elle n'exige pas la communication des accords qui se limitent strictement à un engagement de conservation des titres et que seuls doivent lui être transmis ceux qui renferment en sus des clauses (telles qu'un droit de préemption) de la nature de celles visées à l'article L 233-11 du Code de commerce (Revue mensuelle de l'AMF n° 6 de septembre 2004, pp. 65 s.).

Quant à l'administration fiscale qui avait à l'origine fait de la communication à l'AMF une condition de l'exonération partielle (Inst. 7S-3-04 n° 7), elle interprète aujourd'hui la précision donnée par l'article 885 I bis du CGI comme un simple rappel, dénué de la moindre conséquence fiscale, des obligations imparties aux actionnaires par le Code de commerce (Inst. 7S-6-05 n° 3).

E. Pièces à joindre aux déclarations annuelles d'ISF

2231. Les décrets d'application de l'article 885 I bis, codifiés aux articles 301 G à 301 J de l'annexe II du CGI, mettent à la charge des associés souscripteurs de l'engagement, s'ils sont assujettis à l'ISF ou s'ils étaient appelés à l'être sans le secours de l'exonération partielle attachée à la souscription de l'engagement, la production des documents suivants (Inst. 7S-6-05) :

Ces documents doivent, suite au décès du souscripteur, être produits en ses lieu et place par ses ayants cause à titre gratuit auprès du centre des impôts dont il relevait.

1. Documents à produire à l'appui de la première déclaration dans laquelle l'exonération partielle est revendiquée

2232. Le déclarant est tenu de produire :
– une copie de l'engagement collectif de conservation;
– un document indiquant l'identité de l'associé dirigeant dont l'adhésion à l'engagement donne à celui-ci sa validité (si le dirigeant a changé entre la signature et le 31 décembre, désigner les dirigeants successifs);
– une attestation de la société émettrice des titres sous engagement certifiant la conformité de l'engagement souscrit aux prescriptions légales pour toute la période qui a couru jusqu'au 31 décembre de l'année précédente (voir n° 2225) et indiquant, s'il y a lieu, les cessions ou donations réalisées jusqu'à cette date par les signataires de l'engagement (préciser alors l'identité des cessionnaires ou donataires et le nombre des titres transmis à chacun d'eux);
– dans le cas où le déclarant revendique l'exonération sur les titres qu'il détient dans une société associée de celle ayant souscrit l'engagement (double niveau d'interposition), la déclaration par cette société associée qu'elle a maintenu inchangée, depuis la signature de l'engagement, sa participation dans la société souscriptrice de l'engagement et l'indication du nombre de titres qu'elle détenait dans cette société à la date de la signature de l'engagement.

2. Documents à produire à l'appui de toutes les déclarations postérieures souscrites pendant le cours de l'engagement collectif

2233. Le déclarant est tenu de produire :
– les éventuels avenants apportés à l'engagement collectif;
– s'il y a lieu, l'indication de l'identité de l'associé dirigeant qui s'est substitué à celui qui, antérieurement, donnait à l'engagement sa validité;
– l'attestation de la société émettrice dont il a été question au n° 2232;
– dans le cas d'une double interposition, la déclaration dont il a été question au n° 2232.

F. Informations à fournir par les sociétés interposées à leurs propres associés

2235. La loi ne contient à cet égard aucune prescription impérative.

Cependant, comme on l'a déjà vu :
– Toute ***société adhérant à un engagement*** collectif de conservation de-

vra prendre soin d'informer ses associés de cette situation pour leur permettre, s'ils le souhaitent, de faire valoir leurs droits à exonération partielle et sera conduite en outre, chaque année, à communiquer aux intéressés la proportion que représentent les titres sous engagement par rapport à la valeur globale de ses actifs.

– Toute ***société associée d'une société adhérant à un engagement*** collectif devra à son tour informer ses propres associés de cette situation pour leur permettre d'exercer, s'ils le souhaitent, leurs droits à exonération partielle et sera conduite en outre, chaque année, à communiquer aux intéressés la proportion des titres sous engagement qu'elle détient indirectement par rapport à la valeur globale de ses actifs.

SECTION II

Événements susceptibles (ou non) d'affecter l'exonération partielle

2250. La loi envisage diverses circonstances à l'occasion desquelles, soit l'engagement se poursuit sans remise en cause des exonérations déjà obtenues et sans perte des droits futurs à exonération, soit au contraire l'engagement doit être considéré comme rompu, avec des conséquences pour le passé plus ou moins étendues. Nous examinons ci-après ces diverses circonstances.

I. Décès d'un souscripteur de l'engagement collectif

2255. Cet événement est en lui-même sans conséquences sur les exonérations (sous réserve du problème du remplacement du défunt s'il était l'unique souscripteur dirigeant). L'engagement ayant été pris par leur auteur pour lui et pour ses ayants cause à titre gratuit, les ***ayants droit du défunt*** sont tenus à l'engagement que celui-ci avait pris dans les mêmes conditions que s'ils l'avaient eux-mêmes souscrit. Ils sont ainsi dispensés d'adhérer formellement à l'engagement mais aussi privés de la possibilité d'en éviter les contraintes.

Ce mécanisme entraîne un ensemble de ***conséquences***.

2256. S'ils respectent jusqu'à son terme l'engagement en cours, les ayants droit du défunt consolident les exonérations dont s'est prévalu celui-ci et accèdent eux-mêmes au bénéfice de l'exonération partielle sur les actions ou parts passées dans leur patrimoine.

Ils sont à cet égard ***considérés comme étant souscripteurs d'origine*** de l'engagement pris par le défunt. Ils ne seront donc tenus que jusqu'au terme de cet engagement et profiteront de l'ancienneté acquise par celui-ci (notamment au regard de l'application des mesures protectrices prévues à l'égard des engagements tenus pendant une période ayant dépassé six ans).

Il leur est loisible d'***acquérir*** des ***parts ou actions*** qu'un ***autre signataire*** a affectés à l'engagement collectif sans que cette acquisition soit considérée comme marquant la rupture de l'engagement souscrit par le cédant (n° 2285). Ils peuvent aussi se ***céder mutuellement*** les titres reçus de leur auteur. S'ils décèdent, leurs propres ayants cause à titre gratuit devraient être admis à poursuivre l'engagement en cours pour profiter en contrepartie de l'exonération partielle.

Étant assimilés à des souscripteurs, ils ont qualité pour donner à l'engagement sa force exonératoire en occupant au sein de la société les fonctions d'associé exerçant son activité principale (sociétés de personnes visées aux articles 8 et 8 ter du CGI : n° 2165) ou les ***fonctions dirigeantes*** (sociétés soumises à l'impôt sur les sociétés : n° 2170) que doit impérativement exercer en permanence au moins un signataire de l'engagement.

2257. Les autres conséquences sont le revers des prérogatives que les intéressés tirent de leur assimilation à des souscripteurs d'origine.

Dans la rigueur des principes, toute ***cession à un tiers***, avant le terme de l'engagement en cours de six ans, de titres provenant de la succession du défunt, devrait être regardée comme entraînant rupture de l'engagement qui avait été souscrit par l'intéressé et entraîner à la charge de sa succession les rappels d'imposition correspondant aux exonérations partielles dont le défunt s'était prévalu.

Cette charge, née d'un événement postérieur au décès, risque fort au demeurant de ne pouvoir être comptée comme un passif de la succession.

Mais dans le cas où les ***titres*** auront été ***partagés***, on pourra soutenir que l'engagement qu'avait pris le défunt se poursuit divisément dans le chef de chaque copartageant, moyennant quoi seules seraient remises en cause les exonérations obtenues par le défunt sur le lot de titres échu en partage à l'héritier cédant. Si, comme on peut l'espérer, cette solution est retenue par l'administration, les héritiers respectueux de leur propre engagement garderaient pour eux le bénéfice de l'exonération partielle sous les conditions habituelles (voir n° 2308 le cas où, suite à la cession consentie par un souscripteur, la quotité du capital restant sous engagement n'atteint plus le seuil requis de 20 % ou de 34 %).

II. Décès d'un associé bénéficiaire de l'exonération partielle à raison de ses droits dans une société interposée

2265. Comme on l'a vu (nos 2025 et 2030), le titulaire des actions ou parts d'une société détentrice d'une participation dans une société exploitante (lorsque cette participation a été affectée à l'engagement collectif) ou titulaire des actions ou parts d'une société associée de celle qui est détentrice de la participation placée sous engagement a droit à l'exonération partielle sur une fraction de la valeur de ses titres sans avoir à prendre d'engagement formel à cet effet. Son décès pendant le cours de l'engagement est une éventualité dont la loi n'a pas déterminé les conséquences.

L'administration considère que le décès de l'associé transfère aux ***ayants cause à titre gratuit*** de celui-ci le soin de conserver les titres jusqu'au terme de l'engagement en cours et que c'est seulement au prix de l'acceptation de cette contrainte que les intéressés préserveront les exonérations dont s'était prévalu le défunt en même temps qu'ils bénéficieront pour eux-mêmes de l'exonération partielle (Inst. 7S-3-04 n° 30).

Reste non résolue la question des conséquences de la cession des titres par les ayants droit du défunt avant le terme de l'engagement de conservation. Comme dans le cas du décès d'un signataire de l'engagement collectif (n° 2257), on peut espérer que l'administration arrêtera en la matière des solutions proportionnées à l'importance de la cession réalisée.

III. Donation des titres soumis à l'engagement collectif

2270. En vertu d'une disposition expresse du texte, les signataires de l'engagement peuvent librement effectuer entre eux des donations de titres soumis à engagement. Les titres ainsi donnés devront être conservés par leur(s) nouveau(x) propriétaire(s) jusqu'au terme de l'engagement en cours. Rien ne s'oppose à ce que la donation porte sur tous les titres que son auteur avait soumis à engagement.

Même s'il est dessaisi de la totalité de ses titres, le donateur reste astreint chaque année à la production des documents visés au n° 2233 (Inst. 7S-6-05 n° 7), les bénéficiaires de la donation étant tenus de leur côté à la production de ceux visés au n° 2232 (la première année suivant celle de la donation) puis de ceux visés au n° 2233 (à partir de la seconde).

2271. Dans le cas où le ***bénéficiaire*** d'une telle donation viendrait à ***céder à une personne qui n'est pas partie à l'engagement*** tout ou partie des titres sur lesquels pèse son engagement, l'intéressé serait regardé comme ayant rompu cet engagement. Non seulement il perdrait le bénéfice des exonérations partielles par lui déjà obtenues (voir n° 2295), mais il exposerait aussi l'auteur de la donation à la remise en cause de ses propres exonérations.

Même si elle peut paraître rigoureuse, cette dernière conséquence se déduit du fait que, selon les propres termes du a de l'article 885 I bis, l'auteur de la donation aura pris l'engagement pour lui et ses ayants cause à titre gratuit, ce qui signifie qu'il reste garant, pendant toute la durée de l'engagement, du respect de celui-ci et doit en conséquence assumer les conséquences fiscales d'une défaillance de ses ayants cause à titre gratuit. Un tempérament pourrait toutefois être introduit sous la forme d'une limitation de la perte des exonérations à proportion des titres ayant fait l'objet de la donation consentie au bénéficiaire défaillant.

Dans ces conditions, il pourra être judicieux que l'acte de donation des titres placés sous engagement assigne au donataire l'obligation de conserver les titres jusqu'au terme de l'engagement en cours sous peine d'avoir à indemniser le donateur des rappels d'imposition nés d'un manquement à cette obligation.

Les signataires peuvent-ils donner des titres à des non-signataires ?

2274. Une contradiction dans les textes rend la réponse délicate. Aux termes du a de l'article 885 I bis, l'engagement est pris « par le propriétaire pour lui et ses ayants cause à titre gratuit » : l'engagement concerne ainsi l'associé souscripteur, de même que tous ceux auxquels les titres seraient transmis sans contrepartie. Aux termes du b de ce même article, « les associés de l'engagement collectif de conservation peuvent effectuer entre eux des cessions ou donations des titres soumis à l'engagement » : les associés souscripteurs peuvent ainsi librement se donner ou se vendre des titres.

Il est dit d'abord que tous les ayants cause à titre gratuit sont concernés ; puis la validité de la donation se réduit à celle consentie aux associés signataires.

Comment concilier ces deux textes ? L'une des idées qui viennent à l'esprit serait de considérer que les ayants cause à titre gratuit visés au a ne sont que les héritiers ou légataires, c'est-à-dire les bénéficiaires à cause de mort, à l'exclusion des gratifiés entre vifs. Mais le texte n'opère pas cette distinction. On peut tenter la conciliation sur le terrain du b, en postulant que l'apport de ce texte ne concerne pas la donation, puisqu'elle est rendue possible par le a, mais la transmission à titre onéreux : la seule vente possible est celle qui a lieu entre signataires. Suivant cette interprétation, la donation à tous les tiers est possible, alors qu'un signataire ne peut librement vendre qu'à d'autres signataires.

L'administration s'est rangée à cette seconde interprétation (Inst. 7S-3-04 n° 10) : la donation des titres à des personnes non signataires de l'engagement ne rompt pas celui-ci du moment que les personnes gratifiées conservent les titres reçus jusqu'au terme de l'engagement en cours.

IV. Donation de titres admis au bénéfice de l'exonération partielle en tant qu'ils sont détenus dans une société interposée

2280. Pas plus qu'elle n'envisage les conséquences du décès du titulaire de ces titres (n° 2265), la loi n'aborde la situation du titulaire désireux d'en faire donation. Mais l'administration admet qu'une telle donation peut être décidée sans entraîner la perte des exonérations partielles déjà obtenues, à condition que les bénéficiaires conservent les titres reçus jusqu'au terme de l'engagement en cours (Inst. 7S-3-04 n° 30).

V. Cession des titres soumis à l'engagement collectif

A. Cession consentie à un autre souscripteur de l'engagement collectif

2285. En vertu d'une disposition expresse du texte, les signataires de l'engagement peuvent librement effectuer entre eux des cessions de titres soumis à engagement. Les titres ainsi cédés devront être conservés par leur(s) nouveau(x) propriétaire(s) jusqu'au terme de l'engagement en cours.

Rien ne s'oppose à ce que la cession porte sur tous les titres que son auteur avait soumis à engagement.

2286. Les cessions qui s'opèrent ainsi librement peuvent être consenties par des signataires personnes physiques ou personnes morales au bénéfice de signataires ayant l'une ou l'autre de ces qualités. Il est donc loisible à une personne physique de céder ses titres à une personne morale souscriptrice de l'engagement, voire de lui faire ***apport*** de ses titres (l'apport, même consenti à titre pur et simple, étant une forme de cession).

En cas d'apport en société des titres sous engagement par leur propriétaire personne physique, l'exonération partielle dont l'intéressé bénéficiait jusqu'alors sur la valeur des titres en cause se trouve « reportée » sur les actions ou parts reçues en représentation de l'apport, lesquelles forment alors une participation indirecte dans la société exploitante (n° 2025). Mais la base de l'exonération va se trouver amoindrie si la société à laquelle l'apport est consenti détient d'autres actifs que sa participation sous engagement.

2287. Le ***souscripteur cessionnaire*** des titres que lui aura cédés un autre souscripteur profitera immédiatement de l'exonération partielle sur ces titres auxquels s'appliquera corrélativement la même indisponibilité que celle frappant la participation qu'il avait à l'origine placée sous engagement. S'il réalise des ***cessions au bénéfice de personnes non souscriptrices*** (fût-ce pour un nombre de titres n'excédant pas le lot de ceux nouvellement acquis), c'est l'ensemble des exonérations obtenues par lui depuis la souscription de l'engagement qui seront reprises. Mais le souscripteur auteur de la cession consentie au coassocié défaillant devrait à notre avis rester à l'abri d'une remise en cause de ses propres exonérations (car, s'étant dessaisi des titres sur lesquels pesait son engagement au profit d'une personne qui assume à sa place ledit engagement, il est lui-même, en l'absence de solidarité, hors d'atteinte des conséquences de la rupture imputable au cessionnaire).

B. Cession consentie à une personne autre qu'un souscripteur de l'engagement collectif

1. Conséquences pour le cédant

2295. Si la ***cession*** se produit ***au cours des six ans*** suivant la date anniversaire de la signature de l'engagement, le cédant perd inévitablement le bénéfice de toutes les exonérations partielles précédemment obtenues par lui.

Ainsi, en présence d'un engagement signé et enregistré le 15 décembre 2006, toute cession, si minime soit-elle, consentie avant le 16 décembre 2012 entraîne la remise en cause des exonérations obtenues.

Le cédant se retrouve alors placé, nonobstant la prescription, dans la même situation que s'il n'avait jamais adhéré à l'engagement collectif. Il est assujetti, au titre de chaque année, aux compléments d'ISF dont son adhésion à l'engagement l'avait valablement dispensé, chaque rappel annuel étant assorti de l'intérêt de retard décompté depuis le 15 juin de l'année à laquelle il se rapporte (intérêt de retard visé à l'article 1727 du CGI dont le taux s'élève à 0,75% par mois au titre de la période antérieure au 1er janvier 2006 et à 0,40% par mois à compter de cette date).

2296. Si la ***cession*** se produit ***au-delà des six ans*** suivant la date anniversaire de la signature de l'engagement, seule est remise en cause l'exonération partielle obtenue au titre de la période d'un an en cours lors de la cession.

Dans le cas d'un engagement signé le 15 décembre 2006, une première cession réalisée le 30 décembre 2013 entraînera la remise en cause de l'exonération partielle dont le cédant se sera prévalu au 15 juin 2013 sur l'ISF grevant son patrimoine au 1er janvier 2013. Une première cession réalisée le 2 janvier 2014 ferait seulement perdre au cédant le droit de se prévaloir de l'exonération partielle au titre de l'ISF grevant son patrimoine au 1er janvier 2014.

Cas où le cédant est une personne morale ayant procuré l'exonération partielle à ses propres associés, directs ou indirects

2299. Deux situations sont susceptibles de se rencontrer :

1° La ***cession émane de la société souscriptrice de l'engagement***. Indépendamment du fait qu'elle peut compromettre les droits à exonération des cosouscripteurs (voir ci-dessous nos 2305 s.), cette cession constitue un manquement à la condition suivant laquelle la participation devait être conservée inchangée et fait ainsi tomber les exonérations dont la société a fait profiter ses associés directs (un niveau d'interposition) ou indirects (deux niveaux d'interposition).

Ceux des associés directs qui étaient opposés à la cession litigieuse seraient alors fondés à exercer un recours.

2° La ***cession émane*** de la ***société associée de celle qui est souscriptrice de l'engagement***. Le manquement à la condition suivant laquelle la participation devait être conservée inchangée rejaillit sur les seuls associés de la société cédante qui paraissent alors privés de tout recours (aucun engagement formel n'a été souscrit par la société cédante). C'est pourquoi il est prudent que les associés qui entendent bénéficier de l'exonération s'assurent préventivement auprès de la société que celle-ci est disposée à conserver sa participation pendant la durée de six ans et prenne même un engagement formel à leur égard.

Bien que la loi soit silencieuse à cet égard, les associés impliqués seront, dans chacune des deux situations, admis à se prévaloir du ***régime de déchéance atténué*** si la cession se produit ***au-delà des six ans*** suivant la date de signature de l'engagement (déchéance limitée à la dernière exonération : voir n° 2296) (Inst. 7S-3-04 n° 34).

2. Conséquences pour les souscripteurs autres que le cédant

2305. Deux cas doivent être envisagés.

2306. *1er cas :* Les ***titres*** sous engagement ***continuent de représenter le pourcentage minimal requis***, de 20 % ou de 34 %, suivant le cas (n° 2055).

Les souscripteurs autres que le cédant conservent de plein droit le bénéfice des exonérations partielles déjà obtenues à condition de respecter l'engagement jusqu'à son terme. Sous cette condition, ils pourront prétendre au bénéfice de l'exonération partielle aux diverses échéances qui les séparent encore du terme de l'engagement (et plus longtemps encore si l'engagement est prorogé).

2307. La même solution s'appliquerait si l'un des autres souscripteurs susvisés manquait à son tour à l'engagement qui reste à tenir pour la sauvegarde collective des exonérations antérieures. Si cette nouvelle cession ne fait pas baisser le taux des participations sous engagement au-dessous du seuil requis, elle ne comporte de conséquences négatives que pour son auteur seul. Dans le cas contraire, il y aurait lieu de faire application des solutions prévues dans le 2e cas examiné ci-dessous.

2308. *2e cas :* Les ***titres*** sous engagement ***cessent de représenter le pourcentage minimal requis***.

L'engagement souscrit est alors considéré comme rompu, ce qui expose en principe les souscripteurs non cédants à la perte des exonérations dont ils se sont prévalus depuis l'origine (cas où la rupture survient au cours des six ans suivant la date anniversaire de la signature de l'engagement) ou de celle dont ils se sont prévalus au cours de la dernière période d'un an (cas où la rupture survient au-delà de la période initiale de six ans).

2309. Cependant, les intéressés échappent à ces remises en cause s'ils parviennent, dans un délai d'un an, à souscrire un ***nouvel engagement collectif*** de conservation d'une durée minimale de six ans, incluant a minima leurs titres soumis à l'engagement précédent, engagement qui pourra être conclu éventuellement avec un ou plusieurs autres associés et qui devra réunir la quotité exigée de 20% ou de 34%.

Le ***délai d'un an*** qui leur est laissé pour conclure le nouvel engagement libérateur court à compter de la date de la cession qui a été cause de l'abaissement du taux des titres sous engagement au-dessous du seuil requis.

Les associés sont, en vertu de la loi, affranchis des remises en cause de leurs exonérations antérieures par le simple fait de leur adhésion collective à un nouvel engagement élargi.

Leur intérêt sera de conclure l'engagement substitutif au cours de l'année même de la défection de leur cosouscripteur. En effet :
- d'une part, ils éviteront ainsi la cessation de l'exonération partielle au 1er janvier de l'année suivante,
- d'autre part, plus tôt ils feront courir le nouveau délai de six ans de conservation obligatoire de leurs titres, plus tôt ils en seront libérés.

VI. Cession des titres admis au bénéfice de l'exonération partielle en tant qu'ils sont détenus dans une société interposée

2320. Comme on l'a vu aux nos 2025 et 2030, aucun engagement formel n'est exigé des associés de la société souscriptrice de l'engagement collectif (un niveau d'interposition) ni des associés de la société détentrice d'une participation dans la société souscriptrice de cet engagement (deux niveaux d'interposition) pour obtenir l'exonération partielle des titres qui représentent indirectement leurs droits dans la société exploitante. Ils doivent toutefois conserver leur ***participation inchangée*** pendant la durée de l'engagement collectif.

Cette condition assigne à chaque associé pris individuellement l'obligation de conserver dans la société dont il est membre un nombre de titres constamment égal (ou au moins égal) à celui des titres à raison desquels il est devenu apte à se prévaloir de l'exonération partielle suite à l'engagement pris par la société dont il est membre (nombre de titres sur lequel se calcule ses droits à exonération jusqu'au terme de l'engagement). S'il vient à en céder certains, ses droits à exonération lui seront repris et cela rétrospectivement depuis la signature de l'engagement (d'où un rappel des ISF économisés, augmentés de l'intérêt de retard calculé au taux de 0,75 % par mois pour la période antérieure au 1er janvier 2006 et au taux de 0,40% par mois à compter de cette date). Bien que la loi soit silencieuse à cet égard, les intéressés seront admis à se prévaloir du régime de déchéance atténué si la cession se produit au-delà des six ans suivant la date de signature de l'engagement (déchéance limitée à la dernière exonération : voir n° 2296) (Inst. 7S-3-04 n° 34).

2321. La contrainte de conservation étant individuelle et non collective, les ***coassociés non cédants*** sont à l'abri d'une remise en cause de leurs propres exonérations. Quant aux acheteurs, ils ne disposent pas de droits à exonération à raison des titres qu'ils acquièrent.

2322. La loi n'accorde pas expressément aux associés des sociétés interposées la liberté de ***se céder mutuellement*** les titres sur lesquels porte leur exonération, ce qui les place dans une situation moins favorable que les détenteurs directs des titres de la société exploitante qui, en tant que signataires de l'engagement collectif, sont autorisés à se céder entre eux les titres faisant l'objet de l'engagement. Il aurait paru équitable qu'au moins dans la situation où ils sont souscripteurs de l'engagement pour les titres qu'ils détiennent directement dans la société exploitante, les associés des sociétés interposées soient reconnus fondés à se céder entre eux les titres qu'ils possèdent dans la société interposée. Mais on l'a dit n° 2124, l'instruction 7S-3-04 est muette à cet égard.

VII. Absorption ou scission de la société émettrice des titres sous engagement

2330. Visant le cas où la société exploitante, émettrice des titres placés sous engagement, est absorbée ou se scinde dans des conditions qui font entrer l'opération dans les prévisions de l'article 817 A du CGI, l'article 885 I bis donne aux souscripteurs le moyen d'éviter les déchéances encourues par eux du fait de la disparition des titres sur lesquels l'engagement avait été pris.

A. Fusions et scissions concernées

2335. Les fusions et scissions visées par l'article 817 A du CGI, définies par les articles 301 A à 301 F de l'annexe II, consistent :

– En ce qui concerne la ***fusion*** :

• soit dans la formation d'une société relevant du statut fiscal des sociétés de capitaux par plusieurs sociétés qui transfèrent l'ensemble de leur actif et de leur passif à la nouvelle société ;

• soit dans le transfert à une société relevant du statut fiscal des sociétés de capitaux par une ou plusieurs sociétés de l'ensemble de leur actif et de leur passif, lorsque, dans les deux cas, la ou les sociétés apporteuses sont dissoutes ;

• soit encore dans l'opération qui aboutit au transfert à une société relevant du statut fiscal des sociétés de capitaux, en voie de formation ou préexistante, de droits représentant 75 % au moins du capital d'une société relevant du même statut, lorsque les deux sociétés ont leur siège de direction effective ou leur siège statutaire soit en France, soit dans un autre Etat membre de la Communauté européenne.

– En ce qui concerne la ***scission*** : dans l'opération par laquelle une société transfère à compter de la même date l'ensemble de son actif et de son passif à plusieurs sociétés relevant du statut fiscal des sociétés de capitaux, en voie de formation ou préexistantes, lorsque la société apporteuse est dissoute.

L'ensemble des apports ou transferts susvisés doivent être rémunérés par l'attribution de droits représentatifs du capital de la société bénéficiaire. Le versement d'une soulte est cependant possible, pourvu que la soulte n'excède pas 10 % de la valeur nominale des droits attribués.

On remarquera que, dans chacune des opérations décrites, il importe que la ou les sociétés bénéficiaires soient assujetties à l'impôt sur les sociétés alors que cette condition n'est pas requise de la société auteur des apports. Les associés d'une société soumise au régime fiscal des sociétés de personnes qui viendrait à être absorbée ou à se scinder peuvent donc être concernés par le mécanisme neutralisant.

B. Cas où les titres reçus en échange atteignent le seuil requis dans le capital de la société absorbante ou des sociétés bénéficiaires de la scission

2340. A condition que les associés conservent les titres reçus par eux en échange jusqu'au terme de l'engagement pris sur les titres d'origine, la loi leur assure le maintien des ***exonérations partielles déjà obtenues***.

En ce qui concerne l'***exonération des années futures***, la question se posait de savoir si elle résulterait de droit du respect de l'engagement en cours ou si elle nécessiterait la souscription d'un engagement spécialement conclu sur les titres reçus en échange pour une nouvelle durée d'au moins six ans.

C'est cette seconde solution qui a été retenue par l'administration (Inst. 7S-3-04 n° 39).

> Les associés des sociétés interposées (celle qui est cosouscriptrice de l'engagement collectif, de même que celle qui est détentrice d'une participation dans la société cosouscriptrice) préserveront leurs exonérations passées si l'engagement initial se poursuit jusqu'à son terme.

2341. Le vrai problème soulevé par une absorption (et à un moindre degré par une scission) se situera dans la perte de l'appui d'un souscripteur ***dirigeant*** si l'associé qui occupait ces fonctions (ou l'un de ses coassociés) ne devient pas dirigeant de la société absorbante (ou des sociétés bénéficiaires de la scission). Les associés sont en tout état de cause contraints, pour continuer à profiter de l'exonération, de nouer de nouvelles alliances et donc de conclure un engagement distinct auquel adhérera un associé dirigeant de la société absorbante (ou plusieurs engagements distincts souscrits avec des dirigeants des sociétés scindées).

C. Cas où les titres reçus en échange n'atteignent pas le seuil requis dans le capital de la société absorbante ou des sociétés bénéficiaires de la scission

2345. Dans cette situation également, la loi assure aux signataires le maintien des ***exonérations*** partielles ***déjà obtenues*** s'ils conservent les titres reçus par eux en échange jusqu'au terme de l'engagement pris sur les titres d'origine (auquel cas les associés des sociétés interposées préserveront aussi leurs exonérations passées).

De ***nouvelles exonérations*** partielles ne pourront être obtenues que moyennant la conclusion d'un engagement nouveau d'au moins six ans comportant un périmètre élargi et la participation d'un associé exerçant des fonctions dirigeantes dans la société auteur de l'absorption ou dans celles bénéficiaires de la scission.

VIII. Réalisation d'une augmentation de capital par la société émettrice des titres sous engagement

2350. S'il arrive qu'à la suite d'une augmentation de capital réalisée par la société émettrice, les souscripteurs de l'engagement collectif cessent de réunir la quotité du capital exigée, de 20 % ou de 34 % suivant le cas (n° 2055), la sauvegarde des ***exonérations*** partielles ***déjà obtenues*** (par eux-mêmes et par les associés, directs ou indirects, des sociétés ayant pris part à l'engagement) nécessitera la poursuite jusqu'à son terme de l'engagement en cours. Rien ne s'opposera à ce que les signataires se constituent pour le futur de ***nouveaux droits à exonération***. Il leur faudra à cet effet conclure un engagement distinct à périmètre élargi pour une durée de six ans.

2351. Une telle situation sera susceptible de se rencontrer à la suite d'opérations telles que les suivantes :
– La société exploitante procède à l'***absorption*** d'une société qui n'est pas sa filiale à 100 % ou bénéficie d'un ***apport partiel d'actif*** (du fait de l'augmentation de capital nécessaire à la rémunération des apports reçus).
– La société exploitante procède à une ***offre publique d'échange*** en rémunérant les titres qu'elle reçoit par l'attribution de titres de son propre capital émis à cette occasion.
– La société exploitante avait émis des ***titres*** (ou pris des engagements) ***donnant un accès différé à capital*** et les droits correspondants sont exercés par leurs titulaires. Exemples : obligations convertibles en actions ou échangeables contre des actions, obligations ou actions avec bons de souscription d'actions, obligations remboursables en actions, bons autonomes donnant le droit de souscrire des actions, options de souscription ou attributions gratuites d'actions consenties à des salariés.
– La société exploitante procède à une ***augmentation de capital en numéraire***.

IX. Annulation des titres pour cause de pertes ou de liquidation judiciaire

2360. Les exonérations antérieurement obtenues à raison des titres annulés restent alors acquises aux associés signataires (de même qu'aux associés, directs ou indirects, des sociétés ayant pris part à l'engagement) ***sans condition***.

X. Perte de l'appui d'un souscripteur dirigeant

2365. Il est nécessaire, on l'a vu (n° 2160), que tout au long de la durée de l'engagement, au moins un signataire de celui-ci (ou un ayant cause à titre gratuit de l'un des signataires, qui peut fort bien ne pas avoir participé personnellement à la souscription de l'engagement : voir n° 2274) exerce dans la société son activité principale (sociétés soumises au régime fiscal des sociétés de personnes) ou occupe les fonctions dirigeantes requises eu égard à la forme de la société (sociétés soumises à l'impôt sur les sociétés).

La perte de l'appui du dirigeant requis :
– entraînera la reprise des exonérations partielles obtenues depuis l'origine dans le cas où elle survient ***au cours des six ans*** suivant la date anniversaire de la signature de l'engagement ;
– entraînera la cessation des exonérations partielles à compter du 1er janvier suivant l'année de constatation dans le cas où elle survient ***après*** la période susvisée de ***six ans*** (Inst. 7S-3-04 n° 35).

SECTION III

Indications pratiques

I. Engagement large ou restreint ?

2380. Plus le pourcentage des titres placés initialement sous engagement s'élève au-dessus du taux minimum requis de 20 % ou de 34 %, moins les participants sont exposés aux conséquences négatives d'une défection qui ferait descendre le pourcentage des titres demeurés sous engagement au-dessous du seuil requis ou soumis aux aléas d'une dilution produisant le même effet (dilution faisant suite à la réalisation d'apports nouveaux consentis à la société émettrice : voir n° 2351).

Plus le nombre d'associés souscripteurs est élevé, plus vaste est l'éventail des candidats aptes à l'exercice des fonctions dirigeantes que doit nécessairement occuper en permanence au moins l'un des souscripteurs jusqu'au terme de l'engagement.

Les signataires doivent aussi se ménager la latitude de faire évoluer le mode de détention des titres qu'ils placent sous engagement. Dans cette perspective, ils peuvent avoir intérêt à faire participer à l'engagement une société holding créée par apport de quelques titres et à laquelle il leur sera loisible, si besoin est, d'apporter ou de céder des titres supplémentaires pendant le cours de l'engagement.

II. Comment s'organiser pour donner à l'engagement les meilleures chances d'être tenu ?

2385. Il pourra être judicieux d'aménager une porte de sortie en faveur de ceux des souscripteurs qui seraient tentés de vendre leurs titres : les signataires ont la faculté à cet effet de se consentir mutuellement un droit de préférence ou de préemption sur les titres placés sous engagement. Il leur est loisible d'arrêter entre eux des dispositions relatives à l'indemnisation qui serait due par l'auteur d'une rupture aux autres signataires (n° 2150).

Une solution efficace serait d'organiser un séquestre des titres chez un intermédiaire financier habilité. Cela suppose que les titres soient nominatifs et que leurs titulaires demandent à passer en compte nominatif administré et confient la gestion de leur compte à la banque séquestre. Les signataires interdiraient par convention au séquestre d'enregistrer tout transfert à un tiers des titres sous engagement à moins que la demande ne porte la signature de tous les participants à l'engagement.

III. Détention directe des titres de la société exploitante ou détention par personne interposée ?

2390. Des associés qui détiennent directement ensemble la quantité de titres suffisante pour signer un engagement exonératoire peuvent être tentés par l'idée de réunir préalablement ces titres (ou, du moins, une part prépondérante de ces titres) au sein d'une société spécialement constituée pour détenir ceux-ci. Dans le cas où les titres seraient apportés à la société qui ne détiendrait aucun autre actif, la base de calcul de l'exonération resterait inchangée par rapport à la situation de détention directe.

Cette formule est susceptible de présenter un avantage : si un associé de la société interposée décide de céder en cours d'engagement sa participation dans cette société, sa décision n'affectera que sa propre situation, sans entraîner la reprise des exonérations obtenues par les associés non cédants.

En regard, la conservation d'une détention directe donne plus de souplesse car les cessions entre signataires des titres placés sous engagement s'effectuent sans compromettre les exonérations déjà obtenues.

IV. Modèle simplifié d'engagement collectif

Engagement souscrit pour l'application de l'article 885 I bis du Code général des impôts
(Titres non admis aux négociations sur un marché réglementé)

2395. Entre les actionnaires soussignés de la société X (dénomination), ayant son siège social à (adresse), société anonyme au capital de

50 000 000 € divisé en 500 000 actions d'un montant nominal de 100 € chacune, il a été exposé ce qui suit :
– Monsieur A (nom, prénom), né le ...., de nationalité ...., célibataire, demeurant (adresse) détient 75 000 actions de la société X.
– Monsieur B (nom, prénom), né le ...., de nationalité .... et Madame C (nom, prénom), son épouse, née le ...., de nationalité ...., demeurant (adresse) détiennent en commun 50 000 actions de la société X.
– Mademoiselle D (nom, prénom), née le (mineure) à ...., de nationalité .... représentée par ses parents, ci-avant nommés, Monsieur B (nom, prénom) et Madame C (nom, prénom), demeurant (adresse) détient 25 000 actions de la société X.
– La société civile (dénomination) ayant son siège social (adresse) représentée par son gérant, Monsieur E (nom, prénom), né le ...., de nationalité ...., demeurant (adresse) détient 100 000 actions de la société X.
– Monsieur A est président du directoire de la société X.
– Monsieur B est membre du directoire de la société X. Cela exposé, les actionnaires soussignés s'engagent, par le présent acte, à conserver collectivement pendant une durée de six ans courant à compter de l'enregistrement des présentes 200 000 actions de la société X, soit 40 % de son capital. Cet engagement, pris pour eux-mêmes et pour leurs ayants cause à titre gratuit, regroupe les engagements individuels ci-après :

– Monsieur A (nom, prénom) s'engage pour	50 000 actions
– Monsieur B (nom, prénom) et Madame C (nom, prénom) s'engagent pour 25 000 actions	
– Mademoiselle D (nom, prénom) s'engage pour	25 000 actions
– La société civile (dénomination) s'engage pour	100 000 actions
Total	200 000 actions

Le présent engagement deviendra, au-delà de son terme, un engagement à durée indéterminée qui s'éteindra de plein droit dans le cas où les titres sur lesquels il porte cessent de représenter la fraction du capital requise comme condition de sa validité fiscale.

L'engagement est établi en sept exemplaires, un pour être remis à chaque signataire ou au représentant de celui-ci, un pour être présenté à l'enregistrement et un pour être adressé à la société X, ces deux formalités étant à accomplir par Monsieur A (nom, prénom), qui déclare accepter de s'en charger ce jour même.

Fait à .... le (date)

CHAPITRE IV

Exonération de 75% des titres détenus par les salariés ou mandataires sociaux dans leur entreprise

2400. L'article 885 I quater, introduit dans le CGI par l'article 26 de la loi 2005-1719 du 30 décembre 2005, institue, à compter du 1er janvier 2006, une exonération des trois quarts sur la valeur des parts ou actions que les salariés ou les mandataires sociaux détiennent dans la société au sein de laquelle ils exercent leur activité principale. Cette exonération, qui s'applique sur simple demande et sans égard au taux de la participation du redevable, est subordonnée à la seule condition que celle-ci reste la propriété du redevable pendant une durée minimale de six ans courant à compter du premier fait générateur au titre duquel l'exonération a été demandée.

> Ainsi, quelle que soit l'ancienneté de leur détention, les titres dont l'exonération aura été obtenue au 1er janvier 2006 ne conserveront cette exonération (de même que celles obtenues au titre des années suivantes) qu'à la condition de ne pas être cédés avant le 1er janvier 2012 (avant le 3 janvier 2012, écrit l'administration ; Inst. 7 S-3-06 n° 48).

La même exonération joue en faveur des salariés ou mandataires sociaux qui ont cessé leur activité ou mis fin à leurs fonctions pour faire valoir leurs droits à la retraite, à l'égard des titres qu'ils détenaient déjà depuis au moins trois ans avant leur cessation d'activité ou l'abandon de leurs fonctions.

SECTION I

Portée de l'exonération partielle

2405. L'exonération porte sur les parts ou actions d'une société exploitant une entreprise à condition que leur propriétaire exerce son activité principale comme salarié ou mandataire social de cette société ou d'une société liée à celle-ci. Cette condition s'apprécie chaque année au 1er janvier.

I. Parts ou actions d'une société exploitant une entreprise

A. Caractéristiques de la société exploitante

2410. L'exonération s'applique aux parts ou actions détenues dans toute société, quels qu'en soient la ***forme*** et le ***régime fiscal***. Il n'existe aucune restriction territoriale. L'exonération peut donc valablement être revendiquée sur les titres d'une ***société établie à l'étranger***.

L'exonération étant accordée au salarié qui exerce ses fonctions dans une filiale de la société dont il détient les titres (voir n° 2440), la possession des actions d'une société étrangère, mère de la filiale française employeur, ne se trouve donc pas défavorisée.

B. Nature de l'activité exercée par la société

2415. La société doit exercer une ***activité industrielle, commerciale, artisanale, agricole ou libérale***. L'administration a précisé que les activités visées se définissent de la même façon que pour l'appréciation de l'exonération des biens professionnels (Inst. 7 S-3-06 n° 3). C'est donc à ces définitions qu'il y a lieu de se référer (voir nos 550 à 560).

La loi n'exige pas que la société concernée se consacre exclusivement à son activité industrielle, commerciale, artisanale, agricole ou libérale. Comme elle l'a décidé pour l'application de l'article 885 I bis du CGI rédigé dans les mêmes termes, l'administration admet au bénéfice de l'exonération les titres d'une société qui, en sus de son activité professionnelle, se livre à des ***opérations civiles de façon non prépondérante*** (Inst. 7 S-3-06 n° 5).

Alors que pour le calcul de l'exonération applicable aux titres formant l'« outil de travail » des associés dirigeants au sens des articles 885 O et 885 O bis du CGI, seule la fraction de la valeur des parts ou actions correspondant aux éléments du patrimoine social nécessaire à l'activité industrielle, commerciale, artisanale, agricole ou libérale de la société est considérée comme un bien professionnel (CGI art. 885 O ter), aucune trace de cette restriction ne figure dans l'article 885 I quater. L'exonération porte donc sur les trois quarts de la valeur des titres, sans qu'il y ait à distraire de la base d'exonération la fraction de ladite valeur qui provient de la présence au bilan d'éléments non nécessaires à l'activité professionnelle de la société (Inst. 7 S-3-06 n° 26).

Sociétés holdings animatrices

2417. On sait (n° 861) qu'entre les mains des associés dirigeants, les titres des sociétés dont l'actif est principalement composé de participations financières dans d'autres entreprises bénéficient de la qualification de bien professionnel à la condition que ces sociétés soient les ***animatrices effectives de leur groupe***, qu'elles participent activement à la conduite de sa politique et au contrôle des filiales et qu'elles rendent, le cas échéant et à titre purement interne au groupe, des services spécifiques, administratifs, juridiques, comptables, financiers ou immobiliers. Il en est ainsi quelle que soit la forme de la société holding.

Les titres d'une société holding animatrice sont admis au bénéfice de l'exonération partielle édictée par l'article 885 I quater, comme c'est le cas pour celle édictée par l'article 885 I bis (voir n° 2016).

Sociétés holdings non animatrices

2418. Conformément à l'équité, l'administration reconnaît que le détenteur de titres d'une société holding non animatrice a droit à l'exonération partielle eu égard à la participation que possède la société holding dans le capital de celle dans laquelle l'intéressé exerce son activité principale. Telle est déjà en effet la règle suivie pour l'application de l'exonération des biens professionnels (voir n° 815) et pour l'application de l'exonération partielle des titres soumis à un engagement collectif de conservation (voir n° 2025). Ce traitement favorable exige que la société holding exerce un contrôle (plus de 50 % du capital ou contrôle de fait) sur la société exploitante (voir n° 2445).

C. Détention simultanée de titres dans plusieurs sociétés exploitantes

2420. L'exonération partielle s'applique aux participations multiples détenues dans des sociétés exerçant des ***activités*** soit ***similaires***, soit ***connexes*** et ***complémentaires***, à condition que leur détenteur exerce dans chaque société une ***activité « éligible »*** (position de salarié ou de mandataire social) et que ces diverses activités forment ensemble son activité principale (voir ci-après n°s 2432 s.).

Les notions de similitude, de connexité et de complémentarité ont déjà cours dans la réglementation des biens professionnels (CGI art. 885 O bis 2°). L'administration les définit de la même façon pour l'application de l'article 885 I quater (Inst. 7 S-3-06 n°s 36 et 37) :

- La ***similitude*** s'apprécie au regard du type d'activité et de l'objet de cette activité : deux entreprises de vente au détail de vêtements sont similaires. Mais tel ne serait pas le cas si l'une vendait des vêtements en gros ou si l'une vendait au détail des objets autres que des vêtements.

- La ***connexité*** implique des liens de dépendance étroits, tels que ceux qui unissent une société à une filiale qu'elle détient à 50 %. La ***complémentarité*** se forme entre des sociétés dont les activités se situent respectivement en amont et en aval. Complémentarité et connexité doivent aller de pair.

D. Détention des titres de la société exploitante au travers d'un mécanisme d'épargne salariale

2425. L'exonération partielle s'applique dans une certaine limite, aux parts de fonds de commun de placement d'entreprise (***FCPE***) visés aux articles L 214-39 et suivants du Code monétaire et financier et aux actions de Sicav d'actionnariat salarié (***Sicavas***) visées à l'article L 214-40-1 du même Code.

Cette disposition tend à permettre l'exonération des ***titres détenus*** dans l'entreprise ***au travers d'un plan d'épargne salariale*** : plan d'épargne d'entreprise, plan d'épargne interentreprises et plan d'épargne collectif pour la retraite. Elle trouve à s'appliquer dans le cas où les sommes versées dans un tel plan ont été consacrées à l'acquisition :
- de titres de Sicav d'actionnariat salarié, sociétés anonymes destinées à gérer les titres de l'entreprise ou du groupe ;
- de parts de FCPE investis en titres de l'entreprise, régis par l'article L 214-40 du Code monétaire et financier. Ce sont ceux dont plus du tiers de l'actif est composé de titres émis par l'entreprise ou par d'autres entreprises du même groupe ;
- de parts de FCPE diversifiés, régis par l'article L 214-39 du Code monétaire et financier.

2426. L'exonération partielle ne porte que sur la ***quote-part de la valeur*** des parts ou actions de ces organismes :
- représentative des titres de la société dans laquelle le redevable exerce son activité principale ;

- ou représentative des titres des sociétés qui lui sont liées dans les conditions prévues à l'article L 233-16 du Code de commerce, c'est-à-dire incluses dans son périmètre de consolidation.

Il y a ***groupe de sociétés*** au sens de l'article L 233-16 du Code de commerce, lorsqu'une société contrôle de manière exclusive ou conjointe une ou plusieurs autres entreprises ou qu'elle exerce une influence notable sur celles-ci.

Le *contrôle exclusif* par une société résulte :
- soit de la détention directe ou indirecte de la majorité des droits de vote dans une autre entreprise ;
- soit de la désignation, pendant deux exercices successifs, de la majorité des membres des organes d'administration, de direction ou de surveillance d'une autre entreprise. La société consolidante est présumée avoir effectué cette désignation lorsqu'elle a disposé au cours de cette période, directement ou indirectement, d'une fraction supérieure à 40 % des droits de vote, et qu'aucun autre associé ou actionnaire ne détenait, directement ou indirectement, une fraction supérieure à la sienne ;
- soit du droit d'exercer une influence dominante sur une entreprise en vertu d'un contrat ou de clauses statutaires, lorsque le droit applicable le permet.

Le *contrôle conjoint* est le partage du contrôle d'une entreprise exploitée en commun par un nombre limité d'associés ou d'actionnaires, de sorte que les décisions résultent de leur accord.

L'influence notable sur la gestion et la politique financière d'une entreprise est présumée lorsqu'une société dispose, directement ou indirectement, d'une fraction au moins égale au cinquième des droits de vote de cette entreprise.

L'exonération partielle peut être alors revendiquée aussi bien dans le cas où le plan comporte des titres de la société consolidante, alors que le redevable exerce son activité ou ses fonctions dans une filiale, que dans le cas où le plan comporte des titres d'une filiale, alors que le redevable exerce au sein d'une autre filiale ou au sein de la société consolidante elle-même.

II. Fonctions requises

2430. En dehors du cas particulier où la détention porte sur les titres d'une société de personnes non assujettie à l'impôt sur les sociétés (voir n° 2445), l'article 885 I quater exige que le redevable exerce son activité principale, comme salarié ou mandataire social, dans la société dont il détient les titres (détention directe ou s'opérant au travers d'un mécanisme d'épargne salariale ; voir n° 2425) ou dans une société liée à celle dont il détient les titres (société mère ou filiale ; voir ci-après n° 2440).

A. Activité salariée exercée à titre principal

2432. La loi s'est abstenue de fixer les critères d'appréciation du caractère principal de l'activité qu'il est demandé au redevable d'exercer au sein de la société dont il détient les titres ou de celle qui lui est liée. La condition est évidemment remplie par celui qui n'a pas d'autre occupation professionnelle que son emploi salarié dans cette société.

Si le redevable a d'autres occupations professionnelles, il se prévaudra utilement de l'exonération partielle dans les différentes situations suivantes :
- ses fonctions salariées au sein de la société dont il détient les titres accaparent l'***essentiel de son temps d'activité***,
- ces fonctions lui procurent l'***essentiel des ses revenus d'activité***,
- ou (critère qui nous paraît adapté à certains cas tangents) ces fonctions sont celles qui lui assurent sa ***sécurité financière***.

B. Activité de mandataire social exercée à titre principal

2435. L'exonération partielle prévue dans cette situation est dénuée d'intérêt pratique immédiat pour les redevables à qui l'exercice à titre principal de fonctions dirigeantes vaut déjà une exonération intégrale de leurs droits sociaux par application de la réglementation des biens professionnels contenue dans l'article 885 O bis du CGI, à savoir :
- les gérants majoritaires de SARL, les gérants des sociétés en commandite par actions et les associés en nom des sociétés de personnes assujetties à l'impôt sur les sociétés (sans condition de participation minimale) ;
- les présidents, directeurs généraux, directeurs délégués, membres du directoire ou présidents du conseil de surveillance des sociétés par actions (s'ils détiennent avec leur groupe familial une participation d'au moins 25 % ou si celle-ci représente plus de 50 % de la valeur brute de leurs biens imposables).

Mais du fait que leurs titres entrent dans le champ de l'exonération des biens professionnels, les intéressés satisfont aussi, en règle générale, aux conditions de l'exonération partielle, ce qui leur assurera de plein droit, après la cessation de leurs fonctions dirigeantes en vue d'un départ en retraite, le bénéfice de l'exonération de 75 % sur ceux de leurs titres déjà détenus depuis au moins trois ans avant cet événement (voir n° 2460).

Il pourrait toutefois en être autrement pour ceux des intéressés qui détiennent leurs droits sociaux au travers d'une société holding non animatrice qui n'a pas le contrôle de celle au sein de laquelle ils occupent un mandat (voir ci-avant n° 2418).

2437. Les mandataires sociaux en exercice immédiatement concernés par l'exonération partielle relèvent essentiellement des trois catégories suivantes :

- ***gérants minoritaires de SARL*** dont la participation n'atteint pas le taux requis de 25 % ou un montant en valeur excédant celui des autres biens imposables,
- titulaires de ***fonctions dirigeantes dans les sociétés par actions*** dont la participation n'atteint pas ce taux ou ce montant,
- et mandataires sociaux des sociétés par actions non investis de fonctions dirigeantes : simples ***administrateurs*** et ***membres du conseil de surveillance*** autres que le président.

Pas plus qu'à l'égard des salariés, la loi ne fixe les critères d'appréciation du ***caractère principal de l'activité*** qu'il est demandé au redevable d'exercer en qualité de mandataire social. S'inspirant de la règle retenue pour qualifier les biens professionnels représentés par les titres (CGI art. 885 O bis), l'administration exige qu'il reçoive de la société une ***rémunération normale*** et dont le montant dépasse la ***moitié des revenus*** qu'il tire de l'exercice de ses différentes activités professionnelles (BOI 7 S-3-06 n° 16).

> Les jetons de présence reçus au titre de la participation aux séances du conseil d'administration ou du conseil de surveillance devraient à notre avis pouvoir être considérés comme valant rémunération pour ceux des redevables concernés qui sont simples administrateurs ou simples membres du conseil de surveillance.

En cas de ***cumul*** d'un ***mandat social*** rémunéré et d'un ***contrat de travail***, il est admis que les deux rémunérations s'additionnent en vue de la détermination de la source principale du revenu.

C. Emploi ou mandat exercé dans une société liée à celle dont le redevable détient les titres

2440. L'exonération partielle s'applique aux titres détenus dans une société qui a des liens de dépendance, au sens du a du 12 de l'article 39 du CGI, avec la ou les sociétés dans laquelle ou lesquelles le redevable exerce ses fonctions ou activités.

Conditions posées par la loi

2441. Aux termes de l'article 39, 12-a précité, des ***liens de dépendance*** sont réputés exister entre deux entreprises lorsque l'une détient directement ou par personne interposée la majorité du capital social de l'autre ou y exerce en fait le pouvoir de décision.

Suivant l'interprétation que l'administration a dès l'origine retenue de cette disposition (Inst. 4 B-2-72), et reprise pour l'application de l'article 885 I quater (Inst. 7 S-3-06 n° 30), la ***présomption*** de dépendance repose sur un critère de droit et un critère de fait :

- ***Critère de droit*** : détention directe ou indirecte de la ***majorité du capital social***. En l'absence de toute qualification particulière, cette majoration s'entend normalement d'une participation supérieure à 50 % du capital de la société concernée. Toutefois, cette participation peut être détenue indirectement pour tout ou partie et par l'intermédiaire de plusieurs sociétés. En ce cas, l'appréciation des droits détenus par l'intermédiaire de filiales ou de sous-filiales s'opère en multipliant successivement, quel que soit le degré de filiation, les pourcentages détenus par chaque société mère.

- ***Critère de fait*** : détention directe ou indirecte du ***pouvoir de décision***. Dans la mesure où la majorité de 50 % du capital n'est pas atteinte suivant les modalités visées ci-dessus, le lien de dépendance peut encore résulter de la détention ou de l'acquisition du pouvoir de décision. Pratiquement, ce pouvoir de décision est réputé exister lorsqu'une entreprise détient directement ou indirectement, soit la gestion de droit ou de fait d'une autre entreprise, soit 50 % au moins des droits de vote. Pour l'appréciation du pouvoir de décision détenu ou acquis indirectement, il doit être fait application, mutatis mutandis, des règles à retenir pour la détermination du capital.

2442. En vertu de cette disposition, l'exonération peut être revendiquée aussi bien par le contribuable qui détient les titres de la société qui est l'actionnaire à plus de 50 % de celle au sein de laquelle il exerce son activité principale, que par celui qui détient les titres d'une ou plusieurs filiales à plus de 50 % de la société au sein de laquelle il exerce son activité principale. L'exercice de l'activité au sein d'une ***sous-filiale*** ou d'une société encore plus éloignée dans la chaîne de celle dont les titres sont détenus permet aussi d'accéder à l'exonération du moment que le lien de dépendance, tel que défini ci-avant (n° 2440), est caractérisé. Même solution si ce sont les titres de cette sous-filiale ou de cette société encore plus éloignée qui sont détenus alors que l'activité est exercée au sein de la société qui les domine.

Mais on remarquera que le lien exigé suppose une ***dépendance verticale***, laquelle n'existe pas entre deux sociétés seulement placées sous un contrôle commun. Le redevable qui détient les ***titres d'une société sœur*** de celle au sein de laquelle il exerce son activité principale ne peut ainsi obtenir l'exonération de sa participation lorsque les deux sociétés sont contrôlées par une société mère.

Remarques :

a) Les actionnaires directs sont donc traités plus sévèrement que ceux qui détiennent leurs titres au travers d'un plan d'épargne salariale, autorisés à s'exonérer si leur activité s'exerce au sein d'une société quelconque du périmètre de consolidation, fût-elle sœur ou cousine de celle dans laquelle ils ont leur participation (voir ci-avant n° 2426).

b) On verra toutefois ci-après (n° 2446) la solution favorable retenue par l'administration dans le cas où la société mère est elle-même sous le contrôle du contribuable.

2443. L'extension de l'exonération partielle aux titres des sociétés liées à celle au sein de laquelle le redevable exerce son activité principale s'applique « aux mêmes conditions » que celles définies pour l'application de l'exonération à ceux qui exercent leur activité principale dans la société dont ils sont associés, conditions au premier rang desquelles figure l'exercice par la société d'une activité industrielle, commerciale, artisanale, agricole ou libérale.

Assouplissements administratifs

2445. Par dérogation à la règle qui vient d'être exposée (n° 2443), il suffit que la société dans laquelle le contribuable exerce son activité principale ait une activité d'entreprise pour que l'exonération soit admise sur les titres que détient l'intéressé dans la société qui lui est liée. Cette solution permet de traiter favorablement les redevables qui détiennent les ***droits*** de l'entreprise où ils exercent ***au travers d'une société holding*** contrôlant celle-ci ***sans être animatrice*** (Inst. 7 S-3-06 n° 32).

Les intéressés profitent de l'exonération quel que soit le taux de leur participation dans la société holding.

2446. L'existence d'un lien de dépendance est reconnue par l'administration entre deux ***sociétés*** qui sont ***placées*** l'une et l'autre ***sous le contrôle du redevable*** qui détient directement ou indirectement la majorité du capital des deux structures considérées (Inst. 7 S-3-06 n° 31). Même s'il n'existe entre les deux entités ni identité d'activité ni complémentarité et connexité (voir n° 2420), le redevable qui contrôle directement deux sociétés dont l'une est l'entreprise au sein de laquelle il exerce son activité principale a donc le droit de s'exonérer, non seulement sur les titres de cette première société, mais aussi sur les titres de la seconde. L'administration n'exige pas que la seconde ait elle aussi une activité d'entreprise.

Un droit à exonération s'ouvre aussi pour le redevable qui détient au travers d'une société holding passive le contrôle de la société au sein de laquelle il exerce son activité principale et le contrôle d'une ou plusieurs autres sociétés sœurs de la première, l'exonération couvrant les titres de la holding et, s'il y a lieu, ceux détenus directement dans chacune des sociétés en cause.

D. Activité principale au sein d'une société de personnes non soumises à l'IS

2450. Les membres des sociétés de personnes non soumises à l'impôt sur les sociétés ont normalement droit à l'exonération des biens professionnels sur les parts qu'ils détiennent dans la société, dès lors que c'est en son sein qu'ils exercent leur activité professionnelle principale. Comme dans le cas des associés titulaires de fonctions dirigeantes dans les sociétés soumises à l'impôt sur les sociétés, l'exonération partielle prévue par l'article 885 I quater ne présente pour eux aucune utilité immédiate tant qu'ils sont en fonctions. Mais du jour où ils cessent leurs fonctions pour prendre leur retraite, le fait d'avoir satisfait aux conditions de l'exonération partielle leur ouvre de plein droit le bénéfice de l'exonération de 75 % sur celles de leurs parts qu'ils détenaient depuis déjà trois ans au moins avant cet événement (voir n° 2460).

E. Date d'appréciation des fonctions exercées

2455. Le droit d'exonération s'apprécie chaque année au ***1er janvier***, en fonction de la situation à cette date. L'activité principale requise doit donc être effectivement exercée au 1er janvier. Conformément à la solution retenue pour l'application de l'exonération des biens professionnels (voir n° 360), l'administration accepte que le décompte des revenus provenant de la société, dans le cas où ceux-ci doivent être comparés aux revenus d'autres sources, s'opère au vu des encaissements de l'année qui vient de s'écouler (Inst. 7 S-3-06 n° 16).

F. Appréciation de la détention des titres à l'échelon du foyer fiscal

2457. L'exercice des fonctions requises donne qualité pour exonérer les titres de l'entreprise détenus en propre par le titulaire des fonctions, de même que ceux détenus par la ***communauté conjugale*** dont il fait partie. L'exonération s'étend aux titres détenus en propre par le ***conjoint*** et les ***enfants mineurs*** du couple. Elle peut aussi être invoquée sur les titres détenus en propre par la personne liée au redevable par un pacte civil de solidarité ***(Pacs)*** ou par son ***concubin notoire*** (Inst. 7 S-3-06 n° 23).

G. Détention du seul usufruit des titres

2458. Chaque fois qu'à raison de sa qualité d'usufruitier des titres qu'il détient dans l'entreprise au sein de laquelle il exerce son activité principale, le redevable est institué ***redevable*** de l'ISF ***sur la pleine propriété***, l'intéressé a droit à l'exonération partielle sur la valeur pleine des titres en cause (Inst. 7 S-3-06 n° 24).

SECTION II

Extension de l'exonération partielle aux salariés retraités

2460. L'exonération partielle accordée aux personnes en activité s'étend aux titres que les salariés ou mandataires sociaux visés ci-dessus, de même que les associés des sociétés de personnes non soumises à l'impôt sur les sociétés, détiennent depuis une période ayant débuté trois ans avant que les intéressés n'aient cessé leur activité ou mis fin à leurs fonctions pour faire valoir leurs droits à la retraite.

Cette exonération ne peut être revendiquée que par les personnes qui, à l'époque où elles étaient en activité, ont satisfait aux conditions de l'exonération partielle telles qu'elles viennent d'être exposées ci-avant (n°s 2405 à 2455). Plus précisément, ces conditions doivent avoir été remplies à la date de cessation des fonctions ou de l'activité.

Mais la loi n'exige pas que le redevable ait effectivement demandé à profiter de l'exonération partielle au cours de la période de trois ans ayant précédé la date de cessation des fonctions ou de l'activité. L'exonération qu'elle institue s'applique ainsi dès le 1er janvier 2006 aux redevables qui justifient avoir satisfait aux conditions de l'exonération avant l'abandon de leurs fonctions ou activité, quand bien même cet événement serait aujourd'hui lointain. La seule réserve porte sur l'origine des titres ouvrant droit à l'exonération : ceux-ci devaient déjà être détenus au point de départ de la période de trois ans considérée.

I. Lien entre la cessation d'activité ou des fonctions et le départ en retraite

2463. La cessation de l'activité salariée qui constituait l'activité principale du redevable (voir n° 2432) ou l'abandon du mandat social qui formait son activité principale (voir n° 2435) doit avoir coïncidé avec la date à laquelle l'intéressé a fait valoir ses droits à la retraite, c'est-à-dire a demandé la liquidation de sa ou ses pensions de retraite. Sous l'empire de la réglementation actuelle, une telle demande ne peut pas, en règle générale, être présentée avant l'âge de 60 ans. La ***date à laquelle le redevable fait valoir ses droits à la retraite*** s'entend de la date à laquelle il entre en jouissance des droits qu'il a acquis dans le régime de retraite de base auquel il a été affilié à raison de son activité ou, s'il n'a été affilié auprès d'aucun régime pour cette activité, dans le régime auquel il a été affilié au titre de sa dernière activité (Inst. 7 S-3-06 n°19).

2465. On peut penser que la concomitance requise sera jugée satisfaite même si l'entrée en jouissance de la pension de retraite n'a suivi qu'avec un certain délai la cessation d'activité. Le cas des salariés soumis d'abord à un régime de ***préretraite*** pour avoir quitté leur emploi avant l'âge légal de la retraite mérite à cet égard une considération particulière, mais l'administration ne l'a pas évoqué dans ses commentaires.

2467. Le passage du régime d'exonération des actifs à celui des retraités s'opère au 1er janvier de l'année qui suit celle du départ en retraite. La ***poursuite d'un mandat social*** après le départ en retraite ne compromet pas l'exonération pour la période d'exercice de ce mandat ni pour celle qui suivra son abandon (Inst. 7 S-3-06 n° 21).

II. Ancienneté de la détention des titres

2470. Les titres admis au bénéfice de l'exonération partielle entre les mains des retraités sont ceux dont les intéressés sont en mesure d'établir la possession depuis une date antérieure d'***au moins trois ans*** à celle de la cessation de leur activité. Aux titres détenus en propre par les intéressés eux-mêmes ou par la ***communauté conjugale*** dont ils font partie, sont assimilés ceux détenus en propre par le ***conjoint*** (et les ***enfants mineurs***) ou par la personne liée par un ***Pacs*** ou par le ***concubin notoire*** (Inst. 7 S-3-06 n° 23).

2472. Il doit s'agir des titres de la société qui était leur employeur ou dans laquelle ils détenaient un mandat social (ou d'une société liée ; voir nos 2440 s.). Si cette ***société*** a depuis lors été ***absorbée***, les titres reçus en échange ne sont pas, à la lettre du texte, couverts par l'exonération (la loi se bornant en pareille situation - paragraphe III de l'article 885 I quater - à consolider l'exonération qui s'est appliquée aux titres d'origine moyennant la conservation des titres reçus en remplacement jusqu'au terme du délai de six ans en cours dont il sera question au n° 2500). Mais pour éviter une pénalisation qui serait propre aux retraités (pour les actifs, l'exonération partielle devient aussitôt applicable sur les titres de la société absorbante devenue leur employeur), l'administration admet que l'exonération soit transportée sur les titres reçus par le retraité de la société absorbante (Inst. 7 S-3-06 n° 57).

2475. Le nombre des titres détenus à l'ouverture de la période de trois ans ayant précédé la cessation d'activité peut s'être trouvé augmenté suite à des attributions gratuites résultant de l'***incorporation de réserves au capital***. Ces titres complémentaires ouvrent droit à l'exonération partielle, comme ceux détenus à l'origine (Inst. 7 S-3-06 n° 60).

2478. Il a pu arriver que depuis l'ouverture de cette même période, le redevable ait acquis des titres complémentaires de la société où il avait son occupation principale puis ait cédé des titres de cette société. Les ***titres nouvellement acquis*** n'ouvrent pas droit à l'exonération. La cession ou les cessions opérées après ces nouvelles acquisitions, dans la mesure où elles se sont limitées à un nombre de titres n'excédant pas celui des nouvelles acquisitions, ne paraissent pas pouvoir compromettre l'exonération attachée au lot primitivement détenu.

2480. Les redevables devenus propriétaires des titres de leur entreprise grâce à des ***options*** qu'ils ont ***exercées*** après l'ouverture de la période ayant commencé trois ans avant leur départ de la société ne sont pas formellement dans le champ de l'exonération partielle à raison de ces titres. Mais l'administration leur reconnaît le droit de s'exonérer sur ceux des titres en cause issus d'un ***plan d'options antérieur*** à l'ouverture de cette période de trois ans (Inst. 7 S-3-06 n° 18).

III. Régime de la détention de titres

2485. Les solutions retenues à l'égard des associés actifs s'étendent aux retraités, à savoir (voir nos 2457 et 2458) :
- exonération des titres détenus en propre par le conjoint et les enfants mineurs (le signataire d'un Pacs ou le concubin notoire) ;
- exonération des titres dont le redevable est simple usufruitier.

SECTION III

Obligation d'une détention de six ans à compter de la première demande d'exonération

2500. Aux termes du deuxième alinéa de l'article 885 I quater, l'exonération est subordonnée à la condition que les parts ou actions restent la propriété du redevable pendant une durée minimale de six ans courant à compter du premier fait générateur au titre duquel l'exonération a été demandée.

Cette condition, commune aux actifs et aux retraités, exigera la conservation au moins jusqu'au 31 décembre 2011 inclus des titres dont la première exonération aura été demandée au 1er janvier 2006. L'administration estime devoir reporter au 2 janvier 2012 inclus la durée obligatoire de conservation (Inst. 7 S-3-06 n° 49). Si cette condition est satisfaite, le redevable obtiendra en janvier 2012 la consolidation de l'exonération dont il a profité au 1er janvier 2006 sur le lot de titres détenu à cette date, en même temps que la consolidation des cinq exonérations annuelles suivantes afférentes à ce lot (ISF 2007 à 2011) si les conditions auxquelles l'exonération est subordonnée ont continué à être remplies à chaque 1er janvier (activité principale exercée dans la société pour les redevables non retraités, passage à la retraite permettant la poursuite de l'exonération des titres déjà détenus au moins trois ans avant cet événement, permanence de la détention des titres pour les redevables déjà retraités au 1er janvier 2006).

Une septième exonération sera alors susceptible de s'appliquer au 1er janvier 2012. Mais cette septième exonération, de même que toutes celles qui suivront, revêtiront dès leur application un caractère définitif : les cessions de titres réalisées passé la période de six ans commencée avec la première exonération ne feront que restreindre la consistance du portefeuille exonérable sans remettre en cause les exonérations antérieures.

Passage de la situation d'actif à celle de retraité

2501. Dans la rigueur du texte, le passage à la retraite fait courir un délai de conservation obligatoire de six ans des titres dont le détenteur demande à s'exonérer en sa nouvelle qualité. Mais on peut penser que l'administration ne sera pas opposée à l'idée de créditer le redevable du délai ayant déjà couru depuis la première demande d'exonération présentée à l'époque où il était encore en activité.

A. Acquisitions complémentaires réalisées par les actifs après la première demande d'exonération

2503. Contrairement aux retraités dont les droits à exonération sont cantonnés aux titres qui étaient déjà en leur possession trois ans avant l'abandon de leurs fonctions ou activité (voir n° 2460), les ***redevables en activité*** sont fondés à s'exonérer sur chaque titre nouvellement acquis après la date à laquelle ils ont demandé à profiter pour la première fois de l'exonération. Mais sur chacun de ces titres nouveaux pèse une ***obligation de conservation de six ans*** naissant à compter du 1er janvier de leur première exonération propre, cette période de six ans étant donc distincte de celle qui s'est ouverte pour la première exonération de la participation d'origine.

> 100 titres étaient détenus au 1er janvier 2006, sur lesquels l'exonération est demandée au 15 juin 2006. Leur conservation est nécessaire, jusque début janvier 2012. 20 titres sont acquis courant 2006 dont la première exonération sera demandée pour 2007. Ces 20 titres complémentaires devront être conservés jusque début janvier 2013.

2505. En soumettant ainsi à des ***délais de conservation distincts*** les titres acquis à compter de l'ouverture de la première période d'exonération, la loi oblige à prêter attention aux conséquences des ***cessions*** qui seraient réalisées avant la consolidation de l'ensemble des exonérations. Le redevable ayant intérêt à préserver en priorité les exonérations obtenues en premier, il devra veiller à ce que chaque lot annuel de titres nouveaux soit isolé dans un compte distinct de manière à pouvoir décider le moment venu ceux qu'il désigne comme étant l'objet de la cession réalisée. A défaut, la cession serait réputée porter prioritairement sur les titres acquis en premier (Inst. 7 S-3-06 n° 54).

2507. Les ***titres acquis au cours de la période de trois ans*** qui précède la cessation d'activité ou des fonctions ont un statut particulier. L'exonération leur est applicable pendant la phase d'activité. Mais à partir du départ à la retraite, l'exonération n'aura plus cours sauf s'il s'agit d'actions acquises grâce à l'exercice d'options attribuées avant le point de départ de la période de trois ans (voir n° 2480). La consolidation de l'exonération initiale exigera néanmoins la conservation de ces titres pendant le délai habituel de six ans.

B. Conséquences des cessions réalisées avant la consolidation de l'exonération

2510. Si le redevable vend ses titres ou en perd la propriété pour une autre raison (voir ci-après n°s 2512 s. les événements caractérisant cette situation) avant l'achèvement de la période de six ans requise pour la consolidation de son exonération (voir n° 2500), il devra rétrospectivement se soumettre à l'ISF sur la valeur pleine des actions ou parts qu'il a cédées au titre de chacune des années pour lesquelles il s'était prévalu de l'exonération des trois quarts. La ***remise en cause*** se limite aux titres non conservés. Le ***complément d'impôt*** correspondant lui sera réclamé avec l'application de l'***intérêt de retard*** mensuel de 0,40 %. Il ne pourra invoquer aucune prescription.

Evénements (autres que la vente) entraînant la perte de propriété des titres

2512. Au premier rang de ces événements figure le ***décès*** de l'associé. Mais qu'il survienne en période d'activité ou en période de retraite, l'administration admet que le décès consolide les exonérations obtenues par le défunt depuis moins de six ans, sans que les ayants droit soient soumis à une obligation de conservation. Le conjoint peut continuer à profiter de l'exonération jusqu'au terme de la période de six ans en cours et, passé ce délai, bénéficier d'une exonération viagère acquise définitivement au fil des ans (Inst. 7 S-3-06 n° 52).

Ladite exonération aura cours même sur les titres dont le conjoint survivant est simple usufruitier (voir nos 2458 et 2485).

Le *divorce* n'entraîne pas la perte de propriété de titres figurant à l'actif de la communauté conjugale à condition que l'associé se les fasse attribuer dans le partage (effet déclaratif du partage de la communauté conjugale).

L'*apport en société* entraîne la perte de propriété des titres inclus dans l'apport.

La *donation* est également une forme de dessaisissement. Mais l'auteur de la donation a la possibilité de ne pas compromettre les exonérations antérieurement obtenues en assortissant celle-ci d'une stipulation par laquelle les bénéficiaires acceptent la charge de conserver les titres jusqu'au terme du délai de six ans en cours (Inst. 7 S-3-06 n° 53) et il peut même se ménager de nouvelles exonérations pour l'avenir en se réservant l'usufruit des titres donnés (voir n° 2458).

L'*invalidité* du redevable, au sens de l'article L 241-3 du Code de l'action sociale et des familles, met fin à l'obligation de détention des titres (Inst. 7 S-3-06 n° 52).

C. Opérations affectant la société émettrice des titres avant la consolidation de l'exonération

2515. Les exonérations encore assorties de la contrainte de conservation de six ans ne sont pas remises en cause (paragraphe III de l'article 885 I quater) dans le cas où la ***société*** au sein de laquelle le redevable exerce son activité est ***absorbée*** ou ***se scinde***. Mais c'est à la condition qu'il conserve les titres reçus en échange jusqu'au terme du délai de six ans en cours.

Les *titres reçus en échange* accéderont à leur tour à l'exonération en ce qui concerne ceux reçus de l'absorbante et ceux reçus de celle des sociétés bénéficiaires de la scission au sein de laquelle l'activité continue d'être exercée. Mais il s'agira de titres nouveaux qu'il y aura lieu, faute d'un assouplissement administratif, de conserver au moins six ans à dater de leur première exonération.

La dispense de remise en cause s'étend aux ***retraités*** titulaires d'exonérations encore assorties de la contrainte de conservation sur une participation qui se trouve échangée pour cause de fusion ou de scission, s'ils prennent soin de conserver les titres reçus en échange jusqu'au terme du délai de six ans en cours. L'exonération se transporte alors sur les titres reçus en échange qu'il leur faut toutefois conserver pendant une nouvelle période minimale de six ans (voir n° 2472).

Le droit à exonération existe même si c'est au cours de la période de trois ans ayant précédé le départ en retraite qu'a été réalisée la fusion ou la scission (Inst. 7 S-3-06 n° 57).

2516. Si la société procède à une ***augmentation de capital en numéraire***, le maintien des exonérations antérieurement obtenues n'est nullement subordonné à la condition que le redevable souscrive à cette augmentation et, s'il le fait, un nouveau délai de conservation de six ans court sur les titres correspondants à l'appui de l'exonération à laquelle ils donneront droit (ce qui suppose que le contribuable soit en activité car un retraité voit ses droits figés au niveau atteint par sa participation trois ans avant sa retraite).

2517. Si la société procède à une ***attribution gratuite de titres par incorporation de réserves***, les nouveaux titres accèdent de plein droit à l'exonération (que le redevable soit actif ou retraité) en vertu d'un principe qui les assimile aux titres d'origine et les soumet au même délai de conservation (Inst. 7 S-3-06 n° 60).

2518. Le redevable qui présente ses titres à une ***offre publique d'échange*** sera-t-il regardé comme s'étant soustrait à l'obligation de conservation si, en définitive, la société initiatrice de l'offre absorbe celle dont il détenait les titres ? La réponse n'est pas évidente.

2519. Le redevable qui répond à une offre de ***rachat*** par la société de ses propres titres encourra la remise en cause des exonérations non encore consolidées obtenues sur les titres rachetés.

2520. En vertu d'une disposition expresse de la loi, les exonérations obtenues depuis moins de six ans sont définitivement consolidées si la ***société annule ses titres*** pour cause de perte ou liquidation judiciaire.

SECTION IV

Causes interruptives de l'exonération

2530. La question abordée ici n'est pas celle des redevables qui auraient cédé leurs titres ou subi l'échange de ceux-ci, ces situations ayant été examinées ci-avant (nos 2500 s.). Nous traitons du cas où un redevable en activité, déjà engagé dans un cycle d'exonérations sur des titres qu'il possède toujours, cesse de réunir les conditions requises pour prétendre à la poursuite des exonérations annuelles jusqu'alors attachées à sa participation.

Le redevable retraité a droit à une exonération viagère qui ne s'interrompt que par l'effet de la cession des titres.

2531. Cette situation se produit si l'***intéressé*** :

- ***cesse d'exercer son activité principale en tant que salarié*** pour une cause autre que pour faire valoir ses droits à la retraite ;

- cesse d'exercer son activité principale ***en tant que mandataire social*** de la société dont il détient les titres pour une cause autre que pour faire valoir ses droits à la retraite (voir toutefois au n° 2467 la situation du contribuable qui a poursuivi un mandat social après la prise de sa retraite).

On doit toutefois réserver le cas où le redevable quitte l'entreprise dont il détient les titres pour être recruté par une société liée à celle-ci (voir n°s 2440 s.) ou rejoint l'entreprise dont il détient les titres après avoir été occupé dans une société liée à elle, de même que le cas où, la détention s'opérant au travers d'un mécanisme d'épargne salariale, l'intéressé devient salarié ou mandataire social d'une société du groupe autre que celle au sein de laquelle il exerçait jusqu'à présent son activité. Du moment que la nouvelle activité reste la principale, l'exonération continue de s'appliquer sans discontinuité.

On doit aussi réserver le cas où le redevable cesse d'être salarié de la société pour y occuper un mandat social et la situation inverse. Si l'activité exercée au sein de la société conserve son caractère d'activité principale, l'exonération continue de s'appliquer sans discontinuité.

La perte de la qualité requise peut résulter d'un licenciement, d'une démission, de la révocation d'un mandat ou d'une absence de renouvellement de celui-ci. Elle n'affecte pas les exonérations antérieures à condition que le redevable respecte la règle qui l'oblige à garder la propriété des titres jusqu'à l'achèvement du délai de six ans qui s'est ouvert avec leur première exonération.

2532. En cas de détention de titres autres que ceux de la société au sein de laquelle le redevable exerce son activité principale (société liée ou membre du même groupe de consolidation), la perte de la qualité requise peut avoir pour origine la ***rupture du lien*** existant ***entre*** les ***deux entités*** ou la ***sortie*** de la société employeur ***du groupe de consolidation***. Les exonérations antérieures sont alors préservées moyennant, s'il y a lieu, le respect de la contrainte de conservation des titres pendant six ans.

SECTION V

Exercice du droit à exonération

2540. L'exonération est, en vertu d'une disposition expresse de la loi, réservée aux redevables qui la demandent. C'est en effet cette ***demande*** qui fait courir le délai de conservation obligatoire des titres pendant une période de six années commençant au 1er janvier de l'année d'application de la première exonération.

La demande s'exprime par la mention des titres dans une rubrique spéciale (cases CL et CM) de la ***déclaration récapitulative*** du patrimoine imposable à l'ISF (formule n° 2725).

2541. Eu égard à ce processus, les titulaires de titres exonérables sont susceptibles de se trouver placés dans l'une des trois situations suivantes :

1er cas : Même après application de l'abattement de 75 %, le patrimoine net imposable franchit le seuil d'assujettissement à l'ISF. La formulation de la demande d'exonération est alors essentielle. La seule question que pourra légitimement se poser le redevable est celle du nombre des titres sur lesquels il entend faire porter l'exonération. S'il a en vue des cessions à échéance de moins de six ans, il pourra hésiter à demander sur le lot destiné à être cédé une exonération qui lui serait reprise plus tard avec application de l'intérêt de retard sur le rappel de l'ISF correspondant (voir n° 2510).

2e cas : C'est l'application de l'abattement de 75 % sur tout ou partie des titres exonérables qui permet de contenir le patrimoine imposable au-dessous du seuil d'assujettissement à l'ISF. La formulation de la demande d'exonération est, dans ce cas également, indispensable si le redevable entend profiter de la mesure en en acceptant la contrainte. Une hésitation pourra naître sur l'ampleur de l'exonération à demander. La décision de la faire porter sur la totalité des titres présentera l'avantage de faire courir immédiatement le délai de conservation de six ans et d'assurer ainsi au plus vite la consolidation des premières exonérations.

3e cas : Même sans l'abattement, le patrimoine net imposable n'atteint par le seuil d'assujettissement à l'ISF. Le titulaire des titres a un intérêt certain à présenter une demande d'exonération de ses titres pour prendre date et aussi pour se prémunir contre les conséquences d'une appréciation divergente par un vérificateur de la valeur de son patrimoine. Deux solutions permettent d'atteindre cet objectif :

- la souscription d'une déclaration complète du patrimoine en vue d'y exprimer la demande d'exonération ;

- ou la souscription sur papier libre de la demande d'exonération des titres pour les trois quarts de leur valeur.

Sauf à introduire une inégalité de traitement entre les contribuables, l'administration ne peut, nous semble-t-il, refuser de reconnaître un effet utile à l'une ou l'autre de ces démarches.

Détenteurs de parts de FCPE ou d'actions de Sicavas

2545. Les intéressés doivent joindre à leur déclaration n° 2725 une *attestation de l'organisme* de placement collectif déterminant la valeur sur laquelle porte l'exonération des titres.

Cette attestation peut prendre la forme de documents émanant soit de la société de gestion soit de l'établissement teneur de comptes permettant de justifier du montant de l'exonération (soit le nombre et la valeur des titres détenus par le redevable ainsi que le pourcentage de titres de l'entreprise détenu par le fond de Sicavas).

Non-cumul de l'exonération de l'article 885 I quater avec celles résultant d'autres régimes de faveur

2550. L'article 885 I quater du CGI précise que l'exonération qu'il édicte est exclusive de l'application de tout autre régime de faveur.

Cette règle signifie simplement que ladite exonération ne peut pas couvrir la fraction restant taxable des titres ouvrant droit à l'exonération des trois quarts pour avoir été soumis à un engagement collectif de conservation ni la fraction restant taxable des titres qualifiés de biens professionnels (cas où, en raison de la qualité des actifs détenus par la société, l'exonération de ces titres n'est pas complète). Ainsi, le redevable qui subirait la remise en cause de l'exonération dont il s'est initialement prévalu en tant que signataire d'un engagement de conservation ou en tant que titulaire d'un bien professionnel serait reconnu fondé à se prévaloir par substitution du nouveau régime d'exonération, s'il en remplit les conditions (Inst. 7 S-3-06 n° 64).

Situation des salariés et mandataires sociaux participant à un engagement collectif de conservation

2555. Les salariés et mandataires sociaux qui se sont engagés à conserver collectivement les titres de leur entreprise et bénéficient donc déjà, à raison de cet engagement, de l'exonération de 75 % prévue par l'article 885 I bis du CGI (voir n°s 2000 s.) n'ont pas normalement intérêt, pendant la durée de cet engagement, à rechercher l'exonération sur le fondement de l'article 885 I quater du CGI, car cela ne leur apporterait aucun allégement complémentaire.

Il peut toutefois arriver que l'assiette de l'exonération soit plus large sous ce second régime que par la vertu de l'engagement : cas où l'exonération liée à la signature du pacte porte sur les titres d'un holding contrôlant l'entreprise mais propriétaire d'autres actifs que les titres de cette entreprise. Sous le régime de l'article 885 I bis du CGI, la part exonérable se limite à la fraction de la valeur des titres du holding représentative de la participation détenue dans l'entreprise (voir n° 2030). Pour l'application de l'article 885 I quater du CGI, les titres du holding donnent prise sans réfaction à l'abattement de 75 % (voir n° 2445). Rien ne nous paraît devoir s'opposer à ce que le redevable placé dans cette situation revendique le bénéfice de l'exonération de l'article 885 I quater du CGI, en renonçant à se prévaloir de celle résultant de l'engagement collectif.

2556. Reste la question de la ***transition entre les deux régimes*** d'exonération. Un redevable qui, après l'expiration de l'engagement collectif, voudrait revendiquer le bénéfice de l'article 885 I quater en sa qualité d'actif ou de retraité, se trouverait désavantagé si un nouveau délai de conservation obligatoire de six ans courait à nouveau pour la consolidation de l'exonération demandée sous ce nouveau régime sans qu'il soit tenu compte de la période de détention antérieure. Un assouplissement administratif serait le bienvenu à cet égard.

Décès d'un dirigeant bénéficiaire de l'exonération intégrale des biens professionnels

2558. Comme on l'a vu au n° 2512, l'administration admet que l'exonération des trois quarts se transporte à titre viager sur le conjoint survivant de l'associé qui y avait droit de son vivant en tant qu'actif ou retraité. Le ***conjoint survivant*** d'un dirigeant en activité dont la participation formait un bien professionnel exonéré devrait normalement, suite au décès, être admis lui aussi au bénéfice de l'exonération des trois quarts à titre viager. En effet, le défunt remplissait nécessairement, même s'il n'a pas eu l'occasion d'en demander le bénéfice, les conditions de l'exonération des trois quarts.

CHAPITRE V

Exonération des titres de PME (souscriptions nouvelles)

2700. L'article 885 I ter du CGI exonère d'ISF, sous certaines conditions, les titres reçus en contrepartie de la souscription au capital de petites et moyennes entreprises (PME) ayant leur siège dans un Etat membre de la Communauté européenne.

2701. On remarquera qu'à la différence du dispositif prévu par l'article 885 I bis du CGI (exonération de 75 % des titres faisant l'objet d'un engagement de conservation : n°s 2000 s.), l'exonération des titres reçus en contrepartie de la souscription au capital des PME porte sur la valeur totale des titres (sans limitation de montant) et n'est subordonnée à aucun engagement de conservation.

1. Souscriptions visées

2705. La notion de souscription doit être entendue au sens large. Sont ainsi visés non seulement les apports effectués lors de la ***constitution de la société*** mais également ceux réalisés à l'occasion d'une ***augmentation de capital***.

2706. Sont concernées les souscriptions réalisées depuis le 7 août 2003.

2707. Les souscriptions ouvrant droit au bénéfice de l'exonération peuvent revêtir la forme d'***apports en numéraire*** (voir n° 2710) ou d'***apports en nature*** (voir n°s 2713 s.).

2708. Les souscriptions doivent être réalisées ***directement*** par le redevable.

Les souscriptions indirectement réalisées ***par l'intermédiaire d'un organisme de placement collectif (Sicav, fonds communs de placement) ou par une société interposée*** (société de personnes ou de capitaux, société de capital-risque, etc.) sont exclues du régime de faveur.

Les titres souscrits en ***indivision*** s'analysent, pour chacun des coïndivisaires et pour leur part respective dans l'indivision, comme des souscriptions réalisées directement auprès de la société. Les parts indivises des titres reçues en contrepartie de tels apports peuvent bénéficier du régime de faveur (Inst. 21-2-2005, 7 S-3-05 n° 2).

Souscriptions en numéraire

2710. Sont considérés comme effectués en numéraire les apports réalisés :
- en *espèces*;
- par *compensation avec des créances* liquides et exigibles *sur la société* émettrice (exemples : comptes courants d'associés, réserve spéciale de participation des salariés dans la mesure où il ne s'agit pas d'une réserve, mais d'une dette de la société à l'égard des salariés) ;
- par *conversion ou remboursement en actions d'obligations* souscrites à l'origine ou acquises de précédents porteurs sur le marché obligataire (Inst. 21-2-2005, 7 S-3-05 n° 3).

Souscription en nature

2713. D'une manière générale, les apports en nature ont pour objet soit des biens, soit des droits sur un bien. Ils peuvent être faits en pleine propriété, en usufruit, en nue-propriété ou en jouissance.

L'ensemble de ces apports est susceptible de bénéficier du dispositif de faveur sous réserve des exclusions précisées au n° 2714.

Il est précisé que les titres reçus en contrepartie d'un *apport en nue-propriété* non assujetti temporairement à l'ISF en application de la doctrine administrative sont susceptibles, à l'extinction de l'usufruit, de bénéficier du régime de faveur prévu par l'article 885 I ter du CGI (Inst. 21-2-2005, 7 S-3-05 n° 4).

> Selon cette doctrine, lorsque l'apport en nue-propriété est pur et simple, l'apporteur est tenu de déclarer dans son patrimoine la valeur de la toute propriété des biens dont il a conservé l'usufruit, mais il est dispensé de déclarer les parts ou actions qui lui ont été remises en rémunération de l'apport de la nue-propriété, afin d'éviter une double imposition.

2714. Les *apports* ayant pour objet des biens *immeubles* par nature, par destination ou par l'objet auquel ils s'appliquent sont exclus du régime de faveur (Inst. 21-2-2005, 7 S-3-05 n° 5).

Sont également exclus les titres reçus en contrepartie d'*apports de valeurs mobilières*.

Il résulte des débats parlementaires que la notion de valeur mobilière doit s'entendre au sens large. Elle s'applique non seulement aux valeurs émises par les sociétés par actions, mais également à tous les droits sociaux.

Ainsi, sont notamment exclues du régime de faveur les souscriptions réalisées par apport :
- de titres définis comme tels par l'article L 211-2 du Code monétaire et financier (il s'agit notamment d'actions, d'obligations, de certificats d'investissement, de titres participatifs, de parts de fonds communs de placement et de parts de fonds communs de créances) ;
- de parts de Sicav ;

- de parts d'intérêt attribuées aux associés des sociétés de personnes, des SARL et aux commandités dans les sociétés en commandite par actions (Inst. 21-2-2005, 7 S-3-05 n° 6).

2715. Sont encore exclus les titres reçus en contrepartie ***d'apports de biens non nécessaires à l'exercice de l'activité de la société.*** Pour apprécier le caractère nécessaire des biens apportés, il convient de se reporter aux n°s 640 s.

Ainsi, à titre ***indicatif*** et sans que cette liste soit limitative, peuvent être ***considérés comme nécessaires*** les biens suivants :
- le matériel, l'outillage, le mobilier, les agencements et installations utilisés pour les besoins de l'activité professionnelle ;
- les brevets et autres droits de la propriété industrielle ;
- les éléments incorporels du fonds de commerce (clientèle, achalandage, droit au bail) ;
- les marchandises, matières premières, matières et fournitures consommables.

Sauf preuve contraire, sont ***présumés*** constituer des biens ***non nécessaires*** notamment les biens suivants :
- les biens donnés en location ou mis à disposition sauf lorsque la location ou la mise à disposition de tels biens constitue l'objet même de l'entreprise. Toutefois, même pour ces dernières entreprises, sont considérés comme non nécessaires les biens correspondant à l'objet social de l'entreprise lorsqu'ils sont mis gratuitement à la disposition privative des associés ou de l'un des membres du personnel de la société ;
- les biens ou droits générateurs de dépenses et charges de toute nature (y compris l'amortissement) exclues des charges déductibles en application de l'article 39, 4 du CGI ; il s'agit au cas particulier des yachts ou bateaux de plaisance à voile ou à moteur et des droits détenus en vue de l'exercice de la chasse ou l'exercice non professionnel de la pêche.

Toutefois, ces biens ou droits peuvent être considérés comme des biens nécessaires lorsqu'il est justifié qu'ils sont nécessaires à l'activité de la société en raison même de son objet, c'est-à-dire lorsqu'il peut être allégué que la société a pour objet - exclusif ou non - la location ou toute autre forme d'exploitation lucrative de ces biens ou droits (Inst. 21-2-2005, 7 S-3-05 n° 7).

2716. Pour appréhender le caractère nécessaire des biens apportés, il convient de se placer à la ***date de la souscription*** (Inst. 21-2-2005, 7 S-3-05 n° 8).

2717. Dans l'hypothèse de ***sociétés nouvelles*** ou de sociétés diversifiant leurs activités, le redevable peut apporter la ***preuve*** de la nécessité des biens apportés par tous moyens notamment à l'appui des statuts de la société ou d'actes préalables à l'apport (rapports des commissaires aux comptes notamment) (Inst. 21-2-2005, 7 S-3-05 n° 8).

Apports mixtes ou constitués par des biens de nature différente

2718. En cas d'apport pur et simple de ***biens de nature différente,*** seuls les titres reçus en contrepartie de l'apport de biens éligibles au bénéfice du régime de faveur bénéficient de l'exonération d'ISF. Dans ces conditions, le redevable doit estimer dans l'acte d'apport chaque bien apporté (Inst. 21-2-2005, 7 S-3-05 n° 9).

2719. De même, le fait qu'un ***apport*** soit réalisé pour partie à titre pur et simple et ***pour partie à titre onéreux*** n'est pas de nature à faire obstacle au bénéfice du régime de faveur prévu par l'article 885 I ter du CGI. Dans ces conditions, chaque bien éligible et apporté à titre pur et simple doit être également estimé et désigné dans l'acte d'apport pour permettre de déterminer les titres susceptibles de bénéficier du régime de faveur.

Il est précisé que les parties peuvent librement ***imputer le passif*** sur les biens mis en société. Cependant, en l'absence de ventilation, l'exonération est appliquée en procédant à une imputation proportionnelle du passif sur l'ensemble des biens apportés qu'ils soient éligibles ou non (Inst. 21-2-2005, 7 S-3-05 n° 9).

2. Sociétés bénéficiaires

2722. L'exonération prévue à l'article 885 I ter du CGI n'est susceptible de s'appliquer qu'aux titres reçus en contrepartie d'apports effectués au profit de PME exerçant une activité industrielle, commerciale, artisanale ou agricole.

PME concernées

2725. La société bénéficiaire des apports doit répondre à la définition des PME figurant à l'annexe I au règlement (CE) 70/2001 de la Commission du 12 janvier 2001.

Les PME concernées sont donc celles, au moment de la souscription des titres :
- qui emploient moins de 250 personnes ;
- dont, soit le chiffre d'affaires annuel n'excède pas 40 millions d'euros, soit le total du bilan annuel n'excède pas 27 millions d'euros ;
- et qui respectent le critère de l'indépendance.

Sont considérées comme indépendantes les entreprises dont 25 % au maximum du capital ou des droits de vote sont détenus par une entreprise ou conjointement par plusieurs entreprises ne correspondant pas à la définition de la PME. Ce seuil peut être dépassé dans deux cas :
- si l'entreprise est détenue par des sociétés publiques de participation, des sociétés de capital à risque ou des investisseurs institutionnels et à la condition que ceux-ci n'exercent, à titre individuel ou conjointement, aucun contrôle sur l'entreprise ;
- s'il résulte de la dispersion du capital qu'il est impossible de savoir qui le détient et que l'entreprise déclare qu'elle peut légitimement présumer ne pas être détenue à 25 % ou plus par une entreprise ou conjointement par plusieurs entreprises qui ne correspondent pas à la définition de la PME.

2726. Pour le calcul des ***seuils de chiffre d'affaires et de total de bilan,*** il convient d'additionner les données de l'entreprise considérée et de toutes les entreprises dont elle détient directement ou indirectement 25 % ou plus du capital ou des droits de vote (Inst. 21-2-2005, 7 S-3-05 n° 10).

2727. Le ***nombre de personnes employées*** correspond au nombre d'unités de travail par an (UTA), c'est-à-dire au nombre de salariés employés à temps plein pendant une année, le travail à temps partiel ou le travail saisonnier étant des fractions d'UTA (Inst. 21-2-2005, 7 S-3-05 n° 10).

2728. Lorsqu'une entreprise, à la date de clôture du bilan, vient de ***dépasser,*** dans un sens ou dans un autre, les seuils de l'effectif ou les seuils financiers énoncés, cette circonstance ne lui fait perdre la qualité de PME que si elle se reproduit ***pendant deux exercices consécutifs*** (Inst. 21-2-2005, 7 S-3-05 n° 11).

2729. La société au capital de laquelle le redevable souscrit doit répondre à la définition communautaire des PME lors de la souscription.

Dès lors, les ***seuils*** retenus pour le chiffre d'affaires ou le total de bilan sont ceux afférents au ***dernier exercice clôturé de douze mois au jour de la souscription*** sous réserve de l'aménagement prévu au n° 2728.

Dans le cadre d'une ***entreprise nouvellement créée*** et dont les comptes n'ont pas encore été clôturés, les seuils à considérer font l'objet d'une estimation en cours d'exercice. L'exonération ne sera pas remise en cause si les seuils sont effectivement respectés lors de la première clôture des comptes (Inst. 21-2-2005, 7 S-3-05 n° 13).

2730. La ***perte de la qualité de PME*** par la société au capital de laquelle le redevable a souscrit, postérieurement à cette souscription, n'est pas de nature à remettre en cause l'exonération d'ISF au titre des années antérieures et pour l'avenir (Inst. 21-2-2005, 7 S-3-05 n° 13).

Localisation du siège de la société

2732. La société avoir son ***siège de direction effective*** dans un Etat membre de la Communauté européenne.

Le siège de direction effective est généralement défini comme le « lieu où se trouve le centre de la vie intellectuelle de la société, d'où partent, en règle générale, les impulsions directrices de ses affaires, où se localisent, en fait, principalement ses organes de direction, d'administration et de contrôle » (D. adm. 7 H-2212 n° 27).

2733. Cette condition doit être respectée au 1er janvier de l'année au titre de laquelle le redevable entend bénéficier du régime de faveur.

Le non-respect de cette condition au titre d'une année n'est pas de nature à remettre en cause l'exonération d'ISF dont a pu bénéficier le redevable au titre des années antérieures (Inst. 21-2-2005, 7 S-3-05 n° 19).

Nature de l'activité

2735. La société au capital de laquelle le redevable souscrit doit exercer exclusivement une activité industrielle, commerciale, artisanale, agricole ou libérale, à l'exclusion des activités de gestion de patrimoine mobilier définie à l'article 885 O quater du CGI, et notamment celles des organismes de placement en valeurs mobilières, et des activités de gestion ou de location d'immeubles (Inst. 21-2-2005, 7 S-3-05 n° 14).

2736. *Activités concernées* – L'activité doit présenter un caractère industriel, commercial, artisanal, agricole ou libéral.

D'une manière générale, les activités à prendre en compte s'entendent de celles éligibles en matière de biens professionnels sous réserve des activités exclues pour le dispositif de l'article 885 I ter du CGI (n° 2620), c'est-à-dire :

• les ***activités industrielles***;
L'activité industrielle ne se distingue pas de l'activité commerciale en droit privé.

• les ***activités commerciales***;
En raison des termes employés par le législateur, les activités commerciales doivent normalement s'entendre de celles revêtant ce caractère en droit privé.

Toutefois, il y a lieu de prendre également en considération les activités qui sont regardées comme telles au sens du droit fiscal. Il s'ensuit que, pour la mise en œuvre de l'article 885 I ter du CGI, présentent un caractère commercial les activités dont les résultats sont classés dans la catégorie des bénéfices industriels et commerciaux en application des articles 34 et 35 du CGI, y compris notamment :
• les activités de marchands de biens et les activités de lotisseurs ou d'intermédiaires immobiliers se livrant à des opérations d'intermédiaires pour l'achat, la souscription ou la vente d'immeubles, d'actions ou de parts de sociétés immobilières,
• les activités de construction d'immeubles en vue de la vente (promotion immobilière),
• les activités de gérants d'affaires (administrateurs de biens, syndics de copropriété, agents immobiliers).

• les ***activités agricoles***;
Les activités agricoles doivent s'entendre de toutes celles qui procurent des revenus susceptibles de relever de la catégorie des bénéfices agricoles en application de l'article 63 du CGI.

• les ***activités libérales***;
Il s'agit en principe des activités procurant des revenus imposables au titre des bénéfices non commerciaux (CGI art. 92) (Inst. 21-2-2005, 7 S-3-05 n° 15.)

2737. Enfin, il est précisé que la société au capital de laquelle le redevable souscrit peut exercer ***plusieurs activités*** éligibles (Inst. 21-2-2005, 7 S-3-05 n° 16).

2738. Les activités civiles - autres qu'agricoles, libérales ou assimilées fiscalement à des activités commerciales - sont ***exclues*** du dispositif. Il s'agit notamment :

- des ***activités de gestion de patrimoine mobilier*** définie à l'article 885 O quater du CGI (sociétés de gestion de portefeuille par exemple) et notamment celles des organismes de placement en valeurs mobilières, lesquels ont pour mission de placer les fonds qui leur sont confiés en valeurs mobilières et d'en assurer la gestion.

Il est souligné que les souscriptions au capital des ***sociétés holding animatrices*** éligibles au régime des biens professionnels (n°s 858 s.) sont exclues du régime de faveur prévu par l'article 885 I ter du CGI ;
- des ***activités de gestion ou de locations d'immeubles.***

Sont ainsi exclues du dispositif les activités de gestion ou de location par des entreprises d'immeubles nus ou meublés dont elles sont propriétaires ou qu'elles donnent en sous-location et notamment les activités de loueurs d'immeubles meublés ou d'établissements commerciaux ou industriels munis d'équipements nécessaires à leur exploitation.

Il est néanmoins précisé que la gestion des immeubles et de la trésorerie nécessaires à l'exercice d'une activité éligible n'est pas de nature à écarter l'application du régime de faveur prévu par l'article 885 I ter du CGI (Inst. 21-2-2005, 7 S-3-05 n° 17).

2739. *Exercice à titre exclusif d'une activité éligible* – La société au capital de laquelle le redevable souscrit ne doit exercer, en principe, aucune des activités qui sont exclues du champ d'application du régime de faveur.

Néanmoins, l'administration admet que la condition d'exclusivité prévue à l'article 885 I ter du CGI est respectée lorsqu'une ***activité,*** a priori ***non éligible,*** est exercée à titre ***accessoire*** et constitue le ***complément indissociable d'une activité exonérée.***

Une activité non éligible peut être considérée comme le complément indissociable d'une activité éligible lorsque les trois ***conditions*** suivantes sont simultanément réunies :
- identité de clientèle ;
- prépondérance de l'activité éligible en termes de chiffre d'affaires, l'activité non éligible devant présenter un caractère accessoire ;
- nécessité d'exercer l'activité non éligible pour des raisons techniques et/ou commerciales (Inst. 21-2-2005, 7 S-3-05 n° 18).

2740. La condition tenant à l'exercice à titre exclusif d'une activité éligible doit être respectée ***au 1er janvier de l'année*** au titre de laquelle le redevable de l'ISF entend bénéficier du régime de faveur.

Le non-respect de cette condition au 1er janvier d'une année d'imposition n'est pas de nature à remettre en cause l'exonération d'ISF dont a pu bénéficier le redevable au titre des années antérieures (Inst. 21-2-2005, 7 S-3-05 n° 18).

3. Portée de l'exonération

2745. Les titres reçus en contrepartie des souscriptions qui répondent aux conditions posées par l'article 885 I ter du CGI bénéficient d'une ***exonération totale*** d'ISF (Inst. 21-2-2005, 7 S-3-05 n° 20).

4. Durée de l'exonération

2750. L'exonération est applicable tant que ses conditions d'application sont remplies.

Elle cesse en revanche de s'appliquer dans les situations suivantes (appréciées au 1er janvier de l'année d'imposition) :
– la société ne remplit plus les conditions liées à la nature de l'activité exercée (nos 2735 s.) ou à la localisation de son siège de direction effective (n° 2732) ;
– le redevable n'est plus en possession des titres.

2751. Cette dernière situation mérite quelques précisions. En effet, l'article 885 I ter du CGI exonère les « titres reçus par le redevable en contrepartie de sa souscription au capital de la société ». Il en résulte que l'exonération s'applique tant que le redevable est en possession des titres.

Elle cesse en revanche de s'appliquer en cas de ***cession*** desdits titres. Bien entendu, en cas de cession d'une partie des titres, le redevable continue à bénéficier de l'exonération à raison des titres conservés.

Le bénéfice de l'exonération ne paraît pas pouvoir être transféré à l'héritier, au légataire ou au donataire en cas de transmission à titre gratuit des titres.

> A noter cependant qu'en cas de transmission de la seule nue-propriété des titres, le contribuable devrait continuer à bénéficier de l'exonération dans la mesure où l'article 885 G du CGI attribue la qualité de redevable de l'ISF à l'usufruitier (sauf exceptions limitativement énumérées par ce texte).

Par ailleurs, l'administration a précisé que la souscription au capital d'une société réalisée à l'aide de biens communs s'analyse en une souscription conjointe. Ainsi, au ***décès de l'un des conjoints cosouscripteurs,*** les titres éligibles au dispositif restés en possession du conjoint survivant, en pleine propriété ou en usufruit, continuent de bénéficier du régime de faveur de l'article 885 I ter du CGI, toutes les autres conditions devant être par ailleurs réunies (Inst. 21-2-2005, 7 S-3-05 n° 21).

2752. ***Remarque :*** En cas d'intervention d'un des événements énumérés ci-dessus (n° 2750), l'exonération cesse de s'appliquer pour l'avenir sans remise en cause de celle dont a bénéficié le redevable au titre des années antérieures.

On rappelle, en effet, que le dispositif de l'article 885 I ter n'est subordonné à aucun engagement de conservation des titres dont le non-respect serait susceptible d'entraîner une remise en cause pour le passé.

5. Obligations déclaratives

2758. Elles sont fixées par le décret 2006-799 du 5 juillet 2006 codifié à l'article 299 bis de l'annexe III au CGI.

Ce texte prévoit que la personne qui entend bénéficier de l'exonération doit fournir des attestations à l'administration lors du dépôt de la déclaration d'ISF ou, lorsqu'elle n'est pas tenue de déposer une déclaration, au service des impôts de son domicile avant le 15 juin de l'année au titre de laquelle le bénéfice du régime de faveur est demandé.

Année de la souscription

2759. La personne qui demande le bénéfice pour la première fois des dispositions de l'article 885 I ter du CGI au titre d'une souscription auprès d'une société donnée produit une attestation émanant de cette société précisant :

1° Son siège de direction effective et la nature de ses activités au 1er janvier de l'année d'imposition ainsi que le nombre et la nature des titres détenus à la même date par le demandeur et reçus en contrepartie de la souscription satisfaisant les conditions prévues par l'article 885 I ter du CGI. Pour le dénombrement des titres, les cessions et transmissions de titres postérieures à la souscription sont réputées porter en priorité sur les titres que la personne n'a pas reçus en contrepartie d'une souscription satisfaisant les conditions prévues par l'article 885 I ter précité ;

2° La date à laquelle les titres ont été souscrits et le nombre de titres reçus à cette occasion ;

3° Lorsqu'elle a déjà clôturé un exercice à la date à laquelle les titres ont été souscrits, l'ensemble des éléments permettant d'établir qu'elle répond, à cette date, à la définition des petites et moyennes entreprises ;

4° En cas de souscription en nature, la désignation et la valeur retenue des biens éligibles, ainsi que leur affectation.

Années suivantes

2760. La personne qui entend bénéficier des dispositions de l'article 885 I ter du CGI produit une attestation de la société au capital de laquelle il a été souscrit précisant les informations mentionnées au 1° du n° 2759.

2761. Lorsque la personne entend bénéficier du régime de faveur pour des titres reçus en contrepartie d'une nouvelle souscription satisfaisant aux conditions prévues par l'article 885 I ter précité, l'attestation comprend en outre pour ces titres les précisions mentionnées aux 2°, 3° et 4° du n° 2759.

2762. Lorsque les éléments permettant d'établir que la société répond à la définition des petites et moyennes entreprises n'ont pu être fournis la première année, la personne qui demande le bénéfice de l'exonération produit l'année suivant celle au titre de laquelle le bénéfice des dispositions de l'article 885 I ter du CGI a été demandé pour la première fois une attestation de la société au capital de laquelle il a été souscrit comprenant ces éléments.

CHAPITRE VI

Exonérations diverses

2800. En dehors des biens professionnels (voir nos 200 s.), des titres faisant l'objet d'un engagement collectif de conservation (voir nos 2000 s.), des titres détenus par les salariés et les mandataires sociaux (voir nos 2400 s.) et des titres de PME (voir nos 2700 s.), sont exonérés de l'ISF :
– les parts de GFA non exploitants (exonération totale pour les parts à caractère professionnel ou à concurrence des 3/4 si leur valeur totale n'excède pas 76 000 € et pour moitié au-delà de cette limite : voir nos 2806 s.) ;
– les parts de groupements forestiers (exonération limitée aux 3/4 de leur valeur) (voir nos 2842 s.) ;
– les parts de groupements fonciers ruraux (voir nos 2864 s.) ;
– les placements financiers des non-résidents (voir nos 2870 s.).

SECTION I

Groupements fonciers agricoles, groupements forestiers et groupements fonciers ruraux

A. Parts de groupements fonciers agricoles

1. Parts de GFA exploitants

2804. Les parts de GFA exploitants sont soumises aux mêmes règles que les parts de sociétés de personnes (voir nos 210 s.).

2. Parts de GFA non exploitants

2806. Les parts de groupements fonciers agricoles (GFA) ou de groupements agricoles fonciers (GAF), non exploitants, peuvent être considérées comme des biens professionnels et exonérées totalement d'ISF ou, dans la négative, bénéficier d'une exonération partielle de cet impôt, sous certaines conditions et dans certaines limites.

2807. Les parts de GFA non exploitants ayant pour objet la ***location ou*** la ***mise à disposition d'immeubles*** professionnels au profit de l'exploitation du redevable ou d'une société dont il détient des parts ayant elles-mêmes la qualité de biens professionnels peuvent être exonérées en tant que biens professionnels (voir n° 576).

a. Parts à caractère professionnel

2809. L'article 885 Q du CGI accorde la qualification de biens professionnels aux parts de groupements fonciers agricoles et de groupements agricoles fonciers sous réserve que :
– le groupement réunisse les conditions prévues à l'article 793, 1-4° du CGI ;
– les parts soient représentatives d'apports constitués par des immeubles ou des droits immobiliers à destination agricole ;
– la durée du bail soit au minimum de dix-huit ans ;
– les baux soient consentis par le groupement au détenteur de parts, à son conjoint, à leurs ascendants ou descendants ou leurs conjoints, à leurs frères ou sœurs ou à une société à objet principalement agricole contrôlée à plus de 50 % par les membres du groupe familial ou les détenteurs de parts ;
– le preneur utilise le bien loué dans l'exercice de sa profession principale.

Lorsque les conditions prévues à l'article 885 Q du CGI sont satisfaites, la qualité de biens professionnels est attribuée à la totalité des parts et non pas seulement à concurrence de la fraction exonérée des droits d'enregistrement.

Conditions de l'article 793, 1-4° du CGI

2811. Ces conditions sont celles requises pour l'exonération partielle de droits de succession ou de donation. Elles concernent le groupement et le porteur de parts.

2812. *Conditions relatives au groupement* – Les conditions relatives au groupement sont au nombre de deux :
– les statuts du groupement doivent interdire l'exploitation en ***faire-valoir direct***;
– les fonds agricoles qui composent le patrimoine du groupement doivent avoir été donnés à ***bail à long terme*** dans les conditions prévues par les articles L 416-1 à L 416-6, L 416-8 et L 416-9 du Code rural ou à ***bail cessible*** dans les conditions prévues par les articles L 418-1 à L 418-5 du même Code.

Le ***bail à long terme*** est susceptible de revêtir une des trois formes définies par les articles L 416-1 à L 416-6, L 416-8 et L 416-9 du Code rural. En premier lieu, le bail rural à long terme peut revêtir la forme d'un bail conclu pour une durée initiale d'au moins dix-huit ans, sans possibilité de reprise triennale pendant son cours. Un tel bail est cessible dans les conditions prévues aux articles L 411-34 et L 411-35 du Code rural, et renouvelable de plein droit par période de neuf ans. Le bail de dix-huit ans renouvelable peut toutefois comporter une clause écartant la cessibilité du bail aux descendants du fermier, telle qu'elle est prévue par l'article L 411-35 du Code rural. Aux termes du 1er alinéa de l'article L 416-2 du même Code, un bail rural peut à tout moment être converti, par accord des parties, en bail à long terme soit par transformation du bail initial, soit par conclusion d'un nouveau contrat. En second lieu, le bail à long terme peut revêtir la forme d'un bail conclu pour une durée initiale de vingt-cinq ans au moins et devant à l'expiration de cette période se renouveler, sans limitation de durée, par tacite reconduction. Dans ce cas, chacune des parties peut y mettre fin chaque année, par acte extrajudiciaire, et le congé prend effet à la fin de la quatrième année suivant celle au cours de laquelle il a été donné. En troisième lieu, l'article L 416-5 du Code rural prévoit que le bail à long terme prend la dénomination de bail de carrière lorsqu'il porte sur une exploitation agricole constituant une unité économique ou sur un lot de terres d'une superficie supérieure à la surface minimale d'installation, qu'il est conclu pour une durée qui ne peut être inférieure à vingt-cinq ans et qu'il prend fin à l'expiration de l'année culturale pendant laquelle le preneur atteint l'âge de la retraite retenu en matière d'assurance vieillesse agricole.

Remarques : a. Le caractère de bien professionnel n'est pas mis en cause lorsque, conformément à l'article L 411-35 du Code rural, le preneur d'un bien rural est autorisé par le GFA bailleur à consentir des sous-locations de certains bâtiments pour un usage de vacances ou de loisirs, pour une durée n'excédant pas trois mois consécutifs (Rép. Geoffroy : Sén. 10 février 1983 p. 246 n° 9381 ; D. adm. 7 S-333 n° 9, 1er octobre 1999).

b. Le bail d'une exploitation agricole sise hors de France ne peut satisfaire à toutes les conditions prévues par les articles L 416-1 à L 416-9 du Code rural français. Un tel bien ne peut donc être qualifié de bien professionnel (Rép. Hage : AN 21 novembre 1983 p. 5009 n° 40372 ; D. adm. 7 S-333 n° 9 et 7 S-335 n° 4, 1er octobre 1999).

Le ***bail cessible*** est défini aux articles L 418-1 à L 418-5 du Code rural. Il doit être passé sous la forme authentique et prévoir expressément l'accord des deux parties. Le bail cessible hors du cadre familial est conclu pour une durée minimale de dix-huit ans, à moins qu'un congé ne soit signifié par acte extrajudiciaire dix-huit mois avant son terme. Lorsque le preneur envisage de procéder à la cession du bail, il doit notifier au bailleur un projet de cession indiquant l'identité du cessionnaire et la date de la cession envisagée. Le bailleur peut s'y opposer pour des motifs légitimes devant le tribunal paritaire des baux ruraux qu'il doit saisir dans un certain délai. A défaut, il est réputé avoir accepté la cession du bail.

2814. *Conditions relatives au porteur de parts* – De même qu'en matière de droits de mutation à titre gratuit, les ***parts*** doivent, au titre de l'ISF, être ***détenues*** par le redevable depuis deux ans au moins au jour du fait générateur de l'impôt, c'est-à-dire au 1er janvier de l'année d'imposition. Toutefois, ce délai n'est pas exigé du redevable qui, partie au contrat de constitution du groupement, a, à ce titre, effectué des ***apports***

constitués exclusivement par ***des immeubles ou des droits immobiliers à destination agricole***.

Il est également admis que ce délai ne soit pas exigé du redevable qui a effectué de tels apports à l'occasion d'une augmentation du capital du GFA.

2815. Pour déterminer si, au premier jour de la période d'imposition (1er janvier), les parts de GFA que le redevable a recueillies par ***succession ou donation*** satisfont au délai de détention de deux ans pour pouvoir être qualifiées de biens professionnels, la durée de détention des parts par le défunt ou le donateur doit être prise en compte (Rép. Francou : Sén. 17 mars 1983 p. 423 n° 9097 ; D. adm. 7 S-334 n° 8, 1er octobre 1999).

Nature des apports

2818. Seules les parts représentatives d'***apports*** constitués par des ***immeubles*** ou ***des droits immobiliers*** à ***destination agricole*** peuvent avoir la qualité de biens professionnels.

Le redevable doit ***justifier*** par tous moyens compatibles avec la procédure écrite que les parts pour lesquelles il sollicite la qualité de biens professionnels sont des parts représentatives de tels apports. Cette preuve peut être rapportée par un certificat délivré par le groupement foncier agricole à cette fin à moins que cette indication ne figure déjà sur le certificat nominatif représentatif des parts sociales en cause.

2819. Les parts représentatives d'***apports en numéraire*** ne peuvent en aucun cas être qualifiées de biens professionnels.

2820. Dès lors qu'ils sont affectés au logement du ***personnel travaillant effectivement*** sur le fonds agricole, les ***bâtiments d'habitation*** dépendant de l'exploitation conservent le caractère de biens ruraux (D. adm. 7 S-334 n° 9, 1er octobre 1999). En revanche, si le fermier utilise tout ou partie de ces bâtiments à des ***fins non agricoles (commerce, sous-location...)***, les immeubles en cause ne constituent pas des biens ruraux et ne permettent pas, en conséquence, aux groupements fonciers agricoles de bénéficier des avantages fiscaux attachés à ces biens, notamment lorsqu'ils font l'objet de baux ruraux à long terme. Toutefois, dans la mesure où elle disposerait d'éléments d'information suffisants, l'administration examinerait avec compréhension les situations particulièrement dignes d'intérêt qui pourraient donner lieu à difficultés (Rép. Houteer : AN 2 août 1982 p. 3120 n° 5712).

Pour le cas des sous-locations à usage de vacances ou de loisirs, voir n° 2812, remarque a.

Durée du bail

2822. Le bail doit être d'une durée minimale de dix-huit ans pour que le bien concerné par le bail puisse être qualifié de bien professionnel.

Cette disposition écarte la qualification de bien professionnel pour les immeubles ruraux qui seraient loués dans les conditions prévues à l'article L 416-4 du Code rural. Ce texte prévoit, en effet, qu'un preneur qui est à plus de neuf ans et à moins de dix-huit ans de l'***âge de la retraite*** peut conclure un bail à long terme d'une durée égale à celle qui doit lui permettre d'atteindre cet âge. Dans ce cas, dès lors que la durée du bail est inférieure à dix-huit ans, l'immeuble rural loué ne peut être, pour le bailleur, qualifié de bien professionnel au titre de l'assiette de l'ISF (Inst. 19 mai 1982, 7 R-2-82 n° 311 ; D. adm. 7 S-333 n° 10, 1er octobre 1999).

Titulaire du bail

2824. *Bail consenti aux membres du groupe familial du détenteur de parts* – Les baux doivent être consentis par le groupement à certains membres du groupe familial, limitativement énumérés par la loi :
- au détenteur de parts ou à son conjoint ;
- à leurs ascendants ou descendants ou à leurs conjoints ;
- à leurs frères ou sœurs.

2825. La définition du groupe familial est restrictive. Elle ne peut pas être étendue à des personnes unies avec le porteur de parts ou son conjoint par un simple lien d'alliance (Cass. com. 14 décembre 1999 n° 2043 P, Leflaive : RJF 4/00 n° 572).

Mais, dans l'hypothèse où le bail est consenti à des ***copreneurs dont l'un est membre du groupe familial*** tel qu'il a été défini par la loi, le bien rural est considéré comme bien professionnel, à hauteur de la part de ce copreneur, si les autres conditions pour bénéficier de l'exonération sont remplies (Rép. Girod : Sén. 22 novembre 1984 p. 1869 n° 19147 ; D. adm. 7 S-333 n° 11, 1er octobre 1999). Par ailleurs, si le bail est consenti à plusieurs membres du groupe familial qui peuvent former entre eux une ***indivision***, l'exonération peut également s'appliquer (Rép. César : Sén. 17 décembre 1992 p. 2775 n° 22733 ; D. adm. 7 S-333 n° 14, 1er octobre 1999).

2826. *Bail consenti à une société* – Les parts peuvent également être considérées comme des biens professionnels en cas de location (ou de mise à disposition du bien loué ou encore d'apport du droit au bail y afférent) à une société à ***objet*** principalement agricole ***contrôlée*** à plus de 50 % par les membres du groupe familial ou les détenteurs de parts.

Pour l'appréciation du seuil de contrôle, il convient de prendre en considération le capital et les droits de vote dans les assemblées générales détenus collectivement par l'ensemble des membres du cercle familial.

2827. L'exonération est accordée à concurrence du ***pourcentage de participation*** détenue par les personnes précitées qui exercent dans la société à laquelle les biens sont loués leur activité professionnelle principale.

Dès lors, pour déterminer la fraction des parts exonérée, il convient de prendre en compte le seuil de participation des personnes, membres du groupe familial, qui exercent leur activité principale dans la société. Dans l'hypothèse où l'une de ces personnes détiendrait des ***droits démembrés*** (usufruit ou nue-propriété seulement), leur pourcentage de participation sera calculé par application de l'article 669 du CGI (Inst 20-1-2005, 7 S-2-05 n° 6).

2828. *Profession exercée à titre principal* – Le bien loué doit être utilisé par le preneur dans l'exercice de sa profession principale. De même, en cas de location à une société, les associés doivent exercer dans la société leur activité professionnelle principale.

En règle générale, la détermination du caractère principal de l'activité, qui résulte essentiellement des circonstances dans lesquelles la profession est exercée, ne présente pas de difficulté.

Lorsque l'exploitant exerce simultanément ***plusieurs professions***, l'activité principale s'entend normalement de celle qui constitue pour le redevable ***l'essentiel de ses activités*** économiques, compte tenu notamment du temps consacré à chaque activité, de l'importance des responsabilités et des difficultés rencontrées, de la taille des exploitations... même si elle ne dégage pas la plus grande part de ses revenus (cas de l'entreprise déficitaire). Dans l'hypothèse où un tel critère ne peut être retenu (par exemple lorsque les diverses activités professionnelles sont d'égale importance), il convient de considérer que l'activité principale est celle qui procure à l'intéressé ***la plus grande part de ses revenus***.

Pour effectuer la comparaison, il est tenu compte de toutes les activités professionnelles, y compris les activités salariées. Il est en revanche fait abstraction des revenus à caractère non professionnel : revenus fonciers, revenus de capitaux mobiliers, plus-values des particuliers, pensions de retraite... Dans le cadre d'un foyer fiscal, le caractère principal de la profession s'apprécie distinctement pour chaque époux, partenaire d'un Pacs ou concubin notoire.

2829. Les ***biens affectés simultanément à plusieurs activités*** ne peuvent être regardés comme des biens professionnels que dans la mesure où ils sont nécessaires à l'exercice de l'activité principale. Par ailleurs, la valeur de ces biens n'est retenue au titre des biens professionnels que pour la fraction correspondant à l'utilisation effective pour les besoins de cette activité.

Toutefois, l'administration admet que constituent une seule profession les différentes activités professionnelles exercées par une même personne lorsque ces activités présentent entre elles un ***lien soit de similitude soit de connexité et de complémentarité***. Si de telles activités constituent ensemble l'activité professionnelle principale du redevable, les biens nécessaires à leur activité peuvent être exonérés (D. adm. 7 S-3313 n°s 6 et 8, 1er octobre 1999).

Ce lien peut exister alors même que les activités relèveraient, au titre de l'impôt sur le revenu, de catégories différentes.

La jurisprudence semble, en revanche, réticente à admettre que des activités annexes exercées par un exploitant agricole puissent bénéficier de l'exonération en tant qu'activité similaire ou connexe et complémentaire à l'activité agricole. Ainsi jugé que l'***exploitation d'un camping*** n'est ni connexe ni complémentaire à l'activité agricole dès lors que, par son importance et son standing, il s'agit d'une activité économique autonome qui ne participe pas à la mise en valeur du fonds et ne s'analyse pas comme un débouché de la profession agricole (Cass. com. 20 décembre 1988 n° 1282 D). La même solution a été retenue à l'encontre d'un agriculteur exploitant un terrain à usage de ***caravaning***, activité jugée autonome par rapport à l'activité principale agricole et sans lien de dépendance avec celle-ci (Cass. com. 25 février 1992 n° 350 D : RJF 5/92 n° 757).

b. Parts à caractère non professionnel

2832. Lorsqu'elles ne peuvent être considérées comme des biens professionnels, les parts de groupements fonciers agricoles non exploitants sont, sous certaines conditions, exonérées partiellement d'ISF (CGI art. 885 H, 4e al.).

Conditions de l'exonération

2834. Pour être partiellement exonérées, les parts de groupements fonciers agricoles non exploitants doivent répondre aux conditions suivantes :
- les ***statuts*** du groupement doivent lui interdire l'exploitation en faire-valoir direct ;
- le bien doit avoir été donné à ***bail*** à long terme dans les conditions prévues aux articles L 416-1 à L 416-6, L 416-8 et L 416-9 du Code rural ou à bail cessible dans les conditions prévues aux articles L 418-1 à L 418-5 du même Code (voir n° 2812) ;
- les parts doivent être ***détenues depuis deux ans au moins***, sauf si elles ont été attribuées en rémunération d'apports d'immeubles agricoles lors de la constitution du groupement (voir n° 2814) ;
- les parts doivent être représentatives d'***apports*** constitués par des immeubles ou droits immobiliers à destination agricole (voir n° 2818) ;
- la ***durée du bail*** doit être au minimum de dix-huit ans ;
- le bail ne prive pas les descendants majeurs du preneur du ***droit au maintien du bail*** à leur profit, droit prévu à l'article L 411-35 du Code rural.

Portée de l'exonération

2836. En pratique, l'exonération partielle bénéficiant aux parts de groupements qui louent leur fonds trouve à s'appliquer lorsque :
- le bail est consenti à des personnes autres que le détenteur des parts, son conjoint, leurs ascendants ou descendants et leurs conjoints, leurs frères ou sœurs ;

> L'exonération partielle s'applique lorsque le preneur est une personne morale ne répondant pas aux conditions citées au n° 2826, bien que dans cette situation la condition selon laquelle le bail ne doit pas priver les descendants du preneur du bénéfice des dispositions de l'article L 411-35 du Code rural ne soit pas respectée (voir n° 2834).

Toutefois, l'administration s'estime fondée à mettre en œuvre la procédure de répression des abus de droit si les circonstances permettent d'établir que la conclusion du bail a été motivée par un souci d'évasion fiscale (Inst. 20 janvier 1994, 7 S-1-94 ; D. adm. 7 S-342 n° 6, 1er octobre 1999).

– ou le preneur n'utilise pas le bien loué dans le cadre de sa ***profession principale***.

Montant de l'exonération

2838. Les parts de GFA répondant aux conditions prévues sont exonérées :
– à concurrence des ***trois quarts*** de leur valeur lorsque la valeur totale des parts n'excède pas 76 000 € ;
– et pour ***moitié*** au-delà de cette limite.

La limite de 76 000 € s'apprécie distinctement pour les biens ruraux donnés à bail et pour les parts de GFA.

2839. *Exemple :*
Soit un GFA non exploitant constitué en 1998 entre :
– 1 père : 2 000 parts ;
– 1 fils A :1000 parts ;
– 1 fils B :1000 parts ;
– 1 tiers X : 500 parts ;
– 1 tiers Y : 500 parts.

Le capital est divisé en 5 000 parts. Valeur de la part au 1er janvier 2006 : 150 €.

L'actif social est constitué par 500 hectares de terres :
– 100 hectares sont loués à bail à long terme à B qui les utilise dans l'exercice de sa profession principale ;
– 400 hectares sont loués à bail à long terme à X qui les utilise dans l'exercice de sa profession principale.

Le père a apporté, lors de la constitution du groupement, des immeubles agricoles correspondant à 1 500 parts et du numéraire à hauteur de 500 parts.

Les associés A, B et X ont apporté des biens immobiliers agricoles.

Y a apporté du numéraire.

Tous les associés sont imposables à l'impôt de solidarité sur la fortune.

Père : Bien professionnel (CGI art. 885 Q) au prorata des terres louées et exploitées dans le cadre du groupe familial : 225 000 € x 100/500 = 45 000 € exonérés d'ISF ;
– il reste : 225 000 € – 45 000 € = 180 000 € auxquels seront appliquées les dispositions de l'article 885 H du CGI.

A hauteur de 76 000 € :	
taxable 1/4 :	19 000 €
(exonéré 3/4 : 57 000 €)	
Le reste (104 000 €) :	
taxable 1/2 :	52 000 €
(exonéré 1/2 :52 000 €)	
Taxables à l'ISF :	71 000 €

Les 500 parts représentatives d'apports en numéraire, soit 75 000 €, sont taxables à l'ISF en totalité.

Fils A : Bien professionnel (CGI art. 885 Q) au prorata des terres louées et exploitées dans le cadre du groupe familial :
150 000 € x 100/500 = 30 000 € exonérés d' ISF ;
– il reste : 120 000 €

Application de l'article 885 H du CGI :
A hauteur de 76 000 € :

taxable 1/4 :	19 000 €
Le reste (44 000 €) : taxable 1/2 :	22 000 €
Taxables à l'ISF :	41 000 €

Fils B : Situation identique à celle du fils A.

Tiers X : Bien professionnel (CGI art. 885 Q) au prorata des terres qu'il exploite dans le cadre de sa profession principale :
75 000 € x 400/500 = 60 000 € exonérés d'ISF ;
– il reste : 15 000 €

Application de l'article 885 H du CGI :
A hauteur de 76 000 € : taxable 1/4 donc :
15 000/4 = 3 750 € taxables à l'ISF.

Tiers Y : Les parts possédées par Y ne peuvent pas être qualifiées de « bien professionnel ».

Elles ne peuvent non plus être exonérées au titre des dispositions de l'article 885 H du CGI puisqu'elles sont représentatives d'apports en numéraire.

Elles entrent donc, pour la totalité de leur valeur, dans le champ d'application de l'impôt.

B. Parts de groupements forestiers

2842. Lorsque les parts de groupements forestiers peuvent être considérées comme des biens professionnels par leur propriétaire (voir n°s 210 s.), elles ne sont pas prises en compte pour l'assiette de l'ISF (CGI art. 885 A, dernier al.).

Dans le cas contraire, ces biens peuvent, en application de l'article 885 H du CGI, bénéficier de l'***exonération partielle*** prévue à l'article 793, 1-3° du même Code en matière de droits de mutation à titre gratuit.

Sous les conditions prévues à l'article 793,1-3° du CGI, les parts de groupements forestiers sont ainsi exonérées à concurrence des trois quarts de leur valeur. Toutefois, l'exonération des trois quarts est limitée aux parts représentatives d'apports en nature de bois ou de forêts.

2843. Conformément aux dispositions de l'article L 214-85 du Code monétaire et financier, les parts de ***sociétés d'épargne forestière*** sont assimilées à des parts de groupements forestiers pour l'application de la loi fiscale à l'exception toutefois de l'article 885 H du CGI en matière d'ISF. Dès lors, leur valeur doit être comprise dans le patrimoine taxable à l'ISF dans les conditions de droit commun, alors même qu'elles seraient représentatives de l'apport de biens en nature de bois et forêts visés à l'article 793, 1-3° du CGI (Inst. 13 mai 2003, 4 D-1-03).

2844. Les conditions d'application de l'exonération en matière de droits de mutation à titre gratuit sont exposées aux nos 5294 s. Les modalités particulières d'application de cette exonération en matière d'ISF sont indiquées ci-après.

Délai de détention des parts

2846. Pour bénéficier de l'exonération des parts de groupements forestiers à concurrence des trois quarts de leur valeur au titre de l'ISF, les conditions rappelées nos 5296 s. doivent être remplies :
– engagement d'exploitation pendant trente ans ;
– production du certificat du directeur départemental de l'agriculture et de la forêt ;
– et, pour les parts de groupements forestiers acquises à titre onéreux, délai de détention de plus de deux ans au 1er janvier de l'année d'imposition.

Cette condition n'est pas exigée lorsque les parts ont été souscrites lors de la constitution du groupement ou à l'occasion d'une augmentation de capital.

Parts représentatives d'apports en nature

2848. L'exonération n'est applicable qu'aux parts représentatives d'apports constitués par des biens mentionnés à l'article 793, 1-3° du CGI, à savoir : bois et forêts susceptibles d'aménagement ou d'exploitation régulière, friches et landes susceptibles de reboisement et présentant une vocation forestière, terrains pastoraux susceptibles d'un régime d'exploitation normale. Elle n'est pas applicable aux parts de groupements forestiers dits « d'investissement » (Rép. Haby : AN 25 octobre 1982 p. 4344 n° 11505 ; D. adm. 7 S-341 n° 14, 1er octobre 1999*)*.

L'administration a précisé qu'il n'était pas envisagé d'étendre le régime de faveur des parts de groupements forestiers représentatives d'apports en nature de bois et forêts à celles qui sont représentatives ***d'apports en numéraire***. En effet, une telle mesure permettrait aux titulaires de patrimoines importants d'échapper au paiement de l'ISF à hauteur des capitaux investis dans ces groupements, ce qui serait contraire à la volonté du législateur (Rép. Charles : AN 20 août 1990 p. 3921 n° 29204 ; dans le même sens : Rép. Vasseur : AN 27 août 1990 p. 4065 n° 29664).

La limitation de l'exonération aux seules parts représentatives d'apports en nature visés à l'article 793, 1-3° du CGI résulte de la loi elle-même (CGI art. 885 H, 2e alinéa). Il s'ensuit que les parts représentatives d'apports en numéraire ne sont pas susceptibles d'être exonérées, même lorsque les fonds correspondant aux parts ainsi souscrites en numéraire ont été utilisés par le groupement pour acquérir des bois et forêts. De tels porteurs de parts se trouvent évidemment lésés par rapport à ceux qui achètent, moyennant espèces, des parts souscrites en nature et qui ouvrent droit à exonération des 3/4 (voir n° 2849).

2849. Il importe peu que le ***détenteur des parts*** soit l'***apporteur*** lui-même ou qu'il ait ***acquis, à titre onéreux ou à titre gratuit***, les parts représentatives de tels apports, si les autres conditions requises sont remplies (Rép. Goulet : AN 26 juillet 1982 p. 3102 n° 15287 ; D. adm. 7 S-341 n° 14, 1er octobre 1999).

2850. La limitation de l'exonération aux seules parts représentatives d'apports en nature vise également les parts de ***groupements forestiers à caractère familial*** (Rép. Rossinot : AN 18 juillet 1983 p. 3169 n° 29885).

2851. Le redevable doit ***justifier*** par tous moyens compatibles avec la procédure écrite que les parts pour lesquelles il sollicite le bénéfice de l'exonération des trois quarts sont des parts représentatives d'apports en nature. Cette preuve peut être rapportée par un certificat délivré par le groupement forestier et joint à l'appui de la première déclaration pour laquelle cette exonération est demandée.

Certificat ou attestation du directeur départemental de l'agriculture

2854. Le certificat, ou l'attestation, délivré par le directeur départemental de l'agriculture est produit lors du dépôt de la ***déclaration*** souscrite au titre de l'ISF comportant des parts de groupement forestier et pour lesquelles le bénéfice de l'exonération est demandé pour la première fois.

Il doit être ***renouvelé*** tous les dix ans. A défaut de renouvellement, les biens correspondants ne bénéficient plus de l'exonération des trois quarts de leur valeur. Mais aucun redressement ne peut être effectué pour la période de validité du certificat ou de l'attestation du seul fait de son non-renouvellement.

Un nouveau certificat doit être produit si l'exonération est demandée en ce qui concerne des titres émis à l'occasion d'une ***augmentation ultérieure de capital*** en nature de biens mentionnés à l'article 793, 3° du CGI.

Engagement d'exploitation

2856. Une déclaration, rédigée sur papier libre par la ***personne responsable du groupement*** forestier, valant engagement d'exploitation pendant trente ans conformément aux dispositions de l'article 703 du CGI doit être jointe à la déclaration d'ISF dans laquelle l'exonération est demandée pour la première fois.

2857. La ***rupture de l'engagement*** pris par le groupement forestier entraîne, après l'établissement d'un procès-verbal dressé par les agents du service de l'agriculture et de la forêt, l'exigibilité du complément d'ISF, de l'intérêt de retard et d'un droit supplémentaire dont les montants varient en fonction de la date à laquelle intervient la déchéance (voir n° 5307), pour toutes les personnes ayant bénéficié du régime de faveur au titre des parts du groupement en cause, pour chacune des années pour lesquelles l'exonération a été accordée.

Garanties de recouvrement

2860. L'hypothèque légale du Trésor prévue à l'article 1929, 3 du CGI en matière de droits de mutation à titre gratuit n'est pas applicable à l'ISF (CGI art. 1723 ter-00 A).

Par suite, les comptables des impôts ne doivent pas requérir l'inscription de l'hypothèque légale en garantie des droits complémentaire et supplémentaire éventuels, quel que soit le montant de cette créance. Cette mesure ne met pas en cause les garanties du recouvrement, les comptables conservant le droit d'inscrire l'hypothèque légale prévue à l'article 1929 ter du CGI sur les biens du redevable, lorsque la créance du Trésor mise en recouvrement est en péril.

C. Parts de groupements fonciers ruraux

2864. Il résulte de la combinaison des articles 885 D et 885 H du CGI que l'exonération de droits de mutation à titre gratuit prévue à l'article 848 bis du CGI en faveur des parts de groupements fonciers ruraux (voir n°s 5310 s.) est applicable en matière d'ISF.

2865. L'article L 322-22 du Code rural prévoit que les biens possédés par les GFR sont régis en matière fiscale selon les dispositions propres aux groupements fonciers agricoles pour la partie agricole et selon les dispositions propres aux groupements forestiers pour la partie forestière.

Dans ces conditions, les exonérations partielles prévues à l'article 885 H du CGI en faveur des parts de groupements forestiers et des parts de groupements fonciers agricoles sont applicables aux parts de GFR (voir n°s 2832 s. et 2842 s.).

De même, l'***exonération totale*** prévue à l'article 885 Q du CGI dont bénéficient certaines parts de groupements fonciers agricoles au titre de biens professionnels s'applique à la fraction des parts de GFR représentative de biens de nature agricole (voir n°s 2809 s.).

SECTION II

Placements financiers des non-résidents

2870. Afin d'inciter les redevables domiciliés hors de France à maintenir ou à accroître leurs placements financiers en France, l'article 885 L du CGI exonère ces placements de l'ISF.

1. Définition des placements financiers

2872. Les placements financiers comprennent, sous la réserve des exceptions visées n°s 2874 s., l'ensemble des placements effectués en France par une personne physique et dont les produits de toute nature, excepté les gains en capital, relèvent ou relèveraient de la catégorie des revenus de capitaux mobiliers.

Il s'agit notamment des comptes courants d'associés détenus dans une société ou une personne morale qui a en France son siège social ou le siège de sa direction effective, des obligations, actions et droits sociaux.

2. Titres n'ayant pas le caractère de placements financiers

2874. Ne sont pas considérés comme des placements financiers :
– selon l'administration les titres représentatifs d'une ***participation***;
– les ***actions ou parts détenues par des non-résidents*** dans une société ou personne morale française ou étrangère, dont l'***actif*** est ***principalement constitué d'immeubles*** ou de droits réels immobiliers situés sur le territoire français et ce, à proportion de la valeur de ces biens par rapport à l'actif total de la société (CGI art. 885 L, al. 2) ;
– ***les actions ou parts*** détenues directement ou indirectement ***à plus de 50 %*** par des non-résidents dans des personnes morales ou organismes ***propriétaires d'immeubles ou de droits réels immobiliers*** situés en France (CGI art. 885 L, al. 2).

Ces titres sont, par suite, passibles de l'ISF.

a. Titres représentatifs d'une participation

2876. Les titres de participation ne constituent pas, selon l'administration, des placements financiers et sont donc passibles de l'ISF (D. adm. 7 S-346 n° 4, 1er octobre 1999).

Doivent être ***considérés comme des titres de participation*** ceux qui permettent d'exercer une certaine influence dans la société émettrice. En pratique, au titre de l'ISF dont seules sont passibles les personnes physiques, il convient, selon la doctrine administrative, de présumer titres de participation les titres représentant au moins 10 % du capital d'une entreprise. Toutefois, la qualité de titres de participation n'est présumée que si les titres ont été soit souscrits à l'émission, soit conservés pendant un délai de deux ans au moins. Au surplus, la preuve que les titres détenus dans ces conditions ne sont pas des titres de participation peut, en toute hypothèse, être rapportée par le redevable.

Par ailleurs, dans le cas où l'administration est amenée à constater que, dans le but évident de conférer l'apparence de valeurs étrangères à des titres de participation détenus dans des sociétés françaises par des non-résidents et permettre ainsi à ceux-ci d'échapper à l'ISF, ***une société holding*** détenant essentiellement une ou des participations dans des sociétés françaises lui assurant le contrôle de celles-ci ***a été installée à l'étranger***, elle estime être en droit, sur le fondement de la procédure de répression des abus de droit, de considérer comme françaises les parts du holding en cause (D. adm. 7 S-346 n° 4, 1er octobre 1999*)*.

Les ***conventions*** signées avec les pays suivants : Afrique du Sud, Arabie saoudite, Bahreïn, Côte d'Ivoire, Emirats arabes unis, Espagne, Etats-Unis, Israël, Macédoine, Namibie, Norvège, Oman, Qatar, Suède, Zimbabwe, prévoient que les ***participations substantielles dans les sociétés dont l'actif n'est pas à prépondérance immobilière*** sont imposables dans l'Etat où est situé le siège de direction effective de la société. Il ne s'agit pas d'un droit exclusif. L'Etat de résidence du propriétaire des parts ou actions peut également les imposer ; il élimine la double imposition par l'octroi d'un crédit d'impôt. Pour l'application de ces conventions, les actions ou parts présentent le caractère d'une participation substantielle lorsque le détenteur possède, seul ou avec des personnes apparentées et directement ou indirectement, un ensemble d'actions ou parts ouvrant droit à 25 % au moins des bénéfices de la société (Inst. 28 avril 1989, 7 R-1-89 n° 23 ; D. adm. 7 S-232 n° 15, 1er octobre 1999*)*.

b. Actions ou parts de sociétés dont l'actif est principalement constitué d'immeubles sis en France

2878. En application des dispositions de l'article 885 L, al. 2 du CGI, les actions ou parts détenues par des non-résidents dans une société ou personne morale, française ou étrangère, dont l'actif est principalement constitué d'immeubles ou de droits réels immobiliers situés sur le territoire français, ne sont pas considérées comme des placements financiers, et ce, à proportion de la valeur de ces biens par rapport à l'actif total de la société.

Elles sont donc, dans cette limite, passibles de l'ISF.

Conditions d'application

2880. Trois conditions doivent être réunies pour que les titres ne soient pas considérés comme des placements financiers.

1. Le ***patrimoine*** de la société qui a émis les titres est principalement ***constitué d'immeubles.***

Par immeubles, il convient d'entendre les immeubles bâtis ou non bâtis, les droits réels immobiliers portant sur de tels biens (usufruit, droit d'usage, bail à construction, emphytéose, etc.) ou les titres de sociétés elles-mêmes à prépondérance immobilière.

Pour déterminer si la société est à prépondérance immobilière, il convient de comparer à la valeur totale de l'actif social situé en France la valeur des immeubles et droits réels immobiliers appartenant à la société et situés dans notre pays, autres que les immeubles affectés par la société à sa propre exploitation industrielle, commerciale, agricole ou à l'exercice d'une profession non commerciale.

Si la valeur des immeubles situés en France représente plus de 50 % de la valeur de l'actif social situé en France, la société est à prépondérance immobilière. Elle ne l'est pas dans l'hypothèse inverse.

2. Les titres ne doivent pas être admis aux négociations sur un ***marché réglementé*** français ou étranger. Cette règle comporte une exception en ce qui concerne les ***Sicomi***. En effet, bien qu'il s'agisse de droits sociaux de sociétés à prépondérance immobilière, afin d'éviter une distorsion entre les titres de Sicomi selon qu'elles sont cotées ou non, il convient de considérer que les titres de Sicomi non cotés sont assimilés à des titres cotés.

3. Les actions et les parts sont détenues par des ***redevables*** de l'ISF n'ayant ***pas, en France, leur domicile fiscal.***

Le domicile fiscal est défini au titre de l'ISF comme en matière d'impôt sur le revenu par l'article 4 B du CGI.

Aux termes de cet article doivent être considérés comme ayant leur domicile fiscal en France :

– les personnes qui ont en France leur foyer ou le lieu de leur séjour principal ;

– celles qui exercent en France une activité professionnelle, salariée ou non, à moins qu'elles ne justifient que cette activité y est exercée à titre accessoire ;

– celles qui ont en France le centre de leurs intérêts économiques ;

– les agents de l'Etat qui exercent leurs fonctions ou sont chargés de mission dans un pays étranger et qui ne sont pas soumis, dans ce pays, à un impôt personnel sur l'ensemble de leurs revenus.

Pour qu'un redevable soit considéré fiscalement comme domicilié en France, il suffit qu'un seul des quatre critères soit rempli.

Régime fiscal

2882. La valeur des ***actions ou parts de sociétés*** est comprise dans l'***assiette de l'ISF*** à concurrence de la ***proportion*** existant entre la valeur des immeubles situés sur le territoire français et celle de l'actif social situé tant en France qu'à l'étranger.

2883. ***Exemple.*** L'actif social d'une société d'un montant de 51 000 000 € est composé de la manière suivante :

– immeubles (autres que ceux affectés par la société à sa propre exploitation industrielle, commerciale, agricole, ou à l'exercice d'une profession non commerciale), droits immobiliers ou titres de sociétés à prépondérance immobilière :

sis en France	1 000 000 €	3 000 000 €
sis hors de France	2 000 000 €	
– autres éléments :		
situés en France	6 000 000 €	21 000 000 €
situés hors de France	15 000 000 €	
Total		51 000 000 €

Il y a lieu de considérer que :
– les immeubles, droits immobiliers et titres de sociétés à prépondérance immobilière situés en France représentant 10/16, soit 62,5 % des actifs français, la société est à prépondérance immobilière ;
– dès lors, les titres de cette société détenus par des non-résidents doivent être compris dans l'assiette de l'ISF dû éventuellement par les intéressés à concurrence de 10/51, soit 19,60 % de leur valeur.

c. Actions ou parts dans des sociétés ou organismes détenant des immeubles en France

2886. Ne constituent pas des placements financiers les actions, parts ou droits détenus directement ou indirectement à plus de 50 % par des non-résidents dans des personnes morales ou organismes mentionnés à l'article 750 ter, 2° du CGI propriétaires d'immeubles ou de droits réels immobiliers situés en France (CGI art. 885 L).

Les personnes domiciliées hors de France sont donc soumises à l'ISF à raison des parts ou actions qu'elles détiennent dans ces sociétés ou organismes pour la fraction de leur valeur correspondant à ces immeubles, étant précisé que les immeubles affectés par la société ou par l'organisme à sa propre exploitation industrielle, commerciale, agricole ou à l'exercice d'une profession non commerciale ne sont pas pris en considération.

Conditions d'application

2888. Trois conditions doivent être réunies pour que les actions, parts ou droits ne soient pas considérés comme des placements financiers.

2890. ***Actions, parts ou droits concernés*** – Il s'agit des actions ou parts de personnes morales, et des droits détenus dans des organismes qui ne sont pas dotés de la personnalité morale en France (***trusts***, ***fondation***s

étrangères...). A cet égard, peu importe la forme de la personne morale ou de l'organisme en cause.

2892. *Composition de l'actif de la personne morale ou de l'organisme* – La personne morale ou l'organisme contrôlé directement ou indirectement par le redevable doit détenir à son actif un immeuble ou un droit immobilier sis en France qui n'est pas affecté à sa propre exploitation.

L'actif de la personne morale ou de l'organisme, détenu par le redevable, peut être constitué :
– d'***immeubles*** bâtis ou non bâtis situés sur le territoire français ou de droits réels immobiliers portant sur ces biens (usufruit, nue-propriété, droit d'usage...), donnés ou non en location ;
– de ***titres*** ou de droits d'une ***personne morale*** ou d'un organisme ***propriétaire*** de biens ou droits immobiliers sur le territoire français ;
– de ***titres*** ou de droits d'une ***personne morale*** ou d'un autre organisme ***titulaire d'une participation*** dans une autre personne morale ou un organisme propriétaire des biens ou droits immobiliers français.

Pour l'application de cette disposition peu importe la valeur de ces biens ou droits immobiliers dans l'actif total de la personne morale ou de l'organisme contrôlé directement ou indirectement par le redevable. Ainsi, il n'est pas nécessaire que l'actif de la personne morale ou de l'organisme en cause soit principalement constitué d'immeubles ou de droits réels immobiliers situés sur le territoire français, ou de titres de personnes morales elles-mêmes ***à prépondérance immobilière***.

Ne sont pas pris en considération les immeubles situés sur le territoire français ***affectés*** par une personne morale ou un organisme à sa propre exploitation.

2894. *Seuil de participation* – Le redevable doit détenir directement ou indirectement ***plus de la moitié des actions, parts ou droits*** de la personne morale ou de l'organisme propriétaire d'un immeuble en France.

Pour l'***appréciation du seuil de 50 %***, il est tenu compte des titres qui appartiennent personnellement au redevable, à l'un ou à plusieurs des membres de son groupe familial et des titres détenus par ces personnes par l'intermédiaire d'une chaîne de participations définie à l'article 990 D du CGI.

2895. Sont ainsi ajoutés aux actions, parts ou droits détenus directement par le redevable dans la personne morale ou l'organisme propriétaire d'un immeuble ou d'un droit immobilier situé en France les actions, parts ou droits appartenant à l'une ou à plusieurs des personnes suivantes membres de son ***groupe familial*** :
– son conjoint ;
– ses ascendants, ses descendants et ses frères et sœurs ;
– les ascendants, les descendants et les frères et sœurs de son conjoint.
Les parts, actions ou droits détenus en propre par les ascendants, descendants et les frères et sœurs du redevable ou de son conjoint sont à prendre en compte en totalité pour l'appréciation du seuil de 50 %. Il en est de

même pour ceux dépendant de la communauté conjugale des ascendants, descendants et frères et sœurs du redevable ou de son conjoint.

En revanche, ceux qui appartiennent en propre aux conjoints des descendants et des frères et sœurs du redevable ou de son conjoint ne peuvent pas être retenus pour l'appréciation du seuil de 50 %.

2896. Pour le calcul du seuil de 50 %, il est également tenu compte des ***participations*** du redevable et, le cas échéant, de celles de l'un ou de plusieurs membres de son groupe familial, ***dans une ou plusieurs personnes morales***, ou organismes, quels qu'en soient la forme, la quotité et le lieu du siège social, ***détenteurs d'une participation dans une autre personne morale*** ou un autre organisme qui est :
– propriétaire des immeubles ou droits immobiliers situés en France ;
– ou détenteur d'une participation dans une troisième personne morale ou un troisième organisme, lui-même :
• propriétaire desdits biens,
• ou interposé dans la chaîne de participations.

Cette disposition s'applique quel que soit le nombre de personnes morales ou d'organismes interposés.

La notion de détention d'une participation, quelle qu'en soit la forme, plus large que celle de détention du capital, permet de considérer notamment comme personne interposée certains « partnerships » anglo-saxons qui n'ont pas de capital au sens strict.

Régime fiscal

2898. Sous réserve que les actions, parts ou droits détenus par le non-résident ne soient pas des titres représentatifs d'une participation, la fraction de la valeur des titres ou droits détenus par un non-résident dans les personnes morales ou organismes visés à l'article 750 ter, 2°-al. 2 du CGI est comprise dans l'assiette de l'ISF à concurrence de la fraction de la valeur de l'immeuble ou du droit immobilier sis en France réputé possédé indirectement.

2899. *Exemple*

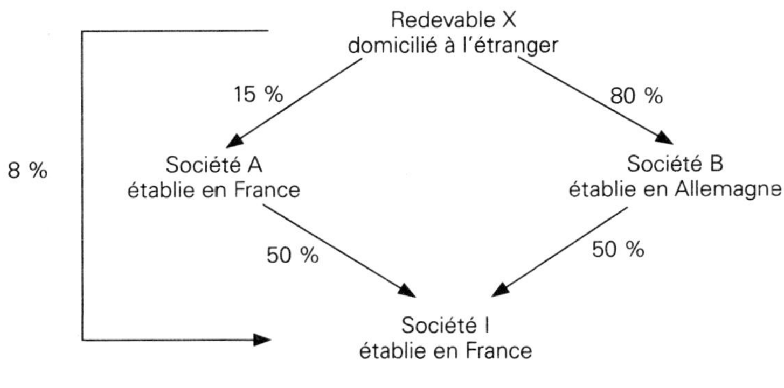

Immeubles sis en France	400 000 €
(autres que ceux affectés à son exploitation professionnelle)	
Autres actifs français	500 000 €
Actifs étrangers	100 000 €
	1 000 000 €

Les titres détenus dans les sociétés A et B sont des titres représentatifs d'une participation. Ils sont donc imposables sur leur valeur vénale entière au titre de l'ISF.

Les titres de la société I détenus directement par M. X ne sont pas des placements financiers, dès lors que cette société qui est propriétaire d'immeubles sis en France est contrôlée directement et indirectement à plus de 50 % par M. X (8 % directement + 7,5 % par l'intermédiaire de la société A + 40 % par l'intermédiaire de la société B). Il y a donc lieu de retenir pour l'assiette de l'ISF la fraction de la valeur des titres représentative de la proportion existant entre la valeur des immeubles ou droits immobiliers sis en France et celle de l'actif social total situé tant en France qu'à l'étranger, soit à concurrence de 400/1000, soit 40 % de leur valeur.

DEUXIEME PARTIE

Successions et donations

CHAPITRE I

Caractéristiques des droits de mutation à titre gratuit

4000. Les transmissions à titre gratuit, qu'elles soient effectuées « entre vifs », c'est-à-dire par donation, ou par décès, c'est-à-dire par succession, sont soumises à des droits d'enregistrement spécifiques calculés à des taux progressifs sur la valeur vénale des biens transmis.

A la différence des autres droits d'enregistrement, les droits de mutation à titre gratuit sont fortement personnalisés : la situation personnelle et la situation de famille des redevables ont notamment une influence très importante sur la liquidation de l'impôt. Leur perception est par ailleurs étroitement liée à l'application des règles du droit civil, en particulier celles qui régissent la dévolution des successions et la liquidation des régimes matrimoniaux, tout en y dérogeant parfois.

Nous exposons d'abord les règles régissant les successions, qui sont pour la plupart également applicables aux donations, avant d'examiner les particularités des donations.

SECTION 1

Successions

4005. Tout décès entraîne la transmission des biens qui sont la propriété du défunt au profit de ses héritiers. La principale conséquence de cette transmission est de rendre exigibles les droits de succession.

4006. Les droits de succession sont dus sur toutes les transmissions de biens procédant d'un décès, qu'elles résultent :
– des règles de la dévolution légale ;

– de dispositions testamentaires (legs universel, à titre universel ou particulier) ;
– de donations à cause de mort (donations entre époux au « dernier vivant » essentiellement).

4007. Lorsque le ***défunt*** était ***marié sous un régime de communauté***, aucun droit n'est dû sur la part de communauté correspondant aux droits du conjoint survivant, que cette part représente la moitié ou une quotité différente du fait d'une convention de mariage (clause de préciput, clause de partage inégal ou d'attribution intégrale de la communauté au survivant...).

La liquidation de la communauté est effectuée dans la déclaration de succession suivant les règles du droit civil. Elle comporte l'indication des reprises et récompenses de chacun des époux ainsi que l'énumération et l'évaluation des biens communs. Elle conduit à déterminer le boni de communauté et la part revenant au défunt (la moitié, sauf stipulation d'un avantage matrimonial).

A. Détermination de l'actif successoral taxable

4010. Sous réserve d'exonérations particulières à certains biens, les droits de succession frappent en principe tous les biens qui composaient le patrimoine du défunt au jour du décès et qui, de ce fait, sont transmis à ses héritiers ou légataires.

1. Biens taxables

4015. La détermination des biens appartenant au défunt résulte de l'application des règles du droit civil, sous réserve des dispositions spécifiques de la législation fiscale (présomptions de propriété établies par la loi fiscale, règles particulières à certains biens...).

Ainsi, notamment, du fait de l'extinction naturelle de l'usufruit, la ***réunion de l'usufruit à la nue-propriété*** par le décès de l'usufruitier ne donne ouverture à aucun droit, sous réserve de la présomption de propriété édictée par l'article 751 du CGI (voir n° 4027).

Territorialité

4020. Lorsque le ***défunt*** était ***domicilié en France***, tous ses biens sont imposables en France, quelle que soit leur nature et qu'ils soient situés en France ou hors de France (valeurs mobilières étrangères notamment).

4021. Dans le cas où le ***défunt*** était ***domicilié hors de France***, deux situations peuvent se présenter :
– soit le ***bénéficiaire*** (héritier ou légataire) est ***domicilié en France*** au jour de la transmission et l'a été pendant au moins six ans au cours des dix

dernières années : dans ce cas, tous les biens (reçus par ce bénéficiaire) situés en France ou hors de France sont imposables en France ;
– soit le ***bénéficiaire*** est ***domicilié hors de France*** : seuls les biens français qu'il reçoit (valeurs mobilières françaises notamment) sont imposables en France.

Remarques : a. Lorsque le défunt était domicilié à l'étranger et que le bénéficiaire l'est également, les ***valeurs mobilières étrangères*** échappent, en principe, aux droits de succession. Toutefois, sont considérées comme partiellement françaises (et sont donc partiellement imposables) les actions ou parts de sociétés étrangères non cotées dont l'actif est constitué pour plus de 50 % d'immeubles ou de droits immobiliers situés en France (c'est-à-dire, selon l'administration, lorsque la valeur de ces biens représente plus de 50 % de l'actif social situé en France ; D. adm. 7 G-2141 n° 24). Pour l'appréciation du pourcentage de 50 %, les immeubles affectés par la société à sa propre exploitation industrielle, commerciale, agricole ou à l'exercice d'une profession non commerciale ne sont pas pris en compte.
Ces actions ou parts sont imposables à concurrence de la proportion existant entre la valeur des immeubles situés en France, d'une part, et celle de l'actif total de la société situé tant en France qu'à l'étranger, d'autre part.
b. Sont également imposables les ***immeubles*** (ou droits immobiliers) ***détenus*** en France par des non-résidents ***par l'intermédiaire*** de toute ***personne morale*** ou organisme dans lequel le défunt détenait directement ou indirectement plus de la moitié des actions, parts ou droits.
La valeur des immeubles (ou droits immobiliers) situés en France n'est retenue qu'à proportion de la valeur de ces biens dans l'actif total de l'organisme ou de la personne morale concerné.
Les immeubles affectés par la société à sa propre exploitation industrielle, commerciale, agricole ou à l'exercice d'une profession non commerciale ne sont pas pris en considération.

4022. Bien entendu, il convient de tenir compte de l'incidence des ***conventions internationales*** destinées à éviter les doubles impositions en matière de droits de succession qui dérogent aux règles exposées ci-dessus.

Preuve du droit de propriété du défunt

4025. En règle générale, la preuve du droit de propriété du défunt résulte de l'application des règles de droit civil telles que :
– la règle de la ***propriété apparente*** (est propriétaire celui qui est désigné comme tel dans un acte) ;
– la présomption de l'article 2279 du Code civil (est réputé propriétaire d'un meuble celui qui en a la ***possession***) ;
– la théorie de l'***accession*** (la propriété d'une chose donne droit sur ce qui s'y unit accessoirement).

4026. Cette preuve peut également résulter d'une des présomptions édictées par la loi fiscale (CGI art. 751 à 754, 1881 et 1882) notamment celles résultant des articles 751 et 752 du CGI examinées ci-après.

4027. Aux termes de l'article 751 du CGI, les ***biens*** (droits sociaux notamment) ***appartenant en usufruit au défunt et en nue-propriété à ses héri-***

tiers ou à leurs descendants (même renonçants ou exclus par testament), à ses donataires ou légataires ou encore à des personnes interposées sont réputés, sauf preuve contraire, appartenir en pleine propriété au défunt. Ce texte a pour but d'empêcher que certaines personnes ne se dépouillent de leur vivant de la nue-propriété de tout ou partie de leurs biens en faveur de leurs héritiers ou de leurs légataires, afin d'éviter à ceux-ci le paiement des droits de succession.

Toutefois, cette présomption ne joue pas lorsque le démembrement a été réalisé par contrat de mariage ou par une donation régulière consentie plus de trois mois avant le décès.

Selon l'administration, elle ne joue pas non plus pour les biens recueillis de son vivant en usufruit par le défunt et en nue-propriété par ses héritiers à la suite d'une succession ou en vertu de dispositions testamentaires (D. adm. 7 G-2154 n° 10).

En revanche, la présomption de propriété est susceptible de s'appliquer lorsque le démembrement résulte d'une mutation à titre onéreux, par exemple :
– cession de la nue-propriété à l'un des présomptifs héritiers avec réserve d'usufruit au profit du défunt ;
– acquisition conjointe de l'usufruit par le défunt et de la nue-propriété par l'un de ses présomptifs héritiers.

La preuve contraire n'est apportée que s'il est démontré que l'acte suspect est sincère et dépourvu de toute intention libérale.

La présomption de propriété ne s'applique pas dans le cas d'acquisition de la nue-propriété par une société ou d'apport de cette nue-propriété à ladite société dont les présomptifs héritiers sont associés, le vendeur ou l'apporteur s'étant réservé l'usufruit.

4028. L'article 752 du CGI dispose que sont présumées, jusqu'à preuve contraire, faire partie de la succession du défunt les ***valeurs mobilières, parts sociales*** et créances dont il a eu la propriété, a perçu les revenus ou à raison desquelles il a effectué une opération quelconque moins d'un an avant le décès.

La présomption de l'article 752 du CGI peut être invoquée dès lors que le défunt a touché, une fois pendant l'année précédant son décès, tout ou partie des revenus de titres ou valeurs, ou qu'il a effectué, durant la même période, une opération quelconque se rattachant à ces titres et valeurs telle que représentation à une assemblée générale, exercice du droit de souscription, dépôt ou retrait des titres d'une banque, constitution ou nantissement. Toutefois, cette présomption n'est pas irréfragable. Les héritiers sont fondés à apporter la preuve contraire par tous les moyens compatibles avec la procédure écrite, notamment par la production de la copie du contrat d'ouverture d'un compte titres comportant la mention manuscrite de sa clôture corroborée par une attestation du directeur de l'agence confirmant la réalité et la date de cette clôture ainsi que la destination des valeurs qui s'y trouvaient. Cependant, la preuve contraire ne peut pas résulter de la cession à titre onéreux consentie à l'une des personnes visées à l'article 751 du CGI (héritiers présomptifs ou descendants d'eux, donataires, légataires ou personnes interposées), sauf si cette cession a acquis date certaine avant l'ouverture de la succession. Pour cela, il est nécessaire que la cession ait été établie par acte authentique ou par acte sous seing privé enregistré avant le décès du cédant ou que le décès du cessionnaire soit intervenu avant celui du cédant.

2. Biens exonérés

4040. La loi prévoit un certain nombre d'exonérations liées soit à la nature des biens transmis, soit à la qualité du défunt ou du successeur.

A noter que la plupart de ces exonérations sont communes aux successions et donations.

Les exonérations liées à la transmission de droits sociaux sont étudiées dans les chapitres II et III de la présente partie. Les autres sont brièvement examinées ci-après.

Biens dépendant d'entreprises individuelles

4045. La ***totalité ou*** une ***quote-part*** indivise des biens meubles et immeubles, corporels ou incorporels affectés à l'exploitation d'une entreprise individuelle ayant une activité industrielle, commerciale, artisanale, agricole ou libérale transmis par décès ou par donation est ***exonérée*** de droits de mutation à titre gratuit à concurrence des ***trois quarts de la valeur*** des biens.

Cette exonération prévue par l'article 787 C du CGI est subordonnée aux conditions suivantes :
- l'entreprise doit avoir été détenue pendant deux ans par le défunt ou le donateur si celui-ci l'avait acquise à titre onéreux. Aucune ***durée de détention*** n'est en revanche exigée en cas d'acquisition à titre gratuit ou en cas de création ;
- chacun des héritiers, donataires ou légataires doit prendre pour lui et ses ayants cause à titre gratuit l'***engagement de conserver les biens pendant six ans ;***
- l'un des héritiers, donataires ou légataires doit effectivement ***poursuivre pendant cinq ans l'exploitation*** de l'entreprise (sous la forme individuelle ou sociétaire).

En cas de ***donation avec réserve d'usufruit***, l'exonération n'est pas cumulable avec la réduction de droits liée à l'âge du donateur (voir n° 4475).

En ce qui concerne l'exonération des transmissions de droits sociaux faisant l'objet d'un engagement collectif de conservation, voir n°s 4500 s.

A noter que les EURL relèvent du dispositif applicable aux entreprises individuelles, et non pas de celui applicable aux droits sociaux.

Bois et forêts

4050. Les transmissions à titre gratuit de bois et forêts sont exonérées de droits, à concurrence des ***trois quarts*** de leur montant, à ***condition*** (CGI art. 793, 2-2°) de produire :

– un certificat du directeur départemental de l'agriculture attestant que les bois et forêts sont susceptibles de présenter une des garanties de gestion durable prévues par l'article L 8 du Code forestier (ou sont susceptibles d'aménagements ou d'exploitation régulière) ;
– une déclaration valant engagement d'appliquer pendant trente ans à ces bois et forêts l'une des garanties de gestion durable précitées.

Biens ruraux donnés à bail à long terme ou à bail cessible hors du cadre familial

4055. Les biens ruraux loués pour une durée minimale de dix-huit ans dans les conditions prévues par les articles L 416-1 à L 416-9 du Code rural ou, à compter du 7-1-2006, à bail cessible hors du cadre familial dans les conditions prévues aux articles L 418-1 à L 418-5 du Code rural, bénéficient, pour chaque transmission à titre gratuit, d'une exonération partielle de droits de succession ou de donation :
– lorsque la ***valeur*** totale des biens de cette nature transmis par le défunt ou le donateur à chaque héritier, donataire ou légataire ***n'excède pas 76 000 €***, les biens sont exonérés à concurrence des 3/4 de leur valeur ;
– dans le ***cas contraire***, le pourcentage d'exonération est ramené de 75 % à 50 % mais seulement au-delà de la limite de 76 000 €.

Cette exonération est subordonnée à la condition que le bénéficiaire de la transmission reste ***propriétaire*** des biens ***pendant cinq ans***.
Pour les ***donations*** intervenues ***au profit du preneur*** ou d'un parent proche, l'exonération ne s'applique que si le bail a été consenti depuis deux ans au moins à la date de la donation.

Propriétés non bâties incluses dans des espaces naturels protégés

4058. Depuis le 1er janvier 2006, les ***successions*** et les ***donations*** des propriétés non bâties autres qu'en nature de bois et forêt incluses dans les espaces naturels délimités en application de l'article L 414-1 du Code de l'environnement (« sites Natura 2000 ») sont exonérées de droits de mutation à titre gratuit à concurrence des ***trois quarts*** de leur montant (CGI art. 793, 2-7°).

Cette exonération est soumise à la double condition :
- qu'il soit produit un certificat du directeur départemental de l'agriculture et de la forêt attestant que les propriétés concernées font l'objet d'un engagement de gestion conforme aux objectifs de conservation de ces espaces ;
- que les héritiers, donataires ou légataires prennent pour eux et leurs ayants cause l'engagement d'appliquer pendant dix-huit ans aux espaces naturels concernés des garanties de gestion conformes aux objectifs de conservation de ces espaces.
Cette exonération ne peut ***pas se cumuler avec une autre exonération*** en matière de droits de mutation à titre gratuit.

Le même régime s'applique, depuis le 16 avril 2006, aux transmissions des mêmes biens situés dans les espaces naturels protégés en raison de la faune et de la flore qui s'y trouvent et délimités en application des articles L 331-2 (parc nationaux), L 332-2 (réserves naturelles) et L 341-2 (sites classés) du Code de l'environnement ou en application de l'article L 146-6 du Code de l'urbanisme (espaces naturels remarquables du littoral) (CGI art. 793, 2-7° tel que modifié en dernier lieu par l'article 22 de la loi 2006-436 du 14-4-2006).

Exonérations spécifiques à certains immeubles

4060. La première transmission à titre gratuit de ***logements acquis neufs entre le 1er juin 1993 et le 31 décembre 1994 ou entre le 1er août 1995 et le 31 décembre 1995*** bénéficie d'une exonération partielle de droits de mutation à titre gratuit (abattement de 46 000 € par part) (CGI art. 793, 2-4°, art. 793, 2-5° et art. 793 ter).

Le bénéfice de cette exonération est, entre autres ***conditions***, réservé aux immeubles qui ont été affectés, de façon exclusive et continue, à l'***habitation principale*** pendant :
- au moins cinq ans depuis l'acquisition, pour les immeubles acquis neufs entre le 1er juin 1993 et le 31 décembre 1994 ;
- au moins deux ans depuis l'acquisition, pour les immeubles acquis neufs entre le 1er août 1995 et le 31 décembre 1995.

Par ailleurs, dans ce cas, le bénéficiaire de la transmission à titre gratuit (donataire, héritier ou légataire) doit prendre l'***engagement*** de ne pas affecter les immeubles à un autre usage que l'habitation (principale ou non) pendant une durée minimale de trois ans à compter de cette transmission.

4061. Les ***immeubles*** d'habitation et les garages ***acquis***, sous le régime des droits d'enregistrement (immeubles achevés depuis plus de cinq ans notamment), ***entre le 1er août 1995 et le 31 décembre 1996*** bénéficient, lors de leur première mutation à titre gratuit, d'une exonération partielle de droits (à concurrence des 3/4 de la valeur de l'immeuble, plafonnée à 46 000 € par part) (CGI art. 793, 2-6°).

Pour bénéficier de l'exonération, les immeubles doivent, dans les six mois de leur acquisition, avoir été donnés en ***location pendant au moins neuf ans*** à une personne autre qu'un membre du foyer fiscal, un ascendant ou descendant du propriétaire qui les a affectés de manière exclusive et continue à son ***habitation principale*** dans les conditions prévues par l'article 46 AGA de l'annexe III au CGI (plafonds de loyers et de ressources du locataire).

> Si la transmission à titre gratuit intervient avant l'expiration du délai de location de neuf ans, l'obligation de maintenir l'affectation à l'habitation principale de l'immeuble est transférée aux héritiers, donataires ou légataires pour la période restant à courir.

Monuments historiques

4065. Les ***immeubles*** qui sont ***classés ou inscrits à l'inventaire*** supplémentaire des monuments historiques, ainsi que les ***meubles*** qui en constituent le complément historique ou artistique, sont exonérés de droits de mutation à titre gratuit.

Cette exonération est subordonnée à la souscription par les héritiers, donataires ou légataires avec les ministres chargés de la culture et des finances d'une ***convention*** à durée indéterminée (CGI art. 795 A et ann. III art. 281 bis). Cette convention doit prévoir le maintien dans l'immeuble des meubles exonérés et leurs conditions de présentation, les modalités d'accès du public, ainsi que les conditions d'entretien des biens exonérés.
L'exonération est applicable aux ***parts de société civile immobilière*** (cas où le monument historique est détenu par l'intermédiaire d'une telle société) à condition, notamment, que les héritiers, légataires ou donataires adhèrent au préalable à la convention conclue entre la société et les ministres de la culture et des finances et conservent les parts pendant cinq ans.

Exonérations motivées par la qualité du défunt ou du successeur

4070. Sont notamment exonérés :
- les ***successions*** des victimes de ***guerre ou*** d'actes de ***terrorisme***, et celles des ***sapeurs-pompiers*** décédés dans le cadre d'opérations de secours et cités à l'ordre de la Nation (CGI art. 796) ;
- les indemnités versées ou dues aux personnes victimes du ***sida*** ou de ***la maladie de Creutzfeldt-Jakob*** lorsque la contamination entre dans l'un des cas prévus par le texte, ainsi qu'aux ***victimes de l'amiante*** (CGI art. 775 bis) ;
- les dons et legs consentis à l'Etat, aux collectivités territoriales, aux ***établissements publics scientifiques et d'enseignement*** et aux ***organismes*** qui poursuivent un but exclusif d'***assistance*** et de ***bienfaisance*** (CGI art. 1040, I) ;
- les dons et legs consentis aux ***associations*** ou aux fondations, reconnues d'utilité publique, dont les ressources sont affectées à la ***défense de l'environnement*** naturel ou à la ***protection des animaux*** (CGI art. 795, 4°) ou aux ***établissements publics*** dont les ressources sont affectées au même objet (Inst. 7 G-10-00) ;
- les dons et legs consentis aux ***établissements publics*** ou d'utilité publique dont les ressources sont exclusivement affectées à des œuvres scientifiques, culturelles ou artistiques à caractère désintéressé, ainsi qu'aux ***associations déclarées*** dont les ressources sont exclusivement affectées à la recherche médicale ou scientifique à caractère désintéressé (CGI art. 795, 2°) ;
- les dons et legs à ***divers organismes*** (CGI art. 794 et 795) ;
- les successions des ***personnes dispensées*** du dépôt ***de*** la ***déclaration de succession*** (CGI art. 796-0) : voir n° 4240.

Autres exonérations

4075. Sont également exonérées des droits de mutation à titre gratuit :
– les ***réversions de rentes viagères*** entre époux ou entre parents en ligne directe (CGI art. 793, 1-5°);
– les ***assurances*** en cas de décès contractées par le défunt au profit de bénéficiaires déterminés, dans certaines limites : voir n°s 4090 s. ;

– les *œuvres d'art*, livres, objets de collection ou documents de haute valeur artistique ou historique dont il est fait ***don à l'État*** avec son agrément (CGI art. 1131).

3. Cas particulier : contrats d'assurance décès

4090. Les ***sommes*** stipulées ***payables lors du décès*** de l'assuré ***à un bénéficiaire déterminé ou*** à ses ***héritiers*** ne font pas partie de la succession de l'assuré, quel que soit le degré de parenté existant entre ce dernier et le bénéficiaire (Code des assurances art. L 132-12). Ces sommes sont donc en principe exonérées.

Cependant, la portée de cette exonération est limitée par les textes fiscaux :
– d'une part, l'article 757 B du CGI soumet aux droits de succession les primes versées au-delà de soixante-dix ans, pour la fraction qui excède 30 500 € ;
– d'autre part, l'article 990 I du même Code soumet à un prélèvement spécifique de 20 % les sommes dues par les organismes d'assurance et assimilés sur la fraction revenant à chaque bénéficiaire qui excède 152 500 €.

4092. *Droits de succession* – L'article 757 B du CGI dispose que les sommes, rentes ou valeurs quelconques dues directement ou indirectement par un assureur à un bénéficiaire déterminé, à raison du décès de l'assuré, donnent ouverture aux droits de succession suivant le degré de parenté existant entre le bénéficiaire à titre gratuit et l'assuré, à concurrence de la fraction des primes ***versées après l'âge de soixante-dix ans*** qui excède 30 500 €.

En cas de ***pluralité de contrats*** conclus sur la tête d'un même assuré, il est tenu compte de l'ensemble des primes versées après les soixante-dix ans de l'assuré pour l'appréciation de cette limite.
En cas de ***pluralité de bénéficiaires***, l'abattement est réparti entre les bénéficiaires en fonction de leur part dans les primes taxables.
Ce dispositif s'applique aux seuls ***contrats souscrits depuis le 20 novembre 1991*** ou ayant subi des modifications substantielles à compter de cette date (telles que le changement d'assuré ou la transformation d'un contrat d'assurance à souscripteur unique en contrat à adhésion conjointe dans l'hypothèse où le nouveau coadhérent devient aussi coassuré). Les contrats souscrits avant le 20 novembre 1991 ne donnent ouverture à aucun droit de mutation par décès.

Lorsque les ***sommes versées au décès*** sont ***inférieures aux primes versées*** après les soixante-dix ans de l'assuré, les droits sont dus sur le montant des capitaux versés par l'assureur diminué de l'abattement de 30 500 €.

4095. *Prélèvement de 20 %* – Les sommes dues par les organismes d'assurance et assimilés (notamment les mutuelles et les institutions de prévoyance) à raison du décès de l'assuré sont assujetties à un prélèvement spécifique de 20 % à concurrence de la part revenant à chaque bénéficiaire qui excède 152 500 € (CGI art. 990 I).

Ce prélèvement s'applique aux ***sommes dues depuis le 1er janvier 1999*** à raison du décès de l'assuré au titre des ***contrats souscrits depuis le 13 octobre 1998*** ou, pour les contrats en cours, à hauteur des primes versées depuis cette date.

Sont ***exclus*** du champ d'application de ce prélèvement :
- les contrats rente-survie ;
- les contrats d'assurance de groupe souscrits dans le cadre d'une activité professionnelle ;
- les contrats « homme clé » ;
- les sommes correspondant aux primes versées au-delà de soixante-dix ans dans le cadre de contrats souscrits depuis le 20 novembre 1991, qui relèvent des droits de succession (voir n° 4092) ;
- les sommes versées aux organismes exonérés de droits de mutation à titre gratuit en vertu de l'article 795 du CGI (voir n° 4070).

4098. ***Tableau récapitulatif*** – Le tableau ci-après récapitule les régimes fiscaux susceptibles de s'appliquer selon la date de souscription du contrat et la date de versement des primes.

Date de souscription du contrat	*Primes versées*	
	• *avant le 13 octobre 1998*	• *à compter du 13 octobre 1998*
Contrat souscrit avant le 20 novembre 1991 (et n'ayant pas subi de modification substantielle depuis cette date)	Pas de taxation	Prélèvement de 20 % (après application de l'abattement de 152 500 €) quel que soit l'âge de l'assuré lors du versement des primes
Contrat souscrit (ou substantiellement modifié) à ***partir du 20 novembre 1991***		
• primes versées avant le 70e anniversaire de l'assuré	Pas de taxation	Prélèvement de 20 % (après application de l'abattement de 152 500 €)
• primes versées après le 70e anniversaire de l'assuré	Droits de succession sur la fraction des primes qui excède 30 500 € (CGI art. 757 B)	Droits de succession sur la fraction des primes qui excède 30 500 € (CGI art. 757 B)

B. Assiette et calcul

4120. Les droits de succession sont assis sur la valeur des biens transmis. Ils sont calculés sur la part revenant à chaque héritier ou légataire après déduction du passif.

1. Évaluation des biens

4125. L'évaluation des biens est effectuée par les héritiers dans la déclaration de succession et soumise au contrôle de l'administration. En principe, les biens transmis sont évalués à leur ***valeur vénale*** réelle au jour du décès, qui constitue le fait générateur de l'impôt. Cette valeur vénale, dont il n'existe pas de définition légale, correspond au prix que le jeu normal de l'offre et de la demande permettrait au propriétaire de retirer de la vente d'un bien déterminé, à un moment donné, compte tenu des données du marché, des particularités physiques, juridiques et économiques de ce bien, abstraction faite de toute valeur de convenance.

Par exception, il existe, pour certains biens, des ***bases légales d'évaluation*** auxquelles les déclarants doivent se conformer.

L'ensemble de ces règles sont examinées en annexe du présent ouvrage (n°s 6100 s.).

2. Déduction du passif

4130. Les dettes à la charge du défunt dont l'existence au jour du décès est justifiée par tous modes de preuve compatibles avec la procédure écrite sont déduites de l'actif successoral (CGI art. 768).

> Les ***dettes contractées à l'étranger*** sont déduites dans les mêmes conditions et sous les mêmes justifications que celles contractées en France.
> Pour les ***personnes domiciliées hors de France***, seul le passif grevant les biens imposables en France est admis en déduction.

4131. Seules les ***dettes à la charge personnelle du défunt*** au jour de l'ouverture de la succession peuvent être admises en déduction de l'actif successoral. Cette condition s'oppose à la déduction des dettes prenant naissance postérieurement au décès.

Il n'est pas nécessaire, en revanche, que la dette soit liquide, il suffit qu'elle soit ***certaine*** dans son principe. Si son montant n'est pas encore connu à la date du dépôt de la déclaration de succession, la dette ne peut, en principe, être déduite que postérieurement par voie de réclamation.
Les dettes dont l'existence est ***incertaine*** à la date du décès ne sont pas déductibles. Tel est le cas des dettes soumises à une condition suspensive

ou des dettes litigieuses ; en cas de réalisation de la condition ou de reconnaissance judiciaire postérieure, l'impôt perçu en trop est restituable.

a. Bien que nés postérieurement au décès, les ***frais funéraires*** sont déductibles pour un montant forfaitaire de 1 500 € (sans justificatif) (CGI art. 775).
b. Exemples de dettes déductibles :
– frais de testament ;
– frais de dernière maladie (autres que ceux incombant à la sécurité sociale) ;
– impôts dus par le défunt, même mis en recouvrement postérieurement au décès (les droits de succession qui ne prennent naissance qu'après le décès ne sont pas déductibles) ;
– emprunts pour un montant égal au capital restant dû augmenté des intérêts échus et non payés et des intérêts courus. (Bien entendu, il n'y a pas lieu de déduire les sommes restant dues par l'emprunteur à son décès lorsqu'elles sont remboursées au prêteur en exécution d'un contrat d'assurance vie).
c. Les ***dettes de communauté*** sont déductibles de la succession de l'époux prédécédé à concurrence de la part contributive de ce dernier, déterminée d'après les règles de droit civil (D. adm. 7 G-2321 n° 20).

4132. L'existence de la dette doit être prouvée par tous les ***modes de preuve*** compatibles avec la procédure écrite, c'est-à-dire par des actes ou écrits ou encore par des présomptions suffisamment graves, précises et concordantes.

Les ***dettes commerciales*** sont justifiées conformément aux règles du droit commercial (livres de commerce ou correspondance commerciale notamment).

4133. Les dettes dont la déduction est demandée doivent être détaillées dans un ***inventaire*** à joindre à la déclaration de succession (CGI art. 770). Pour les ***dettes résultant d'actes authentiques***, les héritiers doivent indiquer soit la date de l'acte, le nom et la résidence de l'officier public qui l'a reçu, soit la date de la décision judiciaire et la juridiction dont elle émane. Pour les ***autres dettes***, ils doivent présenter les titres, actes ou écrits que le créancier ne peut, sous peine de dommages-intérêts, se refuser à communiquer sous récépissé.

Dans tous les cas, l'administration a la faculté d'exiger des héritiers la production d'une ***attestation du (ou des) créancier(s)*** certifiant l'existence de la dette à la date du décès (LPF art. L 20).

4134. Est expressément ***exclue*** la ***déduction*** des dettes énumérées ci-après :
– ***dettes échues depuis plus de trois mois*** lors de l'ouverture de la succession : elles sont présumées remboursées, mais la preuve contraire peut être rapportée au moyen de l'attestation du créancier (CGI art. 773, 1°);
– ***dettes consenties au profit d'héritiers ou*** de ***personnes*** réputées ***interposées*** : pour ces dettes présumées fictives, la preuve contraire n'est admise que si elles résultent d'un acte authentique ou d'un acte sous seing privé ayant acquis date certaine avant le décès (CGI art. 773, 2°) (une

exception à cette règle est prévue en faveur des héritiers créanciers de salaires différés en agriculture : CGI art. 774) ;
– dettes reconnues par ***testament*** (CGI art. 773, 3°) ;
– ***dettes hypothécaires*** garanties par une ***inscription périmée*** depuis plus de trois mois à la date du décès. Dans la mesure où elles sont ***échues***, ces dettes sont présumées remboursées et les débiteurs ne sont pas admis à apporter la preuve contraire. Si elles ne sont pas échues, elles sont déductibles sur production de l'attestation du créancier (CGI art. 773, 4°) ;
– ***dettes prescrites*** au sens de la loi civile (capital et intérêts) : elles ne sont pas déductibles, sauf si les héritiers établissent que, la prescription ayant été interrompue, elle n'est pas acquise (CGI art. 773, 5°).

4135. Les ***dettes contractées pour l'achat*** (ou dans l'intérêt) ***de biens exonérés*** sont imputées par priorité sur la valeur de ces biens (CGI art. 769, al. 1).

Lorsque l'*exonération* du bien auquel se rapporte la dette est *partielle* (bois et forêts par exemple), la dette est déductible de l'actif imposable dans la même proportion que la valeur soumise à l'impôt.
Les *dettes garanties par des biens exonérés* doivent également être imputées sur la valeur de ces biens s'il est établi que les emprunts ont été contractés en vue de soustraire tout ou partie du patrimoine aux droits de succession (CGI art. 769, al 2).

3. Calcul

4150. Les droits de succession sont calculés sur la part nette revenant à chaque héritier ou légataire (CGI art. 777).

Le calcul des droits comporte trois étapes :
– application d'abattements sur la part nette de chaque redevable (n°s 4155 s.);
– calcul des droits selon un tarif dont le taux varie selon le lien existant entre le défunt et le bénéficiaire (n°s 4175 s.);
– le cas échéant, application d'une réduction de droits (n° 4195).
A noter que les droits sont calculés en tenant compte des donations consenties antérieurement par le défunt à l'exception toutefois de celles remontant à plus de six ans : voir n° 4210.

Abattements

4155. La part nette revenant à chaque héritier ou légataire est diminuée d'abattements dont le montant varie selon la qualité du bénéficiaire (et, pour l'abattement global applicable en ligne directe et entre époux, selon le nombre des bénéficiaires et leurs droits légaux dans la succession).

En outre, certains dons consentis par les héritiers peuvent être également déduits.

4156. *Abattements en ligne directe ou entre époux* - Pour la perception des droits afférents aux mutations en ligne directe ou entre époux, il convient, avant application des tarifs, de pratiquer successivement un

abattement personnel à chaque héritier concerné (n° 4157) et un ***abattement global*** qui se partage entre les héritiers concernés (n° 4158).

4157. Pour la perception des droits afférents aux mutations en ligne directe ou entre époux, il est pratiqué un abattement (CGI art. 779, I) :
– de 76 000 € sur la part du ***conjoint*** ;
– de 50 000 € sur la part de ***chacun des ascendants*** et sur la part de chacun des ***enfants vivants ou représentés***.

Entre les ***représentants des enfants prédécédés***, l'abattement de 50 000 € se divise d'après les règles de dévolution légale, abstraction faite de tous avantages particuliers qui ont pu être consentis par le donateur ou par le défunt à certains de ses descendants.
L'abattement en ligne directe ou entre époux est ***personnel***. Il en résulte que lorsque la part nette dévolue à un ayant droit ne permet pas à celui-ci de bénéficier de l'intégralité de l'abattement auquel il peut prétendre, il n'y a ***pas*** lieu de ***reporter l'excédent d'abattement*** sur l'émolument des autres ayants droit.

4158. Un ***abattement global*** de 50 000 € est appliqué sur l'actif net successoral recueilli soit par les ***enfants vivants ou représentés*** ou les ***ascendants*** du défunt et, le cas échéant, le ***conjoint*** survivant, soit exclusivement par le conjoint survivant (CGI art. 775 ter).

Réparti entre les différents bénéficiaires au prorata de leurs droits légaux dans la succession, il s'impute après application des abattements personnels (n° 4157) et, à compter du 1er janvier 2006, après application, le cas échéant, de l'abattement en faveur des handicapés (n° 4161).

La fraction de l'abattement global non utilisée par un ou plusieurs bénéficiaires est réparti entre les autres bénéficiaires au prorata de leurs droits dans la succession (CGI art. 788, I).

L'abattement global s'applique même si des ***personnes autres*** que les enfants, le conjoint survivant ou les ascendants sont appelés à la succession (Inst. 7 G-6-05 n° 4).
La ***répartition de l'abattement global entre les bénéficiaires*** s'effectue en fonction de leur vocation successorale légale sans tenir compte ni des donations entre époux aux profit du conjoint survivant ni des legs consentis au profit des bénéficiaires de l'abattement global (Inst. 7 G-5-06 n° 12 ; Inst. 7 G-6-05 nos 11 et 12).
A défaut d'option, le droit légal du conjoint survivant est réputé exercé sur la totalité en usufruit (Inst. 7 G-5-06 n° 16 ; Inst. 7 G-6-05 n° 16).
L'abattement s'applique sur les ***biens recueillis par voie de dévolution légale et par voie de legs***. En revanche, il ne peut pas être effectué sur les biens reçus par donations antérieures et qui n'ont pas été taxés préalablement à la liquidation de la succession. Il ne s'applique pas non plus aux sommes reçues en vertu de contrats d'assurance-vie (n° 4095) et aux biens recueillis en vertu d'une clause de tontine (Inst. 7 G-6-05 nos 11 à 13).

4159. ***Abattement entre partenaires d'un Pacs*** - Il est pratiqué un abattement de 57 000 € sur la part du partenaire lié au défunt par un pacte civil de solidarité (Pacs) (CGI art. 779, III).

4160. *Abattement entre frères et sœurs* - Un ***abattement spécifique*** de 57 000 € est pratiqué sur la part de chaque frère et sœur lorsque les trois ***conditions*** suivantes sont réunies (CGI art. 788, II) :
– le frère ou la sœur doit, au moment du décès, être célibataire, veuf, divorcé ou séparé de corps ;
– toujours au moment du décès, il doit être âgé de plus de cinquante ans ou atteint d'une infirmité le mettant dans l'impossibilité de subvenir par son travail aux nécessités de l'existence ;
– il doit avoir été constamment domicilié avec le défunt pendant les cinq années ayant précédé le décès.

A défaut, un ***abattement général*** de 5 000 € est applicable sur la part de chaque frère et sœur (CGI art. 779, IV).

4161. *Abattement en faveur des handicapés* - Les handicapés physiques ou mentaux ont droit à un abattement spécifique de 50 000 € (CGI art. 779, II) qui ***s'ajoute***, le cas échéant, à ceux dont ils peuvent bénéficier en tant que conjoint survivant, ascendant ou descendant (n°s 4156 s.). Dans ce cas, l'abattement s'impute avant application de l'abattement global.

Cet abattement est également cumulable, le cas échéant, avec les abattements entre frère ou sœur (n° 4160), entre partenaire d'un Pacs (n° 4159) ou avec celui concernant les dons faits par les héritiers à certains organismes (n° 4163).

L'abattement s'applique ***sans considération du degré de parenté*** existant entre la personne handicapée et le défunt.
Il profite à chaque héritier ou légataire atteint, à la date de la transmission, d'une ***infirmité*** physique ou mentale, congénitale ou acquise, l'empêchant de se livrer, dans des conditions normales de rentabilité, à toute activité professionnelle ou, s'il a moins de dix-huit ans, d'acquérir une instruction ou une formation professionnelle d'un niveau normal.

4162. *Abattement applicable à défaut d'autre abattement* - Un ***abattement forfaitaire*** de 1 500 € s'applique sur chaque part successorale à défaut d'autre abattement, à l'exception de l'abattement concernant les dons faits par les héritiers à certains organismes avec lequel il est cumulable (n° 4163) (CGI art. 788, IV).

Cet abattement est susceptible de bénéficier à la part de tout héritier ou légataire qui ne peut pas bénéficier des abattements visés n°s 4156 à 4161, quel que soit son lien de parenté avec le défunt, et même en l'absence de lien de parenté. En cas de représentation, l'abattement s'applique à la part reçue par chaque représentant.
En revanche, cet abattement ne peut pas profiter à un héritier qui a épuisé l'abattement auquel il pouvait prétendre à la suite de donations que le défunt lui avait antérieurement consenties (D. adm. 7 G-2424 n° 5).

4163. *Abattement pour les dons à certains organismes* - Chaque héritier ou légataire peut, sous certaines conditions, déduire de sa part nette imposable le montant des dons consentis, au moyen de biens recueillis dans la succession, au profit d'associations ou de fondations reconnues d'utilité publique, de l'État ou des collectivités publiques (CGI art. 788, III).

Seuls peuvent être déduits les ***dons*** effectués à titre ***définitif et en pleine propriété*** dans les six mois du décès. Ils doivent être consentis en ***numéraire***, à l'***exception*** des dons au profit de fondations reconnues d'utilité publique qui peuvent être effectués en nature (l'abattement étant alors égal à la valeur vénale réelle des biens donnés au jour du décès). Ils doivent être justifiés au moyen d'une ***attestation jointe à la déclaration de succession***.

L'abattement est ***cumulable*** avec les autres abattements (n°s 4156 à 4162), y compris l'abattement forfaitaire.
En revanche, pour un même don, l'héritier doit choisir entre l'abattement et la ***réduction d'impôt sur le revenu*** auquel le don ouvre droit, les deux avantages n'étant pas cumulables.

Tarifs

4175. Les tarifs des droits de succession varient selon le lien unissant le défunt et l'ayant droit.

4176. Le tarif des droits de succession applicable entre ***époux*** est le suivant (CGI art. 777, tableau II) :

Fraction de part nette taxable		*Tarif applicable*
N'excédant pas	7 600 €	5%
Comprise entre :	7 600 € et 15 000 €	10 %
	15 000 € et 30 000 €	15 %
	30 000 € et 520 000 €	20 %
	520 000 € et 850 000 €	30 %
	850 000 € et 1 700 000 €	35 %
Au-delà de	1 700 000 €	40 %

4177. Les successions en ***ligne directe*** sont soumises au tarif suivant (CGI art. 777, tableau I):

Fraction de part nette taxable		*Tarif applicable*
N'excédant pas	7 600 €	5 %
Comprise entre :	7 600 € et 11 400 €	10 %
	11 400 € et 15 000 €	15 %
	15 000 € et 520 000 €	20 %
	520 000 € et 850 000 €	30 %
	850 000 € et 1 700 000 €	35 %
Au-delà de	1 700 000 €	40 %

4178. Les taux applicables aux successions entre ***partenaires d'un Pacs*** sont les suivants (CGI art. 777 bis) :

Fraction de part nette taxable		*Tarif applicable*
N'excédant pas	15 000 €	40 %
Supérieure à	15 000 €	50 %

4179. Le tarif applicable aux successions entre ***frères et sœurs*** est le suivant (CGI art. 777, tableau III) :

Fraction de part nette taxable	*Tarif applicable*
N'excédant pas 23 000 €	35 %
Supérieure à 23 000 €	45 %

4180. Les ***autres successions*** sont soumises au tarif ci-après :

Fraction de part nette taxable	*Tarif applicable*
Entre parents jusqu'au 4e degré inclusivement	55 %
Entre parents au-delà du 4e degré et entre personnes non parentes	60 %

Réduction de droits

4195. Si l'héritier, le donataire ou le légataire a, au moment du décès (ou de la donation), ***au moins trois enfants*** vivants ou représentés, il bénéficie sur le montant des droits à sa charge d'une réduction limitée à (CGI art. 780) :

– 610 € par enfant, en sus du deuxième, si la transmission s'opère en ligne directe ou entre époux ;

– 305 € par enfant, en sus du deuxième, pour les autres transmissions.

Les droits de succession dus par les ***mutilés de guerre*** frappés d'une invalidité de 50 % au minimum sont réduits de moitié sans que la réduction puisse excéder 305 € (CGI art. 782).

Rapport des donations antérieures

4210. En cas de donations antérieures consenties par le défunt (ou le donateur) au même bénéficiaire (héritier, légataire ou donataire), la perception des droits (de succession ou de donation) est effectuée en ajoutant à la valeur des biens compris dans la déclaration de succession (ou dans la donation) la valeur des biens qui ont fait l'objet de donations antérieures à l'exception de celles passées depuis plus de six ans (CGI art. 784).

Pour les ***donations de moins de six ans*** (seules concernées par ce dispositif), le rapport fiscal entraîne les conséquences suivantes :

– les ***abattements*** sont appliqués déduction faite de ceux dont les intéressés ont bénéficié sur les donations qui leur ont été consenties par le défunt depuis moins de six ans ;

– lorsqu'il y a lieu à application d'un ***tarif progressif***, ceux des biens dont la transmission n'a pas encore été assujettie aux droits de mutation à titre gratuit sont considérés comme inclus dans les tranches les plus élevées de l'actif imposable (les tranches les plus basses qui ont totalement servi pour l'imposition des donations de moins de six ans ne sont pas utilisées, celles ayant servi en partie n'étant reprises que pour leur solde) ;

– les ***réductions de droits*** sont accordées déduction faite de celles dont ont profitées les donations consenties par le défunt depuis moins de six ans.

Les ***donations de plus de six ans*** sont quant à elles dispensées de rapport fiscal (CGI art. 784, al. 2). L'héritier ou le légataire peut alors bénéficier à plein des abattements, des tranches les plus basses du barème progressif et au maximum des réductions de droits.

Le rapport fiscal des donations antérieures doit être distingué du rapport civil. La dispense de rappel des donations de plus de six ans s'applique à toutes les formes de donations (donations notariées, sous seing privé, dons manuels) sous réserve qu'elles aient été enregistrées et qu'elles aient donné lieu à la perception des droits de donation.
Cependant, il va de soi que cette règle est applicable lorsque la donation n'a pas donné lieu à la perception effective de droits notamment en raison de l'application des abattements (D. adm. 7 G-245 n° 15).

Renonciation à succession

4220. En cas de ***renonciation pure et simple, l'héritier renonçant*** est censé n'avoir jamais été héritier. Les ***héritiers acceptants*** sont quant à eux tenus, pour les biens leur revenant à la suite de la renonciation, d'acquitter au titre des droits de succession une somme qui ne peut être inférieure à celle que le renonçant aurait payée s'il avait accepté (CGI art. 785).

En cas de ***renonciations successives***, il y a lieu de ne tenir compte que des droits que le premier renonçant aurait acquittés (D. adm. 7 G-2484 n° 6).

4221. Si elle ne modifie pas en fait les règles de dévolution légale, la ***renonciation translative*** est assimilée à une renonciation pure et simple (D. adm. 7 G-2484 n° 7). En revanche, dans le cas le plus fréquent où elle modifie les règles de dévolution légale, la renonciation au profit d'une personne déterminée qui l'accepte emporte transfert de propriété entre le renonçant et le bénéficiaire de la transmission, et suppose que l'héritier a d'abord accepté la succession dont il dispose ensuite au profit d'un tiers. Le renonçant doit alors acquitter les droits de mutation sur la part successorale lui revenant, le bénéficiaire de la renonciation devant, quant à lui, acquitter les droits sur la donation qui lui est ainsi faite.

C. Déclaration de succession

4240. La liquidation et le paiement des droits de succession sont effectués au vu d'une déclaration souscrite par les redevables. Tous les héritiers ou légataires sont tenus de souscrire une déclaration de succession détaillée et signée, même si aucun droit n'est dû (par exemple en raison de l'application des abattements).
Toutefois, le dépôt de la ***déclaration de succession*** n'est ***pas exigé*** :
– pour les ***transmissions en ligne directe et entre époux***, lorsque l'actif brut successoral est inférieur à 50 000 € (dispense subordonnée à l'absence de donations ou de dons manuels antérieurs non enregistrés ou non déclarés) ;

– pour les ***autres transmissions***, lorsque l'actif brut successoral est inférieur à 3 000 €.
Par ailleurs, l'administration n'exige pas de déclaration lorsque la succession ne comporte aucun bien (D. adm. 7 G-251 n° 3) ;
La déclaration peut être ***souscrite par*** un seul héritier pour le compte de tous. Elle doit porter sur l'ensemble de la succession.

4241. La déclaration est souscrite sur une ***formule spéciale*** n° 2705 avec intercalaire n° 2706. Les notaires sont toutefois autorisés à souscrire la déclaration sur support informatique.

Elle est souscrite en ***double exemplaire*** sauf lorsque l'actif successoral brut (imposable ou non) est inférieur à 15 000 € (Inst. 7 G-1-04).

4242. La déclaration doit être déposée dans un délai de ***six mois à compter du jour du décès*** lorsque celui-ci s'est produit ***en France, et d'une année dans le cas contraire*** (CGI art. 641).

4243. Elle est déposée au service des impôts du ***domicile du défunt***. Si le défunt n'était ***pas domicilié en France***, la déclaration est déposée au service des impôts des non-résidents, 10, rue du Centre 93160 Noisy-le-Grand (CGI art. 656) ou, s'il résidait habituellement dans la principauté de Monaco, au service des impôts de Menton (CGI ann. IV art. 121 Z quinquies).

4244. La déclaration doit contenir tous les ***renseignements*** relatifs à l'identité du défunt, de ses héritiers et légataires. Elle doit indiquer les dispositions testamentaires du défunt ainsi que, s'il y a lieu, son contrat de mariage et les donations qu'il a pu consentir antérieurement à son décès au profit de ses successibles, y compris les donations antérieures de plus de six ans (CGI art. 784). Mais les donations antérieures de plus de six ans ne sont pas rapportées à la succession pour la liquidation des droits (n° 4210).

La déclaration doit contenir également la désignation et l'estimation de chacun des biens dépendant de la succession (y compris les biens exonérés). Ainsi les meubles incorporels tels que les valeurs mobilières doivent être détaillés dans la déclaration, même si leur détail figure dans un inventaire notarié (D. adm. 7 G-2532 n° 11).

Toute déclaration de succession se termine par une ***affirmation de sincérité***.

D. Paiement

4260. En principe, les droits de succession doivent être payés au comptant au moment du dépôt de la déclaration.

Toutefois, sous certaines conditions, ils peuvent faire l'objet d'un paiement différé ou fractionné (voir nos 4300 s.).

1. Débiteur des droits

4265. Les droits de succession sont payés par les ***héritiers ou légataires***. Les cohéritiers (y compris le conjoint survivant) sont ***solidaires*** pour le paiement des droits (CGI art. 1709).

En revanche, la solidarité n'existe pas entre les héritiers et les légataires, même universels, ni entre les légataires (D. adm. 7 A-431 n° 20).

2. Moyens de paiement

4275. Les droits de succession sont normalement payables en numéraire. Certaines valeurs du Trésor sont admises en paiement.

Tout héritier, donataire ou légataire peut acquitter les droits de mutation à titre gratuit par la ***remise d'œuvres d'art***, de livres, d'objets de collection ou de documents de haute valeur artistique ou historique, d'***immeubles*** situés dans les zones d'intervention du Conservatoire de l'espace littoral et des rivages lacustres dont la situation ainsi que l'intérêt écologique ou paysager justifient la conservation à l'état naturel, de bois, forêts ou espaces naturels pouvant être incorporés au domaine forestier de l'Etat ou d'immeubles bâtis ou non afin de les céder en vue de leur affectation au logement locatif social. Cette procédure de règlement est soumise à un agrément préalable (CGI art. 1716 bis).

3. Paiement fractionné ou différé

4300. En principe, les droits de succession doivent être payés au comptant au moment du dépôt de la déclaration de succession. Toutefois, il existe plusieurs possibilités de différer ou fractionner le paiement des droits mais leur champ d'application est limité et leur mise en œuvre obéit à des conditions strictes et précises.

4301. Qu'il soit fractionné ou différé, le crédit de paiement est subordonné à une ***demande***, laquelle doit comporter une offre de ***garanties***.

La demande de crédit peut être ***formulée*** directement dans la déclaration de succession (ou dans l'acte de donation) ou séparément, sur papier libre joint à la déclaration (ou à l'acte). Elle est accompagnée d'une offre de garanties suffisantes (engagement de caution, hypothèque, cautionnement collectif de sociétés spécialisées...) pour couvrir le principal des droits augmenté des intérêts calculés jusqu'à la dernière échéance de paiement. Le receveur des impôts dispose d'un délai de trois mois pour statuer, le même délai étant imparti au redevable pour constituer des garanties. La demande de crédit de paiement ne peut porter que sur le principal des droits à l'exclusion des pénalités.

4302. Lorsque la demande de crédit est acceptée, les droits donnent lieu au paiement d'***intérêts*** au ***taux*** de l'intérêt légal au jour de la demande de crédit, arrondi à la première décimale (soit 2,10 % en 2006).

Toutefois, le ***taux*** de base applicable aux droits dus ***sur la part du conjoint survivant*** est réduit lorsque l'actif héréditaire comprend au moins 50 % de biens non liquides. La réduction est :
- des deux tiers en cas de ***paiement fractionné***, soit 0,7 % en 2006 ;
- d'un tiers en cas de ***paiement différé***, soit 1,4 % en 2006.

Ce taux demeure inchangé pendant toute la durée du crédit.

> Les ***biens non liquides*** sont ceux énumérés à l'article 404 A, I de l'annexe III au CGI. Il s'agit notamment des immeubles, fonds de commerce et valeurs mobilières non cotées.

Paiement fractionné

4315. Le paiement des droits de succession peut être acquitté en plusieurs ***versements égaux*** et à intervalles de six mois au plus, sur une ***période maximale*** de cinq ans (leur nombre est fonction du pourcentage des droits exigibles : CGI ann. III art. 404 A, I).

Ce délai maximum de cinq ans est porté à dix ans pour les droits à la charge des ***héritiers en ligne directe et*** du ***conjoint*** du défunt à la condition que l'actif héréditaire comprenne à concurrence de 50 % au moins des biens non liquides.

Paiement différé

4325. Le paiement des droits peut être différé :
– lorsque la succession comporte ***dévolution de biens en nue-propriété*** dans la limite de la fraction des droits correspondant à la valeur imposable de la nue-propriété ;
– pour les droits dus sur la part du ***conjoint survivant***, lorsque l'actif héréditaire comprend au moins 50 % de biens non liquides.

Le paiement des droits peut être ***différé jusqu'à*** l'expiration d'un délai de six mois à compter :
– soit de la date de la réunion de l'usufruit à la nue-propriété ou de la cession totale ou partielle de cette dernière (toutefois, lorsque le montant de la cession est inférieur à celui des droits exigibles, le bénéfice du paiement différé peut être conservé pour le solde des droits à condition que cette somme soit versée à titre d'acompte sur les droits en suspens ; Rép. André : AN 11-1-1988 p. 122 n° 31753) ;
– soit de la date du décès du conjoint survivant ou de la date de la donation ou cession, totale ou partielle, des biens reçus par ce dernier.

> Le bénéficiaire du paiement différé pour les biens transmis en nue-propriété peut être dispensé du paiement des intérêts à condition que les droits de succession soient calculés sur la valeur imposable (à la date du décès) de la pleine propriété des biens recueillis en nue-propriété. En cas de cession du bien attribué ou légué, les droits deviennent immédiatement exigibles.

Le paiement différé des droits bénéficie également :
- aux successions donnant lieu à l'***attribution préférentielle*** d'une exploitation agricole ou en cas de réduction de libéralités ayant pour objet l'un des biens susceptibles de donner lieu à une attribution préférentielle (CGI art. 1722 bis), dans la limite de la fraction des droits correspondant aux soultes ou récompenses payables à terme. Dans ce cas, le paiement des droits peut être différé jusqu'à l'expiration d'un délai de six mois à compter du terme du délai imparti à l'attributaire ou au légataire pour le paiement des sommes dont il est débiteur envers ses cohéritiers ;
- aux successions dans lesquelles le conjoint survivant a exercé l'option pour le ***droit viager d'habitation*** sur sa résidence principale prévu par l'article 764 du Code civil, dans la limite de la fraction des droits correspondant à la valeur imposable de l'immeuble grevé du droit viager (Inst. 7 A-1-03).

Paiement fractionné et différé : transmissions d'entreprises

4340. Le paiement des droits dus sur les transmissions à titre gratuit d'entreprises (individuelles ou titres de sociétés non cotées) ayant une activité industrielle, commerciale, artisanale, agricole ou libérale peut être différé pendant cinq ans (versement annuel des seuls intérêts du crédit) et, à l'expiration de ce délai, être fractionné sur dix ans à raison de 1/20e tous les six mois assorti d'un intérêt exigible semestriellement.

Lorsqu'une transmission porte sur une entreprise individuelle ou des titres de sociétés non cotées et d'***autres biens***, seule la fraction des droits afférents aux premiers biens, déterminée par une ***double liquidation***, peut être différée et fractionnée.
Le régime du paiement fractionné et différé des droits est applicable aux transmissions de parts de ***sociétés holdings*** animatrices effectives d'un groupe de sociétés (D. adm. 7 A-4322 n° 12).

4342. *Conditions d'application* – S'il s'agit d'une ***entreprise individuelle***, la mutation doit porter sur l'ensemble des biens qui en dépendent (sauf en cas de copropriété de deux époux ou de biens dépendant de la communauté, auquel cas la mutation peut porter sur la moitié des biens). L'entreprise doit être exploitée par le défunt ou le donateur.

En cas de transmission de ***droits sociaux***, les titres ne doivent pas être cotés et le bénéficiaire doit recevoir 5 % au moins du capital social (CGI ann. III art. 397 A, b).

Depuis le 1er février 2006, l'héritier ou le donataire recevant la nue-propriété d'au moins 5 % du capital social d'une société non cotée peut demander à bénéficier du paiement différé et fractionné des droits de mutation à titre gratuit même s'il reçoit moins de 5 % de ce capital en valeur (Inst. 7 G-3-06).

4345. *Intérêt du crédit* – Le taux de base (voir n° 4302) est ***réduit*** des deux tiers – soit un taux de 0,7 % en 2006 – dans les deux cas suivants :
– lorsque la valeur de l'entreprise ou la valeur nominale des titres comprise dans la part taxable de chaque héritier, donataire ou légataire est supérieure à 10 % de la valeur de l'entreprise ou du capital social ;

– lorsque, globalement, plus du tiers du capital social est transmis (CGI ann. III art. 404 GA).

4348. *Déchéance du terme* – La ***cession*** à titre onéreux ou à titre gratuit, autrement que par décès, ***de plus du tiers des biens*** reçus par chaque bénéficiaire entraîne l'exigibilité immédiate des droits en suspens.

Toutefois, l'***apport pur et simple*** en société des biens reçus ne remet pas en cause le bénéfice du régime de faveur à la condition que le bénéficiaire prenne l'engagement de conserver les titres reçus en contrepartie de son apport jusqu'à l'échéance du dernier terme du paiement fractionné (CGI ann. III art. 404 GD).

N'entraînent pas non plus, sous la même condition, la déchéance du régime de faveur les opérations de ***fusion ou*** de ***scission*** concernant des sociétés dont les titres bénéficient du paiement différé et fractionné (Inst. 7 A-4-99).

SECTION II

Donations

4400. Les donations sont soumises en règle générale au même régime fiscal que les successions. Il existe cependant certaines différences. On relèvera notamment l'existence d'abattements spécifiques et de réductions de droits importantes (liées à l'âge du donateur).

Lorsqu'elles portent sur des ***immeubles***, les donations donnent, en outre, ouverture à la taxe de publicité foncière de 0,60 % (0,715 % avec les impositions additionnelles) (CGI art. 791).

1. Champ d'application

4405. Sous réserve des règles de territorialité et des exonérations prévues par la loi, sont susceptibles d'être soumises aux droits de donation toutes les donations, qu'il s'agisse de ***donations simples ou*** de ***donations-partages***.

S'agissant des donations-partages, il convient de noter que le droit de partage n'est pas dû lorsque la donation et le partage interviennent dans le même acte.
Quant aux ***soultes*** de partage, elles ne donnent ouverture à aucun droit (même si la soulte est à la charge d'un tiers attributaire d'une entreprise individuelle).

Territorialité

4410. Les règles de territorialité des droits de succession prévues par l'article 750 ter du CGI (n°s 4020 s.) sont également applicables aux droits de donation. Il n'y a pas lieu de distinguer selon que l'acte de donation est ou non passé en France.

Par ailleurs, les conventions fiscales internationales destinées à éviter les doubles impositions sont peu nombreuses.

Donations exonérées

4415. La plupart des exonérations prévues en matière de droits de succession sont applicables sous les mêmes conditions aux droits de donation. Il s'agit des exonérations prévues en faveur des transmissions :
– de biens dépendant d'***entreprises individuelles*** (n° 4045) ;
– de ***bois et forêts*** (n° 4050) ;
– de ***biens ruraux loués par bail à long terme ou par bail cessible hors du cadre familial*** (n° 4055) ;
- de ***propriété non bâties incluses dans des sites naturels protégés*** (n° 4058) ;
– de ***monuments historiques*** (n° 4065) ;
– de certains biens à des ***organismes*** déterminés ou à certaines personnes (n°s 4070 et 4075).

Sont également applicables les exonérations prévues en faveur de la ***première transmission à titre gratuit de logements*** acquis neufs entre le 1er juin 1993 et le 31 décembre 1994 ou entre le 1er août 1995 et le 31 décembre 1995 (n° 4060) ou encore de logements locatifs acquis entre le 1er août 1995 et le 31 décembre 1996 (n° 4061).

Nous vous rappelons que les exonérations liées à la ***transmission de droits sociaux*** sont examinées dans les chapitres II et III de la présente partie.

Certaines ***exonérations*** sont ***propres aux donations***. Elles sont examinées ci-après.

4416. *Donation d'entreprises aux salariés* – Les ***donations en pleine propriété*** de fonds artisanaux, de fonds de commerce, de clientèle d'une entreprise individuelle ou, à compter du 7 janvier 2006, de fonds agricoles sont exonérées de droits de mutation à titre gratuit sous réserve que la ***valeur du fonds*** ou de la clientèle transmis soit inférieure à 300 000 € (CGI art. 790 A).

Cette exonération, optionnelle, est subordonnée par ailleurs aux ***conditions*** suivantes :
– l'entreprise exerce une ***activité*** industrielle, commerciale, artisanale, agricole ou libérale ;
– la valeur du fonds ou de la clientèle est inférieure à 300 000 € ;
– les donataires sont titulaires d'un ***contrat de travail à durée indéterminée*** depuis deux ans au moins et exercent leur fonction à temps plein, ou

sont titulaires d'un ***contrat d'apprentissage.*** Ces contrats sont conclus avec l'entreprise dont le fonds est transmis ;
– lorsque le ***fonds*** ou la clientèle a été ***acquis à titre onéreux***, le donateur doit le détenir depuis plus de deux ans ;
– les donataires poursuivent à titre d'activité professionnelle unique et de manière effective et continue ***pendant cinq ans*** à compter de la transmission l'***exploitation du fonds*** ou de la clientèle transmis. Par ailleurs, l'un d'eux assure, pendant la même période, la ***direction*** effective de l'entreprise.

En cas d'option pour l'exonération, la ***fraction*** de la valeur de l'entreprise transmise ***représentative des actifs autres*** que le fonds ou la clientèle ne peut pas bénéficier de l'exonération partielle prévue en faveur des transmissions à titre gratuit d'entreprises (n° 4045).
La ***liquidation judiciaire*** de l'entreprise au cours des cinq années suivant la transmission n'entraîne pas la déchéance du régime de faveur.

4417. *Exonération temporaire des dons familiaux pour création ou reprise d'entreprise* - Les dons de sommes d'argent consentis en pleine propriété, entre le 1er janvier 2006 et le 31 décembre 2010, au profit d'un ***enfant***, d'un ***petit-enfant***, d'un ***arrière-petit-enfant*** ou, à défaut de descendance, d'un ***neveu*** ou d'une nièce sont exonérés de droits de mutation à titre gratuit, dans la ***limite de 30 000 €***, lorsque les conditions suivantes sont réunies (CGI art. 790 A bis) :
- les sommes données doivent être affectées avant la fin de la deuxième année suivant le transfert, soit à la ***souscription au capital*** initial d'une société répondant à la définition des PME communautaires, soit à l'***acquisition de biens*** meubles ou immeubles ***affectés à l'exploitation d'une entreprise individuelle*** répondant à la même définition ;
- pendant cinq ans à compter de l'affectation des sommes, le donataire exerce dans l'entreprise ou la société son ***activité professionnelle principale*** ;
- pendant cette même période de cinq ans, l'***activité de la société*** ou de l'entreprise doit être industrielle, commerciale, artisanale, agricole ou libérale.
Le donataire ne peut bénéficier du dispositif qu'une seule fois par donateur.

Par ***dons de sommes d'argent***, il faut entendre les dons effectués par chèque, par virement, par mandat ou par remise d'espèces (Inst. 7 G-2-04).
Les ***neveux et nièces*** sont susceptibles de recevoir un don exonéré lorsque le ***donateur*** n'a ***pas d'enfant***, de ***petit-enfant ou d'arrière-petit-enfant***.
Par ***neveu ou nièce***, il convient d'entendre les seuls enfants des frères et sœurs du donateur, à l'exclusion de ceux du conjoint de ce dernier. S'il est prélevé sur la communauté des époux, le don est considéré comme consenti pour sa totalité par l'oncle ou la tante pour son compte personnel, sous réserve que son conjoint n'intervienne pas comme codonateur à la donation ou à la déclaration du don (Inst. 7 G-8-04).
Sur la définition des PME communautaires, voir nos 2725 s.

Dons manuels

4420. Les dons manuels ne sont susceptibles d'être soumis aux droits de donation que dans les situations suivantes (CGI art. 757 et 784) :
- lorsqu'ils sont ***déclarés*** par le donataire (ou ses représentants) dans un acte soumis à l'enregistrement, quelle que soit sa nature ;
- lorsqu'ils font l'objet d'une ***reconnaissance judiciaire*** ;
- lorsqu'ils sont ***révélés*** par le donataire à l'administration fiscale soit spontanément, soit en réponse à une demande de l'administration, soit encore au cours d'une procédure de contrôle ou d'une procédure contentieuse. Les dons manuels ainsi révélés doivent être déclarés ou enregistrés dans le délai d'un mois à compter de la révélation (CGI art. 635 A) ;
- à l'occasion d'une ***donation postérieure*** constatée par un acte et intervenue entre les mêmes personnes ainsi que lors du décès du donateur si le donataire figure parmi les successibles (application de la règle du rapport fiscal des donations antérieures ; voir n° 4210). Ne sont toutefois pas concernés les dons manuels qui ont déjà été imposés antérieurement lors de leur déclaration, reconnaissance judiciaire ou révélation ou qui, sans avoir été imposés (du fait notamment que le montant des biens donnés était inférieur à celui des abattements personnels), ont été enregistrés ou déclarés ; mais si la déclaration, la reconnaissance judiciaire ou la révélation remonte à moins de six ans, ils doivent être rapportés pour le calcul des droits sur la nouvelle mutation (voir n° 4210).

Ce dispositif ne s'applique pas aux dons manuels consentis ***aux organismes d'intérêt général*** visés à l'article 200 du CGI (réduction d'impôt sur le revenu pour les dons versés à ces organismes).
Lorsqu'ils sont exigibles, les droits de donation sont calculés sur la ***valeur des biens donnés*** à la date du fait générateur de l'impôt. Ainsi, en cas de révélation d'un don manuel par le donataire à l'administration, il convient de retenir la valeur des biens au jour de cette révélation.

2. Evaluation des biens

4430. L'ensemble des règles d'évaluation des biens concernant les donations sont exposées en annexe du présent ouvrage (n°s 6100 s.).

3. Déduction des charges

4440. Le ***passif grevant les biens donnés*** est déductible si les conditions suivantes sont réunies (CGI art. 776 bis) :
- la dette doit avoir été contractée par le donateur ***pour l'acquisition ou dans l'intérêt des biens donnés*** ;
- la dette doit avoir été contractée auprès d'un ***établissement de crédit***, à l'exclusion de tout autre prêteur. Par exception, si la donation porte sur une ***entreprise individuelle***, le prêteur peut être une ***personne autre*** qu'un

établissement de crédit (avec cependant des ***restrictions*** : les prêts familiaux ou émanant du donataire ou de son conjoint sont exclus) ;
- l'acte de donation doit prévoir la ***prise en charge de la dette par le donataire***;
- la prise en charge de la dette par le donataire doit être ***notifiée*** au créancier.

Si ces conditions ne sont pas réunies, la dette n'est pas déductible et les droits de donation sont assis sur la valeur brute des biens donnés (CGI art 758 et 761).

L'administration peut exiger du donataire la ***preuve*** qu'il a supporté le ***paiement effectif des dettes*** mises à sa charge, cette demande de justification pouvant être requise jusqu'à la fin de la troisième année qui suit celle de l'échéance de la dette (soit, le cas échéant, bien au-delà du délai de prescription). Elle peut également demander des ***justifications*** au sujet des dettes mises à la charge du donataire dans l'acte de donation. En l'absence de réponse ou en cas de réponse insuffisante, l'administration peut rectifier l'acte de donation selon la procédure de rectification contradictoire.

4. Calcul

4450. Les droits de donation sont calculés sur la part de chaque donataire dans l'actif donné, après réintégration des donations consenties depuis moins de six ans par le même donateur au même bénéficiaire (n° 4210). Le calcul des droits de donation comporte l'application d'abattements, d'un tarif et de réductions de droits.

Lorsqu'une ***donation-partage*** est ***consentie par deux époux*** mariés sous un régime de communauté, chacun des parents transmet la moitié des biens de communauté auxquels s'ajoutent, le cas échéant, ses biens propres. Les droits sont calculés (abattements, tarifs, réductions) distinctement sur la part reçue par chaque donataire de chacun des donateurs.

Abattements

4460. Les donations bénéficient, au même titre que les successions :
– des abattements en ***ligne directe ou entre époux*** (n° 4156) ;
– de l'abattement entre ***partenaires d'un Pacs*** (n° 4159) ;
– de l'***abattement général entre frères et sœurs*** (n° 4160);
– de l'abattement en faveur des ***handicapés*** (n° 4161).

En revanche, elles ne bénéficient pas des autres abattements prévus en matière de succession.

Des abattements spécifiques sont prévus pour les donations consenties :
- par des grands-parents en faveur de leurs petits-enfants (voir n° 4461) ;
- par des arrière-grands-parents en faveur de leurs arrière-petits-enfants (n° 4462) ;
- en faveur des neveux ou nièces (n° 4463).

En cas de ***donation conjointe*** de biens communs ou indivis ***par deux époux*** l'abattement en ligne directe s'applique deux fois (Rép. Huguet : AN 17-1-1983 p. 283 n° 14053).
En cas de ***donations successives à une même personne***, l'administration refuse au redevable des droits la possibilité de renoncer, lors de la première donation, au bénéfice des abattements applicables sur l'actif transmis, pour les reporter sur une donation ultérieure (Rép. Valleix : AN 5-6-2000 p. 3418 n° 39457).
Le bénéfice de l'***abattement entre partenaires d'un Pacs*** est ***remis en cause*** si le Pacs prend fin au cours de l'année civile de sa conclusion ou de l'année suivante pour un motif autre que le mariage entre les partenaires ou le décès de l'un d'entre eux.

4461. *Abattement en cas de donation aux petits-enfants* – Les donations consenties par des grands-parents (quel que soit leur âge) à leurs petits-enfants ouvrent droit à un abattement spécifique d'un montant de ***30 000 €*** par part (CGI art. 790 B).

Cet abattement se ***cumule***, le cas échéant, avec l'abattement dont peuvent bénéficier les petits-enfants qui viennent en représentation de leur auteur (n° 4156) ainsi que celui prévu en faveur des handicapés (n° 4161).
L'abattement est applicable aux donations consenties à des ***arrière-petits-enfants*** venant en représentation de leur mère ou père prédécédé.
La règle du rappel des ***donations antérieures*** remontant à moins de six ans est applicable (n° 4210).

4462. *Abattement en cas de donation aux arrière-petits-enfants* – Les donations consenties par des arrière-grands-parents (quel que soit leur âge) à leurs arrière-petits-enfants ouvrent droit à un abattement spécifique d'un montant de ***5 000 €*** par part (CGI art. 790 D).

Cet abattement est ***cumulable***, le cas échéant, avec l'abattement dont peuvent bénéficier les arrière-petits-enfants qui viennent en représentation de leur auteur (n° 4156) et avec celui prévu en faveur des handicapés (n° 4161).

La règle du rappel des ***donations antérieures*** remontant à moins de six ans est applicable (n° 4210).

4463. *Abattement en cas de donation aux neveux ou nièces* – Les donations consenties par des oncles ou tantes (quel que soit leur âge) à leurs neveux ou nièces ouvrent droit à un abattement spécifique d'un montant de ***5 000 €*** par part (CGI art. 790 C).

Cet abattement se ***cumule***, le cas échéant, avec l'abattement prévu en faveur des handicapés (n° 4161).

La règle du rappel des ***donations antérieures*** remontant à moins de six ans est applicable (n° 4210).

Sur la ***définition des neveux*** ou nièces concernés, voir n°4417.

Tarif

4465. Les donations sont assujetties au même tarif que les successions (nos 4175 s.).

Le tarif spécial applicable aux donations entre partenaires d'un *Pacs* est remis en cause si le Pacs prend fin au cours de l'année civile de sa conclusion ou de l'année suivante pour un motif autre que le mariage entre les partenaires ou le décès de l'un d'entre eux.

Réductions de droits

4470. Les donations bénéficient de la réduction de droits pour ***charges de famille*** ainsi que de celle prévue en faveur des ***mutilés de guerre*** (n° 4195).

Elles bénéficient, en outre, d'une réduction de droits liée ***à l'âge du donateur*** (n° 4475).

4475. ***Réductions de droits liées à l'âge du donateur*** - Des règles différentes s'appliquent selon la nature des droits donnés (CGI art. 790).

Pour les ***donations en nue-propriété***, le taux de la réduction de droits est fixé à :
- 35 % lorsque le donateur a ***moins de 70 ans***;
- 10 % lorsque le donateur a ***70 ans révolus et moins de 80 ans***.

Aucune réduction n'est applicable si le donateur est âgé de ***80 ans et plus***.

Ces taux concernent également les donations consenties avec ***réserve du droit d'usage ou d'habitation***.

Ces réductions s'appliquent à concurrence de la fraction de la valeur des biens transmis représentative directement ou indirectement de la nue-propriété des biens.

Les ***autres donations*** (donations en pleine propriété ou en usufruit) bénéficient d'une réduction de droits de :
- 50 % lorsque le donateur a ***moins de 70 ans***;
- 30 % lorsque le donateur a ***70 ans révolus et moins de 80 ans***.

Aucune réduction n'est applicable si le donateur a ***au moins 80 ans***.

Les réductions de droits s'appliquent quelle que soit la ***forme*** de la donation (acte notarié ou sous seing privé, don manuel révélé) (Inst. 7 G-2-97 et Inst. 7 G-5-03 n° 4). Elles s'appliquent ***après les réductions*** de droits pour ***charges de famille*** et en faveur des ***mutilés de guerre***.

L'***âge du donateur*** s'apprécie (Inst. 7 G-2-97) :
- pour les actes notariés, à la date de l'acte,
- pour les actes sous seing privé et les dons manuels révélés, à la date de l'enregistrement de l'acte ou de la déclaration.

Lorsque la ***donation comprend à la fois des biens transmis en pleine propriété et des biens démembrés***, il convient de calculer distinctement les droits dus sur chaque catégorie de biens. Pour optimiser l'avantage résultant de la réduction, les biens n'en bénéficiant pas ou bénéficiant du plus faible taux de réduction sont compris, s'il y a lieu, dans les premières tranches du tarif; les abattements et autres réductions éventuellement applicables sont effectués en priorité sur ces mêmes biens (Inst. 7 G-5-03 nos 5 et 6).

5. Paiement

4480. Les droits de donation sont en principe supportés par le ***donataire***. Cela étant, le donateur a la faculté de se substituer à celui-ci pour le paiement des droits.

À cet égard, il a été précisé que la ***prise en charge par le donateur des frais et droits*** de donation ne constitue pas une libéralité supplémentaire et, de ce fait, n'entraîne aucune perception complémentaire et distincte. Le montant de ces frais et droits n'est pas ajouté à la valeur des biens donnés pour calculer l'impôt exigible (Rép. Geoffroy : Sén. 8-10-1975 p. 2835 n° 17406).

4481. Les droits doivent en principe être acquittés au ***comptant***. En effet, les régimes de paiement fractionné ou différé des droits prévus en matière de successions ne sont pas applicables aux donations à l'exception toutefois de celui prévu en faveur des ***transmissions d'entreprises*** (n°s 4340 s.).

Le paiement des droits de donation peut être effectué en ***numéraire***, en ***valeurs du Trésor*** ou par remise d'***œuvres d'art*** ou de ***certains immeubles*** (voir n° 4275).

CHAPITRE II

Exonération de 75% des titres faisant l'objet d'un engagement collectif de conservation

4500. L'article 789 A du CGI, dont les dispositions ont régi les transmissions par décès opérées ***avant le 1er janvier 2004***, permet aux héritiers ou légataires de parts ou actions d'une société exerçant une activité industrielle, commerciale, artisanale, agricole ou libérale de s'exonérer de droits de succession sur la moitié de la valeur des parts ou actions qui leur ont été transmises.

L'article 787 B, introduit dans le CGI par l'article 43 de la loi relative à l'initiative économique 2003-721 du 1er août 2003, a aménagé ce dispositif à l'égard des transmissions par décès opérées à compter du ***1er janvier 2004*** et en a étendu l'application aux ***donations de titres*** en pleine propriété consenties à compter de cette date.

L'exonération a été portée à 75% et autorisée, sous certaines conditions, sur les donations d'usufruit ou avec réserve d'usufruit (Loi 2005-882 du 2 août 2005, art. 28).

En dernier lieu, l'article 21 de la loi de finances rectificative 2005-1720 du 30 décembre 2005 a autorisé l'apport des titres reçus à une société holding sans remise en cause de l'exonération.

> Les transmissions d'***entreprises individuelles*** donnent lieu elles aussi à une exonération des trois quarts, en cas de succession et de donation (CGI art. 787 C). Nous ne faisons que l'évoquer brièvement au n° 4045 car le présent ouvrage se consacre à l'examen du régime des droits sociaux.

4501. L'exonération instituée par l'article 787 B du CGI pour favoriser la transmission des titres d'une entreprise passe par l'enchaînement d'un engagement collectif de conservation de ces titres conclu pour au moins deux ans, à hauteur d'un pourcentage minimal (20 % ou 34 %) et d'un engagement individuel de conservation souscrit pour six ans par le bénéficiaire de la transmission, une fois celle-ci réalisée.

La souscription de l'engagement collectif de conservation n'est qu'une mesure préparatoire : elle ne crée en elle-même aucun allégement fiscal. Elle constitue néanmoins un préalable essentiel, étant donné que l'exonération partielle s'attache à la transmission de titres que leur propriétaire avait accepté de soumettre à un engagement collectif de conservation encore en cours de validité à la date de cette transmission.

4502. Nous examinerons successivement ci-après :
- la nature des titres susceptibles de faire l'objet de l'exonération de moitié lors de leur transmission à titre gratuit (n°s 4550 s.) ;
- les conditions de validité de l'engagement collectif de conservation qui aura dû être conclu avant cette transmission (n°s 4580 s.) ;
- le mode de réalisation de l'opération de transmission et le calcul des droits (n°s 4750 s.) ;
- les contraintes liées à la souscription de l'engagement individuel visant les titres recueillis (n°s 4820 s.).

Nous terminerons par quelques indications pratiques (n°s 4950 s.).

SECTION I

Titres dont la transmission à titre gratuit ouvre droit à l'exonération de 75%

4550. L'exonération partielle a vocation à s'appliquer aux trois catégories de titres ci-après :
- parts ou actions d'une société ayant une activité industrielle, commerciale, artisanale, agricole ou libérale ;
- parts ou actions d'une société détentrice d'une participation dans le capital d'une société exerçant l'une des activité visées ci-dessus ;
- parts ou actions d'une société associée d'une société détentrice d'une participation de la nature de celles ci-dessus visées.

I. Parts ou actions d'une société exploitant une entreprise

4555. Sont visées les parts ou actions de toute société, quels qu'en soient la forme et le régime fiscal, qui exerce une activité industrielle, commerciale, artisanale, agricole ou libérale.

L'article 787 B n'exige pas que la société se consacre exclusivement à ladite activité. La gestion purement civile d'éléments patrimoniaux ne lui est donc pas interdite.

A l'inverse, les titres d'une société qui serait un pur holding n'ouvrent pas droit directement à l'exonération : celle-ci ne pourra résulter que des dispositions du texte visant la détention des titres de l'entreprise par personne interposée (n° 4560). Telle est du moins la règle pour les titres d'un holding passif car les sociétés ***holdings animatrices*** de leur groupe sont assimilées à des sociétés industrielles ou commerciales. Il s'agit de celles qui participent activement à la conduite de la politique de leur groupe et au contrôle des filiales et qui rendent, le cas échéant et à titre purement interne au groupe, des services spécifiques, administratifs, juridiques, comptables, financiers ou immobiliers.

II. Parts ou actions d'une société détentrice d'une participation dans une société exploitante

4560. L'exonération partielle a vocation à s'appliquer aux titres d'une société, quels qu'en soient la forme et le régime fiscal, qui détient dans une ou plusieurs sociétés exerçant une activité industrielle, commerciale, artisanale, agricole ou libérale une participation qu'elle s'est engagée, avec d'autres associés de la société concernée, à conserver collectivement pendant au moins deux ans.

Les sociétés susceptibles de trouver un avantage à se plier à ces engagements dans l'intérêt de leurs propres associés sont celles qui ont été formées, notamment entre membres d'une famille, pour assurer la détention collective durable d'une fraction déterminée du capital d'une entreprise ou de plusieurs entreprises ***(holdings à vocation patrimoniale)***.

L'exonération sera alors susceptible de jouer sans qu'il soit nécessaire que l'auteur de la transmission détienne directement des droits dans le capital de la ou des sociétés exploitantes et, s'il en détient, sans qu'il soit nécessaire qu'il ait lui-même souscrit à l'engagement ou aux engagements auxquels la société aura personnellement adhéré. Aucun engagement particulier n'est requis de lui, du moins sur le plan formel. Mais il aura dû garder inchangée sa participation depuis la conclusion de l'engagement collectif auquel la société dont il est membre aura elle-même souscrit (voir n° 4635). A défaut, la transmission de cette participation ne donnerait pas lieu à l'exonération partielle.

L'exonération des trois quarts portera sur la ***valeur des droits*** transmis, affectée du ***rapport*** qui existe ***entre la valeur réelle des titres*** sur lesquels la société participante a fait porter son engagement et la valeur réelle de son ***actif brut total***.

Exemple : M. X détient 20 % du capital d'une société G dont l'actif comprend une participation de 35 % valant 9 M € dans une société exploitante et d'autres éléments pour 6 M €. Compte tenu du passif réel de la société G, cette part de capital de 20 % est estimée à 1,8 M €. La société G a conclu, en y soumettant l'intégralité de sa participation, un engagement collectif de conservation avec MM. Y et Z, chacun détenteur de 10 % du capital de la société exploitante.

Toutes autres conditions étant supposées remplies, la transmission à titre gratuit de cette participation de 20 % estimée à 1,8 M € donnera lieu aux droits sur une base réduite de 75% de 1,8 M € x 9/15 = 1,08 M €, ce qui représente une atténuation de 810 000 €.

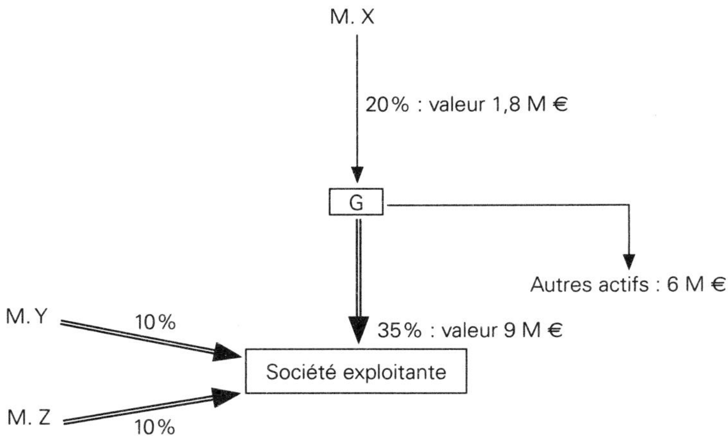

(Les flèches à double épaisseur désignent les participations sous engagement)

- Actif brut total de G : 9 M € + 6 M € = 15 M €
- Proportion des titres sous engagement détenus dans la société exploitante par rapport à l'actif brut total : 9/15
- Assiette de l'exonération de 75% à laquelle ouvrent droit les titres transmis par M. X : 1,8 M € x 9/15 = 1,08 M €

III. Parts ou actions d'une société associée d'une société détentrice d'une participation dans une société exploitante

4565. La situation ici visée est la même que celle décrite au n°4560, mais avec un ***niveau d'interposition supplémentaire***. L'associé détient ses droits dans une société (dont la forme et le régime fiscal sont, cette fois encore, indifférents) qui détient les titres de celle qui est titulaire, dans une ou plusieurs sociétés exploitantes, de la ou des participations soumises à engagement de conservation.

Ce mode d'organisation peut avoir diverses origines. Par exemple, certains membres d'un holding patrimonial (telle branche d'une famille) ont décidé de créer entre eux un lien spécifique, ce qui les a conduits à isoler leurs titres dans une société commune. Il a pu aussi arriver qu'à la suite de restructurations la société de tête qui jouait le rôle de holding actif et dont les titres étaient réunis au sein d'un holding de détention ait abandonné ce rôle au profit d'une filiale formée par elle et soit ainsi elle-même devenue à son tour un holding de détention.

Le texte ne subordonne l'exonération de la transmission des titres de la société associée qu'à des conditions d'abstention (pas d'engagements formels). D'une part, la société associée devra se garder de réduire le niveau de la participation qu'elle détient dans la société ayant contracté le ou les engagements collectifs au-dessous de celui qui était le sien lors de la conclusion de cet ou de ces engagements.

D'autre part, l'auteur de la transmission devra avoir maintenu le taux de sa participation au niveau qu'il atteignait lors de la conclusion du ou des engagements susvisés. A défaut, l'exonération partielle ne jouerait pas lors de la transmission des titres.

L'exonération des trois quarts portera alors sur la ***valeur des droits transmis***, ramenée au ***pourcentage*** que représente la valeur réelle des titres sous engagement indirectement détenus par rapport à la valeur réelle de l'actif brut total de la société.

Exemple : On suppose qu'une société H détient des titres d'OPCVM pour 1 M € et 50 % du capital d'une société G titulaire d'une participation de 9 M € dans une société exploitante et d'autres éléments pour 6 M €. Compte tenu du passif réel de la société G, cette part de capital de 50 % est, par hypothèse, estimée à 4,5 M €.

La société H, qui n'a pas de passif, est évaluée à 5,5 M €. La société G a conclu, en y soumettant l'intégralité de sa participation, un engagement collectif de conservation avec MM. Y et Z, chacun détenteur de 10 % du capital de la société exploitante. M. X détient dans H une participation de 70 % estimée à 3,85 M €.

Toutes autres conditions étant supposées remplies, la transmission à titre gratuit de cette participation de 70 % donnera lieu aux droits sur une base réduite conformément au calcul suivant.

Dans le patrimoine de la société G, la valeur de la participation soumise à engagement représente 9/15 de l'actif brut total (60 %). Dans le patrimoine de la société H, la valeur de cette même participation, telle qu'elle s'exprime au travers de la détention des titres G valorisés 4,5 M €, ressort à 2,7 M € (4,5 M € x 9/15) pour un patrimoine global de 5,5 M € soit 49 % de la valeur de ce patrimoine. Les titres que détient M. X dans la société

H représentent donc à hauteur de 1 886 500 € (3,85 M € x 49 %) la valeur de la participation soumise à engagement. La somme à exclure de la base de calcul s'établit donc aux trois quarts de cette somme de 1 886 500 €, soit 1 414 875 €.

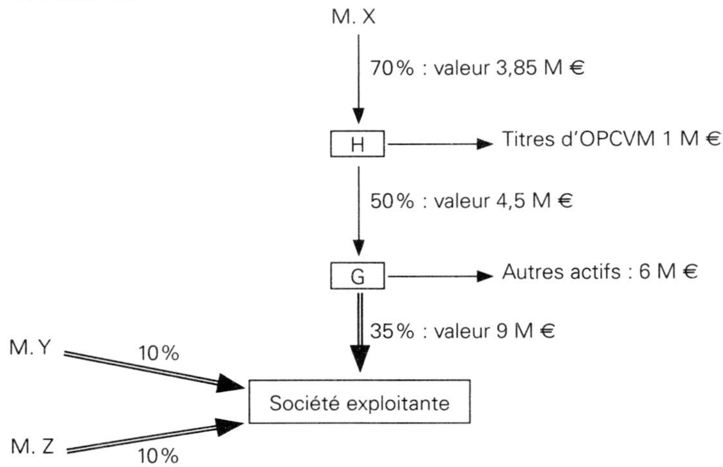

(Les flèches à double épaisseur désignent les participations sous engagement)

- Actif brut total de G : 9 M € + 6 M € = 15 M €
- Proportion des titres sous engagement détenus dans la société exploitante par rapport à l'actif brut total : 9/15
- Actif brut total de H : 4,5 M € + 1 M € = 5,5 M €
- Proportion des titres sous engagement dans la société exploitante par rapport à l'actif brut total de H :
  $\frac{4,5 \text{ M €} \times 9/15}{5,5 \text{ M €}} = 49\%$
- Assiette de l'exonération de 75% à laquelle ouvrent droit les titres transmis par M. X :
  3,85 M € x 49% = 1 886 500 €

IV. Cas où la transmission porte sur des titres relevant des diverses catégories ci-avant définies

4570. Rien ne s'oppose à ce que l'auteur de la transmission fasse profiter ses ayants cause de l'exonération sur l'ensemble des titres en sa possession remplissant les conditions requises à cet effet, qu'il s'agisse d'une ***participation directe*** dans une ou plusieurs sociétés exploitantes ou de ***participations indirectes***, via une ou deux sociétés interposées, dans cette même ou dans ces mêmes sociétés exploitantes, voire dans d'autres sociétés exploitantes. Rappelons qu'il n'est tenu à cet effet de souscrire un engagement qu'à raison de ses participations directes dans une société exploitante.

SECTION II

Conditions de validité de l'engagement collectif de conservation des titres à conclure avant la transmission des titres

4580. L'exonération partielle repose, on l'a vu, sur la souscription d'un engagement de conservation conclu pour une période minimale de deux ans par des associés affectant à cet engagement une certaine fraction du capital de la société qui exploite l'entreprise.

I. Nombre minimal de titres à placer sous engagement

4585. Aux termes du b de l'article 787 B du CGI, l'engagement collectif de conservation doit porter sur au moins 20 % des droits financiers et des droits de vote attachés aux titres émis par la société s'ils sont admis à la négociation sur un marché réglementé ou, dans le cas contraire, sur au moins 34 %, y compris les parts ou actions transmises.

A. Notion de marché réglementé

4586. Les titres négociés sur un marché réglementé comprennent non seulement les actions négociées sur le marché Eurolist mais aussi celles négociées sur les autres marchés réglementés.

B. Appréciation du seuil requis de 20% ou de 34%

4587. Qu'il s'agisse du seuil de 20 % requis à l'égard des titres cotés ou de celui de 34 % requis à l'égard des titres non cotés, la loi exige que le pourcentage soit atteint à la fois sous l'angle des droits de vote et sous l'angle des droits financiers.

Il importe donc que soit soumis à l'engagement un nombre de titres tel que leur total représente à la fois au moins 20 % ou 34 % des droits financiers et au moins 20 % ou 34 % des droits de vote, ces pourcentages s'appréciant par rapport à la masse des droits de vote dans les assemblées et des droits à dividendes attachés aux titres émis par la société en contrepartie de son capital social.

Pour le calcul du pourcentage des ***droits à dividendes***, il faut retenir les droits attachés :
– aux actions ordinaires ;
– aux actions de préférence ;
– aux actions à dividende prioritaire sans droit de vote et aux certificats d'investissement (catégories en voie d'extinction).

Les ***droits de vote*** à considérer sont ceux attachés :
– aux actions ordinaires ;
– aux actions de préférence ;
– aux actions à droit de vote double et aux certificats de droits de vote (catégorie en voie d'extinction).

Précisions complémentaires

4590. Pour le calcul des pourcentages de détention des droits financiers et des droits de vote, il n'y a pas lieu de tenir compte, lorsque les droits qui s'y attachent n'ont pas encore été exercés à la date de souscription de l'engagement, des ***titres (ou engagements) donnant un accès différé au capital*** tels que : obligations convertibles en actions ou échangeables contre des actions, obligations ou actions avec bons de souscription d'actions, obligations remboursables en actions, bons autonomes donnant le droit de souscrire des actions, options de souscription d'actions offertes à des salariés, essentiellement. Mais si, du fait de l'exercice des droits correspondants, le pourcentage des titres sous engagement venait à tomber au-dessous du seuil exigé, l'engagement deviendrait caduc (ce qui entraîne la perte des effets bénéfiques qui en sont attendus).

4591. A l'attention des ***sociétés dont les titres sont cotés***, nous relevons que le seuil de 20 % à réunir par les participants à l'engagement s'apprécie en pourcentage des droits financiers et des droits de vote « attachés aux titres émis » par la société. A priori, le texte incite à comparer les droits réunis par les signataires de l'engagement au montant total des droits attachés aux titres émis par la société, sans soustraction des ***titres*** qui sont ***privés du droit à dividende, du droit de vote ou encore de ces deux droits*** à la fois (ce qui est le cas, en particulier, lorsque la société détient ses propres actions). Il se pourrait toutefois que l'administration admette qu'il soit fait abstraction de ces titres. Il existe un précédent en ce sens, à propos du calcul de la détention minimale requise de 95 % du capital d'une filiale par la société mère désireuse de comprendre cette filiale dans le périmètre de son groupe d'intégration fiscale (Inst. 4 H-10-90 n° 125). Mais, si cela était, un engagement qui ne réunirait le taux exigé de 20 % que sur la base de cette interprétation libérale serait vulnérable car, en remettant ses propres actions sur le marché, la société exposerait les signataires à la caducité de leur engagement (et donc à la perte des effets bénéfiques qui en sont attendus).

II. Possibilité pour tout associé de s'engager sur un nombre de titres librement déterminé

4595. Le ***nombre des associés*** autorisés à se réunir dans un même engagement n'est pas limité.

Les ***personnes morales*** ont la capacité de s'engager, comme les ***personnes physiques***. L'adhésion de la personne morale associée est d'ailleurs, on l'a vu, une condition exigée pour l'obtention de l'exonération partielle sur la transmission des titres émis par cette personne morale (n° 4560), voire des titres émis par une société membre de cette personne morale (n° 4565).

4596. Chaque associé peut librement décider de s'engager sur ***tout ou partie des titres*** qu'il détient.

III. Caractère collectif de l'engagement

4600. L'exonération partielle ne peut naître que de la souscription d'un engagement de conservation par ***deux associés au moins***. Sauf assouplissement administratif, la préservation du caractère collectif de l'engagement supposera que le nombre des souscripteurs ne tombe jamais à moins de deux. Cette condition sera peu contraignante chaque fois que la souscription de l'engagement reposera sur la réunion de titres appartenant à une pluralité d'associés, chacun titulaire d'une fraction de droits bien inférieure au pourcentage requis. Mais il arrivera qu'un associé soit en mesure de placer à lui seul sous engagement une quotité de capital supérieure au seuil requis, situation dans laquelle la validité de l'engagement qu'il voudra conclure sera dépendante de la bonne volonté de tiers. Pour se donner la sécurité maximale (garantie que l'engagement sera tenu et restera collectif quoi qu'il advienne), l'intéressé aura avantage à associer à la souscription une société holding personnelle qu'il aura préalablement dotée des quelques titres nécessaires pour lui permettre d'exprimer son engagement à côté du sien (ce qui lui évitera la participation de tiers).

Cette formule se recommande spécialement à l'associé qui doit transmettre des titres à un seul et unique héritier.

IV. Personnes ayant qualité pour souscrire l'engagement de conservation

4605. Il résulte du a de l'article 787 B du CGI que l'engagement doit avoir été pris par le défunt ou le donateur, pour lui et ses ayants cause à titre gratuit, avec d'autres associés.

A. Personnes physiques

4606. L'auteur de l'engagement doit non seulement être ***propriétaire*** des titres mais aussi avoir la ***capacité de s'engager***, ce qui n'est pas le cas s'il s'agit d'un mineur ou d'une personne majeure sous tutelle ou sous curatelle. Dans cette situation, le représentant légal sera autorisé à souscrire l'engagement pour le compte du propriétaire sans avoir à être autorisé par le juge des tutelles (l'objet de l'engagement – la conservation – étant aux antipodes de l'acte de disposition).

1. Titres dépendant d'une communauté entre époux

4607. Sous le régime de la communauté légale, les titres tombent en communauté s'ils constituent des acquêts.

S'il s'agit de ***titres négociables***, les époux peuvent en disposer l'un sans l'autre (C. civ. art. 1421). L'engagement ne sera efficace que si les deux époux se sont engagés ensemble à ne pas vendre.

S'il s'agit de ***titres non négociables***, les époux ne peuvent pas en disposer l'un sans l'autre (exigence de cogestion prévue par l'article 1424 du Code civil). Même si les deux époux sont associés, l'engagement d'un seul époux suffit à garantir l'engagement, puisque l'autre ne peut pas vendre seul.

A titre de règle pratique, l'administration admet en matière d'ISF (voir n° 2085) que l'engagement signé par un seul des époux – qu'il ait seul la qualité d'associé ou partage cette prérogative avec l'autre – institue l'époux non signataire participant à l'engagement. Cette règle doit aussi jouer pour l'application de l'article 787 B.

Est ainsi résolue une difficulté qui pourrait surgir sur des titres non négociables lorsque le conjoint ne demande pas à être associé, situation dans laquelle seule la valeur vénale des parts sociales tombe en communauté, tandis que le titre d'associé est un bien propre. En cas de décès ou de divorce, c'est la valeur vénale des titres qui se transmet, et non les titres eux-mêmes, si bien qu'en l'absence de la solution susvisée, les héritiers du conjoint non associé ne deviendraient participants à l'engagement, à titre d'ayants cause du souscripteur, que si leur auteur a lui-même souscrit l'engagement.

2. Titres détenus en indivision

4608. Quelle que soit la forme de la société, chaque coïndivisaire a la qualité d'associé en même temps que celle de propriétaire des titres. Chacun doit donc signer personnellement l'engagement, faute de quoi celui-ci ne serait pas valable.

Dans le cas où les coïndivisaires sont représentés par un gérant de l'indivision (C. civ. art. 815-3), ce dernier a la capacité de les engager tous par sa seule signature.

3. Titres démembrés

4609. La validité de l'engagement implique la signature du ***nu-propriétaire***. On prendra aussi la précaution d'engager l'***usufruitier***, ne serait-ce que pour faciliter la réunion dans l'engagement de la quotité voulue des droits financiers et des droits de vote.

B. Personnes morales

4610. Le pouvoir de signer l'engagement collectif appartient au ***représentant légal de la société***. Ont cette qualité :
- dans les sociétés anonymes dotées d'un conseil d'administration, le directeur général (qu'il soit ou non président du conseil) et, s'il en existe, les directeurs généraux délégués ;
- dans les sociétés anonymes à directoire, le président du directoire et les directeurs généraux (ou le directeur général unique) ;
- dans les sociétés par actions simplifiées, le président ou le directeur général ou directeur général délégué désigné statutairement ;
- dans les sociétés à responsabilité limitée et les sociétés en commandite, le ou les gérants ;
- dans les sociétés en nom collectif, les gérants ;
- dans les sociétés civiles, les gérants.

1. Appréciation de l'intérêt de la personne morale à souscrire l'engagement

4611. Bien que n'étant facteur d'aucun coût immédiat, la souscription de l'engagement paralyse temporairement la cession des titres qui y sont soumis quand bien même une forte plus-value pourrait en être attendue.

A défaut d'intérêt social, la signature de l'engagement pourrait constituer une faute de gestion susceptible d'entraîner la responsabilité civile des dirigeants ou, plus grave, un abus de bien social engageant leur responsabilité pénale.

L'intérêt de la signature de l'engagement de conservation des titres de la société exploitante pourra être trouvé dans la ***stabilisation du capital*** de la filiale et se trouvera encore renforcé si la société souscriptrice se voit consentir par ses cosouscripteurs un ***droit de préférence ou de préemption*** sur les titres en leur possession.

2. Décision de souscrire

4612. La décision de souscrire l'engagement relève, à notre avis, de la compétence des représentants légaux dont il a été question au n°4610. Dans le cas où la société souscriptrice revêt la forme d'une SA, d'une SAS, d'une SARL ou d'une société en commandite par actions, la présence d'administrateurs, de directeurs généraux, de membres du directoire ou du conseil de surveillance communs à cette société et à celle dont les titres sont placés sous engagement doit, selon nous, inciter la société souscriptrice à respecter la ***procédure des conventions réglementées***. Même en l'absence de dirigeants communs, cette procédure devra être respectée chaque fois que la société souscriptrice détient plus de 10% des droits de vote d'une autre société souscriptrice.

L'engagement en cause ne paraît pas pouvoir relever de la catégorie des conventions courantes conclues à des conditions normales.

Rappelons que cette procédure comporte pour les SARL un rapport du gérant ou du commissaire aux comptes s'il en existe et une ratification par l'assemblée, pour les SA une autorisation préalable du conseil d'administration ou du conseil de surveillance, un rapport des commissaires aux comptes et une ratification par l'assemblée, pour les SCA une autorisation préalable du conseil de surveillance, un rapport des commissaires aux comptes et une ratification par l'assemblée, et pour les SAS un rapport des commissaires aux comptes et une ratification par décision collective des associés.

V. Portée de l'engagement pris

4615. Les titres placés sous engagement ne doivent pas – sous peine de caducité immédiate dudit engagement – faire l'objet d'une ***cession*** (sauf, comme on va le voir au n°4616, au bénéfice d'un autre signataire de l'engagement). Il est donc impossible, en particulier, pour leur détenteur de les ***apporter à une société*** sauf si cette société se trouve être elle-même signataire de l'engagement collectif auquel a adhéré l'apporteur, auquel cas cette société assumera, à la place de celui-ci, l'engagement relatif aux titres qui lui sont transférés. Cette donnée pourra inciter certains associés à constituer à titre préventif une société qui participerait à la souscription de l'engagement pour les titres constituant sa dotation d'origine et à laquelle l'associé (ou tout autre signataire) aurait la capacité ultérieurement de céder ou d'apporter d'autres titres sous engagement, si le besoin s'en faisait sentir.

Une telle précaution est spécialement utile s'il est envisagé qu'après la transmission, les bénéficiaires de celle-ci réunissent leurs titres en les apportant à une société holding (voir n° 4892).

4616. La disposition de la loi qui autorise les ***signataires*** de l'engagement à effectuer librement ***entre eux des cessions*** de titres soumis à engagement entraîne à la charge des nouveaux propriétaires l'obligation de respecter l'engagement en cours jusqu'au terme de celui-ci aussi bien pour leur participation d'origine que pour celle nouvellement acquise.

Cette disposition autorise un souscripteur à céder l'intégralité de ses titres pourvu que ce soit au bénéfice exclusif d'un ou de plusieurs autres souscripteurs.

La disposition de la loi qui autorise les signataires de l'engagement à effectuer librement entre eux des ***donations*** de titres soumis à engagement ne saurait, à notre avis, être interprétée comme prohibant, à peine de caducité de l'engagement, les donations faites au bénéfice de ***non-signataires***.

Il est d'ailleurs paradoxal qu'on soit conduit à se poser cette question dans l'application d'un dispositif dont l'unique objet est de favoriser la transmission des titres, entre vifs ou par décès, et alors que, dans cette seconde situation, l'adhésion des futurs héritiers à l'engagement initial n'est évidemment pas requise. Si une telle interdiction était posée, il serait impossible de donner des titres à un non-signataire avant que l'engagement collectif n'ait atteint son deuxième anniversaire et, passé cette date, la moindre donation de cette nature consentie par un associé entraînerait la caducité de l'engagement sur lequel les autres signataires comptaient légitimement pour réaliser eux-mêmes les transmissions qu'ils ont en vue. D'aussi lourdes restrictions priveraient le dispositif d'une large part de sa portée pratique. Cela n'empêche pas, mais pour d'autres raisons (voir n° 4874), qu'il y ait un intérêt certain à impliquer dans l'engagement collectif les personnes auxquelles l'associé entend consentir une donation de son vivant.

4617. Rien ne paraît s'opposer à ce que les titres placés sous engagement fassent l'objet d'un ***nantissement*** (encore que cette situation soit porteuse de risques en cas de réalisation du gage).

4618. L'obligation de conservation porte sur les titres qui ont été déclarés être soumis à l'engagement, c'est-à-dire sur un ***ensemble de titres*** dont le nombre aura dû être ***précisé***. L'engagement serait donc rompu si la société décidait de les rembourser en procédant à une ***annulation partielle des titres*** qu'elle a émis. Il ne le serait pas, bien que cette opération puisse avoir les mêmes effets économiques, si la société décidait dans le même but de ***réduire*** le montant ***nominal*** des titres (en ce sens : Cass. com. 25 mars 2003 n°576 : RJF 7/03 n°869).

4619. Les titres collectivement placés sous engagement doivent en permanence représenter un pourcentage au moins égal au seuil de 20 % ou de 34 %. Mais les associés s'engagent sur la quantité de titres qu'ils ont déclaré vouloir conserver et non sur un ***taux minimal de participation***. Si ce seuil cesse d'être atteint du fait d'une opération entraînant la ***dilution de la participation*** placée sous engagement, il n'est donc pas possible de réalimenter l'engagement en cours par affectation de titres complémentaires que les associés signataires de l'engagement collectif détiendraient par ailleurs ou auraient acquis spécialement. La dilution provoque donc alors la caducité de l'engagement.

Exemple : Supposons qu'un groupe d'associés détenteurs de 70% du capital se sont engagés sur un nombre de titres représentant 40% du capital, le minimum exigé étant de 34%. Une augmentation de capital réservée permet à un tiers de devenir associé à 20%, cette augmentation ayant correspondu au quart du capital initial. Cet événement fait tomber à 32% (40/125) le taux de la participation initialement placée sous engagement, ce qui rend l'engagement caduc.

VI. Utilité de faire adhérer un dirigeant et de possibles futurs dirigeants à l'engagement collectif

4620. L'adhésion d'un dirigeant de la société émettrice à l'engagement portant sur les titres de son capital n'est pas une condition formelle de la validité de l'engagement collectif, même si dans les faits ce sera le plus souvent à l'initiative d'un associé dirigeant (ou de plusieurs) que cet engagement sera conclu. Comme on le verra ci-après (n° 4840), c'est seulement à la suite de la transmission des titres, au moment où les bénéficiaires auront à prendre un engagement individuel de conservation des titres reçus par eux, que devra être satisfaite l'exigence de l'exercice de fonctions dirigeantes par l'une des personnes limitativement désignées par le texte. Ces personnes étant, indépendamment des bénéficiaires de la transmission eux-mêmes, toutes celles qui auront adhéré à l'engagement collectif, l'obtention de l'exonération partielle ne pourra qu'être facilitée par l'adhésion à cet engagement de l'actuel ou des actuels dirigeants de la société, ainsi que de toute personne – et plus leur nombre sera élevé, mieux cela vaudra – apte à exercer un jour ou l'autre des fonctions dirigeantes dans la société.

VII. Règles à respecter pendant la durée de l'engagement collectif par les sociétés interposées et par leurs associés personnes physiques

A. Société détentrice d'une participation dans la société exploitante (un niveau d'interposition)

4625. Pour que ses propres associés personnes physiques soient en mesure de transmettre les parts ou actions qu'elle a émises, avec le bénéfice de l'exonération partielle, cette société doit :
– d'une part, ***avoir adhéré*** personnellement à ***l'engagement collectif*** de conservation ;
– d'autre part, ***conserver inchangée sa participation*** pendant toute la durée de l'engagement collectif. En réalité, pour cette société, les deux conditions ci-dessus n'en forment qu'une seule étant donné que l'adhésion à l'engagement collectif de conservation entraîne déjà par elle-même l'obligation de conserver les titres désignés à l'occasion de cette adhésion, obligation dont la méconnaissance entraîne la caducité de l'engagement collectif.

4626. Rien ne s'oppose à ce que la société s'abstienne de s'engager sur une ***partie des titres*** qu'elle détient dans la société exploitante (ce qui réduira d'autant la base de calcul de l'exonération partielle à espérer et diminuera le taux des participations placées sous l'engagement collectif). Les titres libres de l'engagement peuvent alors être cédés sans que cette cession entraîne la caducité de l'engagement.

4627. Rien ne s'oppose non plus à ce que la société procède, en cours d'engagement, à des ***acquisitions complémentaires de titres de la société exploitante*** (Rép. Tron : AN 14 février 2006, p. 534 n° 79441). Mais ces nouveaux titres ne viendront pas s'agréger à ceux désignés dans l'engagement pris ni augmenter, par conséquent, les bases de l'exonération (voir toutefois n°4629).

4628. En définitive, la règle suivant laquelle la société doit conserver inchangée sa participation pendant toute la durée de l'engagement collectif a pour but de ***figer la proportion exonérable*** des titres transmis par ses associés en fonction du nombre de titres que la société aura librement affectés à l'engagement, mais non de lui interdire de renforcer le taux de sa participation (ou de baisser ce taux, à hauteur de la marge que lui confère la détention de titres libres d'engagement).

Cas où la société acquiert des titres auprès d'un autre signataire de l'engagement collectif

4629. Eu égard à la faculté ouverte aux signataires de l'engagement de se céder mutuellement les titres placés sous engagement (voir n° 4616), les titres que la société ***acquiert*** auprès d'un autre souscripteur (***ou reçoit*** de lui ***en apport***) sont réputés couverts par l'engagement pris à l'origine et viennent ainsi renforcer la participation détenue dans la société exploitante, telle que retenue pour l'appréciation de la fraction des titres de la société interposée susceptible d'être exonérée.

> *Exemple* : M. X, détenteur direct de 30 % du capital de la société E, a souscrit l'engagement de conservation de ses titres E en même temps qu'une société H, formée entre lui et ses enfants, qui a affecté à l'engagement sa participation de 25 % dans le capital de E. Les titres soumis à l'engagement collectif représentent ainsi 55 % du capital de E. En cours d'engagement, M. X cède 10 % du capital de E à la société H dont la participation dans E passe ainsi de 25 % à 35 %. C'est dorénavant en fonction de cette participation de 35 % qu'il y a lieu de déterminer la fraction exonérable des titres de la société H.

B. Personnes physiques associées de la société détentrice d'une participation dans la société exploitante (un niveau d'interposition)

4635. Comme on l'a vu au n° 4560, aucun engagement formel n'est exigé des associés de la société souscriptrice de l'engagement collectif pour être en droit de transmettre avec le bénéfice de l'exonération partielle les titres qui représentent indirectement leurs droits dans la société exploitante. Mais ils doivent conserver leur participation inchangée pendant la durée de l'engagement collectif.

Cette condition assigne à chaque associé pris individuellement l'obligation de conserver dans la société dont il est membre un ***nombre de titres constamment égal (ou au moins égal)*** à celui des titres qu'il détenait le jour où la société dont il est membre a souscrit l'engagement. S'il vient à en ***céder certains***, les titres conservés cessent de pouvoir être transmis avec le bénéfice de l'exonération partielle. S'il en ***acquiert de nouveaux***, la faculté d'exonération sera préservée mais continuera de porter sur la participation d'origine, sans se trouver augmentée.

4636. La ***contrainte de conservation*** est ***individuelle*** et non collective. Dès lors, le potentiel d'exonération d'un associé ayant, par hypothèse, satisfait à son obligation ne saurait se trouver affecté par le manquement d'un ou de plusieurs coassociés.

Cas des cessions opérées entre membres de la société détentrice de la participation dans la société exploitante

4640. Il serait équitable que ces cessions soient reconnues possibles, comme le sont les cessions opérées entre associés personnellement souscripteurs de l'engagement. Une telle mesure serait particulièrement justifiée au profit des personnes qui ont en outre elles-mêmes adhéré à l'engagement collectif de conservation à raison des titres qu'elles détiennent directement dans la société exploitante. Cette solution permettrait d'augmenter le potentiel d'exonération de l'associé acquéreur en contrepartie de la réduction subie par le cédant sur son propre potentiel. Mais on attendra sur ce point les précisions qu'apportera le commentaire administratif de la loi (étant souligné que dans l'application de l'engagement homologue exonératoire de l'ISF, les assurances espérées n'ont pas été apportées : voir n° 2124).

C. Société associée de celle qui est détentrice de la participation dans la société exploitante (deux niveaux d'interposition)

4645. Pour permettre à ses propres associés personnes physiques de transmettre les parts ou actions qu'elle a émises avec le bénéfice de l'exonération partielle, cette société doit seulement satisfaire à l'obligation de ***conserver inchangée sa participation*** dans la société qui détient directement la participation dans la société exploitante et qui a adhéré à l'engagement collectif de conservation. Cette obligation pèse sur elle pour la période qui sépare la souscription de l'engagement collectif et le terme de cet engagement. La méconnaissance de cette obligation n'entraîne pas la caducité de l'engagement. Elle fait perdre aux associés la faculté de transmettre leurs titres avec le bénéfice de l'exonération partielle.

4646. Les ***droits*** qu'elle doit conserver sont tous ceux qu'elle détient au jour de la conclusion de l'engagement. Rien ne s'oppose à ce qu'elle procède ensuite à des ***acquisitions complémentaires***. Mais les titres nouvellement acquis ne viendront pas augmenter le potentiel d'exonération de ses associés, définitivement figé en fonction du niveau atteint par sa participation lors de la prise d'effet de l'engagement souscrit par la société dont elle est membre.

D. Personnes physiques associées de la société membre de celle qui est détentrice de la participation dans la société exploitante (deux niveaux d'interposition)

4650. Comme on l'a vu au n° 4565, aucun engagement formel n'est exigé des associés de la société qui est membre de celle qui a souscrit l'engagement collectif pour être en droit de transmettre avec le bénéfice de l'exonération partielle les titres qui représentent indirectement leurs droits dans la société exploitante. Mais ils doivent ***conserver*** leur ***participation inchangée*** pendant la durée de l'engagement collectif.

Cette condition assigne à chaque associé pris individuellement l'obligation de conserver dans la société dont il est membre un nombre de titres constamment égal (ou au moins égal) à celui des titres qu'il détenait le jour où la société dont une fraction du capital est détenue par celle dont il est membre a souscrit l'engagement. S'il vient à en ***céder certains***, les titres conservés cessent de pouvoir être transmis avec le bénéfice de l'exonération partielle. S'il en ***acquiert de nouveaux***, la faculté d'exonération reste intacte mais continue de porter sur la participation d'origine, sans se trouver augmentée.

4651. La ***contrainte de conservation*** est ***individuelle*** et non collective. Dès lors, le potentiel d'exonération d'un associé ayant, par hypothèse, satisfait à son obligation ne saurait se trouver affecté par le manquement d'un ou de plusieurs coassociés.

Cas des cessions opérées entre membres de la société

4655. Il serait équitable que ces cessions soient reconnues possibles, comme le sont les cessions opérées entre associés personnellement souscripteurs de l'engagement, dans le cas où elles s'opèrent entre personnes qui ont elles-mêmes adhéré à l'engagement collectif de conservation à raison des titres qu'elles détiennent directement dans la société exploitante. Mais comme il a été souligné n° 4640, l'administration ne s'est pas prononcée en ce sens en matière d'ISF.

VIII. Droit d'affecter les mêmes titres à des engagements collectifs distincts

4660. La loi ne s'oppose pas à ce qu'un associé adhère, en y affectant les mêmes titres, à des ***engagements*** collectifs ***comportant des périmètres différents***. Il est d'ailleurs nécessaire qu'il en soit ainsi eu égard à l'impossibilité, au cours de la durée d'un engagement collectif, d'élargir le périmètre de cet engagement (voir n°4675).

Prenons le cas d'un groupe d'associés qui souscrivent ensemble, l'année n, un engagement portant sur 40 % du capital de la société exploitante. L'année n + 2, un autre associé, détenteur de 15 % du capital, souhaite s'engager aux côtés des signataires de l'engagement pris en n, ce que les intéressés acceptent. Il n'y a pas d'obstacle à ce qu'un engagement collectif élargi, réunissant désormais 55 % du capital, soit alors souscrit pour une durée minimale de 2 ans courant à compter de l'année n + 2.

L'affectation des mêmes titres à plusieurs engagements collectifs comportant des périmètres différents peut constituer une protection dans l'éventualité de la défaillance d'un cosouscripteur ou une mesure utile pour permettre à des associés ayant des objectifs différents de réaliser chacun le type de transmission qu'il envisage (nos 4666 s.).

IX. Engagement d'une durée minimale de deux ans

4665. L'engagement collectif doit être conclu pour une durée minimale de deux ans, appréciée de date à date. S'il est contenu dans un acte authentique, l'engagement court depuis la date de cet acte. S'il est contenu dans un acte sous seing privé, l'engagement est considéré comme ayant été signé à la date à laquelle il est présenté à l'enregistrement et devient ainsi opposable à l'administration.

4666. Pour produire ses effets exonératoires, l'engagement collectif doit ne pas avoir encore dépassé son terme à la date de la transmission, que celle-ci procède d'un décès ou d'une donation. La conclusion d'un engagement d'une ***durée se limitant à deux ans*** est une formule adaptée pour l'associé qui a prévu de donner ses titres pendant cette période de deux ans, même dans l'éventualité où il décéderait avant la donation envisagée. En effet, quoi qu'il arrive, l'engagement verra son terme arriver après réalisation de la transmission. Un engagement conclu en prévision seulement d'une transmission par décès doit pouvoir au contraire prolonger ses effets jusqu'à la date, incertaine, du décès. Il importe alors que l'engagement, nécessairement conclu pour une période initiale de deux ans, soit assorti d'une ***clause de prorogation automatique*** le maintenant en vigueur jusqu'au décès du signataire concerné dans le cas où ce décès n'est pas survenu dans les deux ans.

4667. La situation est simple chaque fois qu'un ***associé réunit à lui seul le pourcentage requis*** de 20 % ou de 34 % et se borne à associer pour la forme à la signature de l'engagement (après les avoir dotés de quelques titres) ses successibles et/ou les personnes qu'il entend gratifier. En fonction des intentions qui sont les siennes, l'intéressé fixera à l'engagement une durée fixe de deux ans (prévision d'une donation au cours de cette période) ou une durée de deux ans prorogeable automatiquement jusqu'à son propre décès si celui-ci n'est pas survenu avant deux ans.

4668. Mais si l'engagement ne réunit le pourcentage voulu que par la coalition de ***deux associés*** principaux ayant chacun un ***objectif différent*** (l'un souhaitant faire donation de ses titres dans les deux ans, l'autre pas), il sera en pratique nécessaire de prévoir la signature de deux engagements distincts, l'un appelé à expirer au bout de deux ans et l'autre appelé à courir jusqu'au décès de l'associé non désireux de procéder à la donation de ses titres. L'idéal serait que ces deux engagements réunissent les mêmes signataires et portent sur les mêmes titres, mais il importe que les caractéristiques des deux engagements ne soient pas strictement identiques, ce qui implique, par exemple, qu'un des signataires de l'un ne se retrouve pas dans l'autre (un associé titulaire d'une participation peu significative pourrait être choisi pour créer cette différenciation).

Ainsi, une fois la donation faite, l'engagement conclu à terme fixe disparaîtrait, ce qui marquerait le point de départ du délai imparti aux bénéficiaires de cette donation pour exécuter leur engagement individuel de conservation de six ans (voir n°s 4820 s.). L'autre engagement poursuivrait nécessairement son cours puisque aucun des titres qui y ont été affectés ne devrait normalement faire l'objet d'une cession avant six ans, eu égard aux engagements individuels de conservation contractés dans le fil de l'exécution du premier engagement et puisque les engagements pris par l'auteur de la donation sont légalement transférés à ses ayants cause à titre gratuit.

> *Exemple* : Jean et Michel sont les deux associés principaux d'une société non cotée dont ils détiennent chacun 20 %. Jean souhaite donner à ses deux enfants, Julien et Jean-François, l'ensemble de ses parts. Michel, en revanche, entend conserver ses parts mais souhaite qu'à son décès ses trois enfants, Martin, Marion et Marie, bénéficient de l'exonération de 75% des droits de succession. Deux engagements collectifs de conservation, portant sur ces deux mêmes participations, sont souscrits le 1er janvier n par Jean et Michel. Le premier engagement en vue de la donation (auquel s'est associé un tiers pour quelques titres) est souscrit pour une durée fixe de deux ans, le second pour une durée de deux ans automatiquement prorogeable jusqu'au décès de Michel. Jean donne ses titres le 3 janvier n. Se substituent désormais à lui dans l'exécution des engagements pris Julien et Jean-François. Aucun des engagements collectifs n'est affecté par cette donation. Le 1er janvier n+2, le premier engagement, qui a permis la donation, expire. Mais Julien et Jean-François se sont engagés dans l'acte de donation à conserver leurs titres pendant six ans à compter du 1er janvier n+2. La situation est donc la suivante : sont en cours deux engagements individuels, expirant le 1er janvier n+8, pris par Julien (10 %) et Jean-François (10 %) et un engagement collectif réunissant Michel (20 %), Julien (10 %) et Jean-François (10 %). Ni Julien ni Jean-François n'ayant intérêt à violer leurs engagements individuels en cédant leurs titres, l'engagement collectif sera donc en principe respecté jusqu'en n+8. Décès de Michel en n+6 : le second engagement est en cours au moment du décès, Martin, Marion et Marie bénéficient à leur tour de l'exonération des trois quarts et prennent les engagements individuels nécessaires.

4669. Reste le cas où l'engagement réunit le pourcentage requis par la coalition de ***deux associés principaux dépourvus*** l'un et l'autre de ***l'intention de procéder à la donation de leurs titres*** dans les deux ans. La technique du dédoublement des engagements, évoquée ci-avant (n° 4668), paraît, là encore, devoir être mise en œuvre : chacun des deux associés est signataire d'un engagement automatiquement prorogeable jusqu'à la date de son propre décès si celui-ci n'est pas survenu avant deux ans.

4670. Une solution s'offre aux ***associés indécis***, à savoir ceux qui souhaitent se ménager la possibilité de donner leurs titres dans le délai de deux ans ou après l'expiration de ce délai, tout en étant assurés, s'ils renoncent à toute donation de leur vivant, de rester liés jusqu'à leur décès par un engagement valide. L'engagement sera souscrit pour une durée de deux ans automatiquement prorogeable, dans le cas où, au terme de cette période, l'associé concerné est en vie sans avoir procédé à la donation de tout ou partie des titres placés sous engagement. La période de prorogation sera déclarée s'achever au décès de l'associé concerné ou, si elle est antérieure, à la date à laquelle il aura donné tout ou partie des titres placés sous engagement.

X. Fixité du périmètre de l'engagement collectif

4675. Les souscripteurs (associés ou actionnaires de la société exploitante) ne créent la réduction des droits de transmission que sur les titres qu'ils ont déclaré soumettre à l'engagement. S'ils en acquièrent d'autres de même nature, l'exonération partielle de la ***participation complémentaire*** nécessitera la souscription d'un engagement collectif distinct pris pour une période initiale d'au moins deux ans et se superposant à l'engagement existant.

4676. *Exemple* : Un groupe d'associés souscrivent ensemble, l'année n, un engagement portant sur 40 % du capital de la société exploitante. L'année n+2, l'un des souscripteurs acquiert dans la société exploitante une participation complémentaire représentant 10 % du capital de cette société. Pour obtenir que cette participation complémentaire soit transmissible avec le bénéfice de l'exonération partielle, l'intéressé devra inviter ses cosouscripteurs à conclure un engagement collectif élargi, réunissant désormais 50 % du capital (moins si certains refusent d'adhérer, pourvu que le périmètre du nouvel engagement recouvre le seuil minimal de 34 % ou de 20 %), qui sera souscrit pour une durée minimale de deux ans courant à compter de l'année n+2.

4677. Devraient normalement être assimilés aux ***titres*** d'origine – et être regardés comme visés par l'engagement – ceux qui seront ***reçus gratuitement*** de la société émettrice pendant la durée de l'engagement, suite à une incorporation de réserves. En effet, l'administration accepte cette assimilation pour l'application de l'engagement exonératoire de l'ISF (voir n° 2202). Il nous paraît judicieux de solenniser la décision d'affectation des nouveaux titres à l'engagement collectif par la signature d'un avenant dûment enregistré et communiqué à la société émettrice.

4678. Les ***titres nouveaux issus de souscriptions en numéraire*** ne sont pas considérés comme susceptibles d'être incorporés par avenant dans le périmètre de l'engagement exonératoire de l'ISF. Comme on l'a vu au n° 2204, leur entrée dans l'exonération passe par la souscription d'un engagement distinct les englobant. On peut craindre que l'administration ne se montre pas plus souple pour l'engagement préparatoire à la transmission, ce qui, entre autres inconvénients, exposerait les actionnaires au risque de caducité de l'engagement existant dans le cas où, à la suite de l'augmentation de capital, les titres d'origine ont cessé de représenter la quotité requise du capital de 34% ou de 20%.

4679. Contrairement à ce qu'elle a décidé pour l'application de l'exonération partielle d'ISF des titres placés sous engagement (n°s 2330 s.), la loi ne permet pas la sauvegarde des engagements pris sur les titres d'une société qui disparaît par ***absorption ou scission***, ou dont le capital est augmenté suite à des apports émanant de tiers (étant elle-même, par exemple, absorbante ou bénéficiaire d'un ***apport partiel d'actif***) dans le cas où l'augmentation de capital ainsi réalisée fait tomber le pourcentage des titres placés sous engagement au-dessous du seuil requis.

4680. Il est exclu qu'un ***associé qui n'a pas été souscripteur de l'engagement*** conclu par d'autres adhère après coup à cet engagement. Les seules personnes admises à rejoindre un engagement en cours sont les ayants cause à titre gratuit d'un souscripteur, cela en raison du fait que l'intéressé aura dû s'engager pour lui et pour ses ayants cause à titre gratuit.

XI. Formalités requises

4690. La loi est à cet égard peu exigeante. Les souscripteurs de l'engagement doivent établir un écrit qu'ils feront enregistrer et notifieront à la société émettrice. Si les titres sous engagement sont admis à la négociation sur un marché réglementé, une information de l'Autorité des marchés financiers (AMF) pourra être nécessaire si l'engagement renferme des clauses, telles qu'un droit de préemption, de la nature de celles visées à l'article L 233-11 du Code de commerce (voir n° 2230).

A. Forme et contenu de l'engagement

4695. L'engagement revêt la ***forme*** d'un écrit signé de ses souscripteurs désignés avec toutes les mentions nécessaires à leur identification.

Un acte sous seing privé suffit. L'établissement d'un acte authentique n'est pas exigé : la forme authentique n'accroît pas d'ailleurs la force contraignante des engagements pris.

L'acte ***mentionnera*** le nombre des titres que les associés déclarent vouloir conserver collectivement (engagement les liant eux-mêmes et leurs ayants cause à titre gratuit) pendant une durée minimale de deux ans et, au sein de cet ensemble, le nombre de titres que chaque souscripteur affecte individuellement à cet engagement.

L'acte portera la date de sa signature.

4696. Il sera utile d'en établir autant d'***exemplaires*** qu'il y a de signataires plus deux : un pour être conservé par chaque signataire, un destiné à l'enregistrement et le dernier à la société émettrice. Un troisième exemplaire supplémentaire sera à prévoir s'il y a lieu de prévenir l'Autorité des marchés financiers (n° 4710).

B. Présentation de l'engagement à l'enregistrement

4700. Aux termes de la loi, l'engagement de conservation n'est opposable à l'administration qu'à compter de la date de l'enregistrement de l'acte qui le constate. S'il est dressé par acte authentique, c'est à la date même de cet acte qu'il devient opposable à l'administration.

L'enregistrement s'effectue au droit fixe de 125 € applicable aux actes non soumis à un tarif particulier.

C. Notification de l'engagement à la société émettrice

4705. Il importe que l'engagement signé soit communiqué à la société pour lui permettre de faire face aux diverses obligations qu'elle devra elle-même remplir une fois que la transmission des titres se sera opérée, à savoir :
– délivrance aux bénéficiaires de la transmission d'une attestation que les intéressés auront à joindre à la déclaration de succession ou à l'acte de donation, certifiant que :

• un engagement collectif de conservation souscrit par le défunt ou le donateur, pour lui et ses ayants cause à titre gratuit, avec d'autres associés, d'une durée d'au moins deux ans, était en cours au jour du décès ou de la donation ;
• cet engagement a porté, jusqu'au jour du décès ou de la donation, sur au moins 20 % des droits de vote et des droits financiers attachés aux titres émis par la société s'ils sont admis à un marché réglementé ou, à défaut, sur au moins 34 %, y compris les parts ou actions transmises ;
– dépôt auprès de la direction des services fiscaux du domicile du défunt ou du donateur, dans les trois mois qui suivent le 31 décembre de chaque année au cours de laquelle l'engagement s'est poursuivi jusqu'à la fin de ladite année, d'une attestation certifiant que :
• l'engagement collectif de conservation souscrit par le défunt ou le donateur, repris par ses ayants cause à titre gratuit, était en cours au 31 décembre de l'année considérée ;
• celui-ci portait toujours sur au moins 20 % ou 34 % des droits de vote et des droits financiers attachés aux titres émis par la société selon les cas.

D. Notification de l'engagement à l'Autorité des marchés financiers (titres cotés)

4710. L'article 787 B du CGI prévoit que dans le cas des titres admis à la négociation sur un marché réglementé, l'engagement collectif de conservation est soumis aux dispositions de l'article L 233-11 du Code de commerce.

> Aux termes de l'article L 233-11 : « Toute clause d'une convention prévoyant des conditions préférentielles de cession ou d'acquisition d'actions admises aux négociations sur un marché réglementé et portant sur au moins 0,5 % du capital ou des droits de vote de la société qui a émis ces actions doit être transmise dans un délai fixé par décret à l'Autorité des marchés financiers qui en assure la publicité. A défaut de transmission, les effets de cette clause sont suspendus, et les parties déliées de leurs engagements, en période d'offre publique. L'Autorité doit également être informée de la date à laquelle la clause prend fin. Elle assure la publicité de cette information. »

L'AMF a indiqué qu'elle n'exige pas la communication des accords qui se limitent strictement à un engagement de conservation des titres et que seuls doivent lui être transmis ceux qui renferment en sus des clauses (telles qu'un droit de préemption) de la nature de celles visées à l'article L 233-11 du Code de commerce (Revue mensuelle de l'AMF n° 6 de septembre 2004, p. 65 s.). L'administration fiscale s'aligne sur la position de l'AMF (voir n° 2230).

E. Informations à fournir par les sociétés interposées à leurs propres associés

4715. La loi ne contient à cet égard aucune prescription impérative. Cependant, comme on l'a déjà vu :
– toute ***société adhérant à un engagement collectif*** de conservation devra prendre soin d'informer ses associés de cette situation pour leur permettre, s'ils le souhaitent, de se prévaloir de l'exonération partielle et sera conduite en outre, le moment venu, à communiquer aux intéressés la proportion que représentent les titres sous engagement par rapport à la valeur globale de ses actifs ;
– toute ***société associée d'une société adhérant à un engagement collectif*** devra à son tour informer ses propres associés de cette situation pour leur permettre, s'ils le souhaitent, de se prévaloir de l'exonération partielle et sera conduite en outre, le moment venu, à communiquer aux intéressés la proportion des titres sous engagement qu'elle détient indirectement par rapport à la valeur globale de ses actifs.

SECTION III

Mode de réalisation de l'opération de transmission et calcul des droits

4750. Comme on l'a vu, les transmissions auxquelles s'applique l'exonération sont celles portant sur des titres compris dans un engagement collectif de conservation en cours à la date de réalisation de la transmission et que ses souscripteurs ou, en leur lieu et place, leurs ayants cause à titre gratuit bénéficiaires de cette transmission vont devoir respecter jusqu'à son terme. Ce terme aura été fixé au plus tôt deux ans après la date de la conclusion de l'engagement.

La ***réduction s'applique immédiatement*** pour le calcul des droits de mutation dus à raison de la transmission, ces droits étant normalement exigibles, en cas de décès, dans les six mois du décès et, en cas de donation, à la date de cette donation. La ***déclaration de succession*** ou l'***acte de donation*** devront à cet effet être accompagnés de l'attestation mentionnée au n° 4705. Mais cette réduction présente un ***caractère doublement conditionnel***. En effet, elle ne sera définitivement acquise que si :

– d'une part, l'engagement collectif en cours est respecté jusqu'à son terme ;
– d'autre part, le ou les bénéficiaires de la transmission souscrivent individuellement l'engagement de conserver pendant six ans les titres qu'ils ont recueillis, ce délai ne commençant à courir qu'à compter de l'expiration de l'engagement collectif, étant précisé qu'en outre, pendant un délai de cinq ans ayant pour point de départ la date de la transmission, la société émettrice des titres transmis devra avoir pour dirigeant, ou compter parmi ses dirigeants, soit l'un des signataires de l'engagement collectif soit l'un des bénéficiaires de la transmission.

4751. Nous faisons allusion ici à ces ***engagements individuels*** (sur lesquels nous reviendrons plus en détail : nos 4820 s.) pour souligner que leur souscription est requise à la date à laquelle les droits de mutation viennent à échéance, c'est-à-dire, selon le cas, dans les six mois qui suivent le décès d'où résulte la transmission des titres ou à la date de la donation.

Il arrivera qu'à la date considérée l'***engagement collectif*** soit déjà pratiquement parvenu à son terme en ayant été respecté (donation consentie à la veille de l'expiration de l'engagement collectif ou, en cas de décès, hypothèse où l'engagement collectif est automatiquement prorogé jusqu'au décès). Les bénéficiaires de la réduction ne seront alors dépendants que de leur propre aptitude à respecter l'engagement individuel prescrit (sous réserve de l'appui du dirigeant, qui peut leur échapper).

La position de ceux qu , au moment de la souscription de leur engagement individuel, sont soumis à l'aléa complémentaire de la correcte exécution d'un engagement collectif non parvenu à son terme, et dont la rupture avant l'heure par un quelconque signataire les priverait du bénéfice de la réduction obtenue, est évidemment plus fragile.

I. Transmission des titres par succession

4760. La réduction des trois quarts de la base de calcul des droits profite indistinctement à l'ensemble des héritiers ou légataires, quel que soit leur lien de parenté avec le défunt et même en l'absence de tout lien de parenté. Dans le cas où l'***usufruit*** des titres revient à une personne distincte, la réduction s'applique à la valeur de l'usufruit transmis comme à celle de la nue-propriété.

4761. S'il existe ***plusieurs héritiers***, les intéressés seront conduits à prendre l'engagement individuel de conservation qui leur incombe dans la déclaration de succession de leur auteur à souscrire au plus tard six mois après son décès. Dans le cas où l'auteur de la transmission aura organisé le partage de son vivant, par exemple en rédigeant un ***testament-partage***, chaque attributaire pourra d'emblée s'engager en connaissance de cause sur tout ou partie des titres qui lui échoient dans le partage. Si, aucune disposition utile n'ayant été prise, le ***partage*** n'est toujours ***pas opéré au moment du dépôt de la déclaration***, les titres seront encore dans l'indivision. Pour que les héritiers profitent pleinement de l'exonération, l'engagement individuel de conservation doit être pris par chacun des coïndivisaires en sa qualité d'associé ou par le gérant de l'indivision au nom de chacun d'eux. Le ***partage ultérieur*** des parts ou actions n'aura pas d'autre effet que de proportionner l'engagement individuel du ou des attributaires à la quantité de titres compris dans leur lot (Rép. Bobe, Lachaud et Feneuil : AN 14 février 2006 p. 1562 n°s 67514, 72119 et 80094).

4762. Dans cette seconde situation, les droits de succession auront été acquittés sur un actif net non partagé et donc sans individualisation des lots. Un nouveau calcul des droits devra-t-il s'opérer après partage pour faire en sorte que l'avantage fiscal profite individuellement à ceux des héritiers qui sont attributaires des titres et souscrivent l'engagement de conservation de six ans et que ce soit eux qui, en cas de défaillance, soient institués redevables du complément de droits correspondant à leur propre manquement ? Cette solution ne va pas de soi.

A. Calcul des droits

4765. Ceux des ***titres*** transmis que le défunt avait ***placés sous engagement*** (et que, par hypothèse, l'héritier ou le légataire s'engage à conserver) sont retenus dans la base de calcul des droits pour le quart de leur valeur.

Les ***titres*** que détenait le défunt dans une ***société interposée*** (société détentrice d'une participation placée sous engagement ou société associée de la société détentrice de la participation sous engagement) – et que, par hypothèse, l'héritier ou le légataire s'engage à conserver – ne donnent lieu à la réduction des trois quarts qu'à concurrence de la fraction de leur valeur correspondant à la part que représentent les titres sous engagement, directement ou indirectement détenus par cette société dans son actif brut total : voir n°s 4560 et 4565. C'est au jour du décès que s'effectue la comparaison.

Dettes contractées par le défunt

4766. Il résulte de l'article 769 du CGI que les dettes à la charge du défunt contractées pour l'achat des titres susceptibles de bénéficier de l'exonération partielle de droits de mutation par décès ou dans l'intérêt de tels titres sont imputées en priorité sur la valeur desdits biens.

Les titres transmis étant assujettis aux droits de mutation par décès pour une fraction seulement de leur valeur, le passif afférent à ces titres est déductible de l'actif héréditaire dans la même proportion.

Calcul du forfait mobilier

4767. Le forfait de 5% se calcule sans comprendre, dans la valeur des biens de la succession, la fraction de la valeur des titres transmis soustraite à l'application des droits.

B. Paiement des droits

4770. L'application de la réduction n'empêche pas les bénéficiaires de la transmission des titres de se prévaloir des possibilités habituelles du paiement fractionné ou du paiement différé.

Soulignons que ceux qui reçoivent au moins ***5% du capital*** d'une ***société non cotée*** exerçant une activité industrielle, commerciale, artisanale, agricole ou libérale ont la possibilité, particulièrement avantageuse, de différer pendant cinq ans le paiement des droits puis de s'en acquitter au cours des dix ans qui suivent en vingt versements à intervalles de six mois. L'intérêt du crédit, normalement fixé au taux de l'intérêt légal au jour de l'octroi du crédit (2,11 % en 2006), est ramené au tiers de ce taux (soit 0,7% en 2006) lorsque la valeur nominale des titres comprise dans la part taxable de chaque héritier est supérieure à 10% du capital social ou lorsque, globalement, plus du tiers du capital est transmis (CGI annexe III art. 404 GA).

II. Transmission des titres par donation

A. Donations concernées

4780. La qualité du ou des bénéficiaires de la donation n'importe pas. Comme on l'a vu au n° 4616, il n'est pas nécessaire qu'il s'agisse d'une personne ayant adhéré à l'engagement collectif. Mais une fois la donation faite, le donataire, en sa qualité d'ayant cause à titre gratuit du donateur, sera considéré comme étant signataire de cet engagement.

1. Donation de la pleine propriété des titres

4781. Jusqu'au 3 août 2005, l'exonération s'attachait aux transmissions en pleine propriété. Depuis le 4 août 2005, les donations en pleine propriété restent au centre du dispositif mais il est aussi permis au donateur, sous la condition énoncée ci-après, de conserver l'usufruit des titres transmis.

2. Donation avec réserve d'usufruit

4782. Sous l'empire de la réglementation en vigueur depuis le 4 août 2005, l'exonération s'applique en cas de donation avec réserve d'usufruit, à ***condition*** que les statuts de la société dont les titres sont transmis limitent les droits de vote de l'usufruitier aux seules décisions concernant l'affectation des bénéfices. Cette exigence tend à assurer le transfert effectif aux donataires des prérogatives, notamment politiques, de l'associé.

La disposition à insérer dans les statuts :

– concerne la société dont les titres sont transmis, qui, dans les cas d'interposition, peut se trouver être la société cosouscriptrice de l'engagement collectif ou celle qui la détient;

– peut valablement ne viser que les titres dont la transmission en nue-propriété se sera opérée sous le bénéfice de la réduction des trois quarts prévue par l'article 787 B du CGI (Rép. Bobe : AN 14 février 2006 p. 1571 n° 79540).

Les usufruits déjà constitués, de même que ceux qui viendraient à se constituer sans la recherche de l'exonération qui nous occupe, sont alors placés hors d'atteinte de la limitation des droits de vote.

Une particularité importante doit être relevée : la loi ***écarte*** dans cette situation l'application des ***réductions de droits*** de 35% ou de 10% institués par l'article 790 du CGI sur les donations entre vifs consenties par les personnes âgées de moins de 80 ans (voir n° 4803).

3. Donation du seul usufruit

4783. L'exonération partielle s'applique à la donation du seul usufruit sans privation de la réduction de droits de l'article 790 du CGI (Rép. Bobe : AN 3 janvier 2006 p. 76 n° 73315).

4. Donation concomitante de la nue-propriété et de l'usufruit

4784. Les deux situations suivantes peuvent se rencontrer :
– un ***nu-propriétaire*** et un ***usufruitier donnent conjointement*** leurs droits respectifs à un donataire recueillant ainsi la pleine propriété des titres ;
– le propriétaire consent concomitamment la donation de la ***nue-propriété*** des titres ***à une personne*** et la donation ***à une autre*** de l'***usufruit*** des mêmes titres.

Dans les deux situations chaque donateur a renoncé à la plénitude de ses droits sur les titres, ce qui devrait conduire l'administration à admettre sans restriction l'application de la réduction dans l'un et l'autre cas.

B. Forme de la donation

4790. Aucune disposition de la loi ne réserve le bénéfice de la réduction aux donations de titres constatées dans un acte notarié. Les dons de titres consentis par acte sous seing privé (voire par un simple jeu d'écriture sous la forme par conséquent d'un « don manuel ») sont donc eux aussi assortis de l'exonération partielle.

L'exigence de la forme authentique aurait été contraire au principe d'égalité devant l'impôt (Décision du Conseil constitutionnel n° 95-369 DC du 28 décembre 1995). Cela étant, le souci de sécurité juridique pourra pousser à préférer la forme authentique.

C. Ampleur et date de la donation

4795. Le propriétaire des titres placés sous engagement ou des titres de sociétés cosouscriptrices de l'engagement (ou détentrices d'une participation dans une société cosouscriptrice de l'engagement) détermine librement la nature et la quotité des titres qu'il donne, de même que le moment de la donation, étant remarqué qu'il faut absolument que celle-ci soit faite pendant la durée de validité de l'engagement.

En présence d'un engagement ayant une durée fixe de deux ans, la donation pourra être consentie jusqu'au dernier jour de validité de l'engagement. Attention toutefois aux jours de fermeture des offices notariaux et des services des impôts des entreprises, qui peuvent nécessiter une certaine anticipation.

D. Calcul des droits

4800. Ceux des ***titres*** transmis que le donateur avait ***placés sous engagement*** (et que, par hypothèse, le donataire s'engage à conserver) sont retenus dans la base de calcul des droits pour le quart de leur valeur.

Les ***titres*** que détenait le donateur dans une ***société interposée*** (société détentrice d'une participation placée sous engagement ou société associée de la société détentrice de la participation sous engagement) – et que, par hypothèse, les donataires s'engagent à conserver – ne donnent lieu à la réduction des trois quarts qu'à concurrence de la fraction de leur valeur correspondant à la part que représentent les titres sous engagement, directement ou indirectement détenus par cette société, dans son actif brut total : voir nos 4560 et 4565. C'est au jour de la donation que s'effectue la comparaison.

4801. Les ***charges*** que la donation transfère au bénéficiaire viennent réduire la base de calcul des droits s'il s'agit du remboursement d'un emprunt que le donateur avait contracté auprès d'un établissement de crédit pour l'acquisition ou dans l'intérêt des titres donnés (CGI art. 776 bis).

4802. En ce qui concerne la procédure d'***accord préalable sur l'estimation*** des entreprises transmises par donation, voir n°6260.

4803. La réduction appliquée sur la base de calcul des droits ne fait pas obstacle aux allégements que prévoit l'article 790 du CGI sur le montant des droits eux-mêmes, à savoir :
- la ***réduction de 50%*** prévue lorsque le donateur est âgé de moins de 70 ans;
- la ***réduction de 30%*** prévue lorsqu'il a 70 ans révolus et moins de 80 ans.

Mais on a vu au n° 4782 que les réductions de 35% et de 10% normalement applicables dans ces tranches d'âge aux donations se limitant à une nue-propriété sont écartées dès lors que la donation ouvre droit à l'exonération des trois quarts.

E. Paiement des droits

4810. Les droits de donation, normalement supportés par le donataire, peuvent valablement être ***pris en charge par le donateur*** sans que cela soit assimilé à un complément de donation taxable.

> L'acceptation de la prise en charge de droits déterminés sur la base réduite, eu égard à l'engagement de conservation souscrit individuellement par les bénéficiaires, ne vaut pas nécessairement acceptation de la charge des compléments de droits qui seraient dus si la réduction était remise en cause.

4811. Ni l'application de la réduction sur la base de calcul des droits ni l'acceptation de la prise en charge des droits par le donateur n'empêchent le recours au ***paiement fractionné et différé*** des droits dont le régime est prévu par les articles 397 A et 404 GA de l'annexe III au CGI.

Ainsi, pour les bénéficiaires qui reçoivent au moins ***5% du capital d'une société non cotée*** exerçant une activité industrielle, commerciale, artisanale, agricole ou libérale, il est possible de différer pendant cinq ans le paiement des droits puis de s'en acquitter au cours des dix ans qui suivent en vingt versements à intervalles de six mois. L'intérêt du crédit, normalement fixé au taux de l'intérêt légal au jour de l'octroi du crédit (2,11 % en 2006), est ramené au tiers de ce taux (soit 0,7 % en 2006) lorsque la valeur nominale des titres comprise dans la part taxable de chaque bénéficiaire est supérieure à 10 % du capital social ou lorsque, globalement, plus du tiers du capital est transmis (CGI ann. III art. 404 GA).

SECTION IV

Engagement individuel de conservation des titres recueillis

4820. Les bénéficiaires de la transmission à titre gratuit doivent prendre, suivant le cas dans la déclaration de succession à souscrire dans les six mois du décès ou dans l'acte de donation, l'engagement, pour eux-mêmes et pour leurs ayants cause à titre gratuit, de conserver les titres recueillis pendant une durée de ***six ans*** commençant à courir à l'expiration de l'engagement collectif dont procède la réduction des droits.

Cet engagement individuel, si le bénéficiaire de la transmission est unique, ou ces engagements individuels, s'ils sont plusieurs bénéficiaires, déterminent l'étendue de la réduction des droits qui sera applicable aux titres transmis. En effet, du fait que :
– chaque bénéficiaire est totalement libre de sa décision de prendre l'engagement ou de s'abstenir sans que cette décision empiète sur le choix des autres,
– et que chaque bénéficiaire décide individuellement du nombre des titres sur lesquels il s'engage,
la réduction de la base de calcul des droits est proportionnée à la valeur des titres dont l'indisponibilité est acceptée à l'échelon individuel.

I. Spécificités de la période s'étendant de la date de la transmission à l'expiration de l'engagement collectif

4825. La transmission s'étant, par hypothèse, opérée à une date antérieure au terme que les signataires avaient assigné à leur engagement collectif, il importe, quelle que soit la décision prise à l'échelon individuel par les bénéficiaires de la transmission, qu'aucun des intéressés ne provoque la rupture de l'engagement collectif et qu'en conséquence ***tous conservent leurs titres*** au moins jusqu'au terme de cet engagement (et aussi bien ceux détenus dans la société exploitante que ceux détenus dans une société interposée).

La société émettrice des titres sur lesquels porte l'engagement collectif devra ***attester*** qu'il en est bien ainsi en ce qui concerne ses propres titres dans un document adressé à l'administration (voir n° 4705).

Chacun peut toutefois, pendant cette période, céder tout ou partie des ***titres*** recueillis par lui dans la ***société exploitante*** à un signataire de l'engagement collectif ou à un autre bénéficiaire de la transmission, voire consentir une donation à l'une de ces personnes : la validité de l'engagement collectif ne sera pas affectée par cette décision.

Mais l'intéressé :
– s'il est bénéficiaire d'une donation, est tributaire des énonciations de l'engagement qu'il a souscrit dans l'acte de donation et doit donc nécessairement conserver un nombre de titres au moins égal à celui sur lequel il a déclaré faire porter son engagement, faute de quoi il perdrait l'entier bénéfice de la réduction obtenue ;
– s'il est héritier ou légataire, est soit tributaire des énonciations de l'engagement qu'il a souscrit dans la déclaration de succession et qu'il ne peut pas violer sans perdre l'entier bénéfice de la réduction obtenue (dessaisissement postérieur à la date de cette déclaration), soit voué à restreindre la portée de l'engagement qu'il s'apprête à souscrire et donc de la réduction qui s'y attache (dessaisissement à une date comprise entre celle de la transmission et celle de la déclaration de succession).

Cet aspect doit donc être soigneusement pris en considération avant la conclusion des engagements individuels requis. En réalité, la seule souplesse laissée aux redevables en la matière concerne les cohéritiers qui, jusqu'à la date du ***partage*** (à moins que celui-ci n'ait été réalisé préalablement par testament), peuvent convenir entre eux d'une répartition des titres reflétant leurs attentes et leurs possibilités de conservation respectives, sans avoir à passer par une vente.

4826. Mais la souscription de l'engagement individuel n'est pas elle-même suffisante pour créer le bénéfice de la réduction. Il faut en outre l'appui d'un dirigeant issu du cercle des souscripteurs d'origine de l'engagement collectif ou choisi parmi les bénéficiaires de la même transmission.

II. Nécessaire appui d'un dirigeant de la société émettrice des titres ayant fait l'objet de l'engagement collectif de conservation

4840. L'adhésion d'un dirigeant de la société émettrice à l'engagement portant sur les titres de son capital n'est pas une condition formelle de la validité de l'engagement collectif, même si dans les faits ce sera le plus souvent à l'initiative d'un associé dirigeant (ou de plusieurs) que cet engagement sera conclu. Mais la loi subordonne la réduction des droits appliquée à la valeur des titres transmis à la condition qu'au cours d'une période de ***cinq ans***, commençant à la date de la transmission des titres, une personne signataire de l'engagement collectif ou faisant partie des bénéficiaires de la transmission exerce des fonctions dirigeantes au sein de la société dont les titres ont fait l'objet de l'engagement collectif.

A. Fonctions qualifiantes

4845. Dans les sociétés soumises au régime des ***sociétés de personnes***, il doit s'agir d'un associé qui exerce dans la société son activité professionnelle principale.

4846. Dans les sociétés soumises à l'***impôt sur les sociétés***, il doit s'agir d'un associé exerçant l'une des fonctions énumérées au 1° de l'article 885 O bis du CGI. Ces fonctions sont celles exercées par les personnes suivantes :

– dans les ***sociétés à responsabilité limitée***, tout gérant nommé conformément aux statuts, qu'il soit seul gérant ou membre d'un collège de gérants et sans égard au caractère majoritaire ou minoritaire de la gérance ;

– dans les ***sociétés de personnes soumises à l'impôt sur les sociétés***, tout associé d'une société en nom collectif, d'une société en commandite simple (associé commanditaire ou associé commandité), voire d'une société en participation ou d'une société créée de fait ;

– dans les ***sociétés en commandite par actions***, tout gérant commandité nommé conformément aux statuts, qu'il soit seul gérant ou membre d'une gérance collégiale ;

> Les parts de commandité n'étant pas représentatives de droits dans le capital, le gérant de la commandite sera nécessairement conduit à placer sous engagement de conservation des actions de commanditaire s'il veut donner vie à l'exonération.

– dans les ***sociétés anonymes***, le président du conseil d'administration, le ou les directeurs généraux, le ou les directeurs généraux délégués, les membres du directoire, le président du conseil de surveillance ;

– dans les ***sociétés par actions simplifiées***, le président de la société et tout associé exerçant des fonctions identiques à celles de directeur général, directeur général délégué, membre du directoire ou président du conseil de surveillance d'une société anonyme.

> Le président de la SAS ne donnera vie à l'exonération que s'il détient dans la société des actions qu'il accepte de soumettre à engagement.

B. Caractère exclusif du critère attaché à la qualité d'associé ou à la nature des fonctions exercées

4850. L'associé de la ***société non soumise à l'impôt sur les sociétés*** qui, eu égard au fait qu'il exerce dans la société son activité professionnelle principale, a la capacité de donner naissance à l'exonération partielle peut n'avoir qu'une faible participation. Qu'il soit signataire de l'engagement collectif ou d'un engagement individuel, il ne lui est pas demandé d'affecter à l'engagement tous les droits qu'il détient dans la société.

4851. Dans une ***société soumise à l'impôt sur les sociétés***, le dirigeant qui occupe les fonctions requises donne à l'engagement sa validité par sa seule qualité : ni le taux de sa participation ni le niveau de la rémunération qu'il reçoit de la société, comparé au niveau de ses autres rémunérations, ne figurent parmi les critères retenus par le texte (contrairement à la règle posée pour l'admission des titres d'un associé dirigeant à l'exonération d'ISF des biens professionnels). Il doit, bien entendu, exercer ses fonctions de façon effective et être en mesure de l'établir.

Le dirigeant intéressé, qu'il soit signataire de l'engagement collectif ou d'un engagement individuel, n'est pas tenu de placer sous engagement la totalité des titres qu'il détient dans la société.

C. Dirigeant personne morale

4860. On sait que la gérance d'une société en commandite par actions de même que la présidence d'une SAS peuvent valablement être confiées à une personne morale. L'article 787 B n'interdit pas qu'en tant qu'associée cette personne morale adhère à l'engagement collectif et n'exclut pas que cette personne morale compte parmi les dirigeants dont l'adhésion permet de donner vie à l'exonération. Cette conclusion est acceptée par l'administration s'agissant de l'engagement exonératoire de l'ISF (voir n° 2185) et elle devrait donc l'être également s'agissant de l'engagement transmission.

D. Point de départ de la période au cours de laquelle l'appui d'un dirigeant est requis

4865. Dans le cas où la transmission des titres procède d'une ***donation entre vifs***, la condition doit être satisfaite dès la date de l'acte. Dans le cas où la transmission procède d'un ***décès***, l'administration laisse aux héritiers ou légataires un délai de six mois à compter du décès pour que débutent statutairement et effectivement les fonctions du dirigeant requis. Dans cette situation la condition devra être satisfaite jusqu'à la fin de la cinquième année suivant la date de prise des fonctions (Inst. 7 G-6-01 n° 54 qui commentait le régime primitif d'exonération partielle, réservé aux transmissions par succession; voir n° 4500).

Ce report n'a d'utilité que si le défunt était le seul signataire de l'engagement collectif à exercer des fonctions dirigeantes dans la société dont il transmet les titres.

E. Détermination des personnes dont la qualité de dirigeant valide les engagements individuels

4870. Trois groupes d'associés sont susceptibles de valider les engagements individuels en considération des fonctions qu'ils exercent :

4871. 1° Tout ***signataire de l'engagement collectif*** en considération duquel la transmission a permis la souscription des engagements individuels exonératoires. Le signataire peut donc parfaitement être un tiers par rapport aux personnes parties à la transmission.

Exemple : Conformément aux données de l'exemple présenté au n° 4668, Jean et Michel sont les deux associés principaux d'une société non cotée dont ils détiennent chacun 20 %. Ils signent ensemble deux engagements collectifs (aux périmètres quasi identiques) destinés, le premier à permettre à Jean de donner ses titres dans les deux ans à ses deux enfants, Julien et Jean-François, le second à permettre à Michel de transmettre ses titres à son décès à ses trois enfants, Martin, Marion et Marie. Jean a donné ses titres. Nous arrivons au terme de l'engagement collectif de deux ans qui avait été souscrit pour les besoins de cette donation. Michel est encore en vie. Lui seul occupe des fonctions dirigeantes dans la société. Julien et Jean-François satisfont aux conditions de l'exonération grâce à la position de Michel, cosouscripteur de l'engagement collectif en considération duquel ils ont pu eux-mêmes prendre leurs engagements individuels de conservation.

4872. 2° Ceux des ***bénéficiaires de la transmission*** qui ont effectivement ***souscrit un engagement individuel*** de conservation (fût-ce sur une partie seulement des titres qu'ils ont recueillis), ce qui exclut ceux qui se seraient abstenus.

Exemple : Reprenons les données de l'exemple présenté au n° 4871. Si Michel devait cesser ses fonctions de dirigeant moins de cinq ans après la donation que Jean a consentie à Julien et à Jean-François, il faudrait que Julien ou Jean-François assume les fonctions abandonnées par Michel (ou que Jean, souscripteur de l'engagement collectif, devienne dirigeant).

4873. 3° Tout associé devenu adhérent, en tant qu'***ayant cause à titre gratuit d'un signataire, de l'engagement collectif*** en considération duquel la transmission a permis la souscription des engagements individuels exonératoires.

> *Exemple* : Poursuivons l'examen de la situation décrite dans les exemples présentés aux n°s 4871 et 4872 pour voir quel serait le sort de Martin, Marion et Marie au décès de leur père Michel dans le cas où ce serait Julien ou Jean-François qui deviendrait dirigeant à sa place. L'engagement collectif en cours au décès de Michel avait eu pour souscripteurs Michel et Jean. Mais du fait de la donation consentie par Jean à ses fils, ceux-ci, en tant qu'ayants cause à titre gratuit de leur père, se sont trouvés substitués à lui dans l'obligation de conservation des titres et sont ainsi devenus souscripteurs de l'engagement collectif conclu avec Michel. La présence de Julien ou de Jean-François au poste de dirigeant dispense donc Martin, Marion et Marie d'assumer eux-mêmes les fonctions de direction.

4874. Les indications qui précèdent pourraient donner l'impression que les conditions posées par la loi sont susceptibles d'être assez aisément satisfaites. Cette conclusion doit être nuancée.

> *Exemple* : Revenons à la situation décrite dans les exemples présentés aux n°s 4871, 4872 et 4873 pour voir ce qui se passerait si, au décès de Michel, Julien et Jean-François étaient tous deux empêchés de lui succéder comme dirigeant (Jean étant lui aussi empêché) alors que l'on se situe encore dans les cinq ans de la donation qui leur a été consentie. Le fait que Martin, Marion ou Marie occupe le poste assurerait aux trois intéressés le bénéfice de la réduction à laquelle ils sont en droit de prétendre. Mais cette nomination ne suffirait pas à la sauvegarde de la réduction obtenue par Julien et Jean-François. En effet l'engagement collectif de deux ans dont procède cette réduction n'avait réuni que Jean et Michel, sans associer les enfants de Michel dont le décès est survenu après la cessation de cet engagement.

La conclusion pratique à tirer des restrictions qui apparaissent dans l'exemple ci-dessus est que les contribuables désireux d'assurer la transmission de leurs titres agiront sagement en prenant soin d'***impliquer directement*** leurs ***ayants cause*** dans la souscription de l'engagement ou des ***engagements collectifs*** conçus à cet effet.

Il faut donc que, préalablement à la conclusion des engagements, les futurs bénéficiaires de la transmission deviennent propriétaires d'au moins quelques titres à raison desquels ils s'engageront personnellement.

F. Caractère continu de l'appui du dirigeant requis

4880. L'exercice de fonctions dirigeantes par l'une des personnes ayant qualité pour valider les engagements individuels doit être effectif pendant toute la période de cinq ans qui s'est ouverte à la date de la transmission ou dans les six mois du décès (voir n° 4865).

4881. Dans le cas où le ***dirigeant*** qui donne son efficacité aux engagements individuels ***cesse ses fonctions*** (aucune autre personne habilitée n'occupant déjà, par hypothèse, les fonctions requises), son remplacement pourra prendre un certain délai. On peut espérer que, si la vacance constatée n'excède pas le ***temps*** habituellement ***nécessaire à la nomination du successeur***, l'administration s'abstiendra d'en tirer des conséquences négatives pour les souscripteurs. Nous pensons en particulier à des situations telles que le décès. Rappelons que dans le cas des engagements exonératoires de l'ISF (voir n° 2180), un délai de trois mois est accordé aux souscripteurs pour désigner le dirigeant de remplacement.

III. Portée de l'engagement individuel de conservation des titres

A. Interdiction de céder

4890. Les ***titres sur lesquels*** le bénéficiaire de la transmission a fait porter son ***engagement individuel*** ne doivent être cédés à quiconque, pas même à un autre bénéficiaire ayant souscrit un engagement individuel parallèle. Il est donc impossible, en particulier, pour leur détenteur de les apporter en société, quand bien même la société concernée aurait participé à la souscription de l'engagement collectif. On va voir toutefois (n° 4892) qu'il est permis aux titulaires de l'engagement individuel de regrouper leurs titres au sein d'une société holding.

Dans le cas où l'engagement porte sur les ***titres d'une société interposée*** (société qui avait placé sous engagement collectif sa participation dans la société exploitante ou société associée de la société ayant participé à cet engagement), l'interdiction de céder frappe l'auteur de l'engagement individuel pris sur ces titres sans s'étendre formellement, une fois l'engagement collectif parvenu à son terme, à la société interposée, à raison des titres qu'elle détient directement ou indirectement dans la société exploitante. Mais un désengagement de la société interposée n'est guère concevable ne serait-ce qu'au regard de la condition du maintien au poste de dirigeant d'un signataire de l'engagement collectif, d'un de ses ayants droit ou d'un signataire d'un engagement individuel.

4891. Rien ne paraît s'opposer à ce que les titres ayant fait l'objet de l'engagement individuel fassent l'objet d'un ***nantissement*** (encore que cette situation soit porteuse de risques en cas de réalisation du gage).

B. Droit d'apporter les titres à une société holding dédiée

4892. Sous l'empire de la réglementation applicable jusqu'au 31 décembre 2005, le recours à un holding de détention devait être préalable à la transmission des titres car l'apport des parts ou actions ayant bénéficié du régime de faveur entraînait automatiquement la rupture de l'engagement individuel de conservation et la reprise rétroactive de l'exonération partielle (Rép. Marini : Sénat 15 juillet 2004 p. 1569 n° 10014).

Depuis le 1er janvier 2006, les titres d'une société exploitante, une fois leur transmission réalisée, peuvent valablement être apportés à une société dont l'objet unique est la gestion de son propre patrimoine (pur holding) sans que cet apport entraîne la remise en cause de l'exonération.

Trois ***conditions*** sont posées à cet effet par la loi (f nouveau de l'article 787 B du CGI) :

1° La société bénéficiaire ne détient que les titres de la société exploitante et elle est détenue en totalité par les personnes physiques bénéficiaires de l'exonération. Le donateur peut toutefois détenir une participation directe dans le capital de cette société, sans que cette participation puisse être majoritaire. La société est dirigée directement par une ou plusieurs des personnes bénéficiaires de l'exonération. Les conditions tenant à la composition de l'actif de la société, à la détention de son capital et à sa direction doivent être respectées à l'issue de l'opération d'apport et jusqu'au terme de l'engagement individuel de conservation pris par les bénéficiaires de l'exonération.

2° La société bénéficiaire de l'apport prend l'engagement de conserver les titres reçus en apport jusqu'au terme de l'engagement individuel de conservation.

3° Les héritiers, donataires ou légataires, associés de la société bénéficiaire des apports doivent conserver jusqu'à la même date les titres reçus en contrepartie de l'opération d'apport.

Les héritiers, donataires et légataires, qui n'auraient pas constitué un holding avant la transmission des titres sous exonération bénéficient ainsi d'une « deuxième chance », postérieurement à la transmission des titres.

4893. Cette modalité de blocage des participations au sein d'une société concerne exclusivement les bénéficiaires d'une transmission ayant porté sur les ***titres*** d'une ***société exploitante***, catégorie qui englobe, rappelons-le, les sociétés holding animatrices.

La société holding peut librement être constituée à un moment quelconque de la ***période*** de six ans, pendant laquelle ses fondateurs sont tenus à leur ***engagement individuel*** de conservation.

Il est aussi possible, à notre avis, de la constituer ***sans attendre le terme de l'engagement collectif*** qui marque le début d'exécution des engagements individuels. Certes la société n'aura pu être alors personnellement souscriptrice de l'engagement collectif. Mais cela importe peu en définitive. L'apport qui lui est consenti lui fait endosser la reprise des engagements individuels qui pèsent sur ses associés et l'oblige à répondre aussi du respect de l'engagement collectif auquel ceux-ci avaient adhéré pour sa période restant à courir. Les garanties de conservation voulues par la loi s'en trouvent ainsi nécessairement renforcées. On peut penser que l'administration se rangera à cette manière de voir.

La société doit-elle regrouper seulement les bénéficiaires d'une transmission émanant d'un ***auteur commun*** ou peut-elle être constituée par les bénéficiaires de transmissions simultanées (donations) consenties par ***plusieurs souscripteurs*** de l'engagement collectif? On peut espérer que l'administration admettra aussi cette seconde possibilité.

La loi n'exige pas que l'ensemble des bénéficiaires ***d'une même transmission*** apportent leurs titres à la société holding. Elle ne s'oppose pas non plus à ce que la ***société holding acquière*** par la suite ***dans la société exploitante d'autres titres*** que ceux qu'elle reçoit en apport de la part des titulaires des engagements individuels.

La formation du holding ne dispense pas les associés intéressés de l'appui du ***dirigeant*** de la société exploitante (voir ci-avant nos 4870 s.).

Enfin, on remarquera que si les apporteurs (ou leur auteur) avaient souscrit un ***engagement parallèle*** de conservation pour exonérer leurs titres de l'***ISF***, la formation de la société pourrait, dans la rigueur du texte, être considérée comme un manquement aux obligations souscrites dans le cadre de cet engagement. Mais on peut espérer que l'administration réglera favorablement ce cas du fait que, de par la loi, la société reprend l'engagement collectif souscrit par ses fondateurs.

C. Variation du capital

4895. Il n'est pas exclu que doivent être assimilés aux ***titres*** d'origine – et être regardés comme visés par l'engagement – ceux qui seront ***reçus gratuitement*** de la société émettrice pendant la durée de l'engagement, suite à une incorporation de réserves.

> Cela ne pourra pas être le cas pour les ***titres nouveaux issus de souscriptions en numéraire.***

4896. L'engagement serait rompu si la ***société décidait de rembourser les titres*** frappés de l'engagement en procédant à l'***annulation*** d'une partie d'entre eux. Il ne le serait pas si la société décidait dans le même but de ***réduire le montant nominal*** des titres.

4897. La ***dissolution*** de la société émettrice des titres sous engagement ne sera pas considérée comme entraînant rupture de l'engagement si elle résulte d'un jugement ordonnant la liquidation judiciaire (sauf organisation frauduleuse de cette liquidation).

D. Absorption ou scission

4910. La loi n'a pas prévu la sauvegarde des engagements pris sur les titres d'une société qui disparaît par absorption ou scission. On peut espérer sur ce point une solution favorable de la part de l'administration.

E. Décès du souscripteur de l'engagement

4915. L'engagement individuel ayant été pris par son auteur pour lui et pour ses ayants cause à titre gratuit, les ayants droit du défunt sont tenus à l'engagement que celui-ci avait pris dans les mêmes conditions que s'ils l'avaient eux-mêmes souscrit. Toute cession est donc interdite aux héritiers pendant la durée de l'engagement.

Cependant, une fois que les titres auront été partagés, on pourra soutenir que l'engagement qu'avait pris le défunt se poursuit divisément dans le chef de chaque copartageant, moyennant quoi une cession opérée par un héritier remettrait en cause seulement la réduction obtenue par le défunt sur le lot de titres échu en partage à cet héritier cédant. Il serait heureux que l'administration admette cette analyse.

4916. Soulignons que la transmission des titres soumis à l'engagement individuel n'est elle-même assortie d'aucun allégement fiscal. Mais il pourra arriver que ces titres soient simultanément compris dans un engagement collectif assurant aux héritiers le bénéfice de la réduction des droits.

> Ce serait le cas, dans l'exemple présenté au n° 4873, pour Julien et Jean-François, devenus personnellement adhérents de l'engagement collectif en cours conclu avec Michel, si l'un d'eux venait à décéder avant Michel.

Les héritiers, en prenant l'engagement individuel nécessaire à l'obtention de la réduction de droits qui les concerne, respecteraient alors l'engagement qui restait à courir du chef de leur auteur.

F. Donation des titres soumis à l'engagement individuel

4920. Cette opération devrait être reconnue possible au prix de l'acceptation, par les bénéficiaires de la donation, de la poursuite de l'engagement individuel en cours jusqu'à son terme. En effet, l'engagement a été pris par son auteur pour lui et pour ses ayants cause à titre gratuit, expression qui englobe les gratifiés entre vifs.

G. Cas où l'usufruit des titres a été recueilli par une personne distincte

4925. Dans cette situation, usufruitier et nu-propriétaire ont normalement été conduits à prendre conjointement l'engagement individuel dans la déclaration de succession (ou dans l'acte de donation, dans la seconde des situations évoquées n° 4784). L'usufruitier ne peut donc pas céder son usufruit sans remettre en cause la réduction dont il a profité et celle dont a profité le nu-propriétaire.

Mais si l'usufruitier sait ne pas pouvoir respecter son engagement, il paraîtrait normal qu'il soit dispensé de s'associer à l'engagement pris par le nu-propriétaire, certes en sacrifiant sa propre réduction, mais sans faire perdre la sienne au nu-propriétaire.

IV. Manquement à l'une des conditions de validité de l'engagement individuel

4930. Un tel manquement peut avoir des ***causes*** diverses :
– rupture avant son terme de l'engagement collectif de conservation en cours au jour de la transmission (voir nos 4615 s., 4625 s.) ;
– déficience de la condition relative à l'exercice de fonctions dirigeantes par une personne habilitée (voir nos 4840 s.) ;
– cession des titres sous engagement individuel (voir n° 4890) sauf s'il s'agit de leur apport à une société holding dédiée (voir n° 4892) ;
– annulation par la société d'une partie des titres (voir n° 4896) ;
– absorption ou scission de la société émettrice (voir n° 4910).

4931. La ***sanction*** est brutale. L'auteur du manquement ou celui qui en est victime perd rétrospectivement le bénéfice de la réduction qui lui a été appliquée sur la base de calcul des droits, nonobstant toute prescription et même si le manquement se produit très peu de temps avant le terme de l'engagement individuel. Le rappel des droits qui avaient été économisés s'accompagne de l'intérêt de retard décompté depuis la date à laquelle l'impôt était devenu exigible. Pour la période qui s'est ouverte le 1er janvier 2006, le taux de l'intérêt est de 0,40% par mois. Pour la période antérieure, le taux est de 0,75% par mois.

Mais l'administration aura la latitude de prononcer une réduction de l'intérêt prévu par la loi et l'on peut espérer qu'elle fera preuve de clémence en particulier dans les cas de force majeure (cas de fusion ou de scission par exemple).

4932. Les engagements étant individuels, la déchéance pour cause de cession des titres frappe le seul bénéficiaire défaillant. Les autres bénéficiaires ne la subissent pas s'ils ont conservé leurs titres.

V. Formalités requises

4940. Les souscripteurs de l'engagement individuel sont astreints au dépôt d'une déclaration annuelle (à souscrire pour le 31 mars) attestant qu'au 31 décembre de l'année précédente ils détenaient encore les titres placés sous engagement et qu'une personne habilitée occupait les fonctions de dirigeant.

SECTION V

Indications pratiques

I. Engagement collectif large ou restreint?

4950. Plus le ***pourcentage des titres placés initialement sous engagement*** s'élève au-dessus du taux minimum requis de 20 % ou de 34 %, moins les participants sont exposés aux conséquences négatives d'une dilution qui ferait descendre le pourcentage des titres sous engagement au-dessous du seuil requis (dilution faisant suite à la réalisation d'apports nouveaux consentis à la société émettrice : voir n° 4619).

4951. Plus le ***nombre d'associés souscripteurs*** est élevé, plus vaste est l'éventail des candidats aptes à l'exercice des fonctions dirigeantes que doit nécessairement occuper l'un d'eux (si les bénéficiaires de la transmission ne les occupent pas eux-mêmes) pendant la période de cinq ans qui suit la date de souscription des engagements individuels. Chaque signataire personne physique doit songer aux conséquences de la transmission qu'il prépare. Si ni son conjoint, ni ses enfants, ni les conjoints de ceux-ci ne sont encore propriétaires de titres alors qu'ils pourraient être aptes à occuper des fonctions dirigeantes après son décès ou après la donation qu'il envisage, il agira sagement en faisant en sorte qu'ils acquièrent cette qualité et participent personnellement à la signature de l'engagement.

En élevant le nombre des souscripteurs, les participants à l'engagement collectif prennent naturellement le risque de fragiliser celui-ci car toute défection, même émanant d'un associé n'ayant placé sous engagement qu'un nombre minime de titres, entraîne la caducité de l'engagement (voir au n°4965 les précautions qui s'imposent).

II. Engagement collectif unique ou engagements collectifs multiples?

4960. Tout dépend des circonstances. L'associé qui détient à lui seul une participation représentant le seuil requis de 20 % ou de 34 % n'est pas dans la même situation que ceux qui doivent se regrouper pour atteindre le pourcentage requis et, dans ce second cas, les choses se présentent différemment suivant que les associés qui se regroupent ont tous en vue une donation de leurs titres dans les deux ans ou sont divisés sur cet objectif. On se reportera à cet égard aux précisions données aux n°s 4666 s.

III. Comment s'organiser pour donner à l'engagement collectif les meilleures chances d'être tenu?

4965. Il pourra être judicieux d'aménager une porte de sortie en faveur de ceux des souscripteurs qui seraient tentés de vendre leurs titres : les signataires ont la faculté à cet effet de ***se consentir mutuellement*** un ***droit de préférence ou de préemption*** sur les titres placés sous engagement. Il leur est loisible d'arrêter entre eux des dispositions relatives à l'***indemnisation*** qui serait due par l'auteur d'une rupture aux autres signataires pour le cas où cette rupture remettrait en cause les réductions de droits déjà obtenues. Une solution efficace serait d'organiser un ***séquestre des titres chez un intermédiaire*** financier habilité. Cela suppose que les titres soient nominatifs et que leurs titulaires demandent à passer en compte nominatif administré et confient la gestion de leur compte à la banque séquestre. Les signataires interdiraient par convention au séquestre d'enregistrer tout transfert à un tiers des titres sous engagement à moins que la demande ne porte la signature de tous les participants à l'engagement.

IV. Détention directe des titres de la société exploitante ou détention par personne interposée?

4970. Des associés intéressés par l'engagement exonératoire peuvent être tentés par l'idée de réunir préalablement leurs titres (ou, du moins, une part prépondérante de ces titres) au sein d'une ***société spécialement constituée*** pour détenir ceux-ci et qui adhérerait à l'engagement collectif. Dans le cas où les titres seraient apportés à une société qui ne détiendrait aucun autre actif, la base de calcul de l'exonération resterait inchangée par rapport à la situation de détention directe.

Cette formule est susceptible de présenter un avantage : si un associé de la société interposée décide de céder en cours d'engagement sa participation dans cette société, sa décision n'affectera que sa propre situation, sans affecter le potentiel d'exonération des associés non cédants.

En regard, la conservation d'une ***détention directe*** donne plus de souplesse car les cessions entre signataires des titres placés sous engagement s'effectuent en toute liberté et fait gagner aux associés acheteurs le potentiel d'exonération perdu par les cédants.

V. Modèles simplifiés d'engagements collectifs

4975. Les modèles ci-après se rapportent à la situation de deux actionnaires de référence d'une ***société dont les titres ne sont pas admis aux négociations sur un marché réglementé***.

– Monsieur A, président du directoire, détient 15 % du capital. Veuf, il a trois enfants majeurs, non actionnaires, auxquels il a l'intention de donner l'ensemble de ses titres sous deux ans.

– Monsieur B, membre du directoire, est marié et détient en propre 10 % du capital. Léa, fille unique du couple, mineure, détient déjà à titre personnel 5 % du capital. L'objectif de monsieur B est qu'à son décès sa fille recueille la nue-propriété de sa participation de 10 % et que son épouse en recueille l'usufruit.

– Une société civile réunissant des associés sans lien de parenté avec MM. A et B détient 20 % du capital. Les associés de cette société civile sont intéressés par la réduction des droits, certains dans l'optique d'une donation à brève échéance, d'autres en prévision de leur décès.

Conformément au conseil donné plus haut (n° 4951), monsieur A commence par donner 100 actions à chacun de ses trois enfants, M, N et O, tous célibataires.

Après quoi, les associés vont se lier par les deux engagements collectifs ci-dessous, le premier conclu dans l'intérêt principal de monsieur A et le second dans l'intérêt principal de monsieur B.

Engagement 1 souscrit pour l'application de l'article 787 B du CGI

4980. Entre les actionnaires soussignés de la société X (dénomination), ayant son siège social à (adresse), société anonyme au capital de 50 000 000 € divisé en 500 000 actions, toutes de même catégorie, d'un montant nominal de 100 € chacune, il a été exposé ce qui suit :

– Monsieur A (nom, prénom), né le ...., de nationalité ...., célibataire, demeurant (adresse) détient 74 700 actions de la société X.

– Monsieur M (nom, prénom), né le ...., de nationalité ...., célibataire, demeurant (adresse) détient 100 actions de la société X.
– Mademoiselle N (nom, prénom), née le ...., de nationalité ...., célibataire, demeurant (adresse) détient 100 actions de la société X.
– Monsieur O (nom, prénom), né le ...., de nationalité ...., célibataire, demeurant (adresse) détient 100 actions de la société X.
– Monsieur B (nom, prénom), né le ...., de nationalité ...., marié à Madame C (nom, prénom), née le ...., de nationalité ...., demeurant (adresse) détient 50 000 actions de la société X.
– Mademoiselle C (nom, prénom), née le .... (mineure) à ...., de nationalité .... représentée par ses parents, ci-avant nommés, Monsieur B (nom, prénom) et Madame C (nom, prénom), demeurant (adresse) détient 25 000 actions de la société X.
– La société civile (dénomination) ayant son siège social (adresse) représentée par son gérant, Monsieur E (nom, prénom), né le ...., de nationalité ...., demeurant (adresse) détient 100 000 actions de la société X.

Cela exposé, les actionnaires soussignés s'engagent, par le présent acte, à conserver collectivement pendant une durée de deux ans courant à compter de l'enregistrement des présentes 249 000 actions de la société X, soit 49,8 % de son capital. Cet engagement, pris pour eux-mêmes et pour leurs ayants cause à titre gratuit, regroupe les engagements individuels ci-après :

– Monsieur A (nom, prénom) s'engage pour	74 700 actions
– Monsieur M (nom, prénom) s'engage pour	100 actions
– Mademoiselle N (nom, prénom) s'engage pour	100 actions
– Monsieur O (nom, prénom) s'engage pour	100 actions
– La société civile (dénomination) s'engage pour	100 000 actions
– Monsieur B (nom, prénom) et Madame C (nom, prénom) s'engagent pour	49 000 actions[1]
– Mademoiselle D (nom, prénom) s'engage pour	25 000 actions
	Total : 249 000 actions

L'engagement est établi en dix exemplaires, un pour être remis à chaque signataire ou au représentant de celui-ci, un pour être présenté à l'enregistrement et un pour être adressé à la société X, ces deux formalités étant à accomplir par Monsieur A (nom, prénom), qui déclare accepter de s'en charger ce jour même.

Fait à .... le ....

(1) 49 000 et non 50 000 actions, pour créer la différenciation entre cet engagement et son jumeau l'engagement 2.

Engagement 2 souscrit pour l'application de l'article 787 B du CGI

4985. Entre les actionnaires soussignés de la société X (dénomination), ayant son siège social à (adresse), société anonyme au capital de 50 000 000 € divisé en 500 000 actions, toutes de même catégorie, d'un montant nominal de 100 € chacune, il a été exposé ce qui suit :

– Monsieur A (nom, prénom), né le ...., de nationalité ...., célibataire, demeurant (adresse) détient 74 700 actions de la société X.
– Monsieur M (nom, prénom), né le ...., de nationalité ...., célibataire, demeurant (adresse) détient 100 actions de la société X.
– Mademoiselle N (nom, prénom), née le ...., de nationalité ...., célibataire, demeurant (adresse) détient 100 actions de la société X.
– Monsieur O (nom, prénom), né le ...., de nationalité ...., célibataire, demeurant (adresse) détient 100 actions de la société X.
– Monsieur B (nom, prénom), né le ...., de nationalité ...., marié à Madame C (nom, prénom), née le ...., de nationalité ...., demeurant (adresse) détient 50 000 actions de la société X.
– Mademoiselle D (nom, prénom), née le .... (mineure) à ...., de nationalité .... représentée par ses parents, ci-avant nommés, Monsieur B (nom, prénom) et Madame C (nom, prénom), demeurant (adresse) détient 25 000 actions de la société X.
– La société civile (dénomination) ayant son siège social (adresse) représentée par son gérant, Monsieur E (nom, prénom), né le ...., de nationalité ...., demeurant (adresse) détient 100 000 actions de la société X.

Cela exposé, les actionnaires soussignés s'engagent, par le présent acte, à conserver collectivement pendant une durée de deux ans courant à compter de l'enregistrement des présentes 250 000 actions de la société X, soit 50 % de son capital. Cet engagement, pris pour eux-mêmes et pour leurs ayants cause à titre gratuit, regroupe les engagements individuels ci-après :

– Monsieur A (nom, prénom) s'engage pour	74 700 actions
– Monsieur M (nom, prénom) s'engage pour	100 actions
– Mademoiselle N (nom, prénom) s'engage pour	100 actions
– Monsieur O (nom, prénom) s'engage pour	100 actions
– La société civile (dénomination) s'engage pour 1	00 000 actions
– Monsieur B (nom, prénom) et Madame C (nom, prénom) s'engagent pour	50 000 actions
– Mademoiselle D (nom, prénom) s'engage	pour 25 000 actions
	Total : 250 000 actions

Dans le cas où, deux ans après l'enregistrement des présentes, Monsieur B sera encore en vie sans avoir donné tout ou partie des titres qu'il a placés sous engagement, le présent engagement sera automatiquement prorogé jusqu'au décès de Monsieur B ou, si elle est antérieure, jusqu'à la date à laquelle il aura donné tout ou partie des titres qu'il a placés sous engagement.

L'engagement est établi en dix exemplaires, un pour être remis à chaque signataire ou au représentant de celui-ci, un pour être présenté à l'enregistrement et un pour être adressé à la société X, ces deux formalités étant à accomplir par Monsieur A (nom, prénom), qui déclare accepter de s'en charger ce jour même.

Fait à .... le ....

CHAPITRE III

Exonérations diverses

SECTION I

Donation de titres aux salariés

5200. Les donations de parts ou actions d'une société à un ou plusieurs membres de son personnel peuvent être ***exonérées de droits de mutation à titre gratuit*** à concurrence de la fraction de la valeur des titres représentative du fonds ou de la clientèle (CGI art. 790 A). Cette exonération optionnelle est subordonnée à plusieurs conditions, et notamment à celle tenant à la valeur du fonds ou de la clientèle transmis.

5201. Lorsque les ***conditions*** requises pour bénéficier du régime de faveur ne sont ***pas remplies***, les donations de titres aux salariés donnent lieu au paiement des droits de mutation à titre gratuit dans les conditions de droit commun.

5210. L'article 45 de la loi 2003-721 du 1er août 2003 pour l'initiative économique qui a modifié les dispositions de l'article 790 A du CGI a substitué à l'abattement spécial applicable sur agrément une exonération totale de droits d'enregistrement à concurrence de la fraction de la valeur des titres représentative du fonds ou de la clientèle pour certaines donations strictement définies. Subordonnée à plusieurs conditions, cette exonération ne joue notamment que si la valeur du fonds ou de la clientèle appartenant à la société est inférieure à 300 000 €.

a. Mutations et biens concernés

5215. L'exonération concerne les ***donations de parts ou actions*** d'une société à concurrence de la fraction de la valeur des titres représentative du fonds ou de la clientèle.

Pour ouvrir droit à l'exonération, la ***donation*** doit être effectuée ***en pleine propriété***. Sont donc exclues notamment les donations en nue-propriété.

Pour l'application du bénéfice des dispositions de l'article 790 A du CGI, il n'est en revanche pas nécessaire que la transmission porte sur la ***totalité des titres*** sociaux (Rép. Bobe : AN 21 mars 2006 p. 3083 n° 84046).

5216. La société dont les titres font l'objet de la donation doit exercer une ***activité industrielle, commerciale, artisanale, agricole ou libérale***. Ne sont donc pas visées les sociétés civiles de gestion immobilière ou de portefeuille. Mais l'exercice à titre accessoire d'une activité civile par une société exerçant une activité industrielle, commerciale, artisanale, agricole ou libérale ne fait pas obstacle à l'exonération, le texte légal n'exigeant pas l'exercice exclusif de cette dernière.

Par ailleurs, le ***régime fiscal*** de la société (impôt sur les sociétés, impôt sur le revenu) est sans incidence.

5217. Pour bénéficier de l'exonération, la ***valeur du fonds*** exploité sous le couvert de la société dont les titres sont transmis doit être inférieure à 300 000 €.

Au-dessus de ce montant, l'exonération n'est pas applicable et la donation donne intégralement lieu au paiement des droits d'enregistrement.

b. Conditions relatives au donataire

Qualité du donataire

5220. L'exonération ne s'applique que si le ou les donataires sont :
– titulaires d'un ***contrat de travail à durée indéterminée*** depuis au moins deux ans et exercent leur ***fonction à temps plein*** ;
– titulaires d'un ***contrat d'apprentissage*** (aucune condition de durée n'étant exigée dans ce cas).

Ces ***contrats*** doivent être ***conclus avec*** la société dont les parts ou actions sont transmises, et être ***en cours*** au jour de la donation.

Sont donc ***notamment exclus*** du dispositif :
– les salariés titulaires de CDI conclus depuis moins de deux ans au jour de la transmission ;
– les salariés titulaires de CDI conclus depuis plus de deux ans mais qui travaillent à temps partiel ;
– les salariés titulaires de CDD ;
– les anciens salariés (les retraités notamment).

Il est à noter que la donation peut profiter à un ou plusieurs salariés en CDI ou apprentis, même liés par des ***liens de parenté avec le donateur***.

Poursuite de l'activité

5225. Les donataires sont tenus en contrepartie de l'exonération accordée de poursuivre, ***pendant cinq ans*** à compter de la date de la donation, à titre d'***activité professionnelle unique et de manière continue et effective*** l'activité de la société dont les parts ou actions sont transmises.

5226. Par ailleurs, l'***un*** d'eux ***doit assurer***, pendant cette période, la ***direction effective*** de la société, ce qui suppose l'accomplissement d'actes précis et de diligences réelles (signature des pièces essentielles, contacts suivis avec les principaux clients ou fournisseurs...).

En revanche, il n'est ***pas exigé*** que la direction soit effectivement exercée par la ***même personne pendant les cinq années*** qui suivent la transmission.

c. Durée minimale de détention des titres ou du fonds

5230. Lorsque la donation porte sur des ***parts ou actions acquises à titre onéreux***, le donateur doit en être propriétaire depuis au moins deux ans au jour de la donation. Cette condition n'est pas requise lorsqu'il les détient à la suite d'une mutation à titre gratuit (succession ou donation).

Par analogie avec la solution retenue par l'administration dans le cadre de l'exonération partielle des droits de mutation à titre gratuit des parts de groupements forestiers prévue à l'article 793, 1-3° du CGI, cette condition ne devrait pas être exigée lorsque les parts ont été attribuées au donateur en rémunération d'un apport pur et simple lors de la constitution de la société ou d'une augmentation de capital. En effet, l'administration a considéré qu'un apport à titre pur et simple ne constitue pas une acquisition à titre onéreux (D. adm. 7 G-2621 n° 16).

5231. Par ailleurs, lorsque le ***fonds de commerce ou*** la ***clientèle a été acquis à titre onéreux***, l'exonération de droits de mutation n'est accordée que si la société le détient depuis plus de deux ans au jour de la donation des parts ou actions.

Aucun délai de détention n'est en revanche exigé lorsque le fonds ou la clientèle a été créé. La condition relative à la durée de détention du fonds ne devrait également pas s'appliquer lorsque le fonds a été apporté à titre pur et simple à la société (voir n° 5230 la position administrative retenue pour l'application de cette condition dans le cadre du régime de l'article 793, 1-3° du CGI).

5232. Les parties doivent être en mesure de ***justifier*** de la date d'acquisition du fonds ou des titres.

d. Portée

5235. Seule la fraction de la valeur des titres représentative du fonds ou de la clientèle est exonérée de droits d'enregistrement. ***La fraction représentative des actifs autres*** que le fonds ou la clientèle de la société dans chaque part ou action transmise est taxable.

> ***Exemple*** : Une SARL exerçant une activité commerciale est évaluée à 400 000 € dont 100 000 € correspondent à la valeur du fonds de commerce, soit 25 %. En cas de donation de l'intégralité des parts aux salariés, l'exonération ne porte que sur 100 000 €.

5236. Les donations de ces actifs autres que le fonds ou la clientèle peuvent, le cas échéant, bénéficier des ***abattements*** applicables ***en raison du lien de parenté*** existant entre le donateur et le donataire ou de la ***qualité de***

handicapé du bénéficiaire (CGI art 779, II), ainsi que de la ***réduction*** de droits ***liée à l'âge du donateur*** prévue à l'article 790 du CGI.

5237. En revanche, il est expressément ***interdit de cumuler*** cette exonération avec l'***exonération partielle*** de droits de mutation à titre gratuit prévue à l'article 787 B du CGI (voir n°s 4500 s.).

Ainsi, lorsque la donation est effectuée sous le régime de l'article 790 A du CGI, la fraction représentative des actifs autres que le fonds ou la clientèle dans les titres transmis ne peut en aucun cas bénéficier de l'exonération partielle prévue à l'article 787 B du CGI.

Dans l'hypothèse où les titres donnés font l'objet d'un engagement collectif de conservation, le ou les donataires sont amenés à choisir entre l'exonération totale sur la part correspondant, dans les titres transmis, à la valeur du fonds et l'exonération partielle des droits d'enregistrement sur la valeur totale des titres.

e. Remise en cause du régime

5240. Le non-respect des conditions requises pour bénéficier de l'exonération entraîne la remise en cause du régime de faveur. Les donataires sont alors tenus d'acquitter les ***droits d'enregistrement*** précédemment exonérés assortis de l'***intérêt de retard*** prévu à l'article 1727 du CGI, et, le cas échéant, assortis de la ***majoration*** prévue à l'article 1729 du CGI en cas de manquement délibéré.

5241. Toutefois, lorsque la société fait l'objet d'une procédure de ***liquidation judiciaire***, dans les cinq ans qui suivent la date de la donation, les donataires ne perdent pas le bénéfice de l'exonération.

SECTION II

Groupements fonciers agricoles, groupements forestiers et groupements fonciers ruraux

A. Parts de groupements fonciers agricoles

5250. Il résulte des dispositions des articles 793, 1-4° et 793 bis du CGI que les mutations à titre gratuit de parts de groupements fonciers agricoles (GFA) sont exonérées de ***droits de succession et de donation***

à concurrence d'une fraction de leur valeur lorsque certaines conditions sont réunies.

En outre, l'exonération est remise en cause si les parts sont aliénées dans les cinq ans de leur transmission à titre gratuit ou en cas d'infraction à ses obligations par le GFA.

1. Conditions d'application

a. Conditions relatives au groupement

5252. Seules peuvent bénéficier de l'exonération partielle les parts de GFA qui réunissent certaines conditions relatives à la responsabilité pécuniaire des associés (voir n° 5254), à l'interdiction d'exploiter en faire-valoir direct (voir nos 5256 s.) et à la location des biens appartenant au GFA par bail à long terme ou par bail cessible hors du cadre familial (voir nos 5260 s.).

L'exonération est également susceptible de s'appliquer sous les mêmes conditions aux transmissions de parts de ***groupements agricoles fonciers*** (GAF) répondant aux mêmes caractéristiques que les GFA.

Responsabilité des associés

5254. Le GFA doit répondre aux caractéristiques des articles L 322-1 à L 322-21, L 322-23 et L 322-24 du Code rural : les associés doivent répondre indéfiniment des dettes sociales à proportion de leur part dans le capital. À défaut, l'exonération n'est pas applicable (Rép. Geoffroy : Sén. 29-3-1979 p. 471 n° 27764).

Interdiction de l'exploitation en faire-valoir direct

5256. L'exonération n'est applicable qu'aux parts de GFA dont les statuts interdisent l'exploitation en faire-valoir direct.

Cette interdiction doit exister au moment de la transmission à titre gratuit et elle doit être effective.

L'exonération ne peut donc pas bénéficier aux parts d'un groupement dont les statuts prévoient qu'il participe à la direction de l'exploitation ou qui, bien que ses statuts le lui interdisent, ***participe en réalité à cette direction*** (Rép. Bolo : AN 24-10-1975 p. 7359 n° 22149 ; D. adm. 7 G-2623 n° 21). Dans cette dernière hypothèse, la participation éventuelle du GFA à la direction de l'exploitation est une question de fait qui doit s'apprécier cas par cas (Rép. Chasseguet : AN 11-5-1981 p. 2007 n° 34550 ; D. adm. 7 G-2623 n° 21).
Dans le cas d'un GFA ayant ***modifié ses statuts*** pour y introduire l'interdiction du faire-valoir direct, l'exonération partielle peut, en revanche, s'appliquer dès lors que la transmission à titre gratuit est postérieure à la modification statutaire (Rép. Geoffroy : Sén. 3-10-1976 p. 2614 n° 20211).

5257. L'exonération ne s'applique pas si le GFA exploite lui-même des *terres* qu'il a *prises à bail*.

5258. Elle ne s'applique pas non plus dans le cas où les biens du GFA sont donnés à bail par ***métayage***, dès lors que le GFA participe à la direction de l'exploitation (Rép. Mathieu : AN 7-4-1976 p. 1421 n° 24928).

Biens donnés à bail à long terme ou à bail cessible

5260. Les biens agricoles composant le patrimoine du GFA doivent avoir été donnés à bail à long terme dans les conditions prévues par les articles L 416-1 à L 416-6, L 416-8 et L 416-9 du Code rural ou, depuis le 7 janvier 2006, à bail cessible hors du cadre familial dans les conditions prévues par les articles L 418-1 à L 418-5 du Code rural (CGI art. 793, 1-4°, al. 1 tel que modifié par l'article 2 de la loi 2006-11 du 5 janvier 2006).

5261. Selon l'administration, l'exonération ne peut s'appliquer que si le patrimoine du groupement ne comprend que des immeubles à destination agricole et que si la ***totalité*** de ceux-ci sont donnés à bail à long terme ou à bail cessible hors du cadre familial (En ce sens D. adm. 7 G-2623 n° 22).

Jugé dans le même sens que l'exonération est subordonnée à la condition que les fonds agricoles constituant le patrimoine du GFA aient été donnés à bail à long terme dans leur totalité (Cass. com. 30-6-1992 n°s 1219 P et 1220 D : RJF 10/92 n° 1435).

Lorsque, conformément à l'article L 411-35 du Code rural, le preneur d'un bail rural à long terme est autorisé par le bailleur à consentir des ***sous-locations*** de certains bâtiments ***pour un usage de vacances ou de loisirs*** pour une durée n'excédant pas trois mois consécutifs et lorsque ces activités présentent un caractère accessoire, le bailleur ou le propriétaire des parts de GFA conservent le bénéfice de l'exonération partielle de droits de mutation à titre gratuit (Rép. Descamps : AN 20-12-1993 p. 4609 n° 5755 et Rép. Descamps : AN 11-4-1994 p. 1779 n° 5756).

L'exonération n'est pas applicable aux transmissions à titre gratuit des parts d'un GFA ***propriétaire de parcelles inondables*** destinées à recevoir une peupleraie et à être apportées à un groupement forestier (Rép. Charié : AN 17-5-1982 p. 2043 n° 14127) ni d'un GFA ***propriétaire de parcelles boisées éparses et d'une maison de maître***. Les bâtiments d'habitation, et notamment une maison de maître, ne peuvent être considérés comme étant à destination agricole que s'ils font partie de l'exploitation et sont effectivement affectés à celle-ci (Rép. de La Forest : Sén. 23-5-1975 p. 1068 et 1069 n° 16034).

5262. Le ***bail*** doit être ***en cours au moment de la transmission***, mais celle-ci peut intervenir pendant la durée prévue au cours du bail initial ou d'un renouvellement.

5263. Le bail consenti par le GFA doit être un ***véritable bail*** à long terme ou un véritable bail cessible hors du cadre familial. Il ne doit être ni fictif ni motivé par des préoccupations exclusivement fiscales.

L'***administration*** fiscale considère ainsi qu'elle est en présence d'un ***bail fictif*** lorsqu'il y a ***identité*** ou quasi-identité ***entre les apporteurs des biens au GFA et les titulaires du bail*** à long terme ou du bail cessible hors du cadre familial et se réserve la possibilité, en fonction des éléments propres à chaque affaire, de restituer à l'opération son véritable caractère (en ce sens, Rép. Goulet : AN 8-2-1982 p. 450 n° 427 ; Rép. Mortelette : AN 28-3-1983 p. 1496 n° 27127 ; Rép. Dubourg : AN 20-12-1993 p. 4611 n° 6099 et Rép. Arnaud : AN 12-12-1994 p. 6179 n° 17175).

Mais la ***Cour de cassation*** est venue infirmer cette doctrine administrative. Elle a jugé qu'un bail à long terme consenti par un GFA à une société civile d'exploitation agricole ne peut être déclaré fictif au seul motif que les associés et dirigeants du GFA et de la SCEA sont les mêmes personnes physiques (Cass. com. 8-10-1991 n° 1198 P : RJF 12/91 n° 1610).

La ***fictivité*** du bail peut, en revanche, résulter de celle ***du GFA*** lui-même. Ainsi jugé qu'un bail à long terme consenti à une société civile d'exploitation agricole par un GFA est fictif, dès lors qu'il résulte des constatations du juge que le GFA n'agissait en aucune façon comme le propriétaire du domaine agricole loué à la société civile d'exploitation agricole et n'avait aucune existence réelle. En l'espèce, le GFA n'avait pas de compte bancaire pour encaisser les loyers et payer les charges, lesquels étaient encaissés et payées sur le compte des héritiers. L'abus de droit est dès lors caractérisé (Cass. com. 11-1-2000 n° 82 D : RJF 4/00 n° 577).

Dans le cas d'un ***bail à fermage de longue durée*** consenti par des époux à l'un de leurs fils, suivi quelques jours après par la donation-partage de leur patrimoine entre leurs enfants, le fils recevant la nue-propriété du bien dont il était preneur, la Cour de cassation a, comme l'administration fiscale, considéré que la conclusion de ce bail était motivée par des ***motifs exclusivement fiscaux***. Selon la Cour, le juge a légalement justifié sa décision, lorsque, pour décider que l'abus de droit était caractérisé :
– il a déduit de la proximité chronologique des actes et du fait que le bail n'avait apporté aucun avantage particulier au preneur que l'administration avait fait la preuve lui incombant que le bail n'avait pas d'autre intérêt que fiscal ;
– examinant ensuite les arguments du preneur de nature à donner, selon lui, au bail sa justification, il a d'abord écarté l'intérêt financier qu'en augmentant leurs ressources le bail aurait occasionné aux bailleurs, puis repoussé l'avantage familial que le contrat aurait procuré en garantissant d'un côté l'égalité des enfants et de l'autre en permettant au preneur de poursuivre l'exploitation du domaine familial, en retenant que ces considérations étaient suffisamment prises en compte par la situation antérieure et ne nécessitaient pas la conclusion d'un nouveau bail (Cass. com. 7-10-1997 n° 1961 D : RJF 3/98 n° 340).

b. Conditions imposées au porteur de parts

5266. L'exonération partielle des droits de mutation à titre gratuit prévue à l'article 793, 1-4° du CGI suppose que le porteur de parts remplisse certaines conditions.

Exclusion de certaines sociétés

5268. Les parts de GFA qui sont détenues ou qui ont été détenues à un moment quelconque par une société civile de placement immobilier (*SCPI*) ou par une ***entreprise d'assurance ou de capitalisation*** sont exclues du bénéfice de l'exonération (CGI art. 793, 1-4° - al. 3).

Cette exclusion ne s'applique pas aux parts d'un ***GFA issu de la scission d'une société civile immobilière*** dès lors que les autres conditions sont réunies et que les parts du GFA sont attribuées directement aux anciens associés, personnes physiques de la SCI scindée (Rép. Guillard : Sén. 23-4-1982 p. 1330 n° 2518).

Durée minimale de détention des parts

5270. L'exonération est subordonnée à la condition que les ***parts*** du GFA aient été ***détenues depuis deux ans*** au moins par le donateur ou le défunt au moment où se produit la mutation, ***sauf*** pour les ***membres fondateurs*** qui ont effectué exclusivement des apports d'immeubles ou de droits immobiliers à destination agricole (CGI art. 793, 1-4°).

Le délai de deux ans n'est pas exigé lors de la transmission à titre gratuit de parts d'un ***GFA issu de la transformation d'une société civile*** :
– si les parts transmises étaient représentatives d'immeubles ou de droits immobiliers à destination agricole (Rép. Bolo : AN 24-8-1974 p. 4151 n° 12139) ;
– si, au moment de la transformation, l'actif de la société était ***exclusivement*** composé d'immeubles ou de droits immobiliers à destination agricole (Rép. Geoffroy : Sén. 5-5-1976 p. 864 n° 19529) ;
– si la transformation n'a pas entraîné la création d'une ***personne morale nouvelle*** (Rép. Geoffroy : Sén. 16-1-1980 p. 80 n° 19207).

Le délai de deux ans n'est pas exigé non plus dans le cas particulier suivant : un GFA est constitué avec un capital minime (150 € par exemple) et les sommes nécessaires à l'acquisition de l'exploitation agricole devant constituer le patrimoine du GFA sont versées en compte courant par les associés dès la constitution du GFA, immédiatement suivie de l'acquisition de l'exploitation. La valeur initiale des parts est augmentée par ***capitalisation des comptes courants d'associés*** précités. L'exonération s'applique bien que l'augmentation de capital remonte à moins de deux ans à la date de la donation ou de l'ouverture de la succession (Rép. Hage : AN 5-9-1983 p. 3868 n° 35333).

S'agissant de l'exception relative aux ***membres fondateurs***, le délai de deux ans est exigé en cas d'***apport mixte***, même si l'apport en espèces est très faible (Rép. Amic : Sén. 24-7-1975 p. 2445 n° 16644 ; Cass. com. 19-3-1985 : RJF 8-9/85 n° 1246).

c. Condition imposée au donataire

5272. En cas de donation au profit du preneur ou de ses proches parents, l'exonération est soumise à une condition supplémentaire d'ancienneté du bail.

En effet, l'exonération partielle ne s'applique pas si le *bail* (des biens correspondant aux parts données) a été ***consenti depuis moins de deux ans au donataire, à son conjoint, à l'un de leurs descendants ou à une société contrôlée par une ou plusieurs de ces personnes*** (CGI art. 793 bis, dernier al.).

Dès lors, l'exonération n'est pas applicable aux parcelles acquises par le groupement moins de deux ans avant la donation même lorsque celles-ci sont intégrées, par avenants, dans un bail conclu depuis plus de deux ans avec le donataire sur d'autres parcelles (Rép. Valleix : AN 31-7-1995 p. 3347 n° 24610).

Cette condition particulière ne vise que les donations. Les ***transmissions par décès*** (successions) au profit du fermier ou de ses proches parents bénéficient de l'exonération partielle, même si le bail remonte à moins de deux ans avant le décès.

Le ***délai*** de deux ans est calculé à compter de la date à laquelle le bail a acquis date certaine, c'est-à-dire la date de l'acte s'il s'agit d'un acte authentique, la date de l'enregistrement en cas d'acte sous seing privé présenté à la formalité. C'est cette date qu'il convient de prendre en compte, au jour de la donation, pour apprécier si la condition de durée minimale est remplie (Inst. 7 G-4-92 ; D. adm. 7 G-2623 n° 29).

2. Portée de l'exonération

5274. Les parts de GFA répondant aux conditions énoncées ci-dessus (voir n°s 5252 s.), sont exonérées de droits de mutation, à concurrence des trois quarts de leur valeur jusqu'à 76 000 € et de moitié au-delà de cette limite. Cette exonération partielle concerne aussi bien les donations que les successions. Elle s'applique quel que soit le lien de parenté existant entre le donateur ou le défunt et le bénéficiaire de la transmission, et même si aucun lien de parenté n'existe entre eux.

5275. Seule la fraction de la ***valeur nette des parts de GFA qui correspond aux biens loués à long terme ou par bail cessible hors du cadre familial*** par le groupement peut bénéficier de l'exonération partielle (CGI art. 793, 1-4°).

La fraction qui correspond à d'autres biens est soumise aux droits de succession ou de donation dans les conditions de droit commun. C'est le cas notamment, selon l'administration (Inst. 7 G-4-92 ; D. adm. 7 G-2623 n° 41) :

– des immeubles qui ne sont pas utilisés pour les besoins de l'exploitation ;
– des valeurs mobilières (actions, obligations, titres de placement divers...) ;
– des stocks qui ne peuvent être considérés comme des immeubles agricoles par destination ;
– des créances diverses y compris celles détenues sur les clients ;
– des encaisses en numéraire.

S'agissant des ***dettes*** du groupement, à défaut d'affectation dans le contrat de prêt, elles font l'objet d'une imputation proportionnelle entre la masse des biens exonérés et celle des autres biens (Inst. 7 G-4-92 ; D. adm. 7 G-2623 n° 42).

Le bénéfice de l'exonération partielle est réservé à la valeur nette de la part qui correspond aux biens mentionnés à l'article 793, 2-3° du CGI, c'est-à-dire aux seuls ***biens ruraux*** grevés d'un bail à long terme ou d'un bail cessible hors du cadre familial.

5276. L'exonération partielle s'applique à toutes les ***transmissions successives*** des parts d'un même GFA.

Montant de l'exonération

5278. Lorsque la ***valeur totale des parts*** de GFA transmises par le donateur ou le défunt à chaque donataire, héritier ou légataire n'excède pas 76 000 €, ces parts sont exonérées à concurrence des trois quarts de la fraction de la valeur nette des biens loués par bail à long terme ou par bail cessible hors du cadre familial ; dans le ***cas contraire***, le pourcentage d'exonération est ramené à 50 % mais seulement pour la fraction excédant cette limite (CGI art. 793 bis, al. 2).

5279. La *limite de 76 000 €* n'est pas globale. Elle ***s'apprécie*** au niveau de chaque part héréditaire ou de chaque légataire s'il s'agit de succession ou de chaque donateur et donataire s'il s'agit d'une mutation à titre gratuit entre vifs.

Seules sont prises en compte les transmissions intervenues entre les mêmes personnes.

5280. Dans l'hypothèse où les biens transmis comprennent ***à la fois des parts de GFA et des immeubles ruraux loués par bail à long terme ou par bail cessible hors du cadre familial***, la limite de 76 000 € trouve à s'appliquer au titre de chaque catégorie de biens (En ce sens Inst. 7 G-2-84 ; D. adm. 7 G-2623 n° 35).

L'interprétation ainsi donnée à l'article 793 bis du CGI a pour effet de doubler la limite de 76 000 € lorsque les transmissions portent à la fois sur des parts de GFA et des biens ruraux donnés à bail à long terme ou à bail cessible hors du cadre familial.

5281. La limite de 76 000 € s'apprécie en tenant compte de l'ensemble des ***donations antérieurement consenties*** par la même personne à un titre, à une date et sous une forme quelconques, à l'***exception*** toutefois des donations notariées remontant à plus de dix ans (CGI art. 793 bis, al. 3).

L'article 793 bis du CGI n'a pas été modifié bien que l'article 8 de la loi 2005-1719 du 30 décembre 2005 ait réduit de dix à six ans le délai de rappel des donations antérieures prévu par l'article 784 du CGI.

3. Obligations déclaratives des parties

5285. Les actes de donation ou les déclarations de succession doivent indiquer certains renseignements destinés à permettre l'application du régime spécial d'exonération partielle de droits de mutation à titre gratuit.

En complément des renseignements généraux prévus par l'article 784 du CGI, les parties doivent ainsi indiquer dans tout acte de donation comprenant des parts de GFA s'il existe des ***donations antérieures consenties entre les mêmes parties*** portant sur des biens de même nature et, dans l'affirmative, indiquer leur montant, l'identité des bénéficiaires, le nom et la résidence des officiers ministériels ayant reçu les actes de donation et leur date d'enregistrement (CGI ann. III art. 281 A à 281 C).

L'acte de donation ou la déclaration de succession doit également comporter tous ***renseignements utiles à la vérification de la condition relative au délai de détention des parts transmises*** et mentionner la date du certificat nominatif des parts transmises ou la date à laquelle l'acquisition des parts par le donateur ou le défunt a été signifiée au groupement ou acceptée par celui-ci dans un acte authentique conformément à l'article 1690 du Code civil (D. adm. 7 G-2623 n° 24).

4. Déchéance du régime de faveur

5287. L'exonération partielle prévue en faveur des transmissions à titre gratuit de parts de GFA est susceptible d'être remise en cause :
- en cas d'aliénation des parts dans les cinq ans de leur transmission à titre gratuit (voir nos 5288 s.) ;
- en cas d'infraction aux dispositions des articles L 322-1 à L 322-24 du Code rural (voir n° 5292).

Aliénation des parts

5288. Le maintien de l'exonération partielle est subordonné à la condition que les parts reçues restent la ***propriété du donataire, héritier ou légataire pendant au moins cinq ans*** à compter de la date de transmission à titre gratuit (CGI art. 793 bis).

Le respect de cette condition s'apprécie distinctement pour chaque mutation ayant bénéficié du régime de faveur. Ainsi, ***en cas de pluralité de biens de même nature*** ayant bénéficié de l'exonération partielle (bien rural ou parts de GFA) ***ou en cas de pluralité de transmissions de parts de même nature*** (parts d'un même GFA), la déchéance encourue sur l'un des biens ou sur certaines de ces parts est sans incidence à l'égard des autres biens ou parts (D. adm. 7 G-2622 n° 38 et 7 G-2623 n° 49).

5289. La ***déchéance du régime de faveur*** doit être prononcée lorsque les parts reçues sortent, dans le délai de cinq ans, du patrimoine du ou des bénéficiaires ; il en est ainsi en cas de vente ou de donation de tout ou partie des parts, que cette mutation porte sur l'usufruit, la nue-propriété ou la pleine propriété de celles-ci.

Les héritiers qui procèdent, à l'occasion d'un partage, à la ***réduction du capital du GFA***, réalisée par annulation de parts et opérée du fait du retrait de certains immeubles du patrimoine du groupement encourent la déchéance de l'exonération partielle dont ils ont bénéficié. La déchéance doit être prononcée sur la totalité des parts transmises (Cass. com. 3-11-2004 n° 1563 F-PB : RJF 2/05 n° 194).

En revanche, le départ du preneur résultant de la ***transmission du bail rural à long terme*** dont fait l'objet le fonds du GFA ***ou*** de sa ***résiliation*** reste sans incidence sur l'exonération dont a bénéficié la mutation à titre gratuit des parts. Cependant, dans l'hypothèse où la même personne cumule les qualités d'associé, d'apporteur des biens ruraux au GFA, de preneur à bail de ces mêmes biens et de donateur des parts du groupement, l'administration a la possibilité, sous le contrôle des tribunaux, de restituer à l'opération son véritable caractère et de remettre en cause le bénéfice de l'exonération. Toutefois, la remise en cause de la réalité du bail est une question de fait qui repose sur les éléments propres à chaque affaire (Rép. Arnaud : AN 12-12-1994 p. 6179 n° 17175).

De même, la ***vente*** par un GFA ***d'une partie des biens loués*** par bail à long terme ou par bail cessible ne remet pas en cause l'exonération dont a bénéficié la transmission des parts sous réserve que cette vente n'entraîne pas la dénaturation de l'objet social du GFA qui doit demeurer la conservation d'une ou de plusieurs exploitations agricoles (En ce sens Rép. Dubourg : AN 9-5-1994 p. 2329 n° 10277).

Lorsque l'obligation de conservation n'a pas été respectée pour une fraction seulement des parts, la remise en cause s'applique, selon l'administration (D. adm. 7 G-2623 n° 49), à l'ensemble des parts reçues, sauf en cas de partage, auquel cas la remise en cause ne porte que sur la fraction attribuée au copartageant qui n'a pas respecté le délai de conservation pour avoir donné ou cédé tout ou partie de la fraction des parts reçues.

L'attribution à un indivisaire du bien loué résultant d'un ***partage avec soulte ou*** d'une ***licitation*** ne remet pas en cause l'exonération partielle qui est définitivement acquise pour l'ensemble des héritiers, donataires ou légataires si l'attributaire effectif conserve la propriété de la totalité des parts pendant un délai de cinq ans. Le non-respect de cette condition entraîne la déchéance du régime de faveur à l'égard de tous les bénéficiaires de l'exonération (Rép. Dejoie : Sén. 24-11-1994 p. 2779 n° 7725). La même solution a été retenue en cas de ***donation-partage*** (Rép. Dubourg : AN 4-7-1994 p. 3411 n° 10280).

Il n'y a ***pas de remise en cause*** en cas :
- de transmission résultant du décès du bénéficiaire ;
- d'expropriation pour cause d'utilité publique ;
- de force majeure ;
- d'échange, à condition que le respect du délai de conservation soit reporté sur les parts reçues en contre-échange et que la valeur de ces parts soit au moins égale à celle des parts cédées ;

– d'apports en jouissance à une société civile agricole, quelle que soit sa forme, ou d'apport pur et simple à un Gaec (D. adm. 7 G-2623 n° 50).

L'exonération partielle dont a bénéficié un donataire, héritier ou légataire n'est pas remise en cause lorsque, à la suite du ***décès*** de ce dernier, ses héritiers cèdent le bien avant l'expiration du délai de cinq ans. Toutefois, dans cette situation, la ***cession*** dans le délai de cinq ans des biens ***par les nouveaux héritiers*** s'oppose à l'application de l'exonération partielle prévue aux articles précités au titre de la transmission de ces biens à leur profit (Rép. Dubourg : AN 17-7-1995 p. 3104 n° 24058).

5290. Le ***non-respect du délai*** de conservation des parts entraîne l'exigibilité du complément de droits de succession ou de donation, majoré de l'intérêt de retard de 0,40 % par mois (pour les intérêts courus depuis le 1er janvier 2006) prévu par l'article 1727 du CGI.

Ces droits sont dus par les ayants droit qui étaient redevables de l'impôt lors de la liquidation initiale des droits. Les droits rappelés et l'intérêt de retard doivent être acquittés à la première réquisition de l'administration. Celle-ci devra être précédée, dans tous les cas, de la mise en œuvre de la procédure de redressement contradictoire.

Infractions aux dispositions portant statut du GFA

5292. Toute infraction aux dispositions des articles L 322-1 à L 322-24 du Code rural portant statut du GFA donne lieu au ***remboursement des avantages fiscaux*** qu'elles contiennent (CGI art. 793, 1-4°).

Toutefois ce remboursement n'est pas dû lorsque la ***condition de parenté*** prévue à l'article L 322-11 du Code rural cesse d'être respectée à la suite de transmissions à titre gratuit.

Les intérêts de retard afférents aux droits complémentaires résultant de l'infraction ne peuvent être calculés qu'à compter de la date de l'infraction (Cass. com. 10-3-1998 n° 665 P : RJF 6/98 n° 728).

B. Parts de groupements forestiers

5294. Aux termes de l'article 793, 1-3° du CGI, les parts d'intérêt détenues dans un groupement forestier sont, sous certaines conditions, exonérées des droits de mutation à titre gratuit à concurrence des trois quarts de la fraction de leur valeur vénale réelle correspondant aux bois et forêts.

Les ***parts des sociétés d'épargne forestière*** sont fiscalement assimilées aux parts de groupements forestiers (Code monétaire et financier art. L 214-85). Il en résulte que les transmissions à titre gratuit (donations, successions) de parts de ces sociétés peuvent bénéficier de l'exonération partielle prévue par l'article 793, 1-3° du CGI.
Le régime de faveur s'applique, également, à la fraction des ***parts de groupements fonciers ruraux*** représentative de biens de nature forestière (voir nos 5310 s.).

Dès lors que les conditions énumérées nos 5296 s. sont remplies, l'exonération est applicable même si ***les statuts du groupement forestier n'ont pas été approuvés par le ministre de l'agriculture*** et quelle que soit la ***date d'entrée des biens*** dans le patrimoine du groupement (Rép. Durand : AN 2-4-1978 p. 1068 n° 43148).
Mais l'exonération ne bénéficie pas, en revanche, aux parts des ***sociétés civiles***, même si leur objet est analogue à celui des groupements forestiers (Rép. Renouard : AN 1-8-1964 n° 8692 ; dans le même sens : Rép. Caldaguès : AN 12-2-1972 p. 332 n° 21366 et Rép. Joxe : AN 31-5-1974, p. 2411 n° 10049; D. adm. 7 G-2621 n° 13) non plus qu'aux propriétés en nature ***de bois et forêts dépendant d'une exploitation agricole*** (Rép. Cardot : Sén. 3-10-1964 p. 1028 n° 4524 et Rép. Cardot : Sén. 16-6-1965 p. 619 n° 5013).

1. Conditions d'application

Certificat du directeur de l'agriculture

5296. L'acte constatant la donation ou la déclaration de succession doit être appuyé d'un certificat délivré sans frais par le ***directeur départemental de l'agriculture et de la forêt attestant*** que :
– les ***bois et forêts*** du groupement sont susceptibles de présenter une des garanties de gestion durable prévues à l'article L 8 du Code forestier ;
– les ***friches et landes*** appartenant au groupement sont susceptibles de reboisement et présentent une vocation forestière ;
– les ***terrains pastoraux*** appartenant au groupement sont susceptibles d'un régime d'exploitation normale.

Engagements à souscrire

5297. Le groupement forestier doit prendre, par l'intermédiaire de son représentant, l'un des engagements prévus au b de l'article 793, 2-2° du CGI. Il s'agit de l'engagement d'appliquer, pendant trente ans, aux ***bois et forêts***, l'une des garanties de gestion durable précitées ou, si au moment de la mutation aucune garantie de gestion durable n'est appliquée aux bois et forêts en cause, de présenter une telle garantie dans le délai de trois ans à compter de la mutation et de l'appliquer jusqu'à l'expiration du délai de trente ans. Dans cette situation, le bénéficiaire s'engage en outre à appliquer le régime d'exploitation normale prévu par le décret du 28 juin 1930 aux bois et forêts pendant le délai nécessaire à la présentation de l'une des garanties de gestion durable.

L'engagement n'a pas lieu d'être pris par chaque associé (Rép. du Luart : Sén. 8-9-1983 p. 1245). Il est pris par son seul représentant, en principe le gérant.

5298. Le groupement forestier doit s'engager en outre :
– à reboiser ses ***friches et landes*** dans un délai de cinq ans à compter de la délivrance du certificat et à les soumettre ensuite au régime d'exploitation prévu ci-dessus (voir n° 5297) ;

– à soumettre pendant trente ans ses ***terrains pastoraux*** à un régime d'exploitation normale ou, à défaut, à les reboiser.

Le ***certificat*** du directeur départemental (voir n° 5296) et l'***engagement***, accompagné des pièces pouvant en justifier la validité, doivent être produits ***à l'appui de l'acte de donation ou de la déclaration de succession*** (soit dans la déclaration soit dans un document annexé à celui-ci) (Cass. com. 4-10-1998).

Chaque mutation à titre gratuit de parts de groupements forestiers bénéficiant de l'exonération partielle a pour conséquence de faire courir un ***nouveau délai de trente ans*** sans pour autant mettre fin à l'engagement pris par le précédent propriétaire et qui ne serait pas arrivé à son terme (Rép. du Luart : Sén. 8-9-1983 p. 1245 n° 12216 ; D. adm. 7 G-2621 n° 2).

L'exonération partielle n'est pas applicable en cas de ***cession de bois et forêts*** par le groupement ***avant le dépôt de la déclaration de succession*** (Cass. com. 4-1-1994 n° 34 D : RJF 4/94 n° 494) ou avant le paiement des droits de succession (Rép. Caro : AN 29-3-1982 p. 1247 n° 4190) par les héritiers dès lors que le Trésor se trouve dans l'impossibilité de prendre l'hypothèque légale sur ces biens (voir n° 5305). En revanche, le régime de faveur s'applique lorsque le groupement n'a procédé qu'à une ***cession partielle*** et que la valeur des biens restés en leur possession est suffisante pour garantir la créance du Trésor et que les acquéreurs des bois ont pris eux-mêmes l'engagement d'exploiter (Cass. com. 5-10-1982 : RJF 3/83 n° 478).

Délai de détention des parts

5300. Lorsque les parts ont été acquises à titre onéreux, l'exonération n'est accordée que si les ***parts*** étaient ***détenues*** par le donateur ou le défunt ***depuis plus de deux ans***.

Cette condition relative à la durée de détention ne s'applique pas aux parts recueillies à titre gratuit ou reçues en rémunération d'un apport pur et simple lors de la constitution du groupement ou d'une augmentation de capital.

Les parts d'un ***groupement forestier issu de la transformation d'une société civile immobilière*** dans laquelle le disposant est associé depuis plus de deux ans bénéficient de l'exonération, dès lors que les autres conditions prévues par ce texte sont remplies et que, les parts transmises étant représentatives de bois et forêts, l'identité de consistance des parts détenues avant et après l'opération de transformation est justifiée par la présentation de preuves compatibles avec la procédure écrite (Rép. Chaumont : Sén. 31-5-1990 p. 1185 n° 8141 ; D. adm. 7 G-2621 n° 17).

2. Portée de l'exonération

5302. Les parts d'intérêt détenues dans un groupement forestier répondant aux conditions ci-dessus (voir n°s 5296 s.) sont exonérées à hauteur des trois quarts de la valeur nette des parts qui correspond aux biens visés au a de l'article 793, 1-3° du CGI.

Autrement dit, lorsque l'***actif du groupement*** comprend des ***biens autres***

que des bois et forêts et terrains assimilés, l'***exonération*** est ***limitée*** à la fraction de la valeur nette des parts correspondant aux biens directement liés à l'objet du groupement. Il s'agit des bois et forêts susceptibles d'aménagement, des friches et landes susceptibles de reboisement et présentant une vocation forestière, et des terrains pastoraux susceptibles d'un régime d'exploitation normale.

La fraction de la valeur des parts de groupements forestiers qui correspond à d'autres biens est soumise aux droits de mutation à titre gratuit dans les conditions de droit commun.

Sont notamment concernés selon l'administration (D. adm. 7 G-2621 n° 19) :
– les immeubles qui ne sont pas utilisés pour les besoins de l'exploitation forestière ;
– les valeurs mobilières (actions, obligations, titres de placement divers...) ;
– les stocks qui ne peuvent être considérés comme des immeubles agricoles par destination ;
– les créances diverses y compris celles détenues sur les clients ;
– les encaisses en numéraire.

5303. S'agissant des dettes du groupement, à défaut d'affectation dans le contrat de prêt, les ***dettes*** du groupement font l'objet d'une imputation proportionnelle entre la masse des biens exonérés et celle des autres biens.

3. Hypothèque légale du Trésor

5305. En vue de garantir le paiement des droits complémentaire et supplémentaire éventuellement exigibles, le Trésor possède sur les immeubles du groupement forestier une hypothèque légale qui peut n'être inscrite que ***sur la partie des biens qui suffit à garantir la créance éventuelle de l'Etat***. Elle prend rang au jour de son inscription à la conservation des hypothèques.

Les inscriptions d'hypothèques requises par l'Etat sont dispensées de taxe de publicité foncière (CGI art. 845, 1°) ; toutefois, celle-ci devient exigible en cas de déchéance du régime de faveur.

En cas de ***cession*** des parts ou des biens du groupement ***à l'Etat*** ou aux ***collectivités*** ou ***organismes*** mentionnés à l'article 1042, I du CGI (communes, syndicats de communes, départements, régions, établissements publics locaux), l'hypothèque légale s'éteint de plein droit (CGI art. 1929, 3).

Il ne peut pas être donné ***mainlevée*** de l'hypothèque légale avant l'expiration du délai de trente ans, à moins que l'acquéreur n'acquitte les droits complémentaire et supplémentaire.

4. Déchéance du régime de faveur et sanctions

5307. La rupture de l'engagement pris par le groupement forestier entraîne, après l'établissement d'un procès-verbal dressé par les agents du service départemental de l'agriculture, l'exigibilité du ***complément de droits de succession ou de donation*** non perçus à l'origine et d'un ***droit supplémentaire*** égal respectivement à 30 %, 20 % et 10 % du complément selon que le manquement est constaté avant l'expiration de la dixième, de la vingtième ou de la trentième année suivant la transmission (CGI art. 1840 G, I).

Le groupement forestier est tenu de les acquitter, à la première réquisition, solidairement avec les donataires, héritiers, légataires ou leurs ayants cause à titre universel.

Lorsque le ***manquement*** porte ***sur une partie des biens*** du groupement, le rappel du complément et du supplément de droit d'enregistrement est effectué à concurrence du rapport entre la superficie sur laquelle le manquement a été constaté et la superficie totale de biens sur lesquels l'engagement a été souscrit, l'engagement se poursuivant sur les autres biens (CGI art. 1840 G, III).

Le complément de droit est assorti de l'***intérêt de retard*** au taux de droit commun (0,40 % par mois pour les intérêts courus depuis le 1er janvier 2006) pour les cinq premières annuités ; ce taux est réduit respectivement d'un cinquième, d'un quart ou d'un tiers selon que le manquement est constaté avant l'expiration de la dixième, de la vingtième ou de la trentième année suivant la transmission (CGI art. 1727, IV-7).

Toutefois en cas de ***transmission*** de parts ou de biens du groupement ***à l'Etat*** ou ***aux collectivités et organismes*** visés à l'article 1042 du CGI (communes, syndicats de communes, départements, régions, établissements publics locaux), l'engagement est réputé satisfait à concurrence de la fraction de la valeur des parts exonérée déterminée par le rapport entre la superficie des biens objets de la transmission et la superficie totale des biens représentés par les parts sur lesquelles l'engagement a été souscrit. Cette règle s'applique aux mutations de jouissance ou de propriété au profit d'établissements ou de sociétés, en vue de la réalisation d'équipements, aménagements ou constructions d'intérêt public, qui pourraient donner lieu à l'établissement d'une servitude d'utilité publique au titre de ladite mutation, ainsi qu'aux bois et forêts faisant l'objet d'une interdiction de reconstituer les boisements après coupe rase en application de l'article L 126-1, 1° du Code rural (CGI art. 1929, 3).

C. Parts de groupements fonciers ruraux

5310. L'article 848 bis du CGI prévoit que les parts de GFR sont soumises, en matière de droits de mutation à titre gratuit, pour leur fraction représentative de biens de nature forestière, aux dispositions applicables aux parts de groupements forestiers et, pour celle représentative de biens de nature agricole, aux dispositions applicables aux parts de GFA.

L'application aux ***transmissions à titre gratuit*** de parts de GFR des dispositions régissant en cette matière les parts de groupements forestiers et les parts de GFA conduit à les faire bénéficier des ***exonérations partielles*** prévues par l'article 793, 1-3° et 4° du CGI.

5311. Les mutations à titre gratuit, par succession ou par donation, de parts de GFR bénéficient, au titre de leur ***fraction représentative de biens de nature forestière***, de l'exonération partielle prévue à l'article 793, 1-3° du CGI, sous réserve, bien entendu, que les conditions d'application de cette disposition soient satisfaites : voir nos 5294 s.

5312. L'exonération partielle prévue à l'article 793, 1-4° du CGI est, quant à elle, susceptible de s'appliquer à la ***fraction*** des parts du groupement ***représentative de biens de nature agricole***. Ce régime est examiné nos 5250 s.

TROISIEME PARTIE

Annexes

6000. Les annexes au présent ouvrage comprennent :

– d'une part, un exposé des méthodes d'évaluation des biens soumis aux droits de mutation à titre gratuit ou à l'impôt de solidarité sur la fortune (n°s 6100 s.),

– d'autre part, le texte des principales dispositions législatives et réglementaires concernant le régime des droits sociaux au regard des droits de mutation à titre gratuit et de l'ISF (n°s 6600 s.).

ANNEXE I

Méthodes d'évaluation des biens

6100. Les droits de mutation à titre gratuit et l'impôt de solidarité sur la fortune sont assis, en règle générale, sur la valeur vénale des biens imposables, après déduction du passif (voir n°s 4130 s., 4440 et 70 s.).

Cette valeur est déterminée :
- à la date de la mutation en ce qui concerne les droits de succession et de donation,
- au 1er janvier de l'année d'imposition pour l'impôt de solidarité sur la fortune.

Cependant, dans certains cas, il existe des ***bases légales d'évaluation*** auxquelles les déclarants doivent se conformer.

6101. La présente annexe définit les ***règles générales d'évaluation*** applicables aux différentes catégories de biens imposables (voir section I : n°s 6200 s.).

Les règles d'évaluation spécifiques aux ***titres de sociétés non cotées*** font l'objet d'une étude distincte (voir section II : n°s 6300 s.) reprise, pour l'essentiel, de notre ouvrage « Evaluation » (Editions Francis Lefebvre).

SECTION I

Règles générales d'évaluation

6200. Qu'il s'agisse des droits de mutation à titre gratuit ou de l'ISF, l'impôt est établi, en principe, sur la ***valeur vénale*** des biens estimée par les redevables. Or, cette estimation est d'autant plus délicate qu'il n'existe pas de définition légale de la valeur vénale. C'est une notion essentiellement économique. Elle correspond au prix que le jeu normal de l'offre et de la demande permettrait au propriétaire de retirer de la vente d'un bien déterminé, à un moment donné, compte tenu des données du marché, des particularités physiques, juridiques et économiques de ce bien, abstraction faite de toute valeur de convenance.

La valeur vénale peut être déterminée de différentes façons selon la nature des biens ou des droits évalués.

A. Terrains et immeubles bâtis

1. Principes

6210. Pour les terrains et les immeubles bâtis, la ***valeur vénale*** doit être ***déterminée par comparaison***. Cette méthode consiste à se référer aux prix constatés dans des transactions concernant un nombre suffisant d'immeubles similaires, qui constituent ainsi des termes de comparaison. La comparaison peut être faite « en bloc ». Mais le plus souvent, elle est opérée à partir de prix moyens unitaires : prix à l'hectare (terrains agricoles), au mètre carré (terrains à bâtir), au m^2 de superficie bâtie, etc. En raison de sa fiabilité, tirée essentiellement de la référence qui est faite au marché immobilier local, cette méthode est la plus utilisée par les experts, les tribunaux et l'administration fiscale.

6211. D'autres méthodes peuvent être utilisées à titre subsidiaire :
– la méthode d'***évaluation par le revenu*** concerne les immeubles de rapport. Elle conduit à prendre en considération le prix du loyer auquel on applique un taux de capitalisation approprié (exemple : pour un loyer annuel de 30 000 € et un taux de capitalisation de 6 %, la valeur vénale est égale à : 30 000 € × 100/6 = 500 000 €). La difficulté est de déterminer le taux de capitalisation. A titre d'exemple, pour les immeubles récents de la région parisienne, les taux sont généralement compris entre 3 % et 7 %. Ces taux sont susceptibles d'être modifiés en fonction de l'évolution des loyers. A noter que cette méthode est souvent rejetée comme arbitraire par les tribunaux ;
– la méthode d'***évaluation par réajustement d'une valeur antérieure*** consiste à appliquer, au prix (ou à la valeur) pratiqué à l'occasion d'une mutation antérieure de l'immeuble, un coefficient destiné à représenter l'évolution du marché des immeubles de même nature depuis la date de cette mutation ; pour les terres agricoles, elle peut être utilisée en se référant au barème indicatif de la valeur vénale moyenne des terres établi chaque année par arrêté ministériel (pour 2004, Arrêté du 13-9-2005 : JO 29 p. 15575 s.).

Si l'administration admet l'utilisation de ces dernières méthodes à titre de complément à la méthode d'évaluation par comparaison, elle considère que la moyenne arithmétique des résultats obtenus en utilisant différentes méthodes, aussi nombreuses soient-elles, ne saurait traduire la valeur vénale d'un immeuble.

2. Cas particuliers

Immeubles occupés par leur propriétaires

6220. Conformément au principe général posé à l'article 761 du CGI, la valeur vénale des immeubles occupés par leur propriétaire est réputée correspondre à leur valeur libre de toute occupation.

6221. Toutefois, pour le calcul des ***droits de succession***, il est effectué un abattement de 20 % sur la valeur vénale réelle de l'immeuble constituant au jour du décès la résidence principale du défunt lorsque, à la même date, cet immeuble est également occupé à titre de résidence principale par le conjoint survivant ou par un ou plusieurs enfants mineurs ou majeurs protégés du défunt ou de son conjoint. Ces dispositions s'appliquent dans les mêmes conditions lorsque les enfants majeurs du défunt ou de son conjoint sont incapables de travailler dans des conditions normales de rentabilité en raison d'une infirmité physique ou mentale, congénitale ou acquise (CGI art. 764 bis).

En revanche, l'abattement de 20 % pour résidence principale n'est pas applicable pour le calcul des ***droits de donation***.

S'agissant du ***droit d'habitation et d'usage du conjoint survivant***, voir n° 6270 ci-après.

6222. S'agissant de l'***impôt de solidarité sur la fortune***, un abattement de 20 % est également effectué sur la valeur vénale des immeubles occupés à titre de résidence principale par leur propriétaire au 1er janvier de l'année d'imposition (soit, par exemple, au 1er janvier 2007 pour l'ISF dû au titre de 2007). En cas d'imposition commune, un seul immeuble est susceptible de bénéficier de l'abattement (CGI art. 885 S).

Cette mesure concerne également les parts de sociétés immobilières transparentes. Elle ne s'applique pas, en revanche, aux parts de sociétés civiles de gestion ou d'investissement immobilier (D. adm. 7 S-351 n° 12).

Immeubles acquis par adjudication publique

6223. Aux termes de l'article 761 (3e alinéa) du CGI, lorsque, dans les deux années qui ont précédé ou suivi le fait générateur de l'impôt (décès ou mutation en matière de droit de mutation à titre gratuit ou 1er janvier de l'année d'imposition en matière d'ISF), les immeubles ont fait l'objet d'une adjudication publique, soit par autorité de justice, soit volontaire avec admission des étrangers, l'impôt ne peut être calculé sur une somme inférieure au prix d'adjudication augmenté des charges, à moins qu'il ne soit justifié que l'immeuble a subi dans l'intervalle des transformations susceptibles d'en modifier la valeur.

B. Meubles corporels

Droits de succession

6230. L'évaluation des meubles corporels doit être faite, pour le calcul des droits de succession, selon les règles prévues à l'article 764 du CGI. Ces ***bases légales d'évaluation***, qui supportent la preuve contraire dans les formes compatibles avec la procédure écrite, sont récapitulées dans le tableau ci-après.

Meubles meublants (1)	Bijoux, pierreries, objets d'art et de collection (2)	Autres meubles corporels
1. En cas de vente publique dans les deux ans du décès : prix net de la vente (frais déduits).	1. En cas de vente publique dans les deux ans du décès : prix net de la vente (frais déduits).	1. En cas de vente publique dans les deux ans du décès : prix net de la vente (frais déduits).
2. A défaut de vente publique : estimation contenue dans les Inventaires notariés dressés dans les formes prévues à l'article 943 du Nouveau Code de procédure civile dans les cinq ans suivant le décès.	2. A défaut de vente publique, la plus élevée des valeurs figurant : – soit dans un acte estimatif dressé dans les cinq ans du décès (inventaire quelconque, même non conforme aux dispositions de l'article 943 du Nouveau Code de procédure civile, partage, délivrance de legs...) – soit dans un contrat d'assurance contre le vol ou l'incendie en cours au décès, datant de moins de dix ans et conclu par le défunt, son conjoint ou ses auteurs (s'il existe plusieurs contrats, il convient de retenir la moyenne des évaluations).	2. A défaut de vente publique : valeur figurant dans un acte estimatif dressé dans les cinq ans du décès (inventaire quelconque, même non conforme aux dispositions de l'article 943 du Nouveau Code de procédure civile, partage, délivrance de legs...).
3. A défaut d'inventaire : déclaration détaillée et estimative des héritiers sans que la valeur puisse être inférieure à 5 % de la valeur brute des autres biens du défunt (3).	3. A défaut d'acte et de contrat d'assurance : déclaration détaillée et estimative des redevables (sans aucun minimum forfaitaire).	3. A défaut d'acte estimatif : déclaration détaillée et estimative des redevables (sans aucun minimum forfaitaire).

(1) Les meubles meublants s'entendent des meubles destinés à l'usage et à l'ornement des appartements : tapisseries, tableaux, lits, sièges, glaces, pendules, tables, argenterie, porcelaines et autres objets de même nature. Les autres meubles corporels s'entendent quant à eux notamment de la vaisselle, des vêtements, des voitures.
(2) Les pièces et lingots d'or, cotés au marché libre de l'or à Paris, sont imposés d'après les cours pratiqués le jour du décès. Pour les pièces et lingots non susceptibles d'être traités au marché libre, c'est le cours de reprise de la Banque de France qui doit être retenu (D. adm. 7 G-2312 n° 23).
(3) Lorsqu'il est applicable, le forfait de 5 % se calcule sur l'ensemble des biens, autres que les meubles meublants, composant l'actif successoral avant déduction du passif.

Droits de donation

6231. Les règles d'évaluation des meubles corporels exposées n° 6230 à propos des successions sont applicables aux donations sous les réserves suivantes :
– le forfait mobilier de 5 % n'est pas applicable pour l'évaluation des meubles meublants (n° 6209) ;
– l'évaluation des bijoux, pierreries, objets d'art ou de collection ne peut être inférieure à 60 % de la valeur déclarée dans les contrats d'assurance (CGI art. 776, II) au lieu de 100 % pour les successions.

Impôt de solidarité sur la fortune

6232. Les règles d'évaluation des meubles corporels exposées n° 6230 à propos des successions sont également applicables en matière d'impôt de solidarité sur la fortune sous les réserves suivantes.

6233. *Meubles meublants.* – Les règles d'évaluation de ces biens fixées en matière de droits de succession ont été simplifiées pour tenir compte du caractère annuel de l'ISF (D. adm. 7 S-352 n°s 12 s.). L'administration admet que ces biens soient évalués d'après :
– l'estimation contenue dans un ***inventaire simplifié***, limité aux seuls meubles meublants taxables. Cet inventaire peut être notarié et joint à la déclaration ou dressé par le redevable lui-même dans la déclaration d'ISF. Il est valable trois années consécutives, mais les redevables doivent signaler les changements significatifs ;
– une ***évaluation globale*** en un seul chiffre, sans qu'il soit nécessaire d'indiquer la valeur et la nature des divers objets. Cette évaluation couvre également le linge, les vêtements, la vaisselle et les appareils audiovisuels. Elle constitue la solution la plus simple et la plus utilisée, le forfait de 5 % prévu en matière de droits de succession s'avérant très rarement avantageux pour le redevable.

La référence au prix d'une ***vente publique*** intervenue dans les deux ans du fait générateur est peu appliquée en matière d'ISF. Elle peut, le cas échéant, conduire à revoir l'estimation faite dans une déclaration antérieure.

6234. *Autres biens meubles corporels.* – Les bases légales d'évaluation prévues à l'article 764 du CGI s'appliquent également aux meubles corporels, autres que les meubles meublants et les bijoux, pierreries et œuvres d'art ou de collection.

Toutefois, la détermination de la valeur selon le ***forfait de 5 %*** et l'évaluation faite dans des ***contrats d'assurances*** ne sont pas applicables à ces autres meubles corporels.

En conséquence, la valeur de ces biens est déterminée :
1. Par le prix exprimé dans les actes de vente, lorsqu'elle a lieu publiquement dans un délai de deux ans ;
2. A défaut d'acte de vente, par l'estimation contenue dans les inventaires et autres actes s'il en est passé dans un délai de cinq ans ;

3. A défaut de bases d'évaluation établies aux 1. et 2. par la déclaration détaillée estimative des parties.

C. Fonds de commerce et clientèles

6240. Un fonds de commerce (ou d'industrie) constitue une universalité regroupant différents éléments mobiliers corporels (agencements, matériel, stock) et incorporels (clientèle, droit au bail, nom commercial, brevets, licences, marques de fabrique, etc.). En dehors de la clientèle, qui est le seul élément indispensable pour qu'un fonds existe, le fonds de commerce peut ne comporter que certains des éléments indiqués ci-dessus.

Sont donc exclus du fonds de commerce et doivent être évalués séparément les bâtiments servant à l'exploitation du fonds, les créances (et les dettes), le portefeuille de valeurs mobilières ou de droits sociaux, le numéraire en caisse.

Bien entendu, lorsque le fonds de commerce constitue un bien professionnel pour le redevable, il n'y a pas lieu de l'évaluer.

6241. Comme pour les immeubles bâtis et les terrains, la valeur vénale des fonds de commerce et des clientèles doit elle aussi être déterminée par comparaison, en nombre suffisant, de biens intrinsèquement similaires.

On a également souvent recours à des ***barèmes par professions***, établis généralement en pourcentage de chiffre d'affaires (voir Mémento fiscal Francis Lefebvre n° 9240).

Ces barèmes sont toutefois écartés dans certains cas particuliers, par exemple en ce qui concerne les commerces de gros (valeur souvent déterminée sur la base d'une ou deux années de bénéfices + matériel), les succursales...

On considère normalement que la valeur du ***droit au bail*** (ou « pas-de-porte ») représente la valeur minimale d'un fonds. Le droit au bail peut être lui-même évalué de différentes façons, et notamment au moyen de la méthode par comparaison.

Les ***autres méthodes d'évaluation*** sont les suivantes :
a) Evaluation par les bénéfices : on applique aux bénéfices un coefficient tiré d'une observation objective du marché. Cette méthode est délicate à appliquer du fait des incertitudes qui affectent la connaissance du bénéfice réel.
b) Evaluation par le chiffre d'affaires ou le bénéfice brut : cette méthode est également délicate en raison des pourcentages du bénéfice brut, très variables, qui sont constatés dans les mêmes branches d'activité.
c) Evaluation d'après la valeur unique « du m^2 boutique » (en fait la valeur du pas-de-porte) : cette méthode conduit à déterminer la valeur minimale d'un fonds.
d) Evaluation d'après le loyer du local commercial.
e) Evaluation par référence aux valeurs antérieures (n° 6211).

D. Evaluation des entreprises

1. Entreprises individuelles

6250. Dans les rares cas où elles ne constituent pas des biens professionnels, leur évaluation est faite d'après des principes analogues à ceux indiqués pour l'évaluation des titres de sociétés non cotés en bourse (voir n°s 6300 s.). Mais l'administration a recommandé à ses agents de faire preuve de prudence dans l'évaluation de la valeur d'entreprises chroniquement déficitaires et dont les perspectives d'avenir sont compromises.

2. Entreprises exploitées en sociétés

6251. Les règles d'évaluation sont différentes selon qu'il s'agit de sociétés cotées ou non cotées en bourse.

Sociétés cotées en bourse

6252. Pour le calcul des ***droits de succession***, les actions de sociétés françaises ou étrangères cotées sur un marché sont évaluées d'après le cours moyen de la bourse au jour du décès (moyenne du cours le plus haut et du cours le plus bas ou cours unique s'il n'y a eu qu'un cours). A défaut de cotation le jour du décès, l'impôt est perçu sur une déclaration estimative des parties mais, en pratique, c'est le cours de bourse le plus proche du décès qui est retenu (D. adm. 7 G-2312 n° 2).

Les mêmes principes s'appliquent en cas de ***donation de valeurs mobilières cotées*** mais il est admis que soit retenu, pour le calcul des droits de donation, le cours de clôture à la veille du jour du fait générateur de l'impôt (BO 7G-11-99).

6253. S'agissant de l'***impôt de solidarité sur la fortune***, les titres cotés en bourse peuvent être évalués, au choix du contribuable, selon l'une ou l'autre des deux méthodes suivantes (CGI art. 885 T bis).

– Le ***dernier cours connu*** au 31 décembre de l'année précédant celle de l'imposition (soit le 31 décembre 2006 pour l'ISF dû au titre de 2007).

Lorsque les valeurs mobilières ne figurent pas sur un compte-titres, il y a lieu de se référer au cours, au comptant, de la dernière cotation de l'année précédant celle de l'imposition. Lorsque les titres sont inscrits à un compte-titres ouvert auprès d'une institution financière ou d'un intermédiaire agréé, il convient de retenir la valeur boursière figurant sur le relevé au 31 décembre de l'année précédant celle de l'imposition, adressé au titulaire du compte par l'établissement teneur du compte.

– La ***moyenne des trente derniers cours***, c'est-à-dire du dernier cours de chacun des trente derniers jours de séance précédant le 1er janvier de l'année d'imposition ou, à défaut de cotation certains jours, des cotations effectivement intervenues pendant cette période. Si le titre n'a donné lieu à aucune cotation pendant toute cette période, l'option pour ce mode d'évaluation n'est pas possible.

Pour les ***valeurs mobilières étrangères*** cotées uniquement sur des places étrangères hors zone euro, le dernier cours connu ou les trente derniers cours sont convertis en euros d'après le taux de change de la devise à la date ou aux dates considérées.

L'option pour chacune des méthodes d'évaluation peut être utilisée pour un même portefeuille; autrement dit, chaque ligne du compte-titres peut faire l'objet d'une méthode d'évaluation distincte.
L'option n'est toutefois pas possible pour les parts de Sicav et de fonds ***communs de placement.***
L'administration a précisé que celles-ci doivent être évaluées d'après la dernière valeur de rachat connue au jour du fait générateur, soit au 1er janvier de l'année d'imposition, à l'exclusion de toute autre méthode (BOI 7 R-2-91).

Sociétés non cotées en bourse

6254. L'évaluation de la valeur des titres (actions, parts de fondateurs ou bénéficiaires, parts sociales de SARL, de sociétés en nom collectif, en commandite simple et de sociétés civiles) obéit à des règles complexes qui sont examinées en détail dans la deuxième section de cette annexe (voir nos 6300 s.).

3. Donations d'entreprises : procédure de rescrit

6260. Afin de faciliter les donations d'entreprises, les dirigeants d'***entreprises individuelles*** ou de ***sociétés non cotées*** qui envisagent de donner tout ou partie de l'entreprise ou des titres qu'ils possèdent peuvent consulter l'administration sur la valeur de ces biens.

Le donateur peut ainsi soumettre à l'administration, préalablement à l'opération, la valeur vénale de l'entreprise qu'il envisage de retenir pour servir de base au calcul des droits de donation. En cas d'***accord exprès*** de l'administration, la base ainsi déclarée ne pourra plus être remise en cause pour l'assiette des droits si la donation effectuée est conforme au projet présenté de bonne foi par le chef d'entreprise (Inst. 8 janvier 1998, 13 L-2-98, Inst. 11 septembre 2006, 13 L 5-06).

6261. Cette procédure, dite « de rescrit valeur », concerne exclusivement les ***biens professionnels*** au sens de l'impôt de solidarité sur la fortune et comporte les restrictions suivantes :
– les titres cotés ne sont pas visés, l'administration refusant de déroger à la règle légale du cours moyen de bourse au jour de la transmission,
– l'administration ne s'engagera pas sur une estimation si le projet se limite à la donation des titres d'une société holding non animatrice, même s'ils sont totalement exonérés d'ISF. En revanche, elle acceptera d'examiner un projet portant à la fois sur les titres de la holding et ceux de la société

d'exploitation, alors même que l'exonération des titres de la société holding ne serait pas totale.

6262. La ***demande*** est formulée par envoi avec accusé de réception auprès du directeur des services fiscaux dans le ressort duquel se trouve le siège social de l'entreprise si elle est en forme sociale ou le principal établissement s'il s'agit d'une entreprise individuelle. En cas d'opération portant sur plusieurs entreprises ou sur les titres de plusieurs sociétés situées dans un ressort territorial différent, le demandeur adresse à chaque directeur le dossier relevant de sa compétence assorti d'une note lui précisant l'existence de ses demandes conjointes.

L'administration s'est engagée à fournir une réponse expresse dans le délai maximum de 6 mois mais son silence éventuel ne vaut pas accord tacite.

En cas de décision favorable, la prise de position de l'administration lui est opposable pour le calcul des droits de mutation à titre gratuit si l'acte est signé devant notaire ou, à défaut, enregistré dans les trois mois de la réception de cette décision.

La base ainsi déterminée est également opposable au receveur des impôts dans le cadre de la prise de garantie en cas de paiement différé et fractionné des droits (BOI 13 L-4-05).

E. Evaluation des biens en usufruit et en nue-propriété

6270. Pour la liquidation des ***droits d'enregistrement et de la taxe de publicité foncière***, la valeur imposable de l'usufruit viager et de la nue-propriété correspondante est fixée forfaitairement à une fraction de la valeur de la propriété entière, d'après l'âge de l'usufruitier, conformément au barème ci-après (CGI art. 669, I) :

Âge de l'usufruitier	Valeur de l'usufruit	Valeur de la nue-propriété
Jusqu'à 20 ans	90 %	10 %
De 21 à 30 ans	80 %	20 %
De 31 à 40 ans	70 %	30 %
De 41 à 50 ans	60 %	40 %
De 51 à 60 ans	50 %	50 %
De 61 à 70 ans	40 %	60 %
De 71 à 80 ans	30 %	70 %
De 81 à 90 ans	20 %	80 %
A partir de 91 ans	10 %	90 %

En cas d'***usufruit à durée fixe***, celui-ci est évalué à 23 % de la valeur de la pleine propriété par période de dix ans, sans fraction et sans égard à l'âge de l'usufruitier (CGI art. 669, II). Toutefois, la valeur ainsi déterminée ne peut excéder celle de l'usufruit viager, qui constitue une évaluation maximale.

> ***Droit d'habitation et d'usage du conjoint survivant*** – En vertu de l'article 764 du Code civil issu de l'article 4 de la loi 2001-1135 du 3-12-2001, le conjoint successible qui occupait effectivement, à l'époque du décès, à titre d'***habitation principale***, un logement appartenant aux époux ou dépendant totalement de la succession peut demander dans l'année du décès à bénéficier sur ce logement, jusqu'à son décès, d'un droit d'habitation et d'un droit d'usage sur le mobilier, compris dans la succession, le garnissant.
> L'article 762 bis du CGI précise que pour la liquidation des droits de mutation à titre gratuit, la valeur des droits d'habitation et d'usage est de 60 % de la valeur de l'usufruit viager déterminée conformément à l'article 669 CGI (voir tableau ci-dessus).

En ce qui concerne l'***incidence du démembrement sur la valeur de la pleine propriété des titres***, voir les précisions données au n° 6514.

SECTION II

Evaluation des titres de sociétés non cotés en bourse

A. Principes fondamentaux

1. Facteurs de la valeur des titres non cotés

6300. Comme pour l'évaluation des terrains ou des immeubles bâtis ou des fonds de commerce, il convient de tenir compte de facteurs juridiques et économiques pour la détermination de la valeur vénale de titres non cotés. Nous verrons même que c'est par référence à ces facteurs qu'il conviendra d'exercer un choix au niveau de la combinaison des différentes méthodes d'évaluation pour parvenir à la notion de « valeur vénale ».

Il est donc nécessaire d'établir un diagnostic général de l'entreprise.

Diagnostic

6311. Cette démarche préalable est essentielle : en effet, le diagnostic d'une entreprise, qu'elle soit individuelle ou en société, est indispensable pour l'évaluer. Une analyse financière, même sommaire (mise en lumière et/ou en perspective de certains ratios, comparés à ceux du secteur, comme ceux de rentabilité, d'endettement, de la capacité d'autofinancement notamment), ainsi que les principales données économiques de l'entreprise et du secteur dans lequel elle évolue sont de nature à influer fortement sur les différents paramètres de l'évaluation, préfigurant le choix des méthodes qui seront retenues.

L'évaluateur sera amené à analyser :
- la valeur vénale des éléments de l'actif de l'entreprise ;
- son aptitude à produire des bénéfices ;
- la valeur des hommes (valeur des équipes, adéquation des effectifs) ;
- sa structure financière ;
- son activité (créneau porteur ou non porteur) ;
- la conjoncture économique générale.

Bien entendu, ces éléments n'ont pas tous le même poids dans la détermination de la valeur ; certains constituent la base même de l'évaluation (valeur vénale des éléments d'actif, productivité, marge brute d'autofinancement), d'autres représentent des éléments d'appréciation complémentaires permettant d'affiner la valeur précédemment déterminée. Il conviendra également de dégager les perspectives d'avenir de l'entreprise, en fonction de la branche d'activité à laquelle elle appartient, notamment par une étude de l'évolution du chiffre d'affaires, de la valeur de productivité et, le cas échéant, de la marge brute d'autofinancement.

Cette analyse sera confortée par l'examen des conditions de fonctionnement de l'exploitation.

En effet, la bonne marche d'une entreprise dépend directement :
- des conditions du marché et de la concurrence ;
- des produits mis en vente ou des prestations de services rendus ;
- de la technologie et des procédés de fabrication... ;
- de la qualité des décisions prises par le ou les dirigeants et du climat social de l'entreprise.

Facteurs juridiques

6312. Aux termes de l'article 1832 du Code civil « la société est instituée par deux ou plusieurs personnes qui conviennent par un contrat d'affecter à une entreprise commune des biens ou leur industrie en vue de partager le bénéfice ou de profiter de l'économie qui pourra en résulter. Elle peut être instituée, dans les cas prévus par la loi, par l'acte de volonté d'une seule personne. Les associés s'engagent à contribuer aux pertes ».

Le contrat de société contribue à la création d'une personne morale dont l'existence est juridiquement distincte de celle des associés. La propriété des biens apportés est juridiquement transférée du patrimoine des apporteurs au patrimoine de la société bénéficiaire de l'apport. Lorsque la société est définitivement créée, les associés sont uniquement propriétaires d'un bien meuble, au sens de la distinction du Code civil entre biens meubles et immeubles.

Ce bien meuble, dont il convient d'apprécier la valeur vénale, est soit une part sociale [sociétés civiles, sociétés en nom collectif, sociétés en commandite simple, SARL, entreprise unipersonnelle à responsabilité limitée (EURL), exploitation agricole à responsabilité limitée (EARL)], soit une action (société anonyme, société en commandite par actions).

6313. Certains facteurs juridiques sont liés aux ***clauses stipulées dans les statuts*** de la société. Ce sont notamment les suivantes :
– clauses restreignant les possibilités de cession de titres, plus particulièrement au niveau des sociétés anonymes ;
– clauses statutaires permettant la détermination du prix de cession. Elles ne concernent le plus souvent que les cessions entre associés. Elles ne s'imposent à l'administration que pour autant qu'elles permettent une approche réelle de la valeur vénale ;
– clauses relatives aux conditions de quorum dans les assemblées générales ordinaires et extraordinaires.

Ces clauses, qui varient selon les différents types de sociétés, constituent une référence primordiale permettant de déterminer la valeur vénale des titres transmis en fonction des notions de :
– participation minoritaire ;
– minorité de blocage au niveau des assemblées générales extraordinaires appelées à prendre les décisions sur l'avenir de la société ;
– participation majoritaire.

Facteurs économiques

6314. La détermination de la valeur vénale des titres non cotés doit être effectuée :
– dans un ***contexte économique général***; ainsi par exemple dans une période de forte inflation et de marasme économique, les titres des sociétés constituant des valeur-refuges (parts ou actions de sociétés à vocation immobilière, ou parts de sociétés foncières) seront plus recherchés que des titres de sociétés à vocation industrielle ou commerciale ;
– dans un ***contexte économique lié à la branche d'activité*** : secteur de pointe en plein développement ou secteur concurrencé par les productions des pays en voie de développement ;
– dans un secteur économique particulier à la région : activités de distribution dans les pays en voie de dépeuplement, à population dont la moyenne d'âge est élevée et activités de distribution dans les quartiers à fort développement ;
– mais aussi dans le ***contexte propre à l'entreprise considérée*** : une entreprise appartenant à une activité économique en déclin peut avoir trouvé un créneau de production ou de distribution particulièrement rentable.

C'est en faisant état de ces facteurs juridiques et économiques dont l'énumération ci-dessus est loin d'être exhaustive qu'il conviendra de procéder à la détermination de la valeur vénale des titres de sociétés non cotés.

2. Notion de valeur vénale des titres non cotés

6320. De même qu'il n'existe pas de définition unanimement admise de la valeur vénale d'un terrain, d'un immeuble ou d'un fonds de commerce, il n'existe aucune définition de la valeur vénale d'une société.

La ***jurisprudence*** qui a contribué à donner une définition de la valeur vénale des titres non cotés est née à l'occasion des litiges ayant opposé l'administration fiscale aux contribuables à la suite de l'institution, en 1945, d'un impôt de solidarité nationale, premier impôt sur le capital assorti, par ailleurs, d'un impôt sur l'enrichissement.

L'administration de l'Enregistrement se forgea, à cette occasion, une doctrine assez sommaire et assez rigide, essentiellement basée sur la valeur mathématique du titre, c'est-à-dire la valeur tirée de l'examen du dernier bilan après réévaluation éventuelle des divers postes d'actif et déduction des dettes sociales, valeur qu'elle assortissait cependant d'un abattement variant de 10 à 30 %, selon les cas, pour tenir compte de la faiblesse du rendement ou de l'étroitesse du marché.

6321. Le ***Conseil constitutionnel*** a été amené à préciser, à l'occasion de la promulgation des lois de nationalisation des entreprises du secteur privé de 1982, puis des mesures de privatisation qui ont suivi en 1986, la portée de l'article 17 de la Déclaration des droits de l'Homme et du citoyen de 1789, selon lequel la privation du droit de propriété pour cause de nécessité publique requiert une juste et préalable indemnité.

Dans ses décisions du 11 février 1982 (Cons. const. 11 février 1982 n° 82-139 DC) et des 25 juin et 18 septembre 1986 (Cons. const. 26 juin 1986 n° 86-207 DC ; Cons. const. 18 septembre 1986 n° 86-217 DC), le Conseil constitutionnel a posé en principe que les règles d'évaluation des entreprises et la détermination des prix d'offre, qui ne peuvent être inférieurs à la valeur vénale réelle, doivent être établies à partir de méthodes objectives couramment pratiquées en matière de cession totale ou partielle d'actifs de société, en tenant compte, selon une pondération appropriée à chaque cas, de la valeur boursière des titres, de la valeur des actifs, des bénéfices réalisés, de l'existence de filiales, et des perspectives d'avenir.

Il précise dans sa décision de 1986 que le prix d'acquisition d'un ensemble d'actions donnant à un groupe d'acquéreurs le contrôle de la société doit être fixé en tenant compte de cet avantage spécifique.

Ces grands principes ont été repris dans certaines dispositions de la loi 96-597 du 2 juillet 1996, dite de modernisation des activités financières, instituant notamment le Conseil des marchés financiers (art. 5-1-9 du règlement général relatif aux offres publiques d'échange), et du Code monétaire et financier (C. mon. fin. art. L 433-4 relatif aux offres publiques de retrait).

6322. Selon le ***Conseil d'Etat***, le critère principal d'évaluation qui doit être privilégié sur tous les autres est celui du prix auquel ont été conclues d'autres transactions portant sur les titres de la même société, effectuées dans un délai raisonnable (dans une espèce, CE 14 juin 1978 n° 9403, 7e et 8e s.-s. : RJF 7-8/78, le délai atteint quand même vingt-deux mois), et se présentant dans des conditions équivalentes (CE 25 juin 1975 nos 92185 et 92186, 8e et 9e s.-s. : RJF 9/75 n° 399 ; 19 novembre 1975 n° 92041, 8e et 9e s.-s. : RJF 1/76 n° 21 ; 14 juin 1978 précité n° 9403 : RJF 7-8/78 n° 316 ; 6 juin 1984 nos 35415 et 36733, 8e et 9e s.-s. : RJF n° 8-9/84 n° 940). Voir également sur cette question n° 6145.

A défaut de transaction équivalente, l'appréciation de la valeur vénale des titres est effectuée suivant des méthodes d'évaluation qui permettent d'obtenir un chiffre aussi voisin que possible de celui qu'aurait entraîné le jeu normal de l'offre et de la demande à la date où la cession est intervenue (CE 26 mai 1982 n° 29053, 7e et 8e s.-s. : RJF 7/82 636 ; 29 décembre 1999 n° 171859, 8e et 9e s.-s., Robardey : RJF 2/00 n° 153 ; CAA Paris 13 février 2001 n° 97-1308, 2e ch. B, Laurent : RJF 10/01 n° 1192).

Le juge examine la pertinence des éléments d'appréciation qui lui sont soumis, et admet que l'administration fiscale fonde son évaluation sur la valeur mathématique reconstituant l'actif et le passif réels, sous réserve qu'elle ne corresponde pas à un taux de capitalisation manifestement excessif en regard de la situation de l'entreprise et de ses perspectives (CE 21 novembre 1979 n° 7512, 7e et 9e s.-s. : RJF n° 1/80 n° 29). Il exclut toutefois le recours à la valeur purement comptable (voir n° 6340) en « considérant que cette estimation correspond à la valeur mathématique des actions de la société, telle qu'elle ressortait des bilans établis par cette société et, par conséquent, ne prend en compte ni les plus-values latentes, ni la valeur du fonds de commerce » (CE 28 novembre 1979 n° 10150, 7e et 8e s.-s. : RJF 2/80 n° 135).

De même, l'estimation de la valeur de rendement à partir d'un taux de capitalisation normal peut être retenue, ainsi que la méthode de la marge brute d'autofinancement ou du « cash-flow » net, corrigée ou non d'un « goodwill » à la hausse, ou d'un « badwill » à la baisse (CAA Paris 23 janvier 1990 n° 89-342, 3e ch., Solobail : RJF 5/90 n° 543 ; CE 29 juin 2001 nos 212347 et 212375). La combinaison de ces différentes méthodes, pouvant faire l'objet le cas échéant de la même pondération, reste selon la Haute Juridiction le meilleur moyen d'approcher la valeur vénale réelle.

6323. Les litiges relatifs à l'évaluation des titres non cotés ont également fait l'objet d'une jurisprudence assez fournie de la ***Cour de cassation*** qui, dans des arrêts rendus de 1952 à 1956 en matière d'Impôt de solidarité nationale a posé le principe général selon lequel « la valeur réelle des titres doit être appréciée en tenant compte de tous les éléments dont l'ensemble permet d'obtenir un chiffre aussi proche que possible de celui qu'aurait entraîné le jeu normal de l'offre et de la demande ».

Cette jurisprudence a été confirmée par la suite (notamment : Cass. com. 19 décembre 1989 n° 1594 D, Condemine : RJF 3/90 n° 357 et Cass. com. 7 décembre 1993 n° 1950 P, Delloye : RJF 3/94 n° 356).

6324. L'analyse de ces arrêts permet de dégager les ***grands principes*** que la Haute Assemblée a retenus pour parvenir à la détermination de la valeur vénale des titres non cotés.

1) Le ***seul recours à la valeur mathématique***, « fût-elle tirée des écritures sociales et affectée d'un abattement, dont, à défaut de justifications, le montant paraît arbitrairement fixé » doit être proscrit (en ce sens notamment : Cass. com. 9 octobre 1985, Mordoh : Indicateur de l'Enregistrement n° 14548 ; Cass. com. 28 janvier 1992 n° 140 P, Obadia : RJF 4/92 n° 568).

De même, l'évaluation de titres d'une société ayant pour objet la gestion d'un patrimoine foncier doit tenir compte de l'activité exercée en raison des conséquences que celle-ci peut avoir sur la valeur des droits sociaux, et, par conséquent, ne peut se limiter à la seule valeur patrimoniale ou mathématique (Cass. Com. 23 avril 2003 n° 639 F-D, Charlot : Indicateur de l'Enregistrement n° 18255).

2) Il y a donc lieu de ***déterminer la valeur*** des titres ***en combinant la valeur mathématique avec d'autres valeurs*** qui peuvent résulter, selon les cas évoqués dans les arrêts de la Cour de cassation :

a. du prix des transactions intervenues, dans des conditions analogues, sur des titres à une date récente (Cass. com. 2 décembre 1997 n° 2382 D, Petitjean : RJF 4/98 n° 488 ; en l'espèce, une vente de titres était intervenue trois jours avant la date de la cession en cause). La Cour rappelle toutefois que des éléments de comparaison ne peuvent être exigés pour apprécier la spécificité d'une exploitation sociale (Cass. Com. 16 décembre 1997 n° 2546 P, DGI c/ Gilles : RJF 4/98 n° 502) ;

b. du rendement des titres et de l'importance des bénéfices ;

c. de l'évaluation retenue à une époque voisine du fait générateur de l'impôt dans un acte passé entre parties ayant des intérêts opposés ;

d. de l'activité de la société, l'ampleur et le crédit de l'entreprise, la situation économique ; mais, sur ce dernier point, on ne peut faire appel à des considérations d'ordre général que si elles se trouvent justifiées par les circonstances propres à chaque affaire.

6325. Bien qu'ancienne, cette jurisprudence n'a jamais été démentie. Toutefois, compte tenu des progrès faits par l'analyse financière, il serait incongru de ne pas évoquer les moyens modernes de détermination de la valeur vénale des entreprises, moyens utilisés par les analystes financiers pour déterminer la valeur d'échange des titres dans le cadre d'une procédure de fusion ou la valeur d'introduction en bourse pour une société sollicitant son admission à la cote officielle.

Il est bon de signaler que les analystes contemporains ne paraissent pas renier les méthodes dites traditionnelles, mais se contentent essentiellement de déterminer la valeur des titres dans une perspective dynamique déjà évoquée par un arrêt de la Cour de cassation du 4 mars 1953 qui recommandait de rechercher les perspectives d'avenir de la société à l'époque du fait générateur. Cette jurisprudence a été confirmée dans un arrêt du 7 décembre 1993 n° 1950 (voir n° 6328) (dans le même sens, notamment : CE 3 octobre 1984 n° 48928, 9e et 8e s.-s. : RJF 12/84 n° 1444 ; CE 25 juin 1986 n° 43592, 9e et 7e s.-s. : RJF 8-9/86 n° 753 ; CAA Paris 10 juillet 1990 n° 2243, SA Safral : RJF 3/91 n° 253).

Il convient donc de faire l'analyse des différentes sortes de « valeurs » susceptibles d'être retenues afin d'en effectuer ensuite la synthèse pour parvenir à une « valeur vénale » des titres appréciée en fonction des impératifs juridiques et économiques qui ont été évoqués ci-dessus, tout en ayant présent à l'esprit que la valeur vénale des titres non cotés est essentiellement fonction de la valeur d'un potentiel économique, le plus souvent extrêmement composite, dont la valeur globale n'est pas toujours égale – en plus ou en moins – à la somme des valeurs de ses composants.

6326. De façon générale, la grande majorité des experts s'accordent pour distinguer deux ***grandes familles méthodologiques d'évaluation***, qui correspondent à deux visions différentes de l'entreprise sociétaire, et qui résulte de la double composante de la définition précitée de la société (n° 6312) :

– d'une part, la ***vision patrimoniale***, qui se réfère à « la mise en commun de biens ou d'industrie », et qui aura tendance à privilégier le vendeur ;

– d'autre part, la ***vision fondée sur la rentabilité***, que l'on peut relier au deuxième volet de la définition, se référant à la finalité de la société, qui est de « partager le bénéfice ou de profiter de l'économie qui pourra en résulter » ; dans cette optique, plus proche de l'acquéreur, la valeur de l'entreprise sera essentiellement fonction de sa capacité à générer des profits dans l'avenir.

La vision patrimoniale a donné naissance aux notions de valeur mathématique, de valeur patrimoniale ou valeur d'actif net corrigé ; il s'agit d'une conception statique tournée vers le passé de l'entreprise.

L'optique de rentabilité, plus dynamique, tournée vers le futur, se porte sur les prévisions de résultats à venir et fait appel aux notions de valeur de rendement, de productivité, fondée sur la capitalisation d'un flux financier sur une période déterminée.

Entre ces deux familles méthodologiques, la ***notion de goodwill*** – dont la détermination retient deux composantes essentielles, l'actif net, d'une part, emprunté à la conception patrimoniale, et le bénéfice, d'autre part, emprunté à la conception fondée sur la rentabilité – constitue en théorie une méthode intermédiaire, d'arbitrage entre ces deux optiques – acheteur, vendeur –, mais ne peut trouver une application systématique.

Enfin, les méthodes de comparaisons boursières permettent d'établir un lien avec la réalité d'un marché véritable et de conforter une évaluation théorique ; elles restent cependant d'une application délicate et nécessitent la réunion d'un ensemble important de données tirées de l'étude du marché boursier.

Dans la réalité, l'évaluateur doit s'attacher à retenir les méthodes les mieux adaptées au cas rencontré, au terme d'un diagnostic économique, financier et comptable de l'entreprise. Cette démarche doit aboutir à la détermination d'une ***fourchette de valeurs*** cohérentes, éventuellement confortée par des méthodes comparatives. La combinaison des différentes valeurs obtenues doit permettre de fixer une valeur vénale tenant compte de tous les éléments d'appréciation susceptibles de l'affecter.

6327. Pour l'***administration fiscale***, il convient d'utiliser essentiellement trois sortes de méthodes (***valeur mathématique, valeur de rendement et valeur de comparaison***) et d'en faire la ***synthèse*** pour dégager la valeur totale des titres des sociétés non cotés en bourse (Rép. Vasseur : AN 5 novembre 1990 p. 5135 n° 12409 ; Rép. Balligand : AN 28 janvier 1991 p. 299 n° 26720).

A titre d'illustration, ces méthodes seront appliquées dans la suite de notre exposé (n°s 6341 s.) au cas fictif d'une entreprise industrielle de mécanique de précision travaillant en sous-traitance pour l'industrie aéronautique (société anonyme S).

Il faut cependant signaler que, dans une circulaire d'évaluation des titres de sociétés diffusée en 1982 auprès de ses adhérents, le CNPF (devenu Medef depuis) avait émis certaines réserves sur les méthodes administratives. Il considérait notamment que celles-ci risquaient d'aboutir à des valeurs surestimées en raison de la référence prédominante à la valeur mathématique et préconisait un recours plus large aux comparaisons boursières.

Le CNPF estimait que les indications ainsi données en 1982 demeuraient valables pour les évaluations à effectuer au titre de l'ISF (Circ. du 27-2-89).

6328. Pour la détermination des différentes valeurs de l'entreprise à une date donnée, il n'est pas indispensable de retenir les éléments du dernier exercice clos avant cette date.

En effet, dans une instance où le rapport d'expertise avait pris en compte des ***éléments postérieurs à la date d'ouverture de la succession***, concrétisés par l'exercice arrêté à une date postérieure au décès, la Cour de cassation a jugé que la valeur vénale des actions au moment du décès ne pouvait pas ne pas tenir compte des potentialités de l'entreprise, et que la prise en compte par l'expert de l'***évolution de l'entreprise*** postérieure au décès n'était donc pas critiquable en soi (Cass. com. 7 décembre 1993 n° 1950 P, Delloye : RJF 3/94 n° 356).

Bien entendu, cette faculté qu'accorde la jurisprudence ne peut s'appliquer qu'à un exercice clos peu de temps après la date d'évaluation. Un dépassement de quelques mois semble raisonnable, à défaut d'un bilan provisoire arrêté à la date d'évaluation, rarement disponible dans les faits.

B. Valeur mathématique

1. Distinction entre « valeur mathématique » et « valeur comptable »

Valeur comptable

6340. La valeur comptable de l'entreprise correspond au montant de son ***actif net***, tel qu'il résulte du dernier bilan déposé à la date du fait générateur.

Il peut être procédé de deux manières différentes pour parvenir au calcul de cet actif net :
– actif net = actif brut figurant à l'actif du bilan diminué des postes sans valeur de réalisation (frais d'établissement et pertes) et diminué des dettes envers les tiers ;
– actif net = capital + réserves + report à nouveau + bénéfice de l'exercice diminué éventuellement des postes sans valeur de réalisation énumérés ci-dessus (frais d'établissement et pertes).

6341. Ces principes vont être illustrés à partir d'un ***bilan fictif d'une société anonyme « S » arrêté au 31 décembre 2006***, qui se présente schématiquement de la façon suivante (voir tableau ci-après) (par hypothèse, il s'agit – comme nous l'avons dit – d'une entreprise industrielle de mécanique de précision travaillant en sous-traitance pour l'industrie aéronautique).

Le capital de 1 000 000 € est divisé en 50 000 actions de 20 € chacune.
Le chiffre d'affaires hors taxes de l'exercice 2006 est de 9 000 000 €.
Celui de l'exercice 2005 était de 7 200 000 €.
Le bénéfice, après impôt sur les sociétés de l'exercice 2005, est de 440 000 €.

La détermination de la valeur nette comptable à partir de la première formule conduit aux résultats chiffrés suivants :

(4 208 000 – 14 000) – (160 000 + 520 000 + 1 134 000) = 2 380 000 €.

L'application de la deuxième formule conduit au même résultat d'une manière différente, soit :
1 000 000 + 848 000 + 26 000 + 80 000[1] + 440 000 – 14 000 = 2 380 000 €.
La valeur nette comptable de chaque action ressort à :

$$\frac{2\,380\,000}{50\,000} = 47{,}60\text{ €}.$$

Bilan de la société « S »

ACTIF				PASSIF	
Postes	Valeur brute	Amortissements	Valeur nette	Postes	Montant
• Frais de 1er établissement	21 000	7 000	14 000	• Capital (50 000 actions de 100 €)	1 000 000
• Terrains	120 000		120 000	• Réserves	848 000
• Constructions[1]	1 300 000	500 000	800 000	• Report à nouveau	26 000
• Matériel	1 700 000	1 220 000	480 000	• Bénéfice après impôt	440 000
• Mobilier	128 000	76 000	52 000	• Provisions pour amortissements dérogatoires[2]	80 000
• Agencements, installations	720 000	560 000	160 000	• Provisions pour IS à payer	160 000
• Stocks	700 000		700 000		
• Autres valeurs réalisables	1 882 000		1 882 000	• Dettes à long terme	520 000
				• Autre passif exigible	1 134 000
Total	**6 571 000**	**2 363 000**	**4 208 000**		**4 208 000**

1. Il n'est pas tenu compte, par simplification, de la décomposition par composants.
2. La provision pour amortissements dérogatoires n'est pas une charge, mais est incluse dans les fonds propres.

Valeur mathématique de l'entreprise

6342. Elle s'obtient après correction de la valeur comptable, en substituant aux valeurs figurant au bilan – qui sont, sauf cas de réévaluation, les valeurs d'entrée dans l'actif social – les valeurs réelles de chacun des postes à la date du fait générateur de l'impôt. Lorsque cette date ne coïncide pas avec celle du bilan, on retient, en principe, sous réserve de ce qui a été exposé supra n° 6328, le dernier bilan établi avant le fait générateur de l'impôt, en tenant compte des modifications substantielles intervenues entre ces deux dates.

D'une façon générale, la détermination de la valeur mathématique a pour but de ***remédier aux distorsions du bilan*** dues :
– à la dépréciation de la monnaie : la valeur des terrains et des immeubles ne correspond souvent plus à la valeur-bilan ;
– à l'absence de comptabilisation de certains éléments incorporels (fonds de commerce, clientèle, etc.), qui s'attachent à l'entreprise commerciale ou industrielle.

2. Principaux réajustements à faire subir à la valeur comptable pour parvenir à la valeur mathématique

6350. D'une manière générale, ces réajustements de valeur se feront, pour ce qui est spécialement des immeubles et fonds de commerce, en utilisant les méthodes d'évaluation décrites ci-dessus (nos 6200 s.).

Terrains

6351. On a recours, soit à l'évaluation directe en fonction des conditions du ou des marchés locaux, soit à l'évaluation par réajustement de valeurs d'acquisition lorsque ces dernières sont récentes.

Pour la détermination de la valeur ***mathématique de la société «S»***, supposons que le terrain figurant au bilan pour une somme de 120 000 € ait une superficie de 30 000 m² et que 10 000 m² de constructions aient été édifiés sur ce terrain. La valeur moyenne actuelle du m² de terrain dans la zone industrielle où est implantée l'usine ressort à 40 € le m².

La valeur actualisée du terrain au 31 décembre 2006 ressort à :

40 € × 30 000 = 1 200 000 €	1 200 000
Abattement à appliquer pour tenir compte de la partie construite (50 %), soit 20 € × 10 000	200 000 €
Valeur réévaluée	1 000 000 €
Valeur selon bilan	120 000 €
Plus-value latente sur terrain	880 000 €

Constructions

6352. Il convient d'utiliser les méthodes d'évaluation spécifiques aux ***immeubles à usage industriel*** en appliquant soit une méthode par comparaison (la plus utilisée par les experts, les tribunaux et l'administration fiscale), soit, en cas d'acquisition récente, par réajustement d'une valeur antérieure, soit par la méthode du coût de reconstruction.

Valeur d'acquisition (en cas d'investissements successifs sur plusieurs années) : on calcule la somme des investissements actualisés et corrigés du coefficient de vétusté (actualisation par indice INSEE de la construction).

Valeur de reconstruction : la valeur à neuf (superficie bâtie × coût du m² neuf) est affectée d'un coefficient de vétusté.

$$\textit{Coefficient de vétusté} = \frac{\text{durée de vie restante}}{\text{durée de vie totale (entre 25 et 30 ans)}}$$

En supposant que, dans la même zone industrielle, une usine d'une superficie comparable construite à la même époque (7 ans environ) ait été vendue sur la base d'un prix de 200 € le m² de SDPHO (terrain exclu), la valeur actualisée des constructions ressort à :

200 € × 10 000 =	2 000 000 €

Nota : Cette valeur actualisée doit être comparée non seulement avec la valeur nette comptable du poste « Constructions » figurant au bilan, mais aussi avec celle du poste « Agencements ». En effet, la valeur selon la SDPHO tient compte de ces deux postes qui ne sont scindés au bilan que pour des raisons de taux d'amortissement.

La valeur nette bilan est donc de :

800 000 + 160 000	960 000 €
Plus-value latente sur construction	1 040 000 €

Matériel

6353. Généralement, les amortissements comptabilisés correspondent à la dépréciation qui peut résulter soit de l'usure, soit de l'obsolescence. Toutefois, il est des cas (amortissements exceptionnels, pratique de l'amortissement dégressif) où la valeur vénale peut être supérieure à la valeur comptable.

Eléments incorporels

6354. L'évaluateur doit tout d'abord vérifier que les éléments incorporels du fonds de commerce, clientèle essentiellement, marques de fabrique, droit au bail, le cas échéant, sont bien la propriété de l'entreprise, soit pour les avoir acquis, soit pour les avoir créés. Dans cette dernière hypothèse, aucune valeur, bien souvent, ne figure à l'actif du bilan aux postes « fonds commercial » et « autres éléments incorporels ». Il ne faudrait pas en déduire de façon hâtive qu'ils n'appartiennent pas à l'entreprise.

En revanche, pour une entreprise qui exercerait son activité sans moyens propres, par le recours aux personnels, aux ressources et au savoir-faire d'une autre entreprise, le fonds de commerce, qui ne lui appartient pas, serait dans cette hypothèse sans valeur pour elle.

Dans une situation de ce type, la valeur incertaine de la clientèle, largement constituée des sociétés du groupe vendeur, a conduit le juge à retenir une méthode de calcul des titres indépendante de la valeur du fonds de commerce (CAA Paris 23 janvier 1990 n° 342,3e ch., Solobail : RJF 5/90 n° 543). Dans une autre espèce analogue, le Conseil d'Etat a jugé que le fonds de commerce étant sans valeur propre, la valeur vénale des actions n'excédait pas la valeur de l'actif net comptable après mise en distribution des dividendes (CE 17 décembre 1998 n° 95259).

Mais dans la plupart des cas, lorsque l'activité de l'entreprise consiste en l'exploitation d'un fonds de commerce détenu en propre, la valeur des titres est notamment fonction de la valeur du fonds commercial, et son calcul repose sur la valeur de l'actif net comptable, à laquelle s'ajoute l'évaluation des éléments du fonds de commerce (en ce sens, Cass. com. 21 octobre 1997 n° 2173 P, sté Marlène Pour : RJF 3/98 n° 325).

Au stade de l'évaluation des éléments incorporels, il est indispensable de faire la ***distinction*** entre les ***commerces de détail***, d'une part, qui sont évalués à partir de la méthode dite des « barèmes » (voir notre ouvrage « Evaluation », 4e éd., nos 860 s.) ***et***, d'autre part, les ***fonds de commerce de gros et les fonds industriels***, évalués sur la base d'une à deux années de bénéfices nets.

Dans certains secteurs (***publicité***, par exemple), la pratique est de retenir une année de marge brute ; la référence à deux années d'excédent brut d'exploitation constitue parfois une première approche d'estimation du fonds industriel.

Lorsqu'on évalue un ***fonds de commerce de détail*** sur la base d'un pourcentage du chiffre d'affaires, il convient, pour la détermination de la plus-value latente, de faire la différence entre le chiffre obtenu par l'application du barème et la valeur nette comptable des immobilisations incorporelles, du matériel et des agencements.

Par exemple, une société exploitant un fonds de commerce de café réalisant un chiffre d'affaires de 400 000 € (soit 300 recettes journalières) présente un bilan au 31-12-2006 où les valeurs nettes comptables de certains postes sont les suivantes :

– Matériel 60 000 €
– Agencements 50 000 €
– Eléments incorporels 40 000 €

L'application du barème pour l'évaluation du fonds (600 fois la recette journalière) donne approximativement une valeur de 400 000 × 2 = 800 000 €.

La plus-value latente sera égale à :
800 000 – (60 000 + 50 000 + 40 000) = 650 000 €
et non 800 000 – 40 000 = 760 000 €.

6355. En ce qui concerne les ***fonds industriels*** et les ***fonds de commerce de gros***, l'évaluation sur la base du bénéfice ne tient compte ni du matériel, ni des agencements.

Par ailleurs, dans le secteur industriel, un certain nombre d'éléments incorporels ont une valeur difficilement appréciable. Il en est ainsi des ***marques de fabrique***, des ***brevets***, du « ***know-how*** » (savoir-faire).

Compte tenu des difficultés d'évaluation des divers éléments incorporels, il est préférable de recourir, lorsque le cas s'y prête, à la ***méthode d'évaluation par le goodwill*** (ou survaleur) qui permet d'établir un lien entre la valeur mathématique et l'évaluation fondée sur la rentabilité (voir n°s 6480 s.). Lorsqu'on ne fait pas appel à la notion de « goodwill », il convient de ne pas omettre de procéder à la réévaluation ou à l'évaluation d'éléments incorporels spécifiques à chaque profession dont l'énumération ci-après est loin d'être limitative, notamment : marques de fabrique, brevets, know-how, cartes de représentants, contrats d'exclusivité, licences de transports, contingents de mouture ou de distillation, etc.

Biens acquis par contrat de crédit-bail (crédit-bail mobilier et immobilier)

6356. Bien qu'elles ne soient pas la propriété de l'entreprise, et par conséquent non inscrites à l'actif, on ne peut négliger les immobilisations financées par crédit-bail.

Une attention particulière doit être portée aux ***contrats dont le terme est proche***.

Il est possible d'évaluer ces biens comme s'ils étaient en pleine propriété, et prendre en contrepartie au passif le montant des annuités restant à payer, ainsi que le montant de l'option de rachat. Ces biens doivent subir l'amortissement qui aurait dû être pratiqué, et être estimés comme les autres biens de même nature.

Bien entendu, les différents montants sont à retenir pour leur valeur actuelle. La ***plus-value*** acquise pourra ainsi être calculée par différence entre :

1. la valeur du bien à une date déterminée :
selon la formule : $V(1-a)^n$
où V est le montant de l'investissement initial,
a le taux d'amortissement économique,
n le nombre d'années d'utilisation du bien.

2. la valeur actuelle des loyers et montant de l'option restant à payer :

selon la formule : $\frac{L \times 1 - (1 + i)^{-(n'-n))}}{i} + \frac{O}{(1 + i)^{n'-n}}$

où L est le montant du loyer annuel, supposé fixe,

i le taux d'intérêt courant du marché,

n' le nombre total d'années de durée du contrat de crédit-bail,

n le nombre d'années écoulées à la date d'évaluation,

O le montant de l'option de rachat au terme du bail.

> *Exemple :* Soit un contrat de crédit-bail prévoyant, pour un bien d'équipement d'une valeur initiale de 200 000 €, le paiement d'un loyer annuel de 27 000 € sur 10 ans, et une option d'achat pour 20 000 € en fin de contrat.
> L'amortissement économique est retenu à 5 % l'an.
> Le taux d'intérêt est de 6 %.
> La plus-value acquise au bout de 7 années d'utilisation du bien sera évaluée à :
> 1. Valeur du bien au terme des 7 années (compte tenu de l'amortissement économique) :
> $200\,000 € \times (1 - 0{,}05)^7 = 139\,666 €$
> 2. Valeur actuelle des sommes restant à payer :
> $27\,000 \times \frac{[1 - (1 + 0{,}06)^{-3}]}{0{,}06} + \frac{20\,000}{(1 + 0{,}06)^3}$
> $= (27\,000 \times 2{,}673) + (20\,000 \times 0{,}8396)$
> $= 72\,171 + 16\,792 = 88\,963$ €.
> La plus-value acquise, sous réserve de la non-réévaluation du bien en fonction de la valeur vénale réelle, sera égale à :
> 139 666 – 88 963 = 50 703 €.

Titres de participation et de placement

6357. Le *portefeuille-titres* d'une société est susceptible de contenir des plus-values latentes importantes. Les règles fiscales permettent de constater, dans certaines conditions et limites, les moins-values par voie de provisions pour dépréciation mais n'obligent pas à constater en profits les plus-values.

Il convient donc d'évaluer le portefeuille-titres selon les règles générales :
– *valeur boursière* à la date du fait générateur de l'impôt s'il s'agit de titres cotés en bourse ; l'évaluation se fait généralement sur la base du cours moyen des 3 derniers mois précédant la date d'évaluation ;
– d'après les *diverses méthodes* exposées ici, lorsqu'il s'agit de titres non cotés (ce qui complique encore l'évaluation de la société en cause).

Stocks et valeurs réalisables à court terme ou disponibles

6358. Conformément à l'article 38-3 du CGI, les stocks sont évalués au prix de revient ou au cours du jour, si ce cours est inférieur au prix de revient. En cas d'évaluation au cours du jour, il convient de tenir compte de la provision pour dépréciation constituée par l'entreprise (provision égale à la différence entre le prix de revient et le cours du jour).

Les valeurs comptables de ces biens n'ont donc pas, en principe, à être modifiées.

Cependant, pour l'assiette des ***droits de mutation*** et de l'***impôt de solidarité sur la fortune***, l'administration exige que les stocks (autres que les stocks de vin et d'alcool) soient évalués à leur valeur vénale réelle (conformément au principe général d'évaluation des autres biens) et non au prix de revient comme en matière de bénéfices industriels et commerciaux (D. adm. 7 S-351, n° 21, 1er octobre 1999; ENR-VII-32910). L'administration en retenant la valeur marchande (qui englobe la marge de commercialisation) raisonne à partir d'une hypothèse de vente isolée à un acquéreur quelconque. Or dans la perspective de l'évaluation d'ensemble d'une entreprise, il paraît logique de retenir le prix qu'un acheteur de l'ensemble des éléments de l'entreprise est disposé à payer pour les stocks, c'est-à-dire en général leur prix de revient. En cas de litige, il appartiendra donc aux tribunaux de trancher le débat.

Provisions pour pertes et charges

6359. Au niveau de ce compte, il convient de distinguer soigneusement :

1) les ***pertes et charges certaines*** dans leur principe, c'est-à-dire dont l'objet est nettement précisé et la survenance probable à la clôture de l'exercice (provisions pour impôt, provisions pour congés payés, comptes de régularisation passif) ; ces provisions constituent un passif réel ;

2) les pertes et charges éventuelles (provisions pour risques non déterminés ou non actualisés, provisions pour propre assureur) : ces provisions doivent être assimilées à des réserves, partie intégrante de l'actif net.

Remarques : a. Provisions pour dépréciation d'éléments d'actif non amortissables (fonds de commerce, portefeuille-titres, etc.) : il n'y a pas lieu d'en tenir compte dès lors que les écarts de valeur affectant ces éléments ont été pris en considération à l'occasion de la réévaluation des postes d'actif dans les conditions indiquées ci-dessus.
b. Provisions réglementées par les textes fiscaux telles que :
– provisions pour investissement ;
– provisions pour hausse des prix ;
– provisions pour implantation à l'étranger ;
– provisions autorisées spécialement pour certaines professions ;
– amortissements dérogatoires, qui excèdent les amortissements techniques normalement pratiqués, dans le cadre des amortissements dégressifs.
Ces provisions constituent en fait des réserves constituées en franchise d'impôt. Elles doivent, selon l'administration fiscale, être incluses dans le calcul de l'actif net, mais il convient d'en déduire le montant de l'impôt qu'elles n'ont pas supporté, mais qu'elles subiront lors de leur réintégration ultérieure aux bénéfices imposables.

Subventions d'équipement

6360. Si elles sont versées de façon définitive, à fonds perdus, elles constituent de véritables réserves.

Si elles doivent être remboursées sur résultats futurs, elles constituent un passif réel.

Dettes à long terme et court terme

6361. La modification des évaluations comptables ne peut résulter en principe que d'une vérification de comptabilité par l'administration fiscale ou d'un contrôle interne (rapport d'audit).

Charges de liquidation

6362. La valeur mathématique doit être distinguée de la ***valeur liquidative de l'entreprise***. La valeur mathématique porte, en effet, sur un potentiel économique en activité. Il n'y a donc pas lieu de tenir compte des charges éventuelles de liquidation. De même, le passif réel ne doit pas être augmenté des impositions latentes sur les plus-values latentes de l'actif social. Il en irait autrement en revanche si la société dont les titres sont évalués se trouvait dans une situation telle que sa liquidation prochaine apparaîtrait avec une probabilité suffisante.

3. Calcul de la valeur mathématique des actions ou parts sociales

6370. Une fois déterminée la valeur réelle de l'actif net social en corrigeant la valeur nette comptable dans les conditions indiquées ci-dessus, il suffit de rapporter cette valeur au nombre de titres émis par la société pour dégager une valeur mathématique unitaire (VM).

Dans l'*exemple* choisi de la ***société « S »*** (voir n° 6341), en supposant que seuls les postes «Terrains», «Constructions» et «Eléments incorporels» doivent faire l'objet d'une évaluation ou d'une réévaluation, on obtient une valeur mathématique en appliquant à la valeur comptable dégagée ci-dessus les majorations suivantes :

Valeur nette comptable	2 380 000 €
Plus-value latente sur terrain	880 000 €
Plus-value latente sur constructions	1 040 000 €
Evaluation du fonds (une fois et demie le bénéfice)	660 000 €
Valeur mathématique	4 960 000 €

Dans la mesure où toutes les actions confèrent les mêmes droits à leurs porteurs, la valeur unitaire s'obtient en divisant la valeur mathématique réévaluée de la société par le nombre de titres qui composent le capital.

La valeur mathématique unitaire de chaque action de la société « S » ressort ainsi à :

4 960 000 € / 50 000 = 99,2 €.

L'hypothèse où les droits des porteurs ne sont pas égaux sera examinée plus loin après avoir déterminé une valeur combinée (voir n°6520).

6371. *Remarque :* La méthode consistant à apprécier la valeur vénale d'un titre à partir de la seule valeur mathématique après avoir fait subir à cette dernière un abattement en pourcentage a été formellement écartée par la Cour de cassation (voir n° 6324).

Le modèle patrimonial présente en effet certaines limites.

a. Tout d'abord, la revalorisation des actifs d'une société, lorsqu'elle fait

apparaître des ***plus-values latentes importantes***, se traduit ipso facto pour l'acquéreur par une baisse de la rentabilité.
Pour un actif net de 200 € qui rapporte 20 €, la rentabilité est de 20/200, soit 10 %.
Ce même actif, réévalué à 300 €, réduit la rentabilité à 6,66 % (20/300).

b. Ensuite, ce modèle ne permet pas la distinction entre les biens nécessaires et les biens non nécessaires à l'exploitation ; or, l'acquéreur ne s'intéressera qu'à la valeur des ***biens nécessaires à l'exploitation*** en fonction de l'***utilité*** que l'entreprise pourra en retenir.

c. Enfin, dans le même ordre d'idées, dans l'hypothèse d'une revente de certains actifs par l'acquéreur, leur liquidation entraînera des prélèvements fiscaux (IS sur plus-values) qui réduiront d'autant le produit de la vente et l'acquéreur n'aura pas récupéré la totalité de la valeur acquise (rapprocher n° 6362).

C'est pourquoi, la valeur mathématique doit être rapprochée de la ***valeur de rendement*** car, pour l'acquéreur, la rentabilité de l'entreprise constitue le critère essentiel de sa valeur.

Toutefois, l'importance de la valeur mathématique peut être prépondérante lorsque l'évaluation porte sur un ***fonds de commerce de détail*** qui, bien qu'exploité sous une forme sociale, recouvre en réalité une véritable entreprise individuelle (n° 6507). Il en va de même pour les sociétés immobilières (SCI, sociétés forestières, par exemple) en raison de la prépondérance immobilière des actifs (n° 6547).

C. Valeur de rendement et valeur de productivité

6390. Dans la majorité des cas, cette méthode doit être intégrée dans le processus de détermination de la valeur vénale d'un titre non coté car le but même du contrat de société, dans sa définition de l'article 1832 du Code civil, est le partage des bénéfices qui pourra résulter de la formation du contrat.

Toutefois, ce partage peut être ordonné de deux façons totalement différentes selon que la société pratique une politique systématique de distribution de dividendes ou conserve en réserve ses bénéfices en recherchant le gain en capital qui est dans la majeure partie des cas exonéré de l'impôt sur le revenu alors que les distributions de dividendes sont taxables.

La valeur de rendement d'une société, prise en son sens large, recouvre donc deux notions :
– celle de rendement proprement dit, calculée en capitalisant le bénéfice distribué ;
– celle de productivité calculée en capitalisant le bénéfice disponible après paiement de l'impôt sur les sociétés.

NB La capitalisation revient à la somme actualisée d'une suite infinie du montant de référence (dividende ou bénéfice).

1. Valeur de rendement proprement dite

6393. Elle s'obtient en ***capitalisant*** à un taux approprié ***le dividende net moyen*** mis en distribution par la société au cours des deux ou trois dernières années. Lorsque l'évaluation porte sur une ***société dont la croissance est très forte***, la moyenne des trois années peut donner un résultat qui n'est pas significatif. Si des perspectives favorables sont prévisibles, seuls les résultats de la dernière année connue peuvent être pris en compte.

> Si l'on suppose que l'assemblée générale ordinaire de la ***société « S »*** appelée à statuer en juin 2007 sur l'affectation des résultats de l'exercice 2006 décide de mettre en ***distribution*** la somme de ***200 000 €***, le reste, soit 240 000 €, étant affecté à la réserve de prévoyance, c'est à partir de cette somme de 200 000 € que l'on déterminera la valeur de rendement de cette entreprise.

Ce modèle de valorisation s'applique plus particulièrement aux ***participations minoritaires***, l'acquéreur cherchant avant tout à encaisser des dividendes ou à réaliser une plus-value à plus ou moins long terme. Dans cette optique, la valeur du titre sera déterminée par la somme des dividendes futurs actualisés sur une période de capitalisation allant à l'infini ; aussi, en théorie, le taux de référence à employer serait soit le taux d'un placement sans risque, soit le taux d'intérêt à long terme.

L'évaluateur devra justifier le choix du taux retenu pour capitaliser le dividende en se substituant à l'investisseur qui est alors censé faire un arbitrage entre plusieurs placements. A cet effet, il pourra s'appuyer sur les informations statistiques, publiées notamment par l'INSEE, en matière de taux de rendement et d'intérêt tirés des marchés monétaire et financier.

En ce qui concerne le choix du taux de capitalisation, l'***administration*** fiscale paraît admettre comme raisonnable, pour les sociétés ayant un objet industriel ou commercial, un taux de 5 % sur la base du dividende net distribué.

> Ce taux appliqué à la situation de la ***société « S »*** conduit à la détermination d'une valeur de rendement égale à :
> 200 000 € / 5 % = 4 000 000 €
> soit ***80 €*** par action.

Ce ***taux*** peut être ***modulé*** en fonction de critères économiques ou financiers propres à chaque entreprise et notamment :
– augmenté pour des entreprises à hauts risques ;
– diminué pour des entreprises dont une partie importante de l'actif constitue une valeur refuge (terrains, constructions...).

Comparaisons boursières

6394. L'évaluateur peut être aussi amené à se référer aux ratios boursiers pour fonder une estimation par comparaison. A titre d'illustration, les ***taux de rendement*** des actions cotées (avec crédit d'impôt) sont indiqués ci-après pour leur moyenne annuelle, suivant les statistiques de l'INSEE (Bourse, Finance, tableau N. 02-5, source : Caisse des dépôts et consignations).

Années	1999	2000	2001	2002	2003	2004
Taux	1,50%	1,67%	2,28%	2,79%	3,05%	2,63%

Bien entendu, s'agissant d'évaluer des titres non cotés par référence à des valeurs cotées, l'absence de liquidité devra être prise en compte en majorant le taux de rendement d'un pourcentage de 25 % à 33 %. Toutefois, s'il s'agit d'évaluer un paquet majoritaire de titres non cotés, cette correction sera plus limitée, dans la mesure où l'on peut assimiler, toutes choses étant égales par ailleurs, la valeur d'un titre coté, correspondant à un titre minoritaire, à la valeur d'un titre non coté majoritaire, emportant pouvoir de décision, la décote d'absence de liquidité étant compensée par la prime de majorité.

6395. *Cas particulier de certaines entreprises à structure familiale* – Pour elles, le rendement indirect de l'entreprise peut résulter de l'octroi de ***rémunérations très importantes aux associés*** sous forme de salaires. Dans les ***toutes petites entreprises***, plus particulièrement commerciales exploitées sous la forme de sociétés, c'est la totalité de la rémunération du ou des associés dirigeants qui doit être réintégrée pour apprécier la valeur du rendement. Dans les ***PME***, il semble raisonnable de n'intégrer à la valeur de rendement que l'éventuel supplément de rémunération alloué aux associés par comparaison avec les rémunérations des salariés non associés dans l'entreprise exerçant des fonctions de cadre supérieur.

Ainsi, si l'on avait supposé que, dans la ***société « S »***, les fonctions de direction soient assurées par le père et ses deux fils détenant, à eux trois, 95 % des actions et que chacun d'eux ait perçu une rémunération de 100 000 € par an alors que le directeur commercial, non associé, perçoit une rémunération annuelle de 80 000 €, il est vraisemblable que, dans cette situation, la société « S » aurait dégagé un bénéfice moins important et se serait abstenue par contre de distribuer un dividende.
Dans ce cas-là, la valeur de rendement pourrait éventuellement être appréciée en capitalisant la « surrémunération » des trois associés dirigeants, soit : (100 000 € – 80 000 €) × 3 = 60 000 €.

6396. ***Limites de la méthode de la valeur de rendement*** – Ce modèle de valorisation trouve sa principale limite dans le fait qu'il suppose une certaine constance de la politique adoptée par les dirigeants de la société en matière de distribution des dividendes.

Or, dans la majorité des cas, cette politique de distribution est fluctuante, d'abord en fonction des résultats réalisés, et surtout en période de développement de l'entreprise, quand celle-ci doit consacrer une part importante de sa capacité bénéficiaire à son autofinancement au détriment des distributions.

Ainsi, dans une décision du 27 février 2004, la cour administrative d'appel de Paris a jugé que « l'absence de distribution de dividende ne résultant pas de l'absence de bénéfice de la société, mais du choix du conseil d'administration de cette société..., de ne pas en distribuer et le rendement du titre ne pouvant constituer un motif pour choisir d'acquérir les actions de la société..., c'est à juste titre que la valeur de rendement n'a pas été prise en considération pour déterminer la valeur de l'action» (CAA Paris 27 février 2004 n° 99PA02598, 2e chambre B).

C'est pourquoi, afin de surmonter les aléas de la « volatilité » des dividendes, il est fait appel au modèle qui retient comme base de la capitalisation, non plus le dividende, mais l'ensemble du résultat net d'impôt, qu'il soit distribué ou mis en réserve; il s'agit de la valeur de productivité.

2. Valeur de productivité

6400. Un grand nombre de sociétés, soit en raison de la structure de leur capital (caractère familial), soit en raison d'une politique commerciale ou industrielle hardie (valeurs dites de croissance), ne distribuent qu'un très faible dividende ou même s'abstiennent de procéder à des distributions en réservant tous les bénéfices pour l'autofinancement et le développement de la société.

Pour apprécier la valeur de ces sociétés, on ne fait donc plus appel à la notion de rendement exposée ci-dessus (le rendement étant nul, la valeur de rendement serait égale à zéro alors qu'il s'agit souvent de sociétés particulièrement dynamiques), mais à la notion de productivité. On obtient la valeur de productivité en ***capitalisant***, non plus la somme affectée au paiement des dividendes, mais la ***totalité du bénéfice disponible*** après impôt sur les sociétés.

6401. L'évaluateur doit alors centrer son étude sur l'analyse des résultats récurrents et apprécier les risques affectant la reproduction de ces résultats à moyen ou long terme.

a. La première démarche consistera à ***déterminer la rentabilité courante***, en dehors des événements exceptionnels, en fonction des moyens actuels et dans les conditions normales d'exploitation. Cette recherche s'effectuera à partir de l'analyse des comptes de résultats.

b. La deuxième démarche aura pour objet de ***fixer le taux de capitalisation***. Ce taux pourra être déterminé en deux temps.

1. Dans un premier temps, on sélectionnera un ***taux de base***, appelé taux d'opportunité, ainsi défini comme étant le taux de rendement attendu par l'investisseur dans le cadre d'un arbitrage opéré par rapport à d'autres placements, comme on l'a vu précédemment.

Ce pourra être le taux de rendement à l'émission des obligations du secteur public ou privé, ou certains taux du marché monétaire, tels que le taux de base bancaire ou le taux des prêts à long terme, par exemple.

A titre indicatif, sont proposés ci-après les taux moyens annuels de rendement des emprunts d'Etat à long terme pour les années 2001 à 2005, publiés par l'INSEE dans le Bulletin mensuel de statistiques, tableau N. 02 – 5 (source : Caisse des dépôts et consignations).

Années	2001	2002	2003	2004	2005
Taux	5,10%	4,93%	4,18%	4,15%	3,46%

La théorie de la valeur de productivité est fondée sur la reproduction du résultat dans l'avenir. L'incidence de l'***inflation*** doit donc être intégrée dans les calculs d'actualisation et de capitalisation. En effet, l'inflation affecte non seulement les données de référence (en euros courants, c'est-à-dire en montants exprimés dans la monnaie d'une période), mais aussi les taux de référence (les taux de rendement prennent en compte une hypothèse d'inflation). C'est pourquoi, si les paramètres utilisés sont retenus pour un montant exprimé en euros constants, il convient, par souci de cohérence de la recherche d'une valeur actuelle, de retraiter le taux de base (taux de rendement à long terme) de l'incidence de l'inflation implicitement intégrée pour la période future. Pour les données de référence, en particulier les résultats passés, il conviendra de neutraliser les effets de l'inflation :

– en cas d'inflation peu élevée, par la pratique de la ***pondération***, en affectant le résultat du coefficient 1 pour l'année N-2, du coefficient 2 pour l'année N-1, et du coefficient 3 pour l'année N ;

– en cas d'inflation plus élevée, en retraitant les données des années précédentes du ***taux de dépréciation monétaire***. Pour les taux de référence, tel le taux de rendement des obligations du secteur public par exemple, on procédera à un retraitement global en utilisant le taux courant de dépréciation monétaire. En pratique, l'INSEE calcule depuis 1996 l'***inflation sous-jacente*** comprise dans l'évolution de l'indice des prix à la consommation (moyennes annuelles INSEE conjoncture). Ces taux sont de :

Années	1999	2000	2001	2002	2003	2004	2005
Taux	0,6 %	1,4 %	2 %	1,8 %	1,6 %	1,3 %	1 %

2. Dans un deuxième temps, on ajoutera à ce taux de base un différentiel, calculé en pourcentage du taux de base, plus ou moins important selon le risque estimé pour l'activité de l'entreprise, soit de façon générale compte tenu des aléas inhérents à toute activité industrielle ou commerciale, soit de façon particulière en fonction des forces et des faiblesses de l'entreprise et de la situation de son secteur d'activité. Ce différentiel traduira le niveau de rendement supplémentaire exigé par rapport au rendement minimal attendu. Cette phase de l'estimation est particulièrement délicate, en raison des difficultés d'analyser et surtout de quantifier les différents risques et d'en calculer l'incidence sur le taux de capitalisation. Le principe est que le taux de rémunération sera d'autant plus élevé que le risque de l'entreprise sera important.

En pratique, l'***échelle de risque*** de secteur peut être classée en cinq classes, à chacune desquelles sera affecté un pourcentage de risque, majorant le taux de rémunération minimale :

Classe 1 : (ex. : immobilier locatif) :	secteur très faiblement risqué de 20 % à 35 %
Classe 2 : (ex. : distribution) :	secteur faiblement risqué de 35 % à 50 %
Classe 3 : (ex. : agroalimentaire) :	secteur à risque moyen de 50 % à 75 %
Classe 4 : (ex. : pétrole, BTP) :	secteur fortement risqué de 75 % à 90 %
Classe 5 : (ex. : automobile, matières premières) :	secteur très fortement risqué de 90 % à 100 %

La marge ainsi définie de façon indicative permettra d'intégrer le risque interne de l'entreprise, la fourchette haute venant sanctionner un risque interne élevé, tenant compte des faiblesses et points faibles, la fourchette basse s'appliquant à un risque interne faible, eu égard aux forces et points forts de l'entreprise à évaluer.

6402. *Remarque :* Il existe un ***mode de recoupement du taux de capitalisation*** (que l'on aura établi) par comparaison avec les ratios tirés de l'analyse boursière des sociétés cotées.

En effet, la méthode du PER (« Price Earning Ratio »), très utilisée en matière boursière, permet de valoriser des entreprises pouvant se comparer à des sociétés cotées, notamment des sociétés de croissance, celles qui présentent des taux d'accroissement de leurs chiffres d'affaires et de leurs résultats de l'ordre de 15-20 %.

Le PER se calcule (n° 6462) par le rapport $\frac{\text{cours}}{\text{bénéfice}}$ qui constitue l'inverse du rapport $\frac{\text{bénéfice}}{\text{cours}}$, c'est-à-dire précisément le taux de capitalisation du bénéfice défini ci-dessus. Ainsi, à un PER de 12, correspond en principe un taux de 1/12 = 8,1/3 % (0,0833).

Toutefois, le PER boursier du secteur de référence fait généralement l'objet, dans la pratique des évaluateurs, d'une décote de 20 à 30 % pour tenir compte de l'absence de liquidité des titres non cotés en Bourse. Pour reprendre le même exemple, à un PER de 12, correspondra un multiple compris entre 9,6 (décote de 20 %) et 8,4 (décote de 30 %). Parallèlement, le taux de capitalisation évoluera entre 10,41 % (1/9,6) et 11,90 % (1/8,4).

La consultation des publications spécialisées en matière de bourse et d'informations financières peut permettre de sélectionner un échantillon d'entreprises du même secteur d'activité, cotées en bourse, et présentant des caractéristiques proches de celles de l'entreprise à évaluer, au regard des critères suivants :

- structure financière, en particulier d'endettement ;
- taux de croissance ;
- politique de distribution ;
- taux de risque.

6403. De son côté, l'***administration*** fiscale retient dans la pratique la même approche, adaptée en fonction des critères cités pour la valeur de rendement proprement dite (risque, composition de l'actif, rémunérations des associés dirigeants).

Toutefois, le guide de l'évaluation des biens de la Direction générale des impôts, qui avait été publié pour l'évaluation des biens en matière d'impôt sur les grandes fortunes, est en cours d'actualisation.

6404. Dans le cas de la ***société « S »*** (voir n°s 6341 s.), on peut procéder au calcul suivant du taux de capitalisation du résultat net :

1. Choix du taux de base sans risque ou taux d'opportunité.
Par exemple : taux de rendement des emprunts d'Etat 2005 : 3,46 %

2. Choix du différentiel de risque :
– Risque très élevé (sous-traitance aéronautique), entreprise présentant des fragilités compte tenu de la concurrence internationale.
Dans ces conditions, un pourcentage compris dans la fourchette de 90% à 100% peut être retenu, par exemple 95 % : 3,46 % × 95 % = + 3,29 %
Taux de capitalisation : 3,46 % + 3,29 % = 6,75 %
NB : Compte tenu de la faiblesse à la fois du taux de rendement et du taux de l'inflation, il ne paraît pas opportun de procéder au retraitement.

A partir du taux de capitalisation de 6,75%, la valeur de productivité sera égale à :

$$\frac{440\,000}{6,75} \times 100 = 6\,518\,518\ €$$

soit, par action, ***130 €***

Un autre calcul peut être effectué de la façon suivante ***à partir du multiple***.

1. Soit un multiple de 20 correspondant au taux sans risque du marché financier.

2. Evaluation du risque externe (ou risque de marché) à 0,8 (soit une probabilité de ne pas réaliser de bénéfice deux années sur dix).
Evaluation du risque interne (ou risque d'exploitation propre à l'entreprise) à 0,95.
On obtient un multiple final de :
30 × 0,8 × 0,95 = 15,2 auquel correspond un taux de capitalisation de :
1 / 15,2 = 6,58%
Cette méthode suppose toutefois une connaissance sectorielle suffisamment approfondie du marché pour justifier un multiple moyen de base et les pondérations à lui appliquer en fonction des données de l'entreprise.

6405. *Remarque* : Dans le cas de la société « S », la ***valeur de rendement*** est ***inférieure*** à la ***valeur de productivité***. Cet état de fait est assez courant dans la pratique, la valeur de rendement étant généralement la valeur la plus faible, correspondant à la valeur minimale d'un paquet minoritaire de titres.

Cette valeur est tributaire de la politique de distribution des bénéfices. Celle-ci est plus généreuse dans les sociétés où les actions sont à peu près également réparties entre des groupes de porteurs ayant des intérêts contraires.

Il est beaucoup plus fréquent de rencontrer des sociétés qui ne distribuent qu'une faible fraction du bénéfice ; dans ce cas, la valeur de productivité est nettement supérieure à la valeur de rendement.

Dans cette dernière hypothèse, les paquets de titres minoritaires ont une valeur plus faible, à l'unité, que les paquets de titres emportant un pouvoir de décision dans l'entreprise.

Un ***exemple*** permettra de comprendre cette affirmation : supposons qu'au lieu de décider la distribution de 200 000 € l'assemblée générale de la Société « S » décide de ne distribuer que 100 000 €.
La capitalisation à 5 % (voir n° 6393) donne une valeur de rendement proprement dite de 2 000 000 €, soit 40 € l'action, alors que la valeur de productivité reste fixée à 6 518 518 €, soit 130 € l'action.
L'évaluation de 10 % des actions de la société va privilégier le rendement immédiat, car le possesseur de ce paquet minoritaire ne peut influer sur les décisions des assemblées, mais tiendra compte des plus-values potentielles qu'acquièrent ces actions grâce aux mises en réserves. L'évaluateur sera donc amené à apprécier la valeur de rendement, au sens large, par une formule du genre :

$$VR = [(3 \times VR) + VP] / 4$$
$$= [(3 \times 40) + 130] / 4$$
$$= 63 \text{ € l'action.}$$

Au contraire, l'***évaluation de 76 % des actions*** de la société, dont l'acquéreur potentiel deviendra maître du pouvoir de décision au sein des assemblées, y compris extraordinaires, va, dans la détermination de la valeur de rendement, privilégier la valeur de productivité en établissant celle-ci selon une formule inversée par rapport au premier cas soit :

$$VR = [(3 \times VP) + VR] / 4$$
$$= [(3 \times 130) + 40] / 4$$
$$= 107{,}5 \text{ € l'action.}$$

3. Détermination de la valeur moyenne de rentabilité

6410. Les deux méthodes brièvement exposées ci-dessus aboutissent en général à des résultats différents. Il est donc préconisé de ***combiner*** entre elles ***ces différentes évaluations***. A noter que, pour l'appréciation tant de la valeur de rendement proprement dite que de la valeur de productivité, on ne prend pas généralement les sommes distribuées ou les bénéfices dégagés au cours du dernier exercice. Il est de coutume de faire la moyenne à partir des distributions et des bénéfices des deux derniers exercices ou des trois derniers exercices, mais en utilisant, dans ce dernier cas, des correctifs monétaires en période de forte inflation (voir n° 6404).

La combinaison des différentes méthodes s'effectuera à partir des critères suivants :
– nature de l'activité (commerce de gros ou détail, industrie légère ou lourde...) ;
– importance du chiffre d'affaires ;
– répartition du capital entre les associés (détermination du pouvoir de décision, existence d'une minorité de blocage...).

Pour revenir au cas de la ***société « S »*** qui procède chaque année à une ***distribution de dividende importante*** (proche de 50 % du bénéfice), il convient de tenir compte à la fois de la valeur de rendement et de la valeur de productivité car une société distribuant largement les bénéfices se prive d'une source d'autofinancement qui peut être préjudiciable à son activité future. Il paraît donc raisonnable de déterminer une ***valeur de rentabilité*** qui pondère les deux valeurs unitaires dégagées ci-dessus par la formule :

$$\frac{VP + VR}{2}$$

Soit une valeur moyenne de rentabilité de : $\frac{130 + 80}{2} = 105$ €

Par ailleurs, pour la détermination de la valeur de productivité, il convient d'ajouter éventuellement au bénéfice dégagé par la comptabilité la rémunération ou le « supplément de rémunération » alloué aux associés dirigeants (cas des petites entreprises familiales ; voir n° 6395).

4. Valeur de rendement par actualisation de prévisions

6415. Cette méthode diffère des précédentes par un certain nombre d'aspects, à savoir :

1) l'actualisation est basée sur des ***prévisions*** et non sur une valeur historique (ou une moyenne de valeurs historiques) ;

Il convient de remarquer que cette méthode va dans le sens de la jurisprudence de la Cour de cassation qui avait recommandé, dès 1953, de tenir compte non seulement du présent et de l'évolution passée de l'entreprise, mais aussi des perspectives la concernant.

2) cette méthode peut très difficilement être utilisée par l'***administration*** car elle impliquerait, de la part de cette dernière, une ingérence dans la gestion de l'entreprise, mais elle peut toutefois être parfaitement opposée à une évaluation de l'administration basée sur d'autres méthodes ;

3) dans le cadre de cette méthode, les prévisions sont établies pour deux horizons différents :
– ***prévisions sur les cinq années à venir*** pour lesquelles l'entreprise peut disposer d'informations utilisables ;
– prévisions ***à partir de la sixième année***.

Ainsi, en ce qui concerne la ***société « S »***, un taux de croissance des dividendes de 7 % par an est prévu pour les cinq années à venir (soit « g » ce taux). Ce taux reviendra à 5 % pour les années postérieures car il est, par exemple, le taux de croissance à long terme du secteur (soit « g' » ce taux). La ***valeur de l'entreprise*** peut être appréciée comme la somme des dividendes à recevoir pendant les cinq ans à venir majorée d'une valeur résiduelle. Ces ***valeurs***, qui sont des valeurs futures calculées d'après la croissance du dividende (g ou g'), doivent être elles-mêmes ***actualisées***, c'est-à-dire ramenées à des « valeurs 2006 » en fonction du taux de rentabilité attendu (K) dont la définition est donnée ci-dessous. La valeur de l'entreprise est donnée par la formule qui sera développée ci-après :

$$V = \frac{D\,2007}{(1+k)} + \frac{D\,2008}{(1+k)^2} + \frac{D\,2009}{(1+k)^3} + \frac{D\,2010}{(1+k)^4} + \frac{D\,2011}{(1+k)^5} + \frac{VR}{(1+k)^5}$$

VR = valeur résiduelle au bout de 5 ans.
D 2007 = dividende de l'année 2007 = (1 + g) D 2006.
k = taux de rentabilité attendu estimé ici à 6,747 % sur la base des prévisions suivantes, soit 3,46% en tant que taux de rendement sans aucun risque (obligations d'Etat) + 3,287 % en tant que prime pour le risque associé à l'entreprise. Ce « ***taux de rentabilité attendu*** » sera particulièrement élevé :
– en période de forte inflation car le taux des obligations d'Etat augmente,
– dans les entreprises « à hauts risques » par suite de la croissance de la « prime de risque ».
Le calcul des dividendes actualisés des cinq premières années est le suivant :

Années	Dividendes	$1/(1+k)^n$	Dividendes actualisés
2006	200 000		
2007	214 000	0,936794477	200 474
2008	228 980	0,877583892	200 949
2009	245 009	0,822115742	201 425
2010	262 159	0,770153487	201 903
2011	280 510	0,721475532	202 381
		Total :	**1 007 133**

La valeur résiduelle (VR) nous est donnée par la formule générale : $VR = \frac{D\,2012}{k}$

D 2012 = D 2011 × 1,05
= 280 510 × 1,05
= 294 536
D'où la valeur résiduelle en l'an 2012 :

$$VR = \frac{294\,536}{0,06747}$$
= 4 365 434 €
Il reste à actualiser cette valeur en lui appliquant le coefficient de $1/(1+k)^5$ soit 0,721475532
$VR/1/(1+k)^5$ = 3 149 554
La valeur globale par actualisation des dividendes futurs s'élève dans ces conditions à :
1 007 133 + 3 149 554 = 4 156 687 €
Soit ***83 €*** par action.

5. Méthode des cash flows actualisés ou des flux de trésorerie actualisés

6420. Cette méthode adopte la même optique que la méthode précédente. Elle se différencie des valorisations traditionnelles par la productivité et le rendement fondées sur les résultats passés en supposant que ces résultats seront récurrents, ce qui n'est pas certain. Par ailleurs, les méthodes de la valeur de rendement ou de productivité ne peuvent pas, par définition, s'appliquer à des entreprises déficitaires.

La méthode que nous exposons ci-après s'appuie sur des ***prévisions des performances futures***, établies à partir de comptes de résultats simplifiés prévisionnels.

L'acquéreur se préoccupera, en effet, plus des bénéfices réalisables et de la rentabilité attendue ; il aura rentabilisé son investissement quand la somme des flux de trésorerie dégagés par l'entreprise sera égale au prix d'achat ; il commencera alors à gagner de l'argent.

Il convient, en outre, d'actualiser ces flux de trésorerie pour tenir compte du temps de récupération de l'investissement. La ***pratique des établissements financiers*** et des cabinets d'expertise s'oriente de plus en plus vers l'utilisation de cette méthode des flux de trésorerie actualisés (DCF en abréviation anglo-saxonne pour « discounted cash flows ») selon laquelle la valeur d'une entreprise est égale à la valeur actualisée des flux de trésorerie qu'elle est censée dégager.

Pour calculer ces flux, l'évaluateur doit se livrer à un examen très complet de l'entreprise et de son environnement, en intégrant ses forces et ses faiblesses et disposer d'informations suffisantes pour établir et valider les comptes prévisionnels.

Le flux de trésorerie dégagé par l'exploitation est le flux financier dégagé :
– après financement de la croissance, en particulier des investissements, de l'augmentation des stocks ;
– avant les opérations financières, frais financiers, remboursement des anciens emprunts ou dividendes.

Il se calcule comme suit :

Résultat d'exploitation,
– impôt sur les sociétés
+ dotation aux amortissements
+ dotation aux provisions (ne correspondant pas à des charges réelles)
= cash flow brut (ou marge brute d'autofinancement : voir n° 6461)
– reprises éventuelles d'amortissement
– augmentation du besoin en fonds de roulement
– investissements (immobilisations corporelles et autres actifs)
= flux de trésorerie dégagé par l'exploitation ou cash flow net.

On utilise également le terme « DAFIC » (disponible après financement interne de la croissance).

Le modèle s'applique sur une période des cinq à sept années à venir ; en effet, au-delà, les prévisions seraient de plus en plus aléatoires et perdraient en crédibilité. Toutefois, au terme de la période de prévision, la société aura une certaine valeur, égale à la valeur actuelle du cash flow après cette période ; ces flux de trésorerie ultérieurs seront supposés constants de la dernière année de la période de prévision à l'infini, ce qui reviendra à capitaliser le flux de la dernière année de la période au taux retenu et à actualiser la valeur résiduelle de l'entreprise ainsi déterminée. Enfin, comme on l'a vu précédemment, le modèle n'intègre aucun des cash flows liés aux financements, tels que frais financiers ou dividendes, ce qui évite de prévoir la politique de financement de l'entreprise. En conséquence, il faut retirer de la valeur des flux de trésorerie actualisés le montant des dettes. Sous forme d'équation, la valeur V de l'entreprise est définie selon la formule suivante :

$$V = \sum_{n}^{t} + \frac{Ft}{(1 + k)^t} + \sum_{1}^{n} \frac{Ft}{(1 + k)^n} - \text{Dettes}$$

Ft = flux de trésorerie prévu pour la période de prévision t
t = période de prévision (correspondant en principe à la période de récupération de l'investissement exigée de l'acquéreur)
k = taux de rentabilité attendu (cf. taux de capitalisation retenu pour le résultat dans la méthode de la valeur de productivité) n tendant vers l'infini.
Ainsi, sur une période de cinq ans, la valeur de l'entreprise sera égale à :

$$V = \underbrace{\frac{F1}{(1 + k)} + \frac{F2}{(1 + k)^2} + \frac{F3}{(1 + k)^3} + \frac{F4}{(1 + k)^4} + \frac{F5}{(1 + k)^5}}_{\text{valeurs actuelles des flux de trésorerie pendant la période de prévision}} + \underbrace{\frac{VR}{(1 + k)^5}}_{\text{valeur résiduelle actualisée du flux de trésorerie après la période de prévision}} - \text{Dettes}$$

où $VR = \frac{F5}{k}$

6421. ***Exemple d'application à la société S :***
En 2006, le chiffre d'affaires est de 9 000 000 €, le résultat d'exploitation de 720 000 €.

La période de prévision sera de cinq ans; les comptes prévisionnels se fondant sur une progression du chiffre d'affaires de 5 % par an :
– le rapport $\frac{\text{résultat d'exploitation}}{\text{CA}}$ sera supposé constant;
– la dotation aux amortissements, de 400 000 € en 2006, doit augmenter de 20 000 € par an; la dotation aux provisions, de 80 000 € en 2006, augmentera du même montant;
– les besoins d'investissements seront évalués à 400 000 € par an ;
– l'augmentation du besoin en fonds de roulement sera estimé à 10 % de l'augmentation du chiffre d'affaires;
– le taux d'actualisation sera retenu à 6,747 %, à savoir un taux d'opportunité de 3,46 % (taux de rendement sans risque : il s'agit du taux que l'acquéreur percevrait s'il plaçait son capital sous une autre forme : taux de base bancaire, taux des prêts directs à long terme, taux d'émission des obligations), majoré d'une prime de risque égale à 3,287 %. S'agissant d'un calcul en euros courants, l'incidence de l'inflation sur les taux de rendement n'est pas à retraiter. Le calcul des flux de trésorerie actualisés pour la période de prévision de 2007 à 2011 est le suivant :

Montant	Données	Période de prévision				
(en milliers d'euros)	2006	2007	2008	2009	2010	2011
Chiffre d'affaires (1)	9 000	9 450	9 922	10 418	10 940	11 486
Résultat d'exploitation	720	756	794	833	875	919
- Impôt sur les sociétés (2)	240	252	265	278	292	306
+ Dotation aux amortissements	400	420	440	460	480	500
+ Dotation aux provisions	80	100	120	140	160	180
- Augmentation du fonds de roulement		45	47	50	52	55
- Investissements		400	400	400	400	400
= Flux de trésorerie		579	642	705	771	838
× Coefficient d'actualisation (3)		0,93679448	0,87758389	0,822115742	0,770153487	0,721475532
= Flux de trésorerie actualisé		**542**	**563**	**580**	**594**	**605**
Total des flux de trésorerie actualisés	**2 884 K€**					

(1) Croissance prévisionnelle de 5% par an.
(2) Taux d'IS à 33,33 %.
(3) Valeur de $(1 + k)^{-n}$ ou valeur actuelle de 1€ payable dans n périodes au taux k.

A. Somme des valeurs actuelles des flux de trésorerie pendant la période de prévision : 2 884 000 €

B. Valeur résiduelle actualisée du flux de trésorerie après la période de prévision :

$$VR = \frac{838\,000}{6,747} \times 100 \times 0,721475532 = 8\,961\,000\ €$$

C. Montant de la dette (cf. bilan de la société « S » au 31-12-2006) :

1 654 000 €

– Valeur de la société S = A + B – C = 10 191 000 € soit ***203,82 €*** par action.

Nota : La principale difficulté d'application de cette méthode réside dans l'évaluation des besoins d'investissements, qui peuvent varier de façon importante et affecter dans la même proportion le flux de trésorerie.

Cette méthode, fondée sur une projection dynamique de résultats futurs, aboutit logiquement à une valeur haute (204 €), si on la compare à la valeur de productivité (130 € unitaire), fondée sur la capitalisation statique du dernier résultat.

La variante de cette méthode, appelée « ***fonds d'amortissement, ou de reconstitution*** » (tirée de l'expression anglo-saxonne « sinking fund ») part du raisonnement que le flux d'autofinancement dégagé par l'entreprise doit permettre à l'investisseur, dans la période qu'il s'est fixée, non seulement de reconstituer en fin de période le capital investi, mais aussi de le rémunérer normalement pendant toute la période.

Il est supposé que la ***quote-part destinée à reconstituer le capital*** investi est placée sur un compte bloqué rémunéré, d'où le nom de fonds d'amortissement ou de reconstitution. Cette méthode permet d'évacuer la question de la valeur résiduelle ; elle introduit par ailleurs une distinction entre le taux de rendement destiné à reconstituer le capital investi et celui exigé pour la rémunération de l'investisseur. La formule générale est :

$$V = k\ CF \text{ où } k = \frac{1}{tr + \frac{ti}{(1 + ti)^n - 1}}$$

CF = cash flow représentant la moyenne des cash flows futurs actualisés de la période fixée ;
n = période fixée par l'investisseur pour récupérer son capital ;
tr = taux de rémunération exigé de l'investisseur pour le capital investi ;
ti = taux d'intérêt auquel est placé le fonds d'amortissement (ou de reconstitution).

D. Valeur de comparaison

6440. On distinguera successivement ***trois sortes*** de valeurs de comparaison en ayant soin de bien en préciser les limites : cession ou transfert antérieur du titre en cause, les cours hors cote et les comparaisons boursières.

6441. Cette valeur, très souvent retenue pour déterminer la valeur vénale d'immeubles ou de terrains, doit être maniée avec précaution lorsqu'il s'agit d'apprécier la valeur des titres d'une société.

1. Comparaison avec des cessions antérieures de titres d'une même société

6445. Pour que les termes de comparaison soient utilisables, il convient de s'assurer :
– que l'***activité de la société*** n'a pas été modifiée depuis la précédente mutation (adjonction d'une activité nouvelle ou abandon d'une branche d'activité) ;
– que les titres n'ont pas été regroupés ou au contraire divisés, donc que leur ***valeur nominale*** est demeurée inchangée ;
– qu'il n'y a pas eu depuis la précédente mutation ***augmentation de capital***, notamment par incorporation de réserves ;
– que la cession de titres prise pour base porte sur un ***nombre de titres comparable*** à celui que l'on veut évaluer (nous verrons plus loin, à l'occasion de la détermination d'une valeur vénale combinée, que l'importance de la « participation » peut avoir une influence sur la valeur);
– et plus largement de veiller à ce que les transactions de comparaison aient été conclues dans des conditions analogues ou équivalentes, et assorties des mêmes contreparties.

Ainsi, des transactions effectuées à une date très proche peuvent ne pas être retenues lorsqu'elle ne sont pas assorties des mêmes contreparties. Dans une espèce soumise au Conseil d'Etat, le contribuable avait cédé le 30 novembre 1984 des actions de la société Cogédipresse au prix unitaire de 8 909 F, alors que quatre opérations d'acquisition par cette société de ses titres avaient été réalisées en mars et juillet 1983 puis en novembre et décembre 1984 à des prix variant de 4 250 à 5 500 F. L'administration n'a pu se prévaloir de ces transactions dès lors que les cédants s'étaient vu offrir en contrepartie de leur cession la possibilité de souscrire des titres non encore cotés de la société Publications Filipacchi, comportant un fort potentiel de prise de valeur compte tenu de son introduction prochaine en bourse, et que cette offre n'avait pas été faite au contribuable en cause, selon ses indications non contredites par l'administration (CE 28 février 2001 n° 199295, sect., Thérond : RJF 5/01 n° 620).

Le ***caractère équivalent des transactions*** s'apprécie également au regard des modalités de paiement; la comparaison doit tenir compte des conditions posées pour le règlement du prix convenu; ainsi, lorsque le prix retenu par l'administration comme terme de comparaison se rapporte à une vente faite à tempérament, il y a lieu d'en déduire l'avantage relatif de trésorerie qu'il comporte pour le cessionnaire, évalué par référence au montant des intérêts non réclamés, pour obtenir le prix de cession au comptant représentant la valeur vénale réelle des titres (CE 6 juin 1984 nos 35415 et 36733, 8e et 9e s.-s. : RJF 8-9/84 n° 940).

Par ailleurs, le juge administratif opère une distinction selon que la cession permet ou non à l'acquéreur de prendre le contrôle de la société; la valeur vénales des titres, en cas cas de prise de contrôle, peut être supérieure au prix de transaction des mêmes titres, cédés sans effet sur le contrôle (CE 16 mai 1975 n° 92372, 7e, 8e et 9e s.-s. réunies : RJF 7-8/75 n° 344; 2 décembre 1977 n° 1247, Plén. : RJF 1/78 n° 5).

En outre, il faut bien évidemment que les ***prix des cessions*** antérieures soient ***sincères***, c'est-à-dire qu'ils aient été débattus contradictoirement et qu'ils soient intervenus à une date proche du fait générateur de l'évaluation.

Plus la transaction apparaît sincère et proche du fait générateur, plus elle s'impose comme élément déterminant. Plus elle apparaît douteuse et éloignée du fait générateur, moins elle a de signification.

> En raisonnant sur l'***exemple de la société « S »***, supposons que nous ayons à évaluer un portefeuille de 5 000 actions de cette société au 1er janvier 2006. Nous avons eu connaissance que, le 30 décembre 2000, 3 000 actions avaient été cédées par M. X... à M. Y... moyennant le prix (après conversion des francs en euros) de 40 €
> En 2000, la société « S » a réalisé un chiffre d'affaires de 5 000 000 € et a dégagé un bénéfice après impôt de 274 000 €. Entre 2000 et 2006, la progression du chiffre d'affaires a été de 80 % et celle du bénéfice a été de 60 %. Il devient envisageable, dans la mesure où la cession entre X et Y d'un paquet minoritaire de titres n'est pas une cession de convenance (entre le père et son fils par exemple), d'extrapoler la valeur vénale du titre

au 1er janvier 2006, en appliquant au prix de cession au 30 décembre 2000 la moyenne de la progression du chiffre d'affaires et du bénéfice de la société soit : $\frac{80\ \% + 60\ \%}{2} = 70\%$

ce qui nous donne une valeur vénale au 1er janvier 2006 égale à 40 x 1,7 = ***68 €***.

Cette ***extrapolation*** doit être effectuée toutefois avec une extrême prudence car elle n'introduit aucune considération économique liée notamment à l'évolution de la conjoncture dans la branche considérée.

Elle devrait être exclue dans le cas où, par exemple, la cession prise pour référence (vente du 30 décembre 2000) aurait porté sur un nombre très faible de titres (10 par exemple) au profit de M.Y... pour lui permettre de devenir administrateur de la société « S », ou, à l'opposé, aurait porté sur 42 000 titres, car elle permettait à M.Y... de posséder sans partage le pouvoir de décision dans la société.

2. Cours du marché libre OTC

6450. Le marché OTC (ouvert à toute cession) correspond au compartiment de l'ancien marché hors cote, supprimé par la loi de modernisation des activités financières du 2 juillet 1996. Ce marché permet d'accueillir de nouvelles sociétés qui n'ont pas la taille suffisante pour rejoindre le second marché et qui n'évoluent pas dans des secteurs assez porteurs pour aller sur le nouveau marché. Mais il n'est pas réglementé dans la mesure où les actionnaires minoritaires ne bénéficient d'aucune protection particulière.

En principe, la valeur des titres négociés sur ce marché résulte du libre ***jeu de la loi de l'offre et de la demande***. Le cours qui se dégage des transactions n'est pas une base d'évaluation légale, mais lorsque l'offre de cession de titres sur ce marché est régulière, qu'elle porte sur un nombre significatif de titres, il peut être pris en compte pour la détermination de la valeur vénale du titre.

De même que lorsque le nombre des actions offertes n'est pas significatif, il serait inopportun de retenir les cours des transactions intervenues sur ce marché lorsque des transactions de faible valeur sont intervenues à des périodes relativement éloignées les unes des autres.

3. Valeur vénale fondée sur les comparaisons boursières

6460. Selon l'***administration***, l'utilisation des comparaisons boursières doit être limitée aux ***grandes entreprises*** susceptibles d'être, à plus ou moins bref délai, admises à la cote officielle d'une bourse de valeurs. On observe à cet égard que le marché boursier cote des titres de placements et donc des participations minoritaires. En cas de cession de titres représentatifs d'un ***bloc de contrôle***, la valeur vénale est supérieure, comme le montre la pratique des OPA.

Sous ces réserves, les données du marché boursier sont utilisables pour déterminer le ***taux de capitalisation*** de la valeur de rendement ou de productivité (nos 6390 s.) et pour choisir le ***coefficient multiplicateur*** à appliquer à la marge brute d'autofinancement (n° 6461).

Cela dit, à notre avis, les comparaisons boursières doivent être utilisées avec prudence. Un fort mouvement à la hausse ou à la baisse des cours peut trouver son origine dans des circonstances propres aux marchés financiers. Dans ce cas, la valeur des titres non cotés ne suit pas nécessairement la même évolution.

De plus, on sait que les marchés boursiers sont influencés par des ***facteurs psychologiques*** (les krachs d'octobre 1987 et de 2000 en constituent des illustrations récentes).

Néanmoins, la capitalisation boursière (produit du cours boursier par le nombre de titres de la société cotée) est un indicateur de marché qu'on ne peut négliger et qui correspond en tout état de cause à la perception que des ***investisseurs minoritaires*** ont de l'entreprise, même si cette perception est subjective. En effet, ces derniers, généralement bien informés sur les résultats et les perspectives d'avenir de la société, ne se livrent que rarement à la détermination de la valeur théorique de rentabilité de l'action. Il n'en reste pas moins que le cours constitue le prix qui se fixe au niveau de rencontre entre l'offre et la demande, et qu'à ce titre il peut servir de référence en tant que ***complément*** souvent indispensable des ***autres méthodes*** d'évaluation, qu'elles soient à caractère patrimonial ou fondées sur la rentabilité.

Marge brute d'autofinancement (MBA)

6461. La marge brute d'autofinancement (appelée en anglais méthode du « ***cash flow*** »), qui permet d'apprécier la capacité bénéficiaire d'une entreprise, est constituée par l'ensemble des disponibilités qu'elle dégage pendant une période déterminée.

La MBA comprend :
- le bénéfice net (après IS) ;
- les amortissements pratiqués en fin d'exercice ;
- certaines provisions ne correspondant pas à une charge réelle de l'entreprise (par exemple : provision pour amortissements dérogatoires).

La ***méthode*** de la MBA ***consiste*** à appliquer à celle-ci un ***coefficient multiplicateur*** pour obtenir la valeur globale de l'entreprise. La détermination de ce coefficient est des plus délicates. Son montant est d'autant plus faible que les investissements sont importants et inversement. L'***administration*** fiscale préconisait dans son ancien guide une fourchette de taux de 4 à 10.

Cette méthode ne peut être utilisée que pour des ***sociétés importantes***, à partir d'éléments de ***comparaison tirés de sociétés cotées*** du même secteur et d'importance comparable. Le coefficient multiplicateur est alors obtenu par le rapport entre la capitalisation boursière et la MBA de chaque société de référence.

Dans le cas de la ***société « S »***, en supposant que cette société ait pratiqué une dotation aux amortissements au titre de l'exercice 2006 de 400 000 € et que la provision pour amortissements dérogatoires ait été constituée en 2006, on obtient une MBA égale à :
440 000 € + 400 000 € + 80 000 € = 920 000 €.
Cependant, on ne peut déterminer la valeur de la société « S » en appliquant le coefficient de MBA constaté chez Dassault Aviation ou même le coefficient moyen constaté dans le secteur aéronautique. En effet, il y a dans ce cas une différence d'échelle qui enlève toute pertinence au ratio de comparaison.

Rapport cours/bénéfice (en anglais : price earning ratio ou PER)

6462. C'est une méthode d'évaluation par capitalisation du bénéfice net. Le coefficient à appliquer est obtenu par comparaison avec le rapport constaté dans une société cotée entre le cours de l'action et le bénéfice net par action.

Si, par exemple, l'action d'une société cotée en bourse dont l'activité se situe dans le secteur aéronautique se négocie sur la base de 75 € alors que le bénéfice net du dernier exercice, ramené à l'action, est de 5 €, le ratio de price earning est de 15.

La validité d'une telle comparaison dépend largement du ***choix des sociétés cotées prises comme référence***. Elles doivent si possible présenter des caractéristiques comparables à la société non cotée dont la valeur des titres est recherchée, notamment quant à la taille, le secteur d'activité et la structure financière.

La politique de dividende de la société cotée ne devra pas être négligée. Une distribution importante peut en effet faire apprécier le titre et élever le cours sans que cette augmentation soit en rapport avec celle de la valeur substantielle de l'entreprise.

La régularité du versement du dividende et de sa progression constitue en général un élément favorable pour la comparaison. Dans le choix des sociétés prises comme références, il convient d'écarter celles dont le rapport cours/bénéfice diverge de manière extrême. Une moyenne prenant en compte ces divergences n'aurait aucune signification. La méthode repose en effet sur l'existence d'un rapport supposé stable pour un secteur économique considéré.

Le ***cours à prendre en considération*** est bien entendu un cours moyen. On peut valablement retenir le cours moyen constaté la dernière année, ou pour une période suffisamment longue, précédant la date de l'évaluation du titre non coté auquel on procède.

L'utilisation de cette méthode avec les précautions qui s'imposent ne peut être préconisée que pour l'***évaluation des grandes entreprises***. Elle ne peut donc permettre valablement de déterminer l'action de la société « S » car il existe une différence de dimension qui exclut toute extrapolation sur des bases sérieuses (voir n° 6402).

E. « Survaleur » ou « goodwill »

6480. De création récente, cette méthode permet essentiellement une estimation des éléments incorporels à partir d'un raisonnement financier.

La consultation du Dictionnaire Economique et Financier « De l'Anglais au Français » (Eugène Lafond, Ed. de l'Homme) fournit la ***définition*** suivante : « Goodwill : achalandage, fonds clientèle, fonds de commerce (clientèle, plus droit au bail, plus nom commercial, plus marques de commerce...). »

Une définition littéraire, traduite librement de l'anglais, est la suivante : « La valeur immatérielle d'une entreprise représentée par sa réputation basée sur l'habileté de son organisme de direction et de gestion (management), de son noyau d'ouvriers spécialisés, de sa situation géographique favorable et de sa réputation auprès de la clientèle. »

Ces deux définitions se recoupent et recouvrent la notion de « fonds de commerce et d'industrie ». La notion de survaleur ou goodwill correspond à une ***valorisation d'opportunité stratégique***, contrepartie financière de la notoriété, du savoir-faire et des performances de l'entreprise, et mesure les avantages incorporels dont celle-ci dispose.

Ces avantages permettent d'expliquer les raisons pour lesquelles cette entreprise génère une rentabilité supérieure au bénéfice normal que justifierait son actif net, et qui constitue un ***« superbénéfice »***.

Contenu pratique de la notion de survaleur

6481. Une entreprise engage un ensemble de moyens, des actifs corporels, pour générer un profit. Si ce profit excède la rémunération normale des actifs corporels employés, la différence positive, ce superprofit, traduit l'existence d'un autre actif, un actif incorporel. C'est cet actif incorporel, fonds de commerce, fonds d'industrie, ou survaleur, qui doit être évalué.

La méthode consiste à ***capitaliser la rente*** de superprofit ou ***de superbénéfice*** généré, sur une certaine période ; le montant obtenu viendra s'***ajouter à la valeur patrimoniale*** (actif net réévalué ; voir n° 6482).

En revanche, si la différence est négative, c'est une dépréciation des actifs corporels, et par conséquent de la valeur patrimoniale, qui est mise en évidence. On est alors en présence d'un ***« badwill »***, qui viendra en déduction de la valeur patrimoniale.

Equation de la valorisation par la survaleur :

V = A + SV

V = valeur de l'entreprise

A = valeur patrimoniale (actif net corrigé)

$$SV = \text{survaleur} = \frac{\text{Superbénéfice}}{1+i} + \frac{\text{Superbénéfice}}{(1+i)^2} + \ldots\ldots + \frac{\text{Superbénéfice}}{(1+i)^n}$$

où i = taux d'actualisation retenu

n = période retenue

Superbénéfice = B – (A × t)

où B = capacité bénéficiaire de l'entreprise
A = montant de l'actif net
t = taux de rémunération de l'actif net corrigé.

6482. Comme la survaleur correspond le plus souvent dans l'esprit des évaluateurs à un « plus » au-delà de l'***actif net réévalué***, fondement de la valeur mathématique ou patrimoniale, le calcul du superbénéfice ou superprofit se fait principalement par rapport à l'***actif net réévalué*** (hors estimation du fonds commercial).

Toutefois, la référence à l'actif net comptable reste utilisée par une minorité d'experts .

Variations dans la détermination de la survaleur

6483. Ces variations se manifestent à un ***triple niveau*** :
– quant au choix de « t », taux de rémunération de l'actif net;
– quant au choix de « i », taux d'actualisation de la rente de survaleur;
– quant à la durée de la période « n ».

6484. *Variations quant au choix de « t ».* – Le ***taux du loyer de l'argent*** est différent selon que l'on se place sur le plan des placements à revenu variable (où le taux de la rémunération escomptée est assez faible mais les perspectives de plus-values en capital non négligeables) ou sur le plan des placements à revenu fixe. Cette différence est illustrée par le fait que le taux des obligations convertibles en actions est toujours plus faible que le taux des obligations.

Dès lors qu'il s'agit d'apprécier le rendement d'une valeur à revenu variable, il paraît logique de retenir comme valeur de « t » le taux du loyer de l'argent afférent à des placements à revenu variable, mais cette position n'est pas toujours admise par les analystes financiers.

En effet, selon plusieurs méthodes, on retient le plus souvent le taux de l'intérêt à moyen ou long terme, ou celui des obligations garanties.

6485. *Variations quant au choix de « i », taux d'actualisation de la rente de survaleur.* – La survaleur étant obtenue par capitalisation de la rente sur la période « n » durant laquelle celle-ci peut être assurée pour l'acquéreur, il conviendra de retenir le plus souvent un taux d'actualisation « i » supérieur au taux « t » car le superbénéfice ou superprofit a un caractère risqué et aléatoire. Ce pourra être le taux « t » majoré d'un certain pourcentage, variable selon le risque économique de l'entreprise, d'autant plus important que le risque sera jugé élevé (voir n° 6401).

Nota : Le taux d'actualisation « i » retenu pour la rente de superbénéfice peut être repris pour le montant du taux de capitalisation du bénéfice (voir n°s 6390 s.), ou d'actualisation des cash flows (voir n° 6420), car il tient compte des mêmes facteurs de risque.

6486. *Variations quant à la durée de la période « n » choisie.* – Le choix pourra porter sur une période très courte, dans le cas où les perspectives de réaliser un superbénéfice apparaîtront comme très limitées dans le temps, par exemple pour une production dans un secteur où l'évolution de la technologie est très rapide (logiciels, informatique).

La période pourra être au contraire très longue, dans le cas où les perspectives de réaliser un superprofit apparaîtront solides dans l'avenir, par exemple dans l'hypothèse d'une commercialisation de produits sous une marque de fabrique prestigieuse, garantie d'une certaine pérennité, la période pouvant dans ces conditions tendre vers l'infini, soit :

$$SV = \frac{\text{Superbénéfice}}{i}$$

6487. ***Modalités pratiques de calcul de la valeur actuelle de la rente de survaleur.*** – L'équation relative à la valeur actuelle d'une suite de « n » annuités de 1, compte tenu d'un taux d'actualisation « i », est la suivante :

$$V = \frac{1 - (1 + i)^{-n}}{i}$$

Afin de guider l'évaluateur dans le calcul de capitalisation de la rente de survaleur, nous présentons dans les pages suivantes une ***table pratique à double entrée*** avec :

– d'une part, en ligne, la durée de la période de réalisation du superbénéfice (de 1 à 50 ans),

– d'autre part, en colonne, les différents taux d'actualisation variant de 5 % à 20 %.

C'est à l'intersection de la ligne correspondant à la durée de la période retenue, et de la colonne correspondant au taux d'actualisation choisi, que figure le coefficient multiplicateur à appliquer à la rente de survaleur.

6488. ***Application au cas de la société « S ».*** – A partir d'un taux « t » de 3,46 %, retenu pour le calcul de la rémunération des capitaux investis, le taux «i» d'actualisation sera arrêté à 7 % après arrondissement (voir n° 6404) compte tenu de la prime de risque économique.

La ***durée de la période*** « n » est estimée à 8 ans, correspondant à un délai raisonnable de reproduction du superbénéfice.

La valeur actuelle d'une suite de 8 annuités de superbénéfice au taux de 7 % est égale à cette annuité multipliée par le ***coefficient*** de 5,971299.

1. Montant de l'actif net corrigé :	4 960 000
2. Valeur du fonds de commerce :	660 000
3. Montant de l'actif net corrigé hors fonds de commerce[(1)] : (1) – (2) =	4 300 000
4. Taux de rémunération des capitaux investis :	3,46 %
5. Rémunération des capitaux investis : (3) × (4) =	148 780
6. Bénéfice :	440 000
7. Superbénéfice : (6) – (5) =	291 220
8. Coefficient d'actualisation (rente de 8 années à 7 %) :	5,971299
9. Montant de la survaleur (7) × (8) =	1 738 962
10. Valeur de l'entreprise (3) + (9) =	6 038 962

Valeur unitaire arrondie à ***120 €***

(1) La survaleur représentant les éléments incorporels, il convient de retirer de la valeur de l'actif net corrigé toute estimation de fonds commercial pour éviter les doubles emplois.

6489. En résumé, la ***méthode d'évaluation*** des titres de société par la survaleur consiste à:
– dégager la rente de « survaleur », c'est-à-dire la fraction de bénéfice qui excède la rémunération des capitaux engagés ;
– calculer le potentiel incorporel de la société en appliquant à cette rente de survaleur un coefficient multiplicateur représentant la somme actualisée d'une suite de n rentes sur une certaine période de réalisation ;
– ajouter à ce potentiel économique la valeur patrimoniale ;
– et enfin à diviser le total obtenu par le nombre d'actions émises par la société.

6490. ***Equation de valorisation en présence d'un « badwill » :***

V = A – Bw
Bw = badwill.

Le « badwill » sera égal à la somme des manques à gagner de l'investisseur par rapport au niveau de rentabilité normal de l'actif net de l'entreprise.

La période d'insuffisance du bénéfice sera alors égale au nombre d'années jugé nécessaire pour que l'entreprise atteigne une rentabilité normale au regard de son actif net.

Remarque

6491. Les explications données ci-dessus n'ont nullement pour but d'évoquer l'ensemble des méthodes d'appréciation de la survaleur ou du « goodwill ». Celles-ci étant très nombreuses, leur développement ne peut trouver sa place dans le cadre de cette étude.

Le choix qui a été effectué ci-dessus a été guidé par la nécessité de parvenir, plus particulièrement au niveau des ***fonds d'industrie***, à une meilleure approche de la valeur que par l'emploi de la méthode des barèmes reconnue par tous les auteurs comme très approximative dans ce cas.

La méthode de la survaleur permet en outre d'***analyser l'écart important*** qui peut, dans certains cas, exister ***entre la valeur de productivité et la valeur mathématique*** et d'en déterminer les facteurs. Elle permettra alors de justifier la ***pondération*** proposée entre ces deux valeurs et d'aboutir généralement à une valeur intermédiaire.

TABLEAU PRATIQUE DE CALCUL DU GOODWILL *(Détermination du coefficient multiplicateur)*

« n » \ « i »	5 %	6 %	7 %	8 %	9 %	10 %	11 %	12 %
1	0,952381	0,943396	0,934579	0,925926	0,917431	0,909091	0,900901	0,892857
2	1,859410	1,833393	1,808018	1,783265	1,759111	1,735537	1,712523	1,690051
3	2,723248	2,673012	2,624316	2,577097	2,531295	2,486852	2,443715	2,401831
4	3,545950	3,465106	3,387211	3,312127	3,239720	3,169865	3,102446	3,037349
5	4,329477	4,212364	4,100197	3,992710	3,889651	3,790787	3,695897	3,604776
6	5,075692	4,917324	4,766540	4,622880	4,485919	4,355261	4,230538	4,111407
7	5,786373	5,582381	5,389289	5,206370	5,032953	4,868419	4,712196	4,563757
8	6,463213	6,209794	5,971299	5,746639	5,534819	5,334926	5,146123	4,967640
9	7,107822	6,801692	6,515232	6,246888	5,995247	5,759024	5,537048	5,328250
10	7,721735	7,360087	7,023582	6,710081	6,417658	6,144367	5,889232	5,650223
11	8,306414	7,886875	7,498674	7,138964	6,805191	6,495061	6,206515	5,937699
12	8,863252	8,383844	7,942686	7,536078	7,160725	6,813692	6,492356	6,194374
13	9,393573	8,852683	8,357651	7,903776	7,486904	7,103356	6,749870	6,423548
14	9,898641	9,294984	8,745468	8,244237	7,786150	7,366687	6,981865	6,628168
15	10,379658	9,712249	9,107914	8,559479	8,060688	7,606080	7,190870	6,810864
16	10,837770	10,105895	9,446649	8,851369	8,312558	7,823709	7,379162	6,973986
17	11,274066	10,477260	9,763223	9,121638	8,543631	8,021533	7,548794	7,119630
18	11,689587	10,827603	10,059087	9,371887	8,755625	8,201412	7,701617	7,249670
19	12,085321	11,158116	10,335595	9,603599	8,950115	8,364920	7,839294	7,365777
20	12,462210	11,469921	10,594014	9,818147	9,128546	8,513564	7,963328	7,469444
21	12,821153	11,764077	10,835527	10,016803	9,292244	8,648694	8,075070	7,562003
22	13,163003	12,041582	11,061241	10,200744	9,442425	8,771540	8,175739	7,644646
23	13,488574	12,303379	11,272187	10,371059	9,580207	8,883218	8,266432	7,718434
24	13,798642	12,550358	11,469334	10,528758	9,706612	8,984744	8,348137	7,784316
25	14,093945	12,783356	11,653583	10,674776	9,822580	9,077040	8,421745	7,843139
26	14,375185	13,003166	11,825779	10,809978	9,928972	9,160945	8,488058	7,895660
27	14,643034	13,210534	11,986709	10,935165	10,026580	9,237223	8,547800	7,942554
28	14,898127	13,406164	12,137111	11,051078	10,116128	9,306567	8,601622	7,984423
29	15,141074	13,590721	12,277674	11,158406	10,198283	9,369606	8,650110	8,021806
30	15,372451	13,764831	12,409041	11,257783	10,273654	9,426914	8,693793	8,055184
35	16,374194	14,498246	12,947672	11,654568	10,566821	9,644159	8,855240	8,175504
40	17,159086	15,046297	13,331708	11,924613	10,757360	9,779051	8,951051	8,243777
45	17,774070	15,455832	13,605522	12,108402	10,881197	9,862808	9,007910	8,282516
50	18,255925	15,761861	13,800746	12,233485	10,961683	9,914814	9,041653	8,304498

« i » / « n »	13 %	14 %	15 %	16 %	17 %	18 %	19 %	20 %
1	0,884956	0,877193	0,869565	0,862069	0,854701	0,847458	0,840336	0,833333
2	1,668102	1,646661	1,625709	1,605232	1,585214	1,565642	1,546501	1,527778
3	2,361153	2,321632	2,283225	2,245890	2,209585	2,174273	2,139917	2,106481
4	2,974471	2,913712	2,854978	2,798181	2,743235	2,690062	2,638586	2,588735
5	3,517231	3,433081	3,352155	3,274294	3,199346	3,127171	3,057635	2,990612
6	3,997550	3,888668	3,784483	3,884736	3,589185	3,497603	3,409777	3,325510
7	4,422610	4,288305	4,160420	4,038565	3,922380	3,811528	3,705695	3,604592
8	4,798770	4,638864	4,487322	4,343591	4,207163	4,077566	3,954366	3,837160
9	5,131655	4,946372	4,771584	4,606544	4,450566	4,303022	4,163332	4,030967
10	5,426243	5,216116	5,018769	4,833227	4,658604	4,494086	4,338935	4,192472
11	5,686941	5,452733	5,233712	5,028644	4,836413	4,656005	4,486500	4,327060
12	5,917647	5,660292	5,420619	5,197107	4,988387	4,793225	4,610504	4,439217
13	6,121812	5,842362	5,583147	5,342334	5,118280	4,909513	4,714709	4,532681
14	6,302488	6,002072	5,724476	5,467529	5,229299	5,008062	4,802277	4,610567
15	6,462379	6,142168	5,847370	5,575456	5,324187	5,091578	4,875863	4,675473
16	6,603875	6,265060	5,954235	5,668497	5,405288	5,162354	4,937700	4,729561
17	6,729093	6,372859	6,047161	5,748704	5,474605	5,222334	4,989664	4,774634
18	6,839905	6,467420	6,127966	5,817848	5,533851	5,273164	5,033331	4,812195
19	6,937969	6,550369	6,198231	5,877455	5,584488	5,316241	5,070026	4,843496
20	7,024752	6,623131	6,259331	5,928841	5,627767	5,352747	5,100862	4,869580
21	7,101550	6,686957	6,312462	5,973139	5,664758	5,383683	5,126775	4,891316
22	7,169513	6,742944	6,358663	6,011326	5,696375	5,409901	5,148550	4,909430
23	7,229658	6,792057	6,398837	6,044247	5,723397	5,432120	5,166849	4,924525
24	7,282883	6,835137	6,433771	6,072627	5,746493	5,450949	5,182226	4,937104
25	7,329985	6,872927	6,464149	6,097092	5,766234	5,466906	5,195148	4,947587
26	7,371668	6,906077	6,490564	6,118183	5,783106	5,480429	5,206007	4,956323
27	7,408556	6,935155	6,513534	6,136364	5,797526	5,491889	5,215132	4,963602
28	7,441200	6,960662	6,533508	6,152038	5,809851	5,501601	5,222800	4,969668
29	7,470088	6,983037	6,550877	6,165551	5,820386	5,509831	5,229243	4,974724
30	7,495653	7,002664	6,565980	6,177199	5,829390	5,516806	5,234658	4,978936
35	7,585572	7,070045	6,616607	6,215338	5,858196	5,538618	5,251215	4,991535
40	7,634376	7,105041	6,641778	6,233497	5,871335	5,548152	5,258153	4,996598
45	7,660865	7,123217	6,654293	6,242143	5,877327	5,552319	5,261061	4,998633
50	7,675242	7,132656	6,660515	6,246259	5,880061	5,554141	5,262279	4,999451

F. Combinaison des différentes méthodes pour parvenir à la valeur vénale

1. Nécessité de combiner les différentes valeurs

6500. Elle résulte de la définition du contrat de société, telle qu'elle est donnée par l'article 1832 du Code civil, qui met l'accent :
- sur la mise en commun des biens ;
- en vue de partager le bénéfice qui pourra en résulter.

L'évaluation des biens « mis en commun » repose essentiellement sur la valeur mathématique, mais cette dernière valeur doit être pondérée en fonction du but poursuivi : la recherche du bénéfice. Il est donc nécessaire, dans un premier temps, de combiner valeur mathématique et valeur de rendement (prise dans son sens large ; voir nos 6390 s.) et ensuite, lorsque cela est possible, de combiner le résultat obtenu avec la valeur par comparaison.

2. Critères de choix des différentes combinaisons

Combinaisons entre valeur mathématique et valeur de rendement

6505. Ces combinaisons sont fondées sur l'utilisation de l'environnement juridique et économique au moment de la mutation et du diagnostic de l'entreprise dont les principes de détermination ont été évoqués dans la première partie de cette étude.

Les éléments de choix qui vont être développés ci-après constituent seulement un modèle de raisonnement ou un modèle de négociation pour, en cas de litige, parvenir à un accord avec l'administration fiscale.

La combinaison de la valeur mathématique et de la valeur de rendement pourra s'effectuer à partir de ***deux grands critères de choix***.

6506. ***Critère lié au pouvoir de décision dans l'entreprise***. – Le premier critère est lié au fait que la possession ou la transmission des titres permet d'avoir ou d'acquérir le pouvoir de décision dans l'entreprise.

– Dans l'affirmative, la valeur mathématique sera privilégiée par rapport à la valeur de rendement. En effet, le possesseur ou l'acquéreur des titres pourra éventuellement liquider l'entreprise, en vue de réorienter ses capitaux, s'il juge la valeur de rendement trop faible.

– Dans la négative, la valeur de rendement sera privilégiée car l'acquisition ou la possession des titres constitue une valeur de placement.

Entre ces deux extrêmes, il est possible d'envisager des étapes intermédiaires, notamment lorsqu'il existe une minorité dite « de blocage » au niveau des règles de quorum et de majorité dans les assemblées générales extraordinaires : cette minorité est de 25% des droits de vote dans les sociétés à responsabilité limitée et d'un tiers de ces droits dans les sociétés anonymes.

6507. ***Critère lié à la nature et à l'importance de l'activité de l'entreprise.*** – Il convient, en effet, d'effectuer, sans que celle-ci soit rigide et chiffrable, une distinction entre :

a. Les sociétés exploitant un ***commerce de détail ou de gros, de petite ou moyenne importance***; il s'agit plus particulièrement d'exploitations individuelles ayant pris la forme de sociétés pour lesquelles la valeur mathématique est prépondérante (voir n° 6545).

Il paraît absurde, en effet, d'évaluer un fonds de commerce de marchand de chaussures ou de café-tabac d'une manière différente selon que ce fonds est exploité sous la forme individuelle ou qu'il figure à l'actif d'une SARL constituée entre les membres d'une même famille ou d'une entreprise unipersonnelle à responsabilité limitée (EURL). Certes, dans ce cas-là, on utilisera la valeur de rendement, qui sera le plus souvent la seule valeur de productivité, réajustée par le compte « salaires », mais la pondération sera très forte en faveur de la valeur mathématique.

Fonds de commerce exploité en location-gérance
Dans une succession où le propriétaire des 499 parts sur 500 d'une SARL donnait le fonds, dont il était par ailleurs propriétaire, en location-gérance à la société, la transmission au seul héritier n'appellait pas selon la jurisprudence la prise en compte de cette modalité d'exploitation, au motif notamment que la valeur mathématique avait exclu les actifs afférents au fonds de commerce, et que les droits patrimoniaux étant détenus par une même personne physique, il n'y avait pas lieu d'écarter les valeurs de rendement et de productivité de la société pour évaluer ses parts sociales (Cass. Com. 19/4/2005 n° 651 F-D Faure : Ind. n° 18711).

b. Les ***sociétés exploitant une activité industrielle***. Sauf pour les très petites sociétés ayant une structure quasi artisanale, la valeur mathématique sera pondérée beaucoup plus sensiblement par la valeur de rendement, car la survie d'une telle entreprise est liée à ses possibilités d'autofinancement et donc à sa valeur de rendement (valeur qui est toujours prise dans son sens large).

c. Les sociétés importantes ayant un objet commercial.

d. Les sociétés importantes ayant un objet industriel.

Pour déterminer la valeur des deux catégories de sociétés ci-dessus (c et d), il sera possible d'utiliser des méthodes plus élaborées et notamment d'utiliser la méthode de la survaleur pour déterminer la valeur des éléments incorporels (n°s 6480 s.). En tout état de cause, la pondération entre valeur de rendement et valeur mathématique tendra vers l'égalité et pourra parfois même s'inverser en faveur de la valeur de rendement.

e. Les ***sociétés ayant une activité non commerciale***. Ces sociétés étant, tout comme les très petites sociétés commerciales, le reflet, sous une forme juridique différente, d'une exploitation individuelle, elles feront l'objet ci-après d'observations particulières (n°s 6551 s.).

6508. ***Combinaisons proposées.*** – A titre indicatif, l'illustration de l'utilisation des critères développés ci-dessus pour parvenir à la valeur vénale à partir de la ***valeur mathématique (VM)*** et de la ***valeur de rendement (VR)*** (prise comme il est précisé ci-dessus dans son sens large, c'est-à-dire valeur de rendement proprement dite et valeur de productivité) a été effectuée dans le tableau ci-après, étant précisé que ce tableau peut et doit être adapté à chaque cas d'espèce.

Dans l'hypothèse de la ***société « S »*** (n°s 6341 s.), prise à titre d'***exemple fictif***, qui exerce une activité industrielle de moyenne importance, les différentes approches théoriques ont abouti aux valeurs unitaires suivantes :

Valeur mathématique (VM)	99
Valeur de rendement (VR)	80
Valeur de productivité (VP)	130
Valeur moyenne de rentabilité VmR = (VR + VP)/2	105
Valeur par actualisation des dividendes	83
Valeur par actualisation des cash flows	204
Valeur de comparaison (minoritaire absolu)	68
Survaleur (SV)	121

On remarquera que la valeur des cash flows actualisés constitue la fourchette haute (position vendeur), et que la survaleur représente une valeur d'équilibre pour l'estimation de la valeur globale de l'entreprise. En revanche, la valeur de rendement se révèle une valeur basse. Si l'on se réfère au tableau indicatif, on peut retenir une valeur vénale de l'action égale à :

1. Dans l'hypothèse de la possession ou de la transmission du pouvoir de décision :

$$\frac{(2\ VM + VmR)}{3} = [(2 \times 99) + 105] / 3$$

$$= \mathbf{101\ €}$$

2. Dans l'hypothèse de l'existence d'une minorité de blocage :

$$\frac{(VM + VR)}{2} = (99 + 80) / 2$$

$$= \mathbf{90\ €}$$

3. En cas de possession ou de transmission d'une fraction minoritaire du capital social :

$$\frac{(VM + 2VR)}{3} = [99 + (2 \times 80)] / 3$$

$$= \mathbf{86\ €}$$

Pouvoir de décision	**Commerce de détail ou de gros de petite ou moyenne importance**		**Activité industrielle**	**Sociétés importantes**		**Sociétés à activités non commerciales**
	Petite	Moyenne		Objet commercial	Objet industriel	
OUI	$\frac{4\ VM + VR}{5}$	$\frac{3\ VM + VR}{4}$	$\frac{2\ VM + VR}{3}$	$\frac{VM + VR}{2}$	$\frac{VM + 2\ VR}{3}$	$\frac{4\ VM + VR}{5}$
NON	$\frac{VM + VR}{2}$	$\frac{VM + VR}{2}$	$\frac{VM + 2\ VR}{3}$	$\frac{VM + 3\ VR}{4}$	$\frac{VM + 3\ VR}{4}$	$\frac{2VM + VR}{3}$

VM* : *Valeur mathématique.
VR* : *Valeur de rendement, prise ***au sens large*** car elle peut être le résultat d'une combinaison :
- de la valeur de rendement proprement dite et de la valeur de productivité (petites entreprises ou commerces) ;
- de la valeur de productivité et de la valeur de la marge brute d'autofinancement (entreprises industrielles moyennes) ;
- des trois valeurs : rendement + productivité + marge brute d'autofinancement (entreprises industrielles importantes).

Combinaison de la valeur ainsi obtenue avec la valeur par comparaison

6509. Cette combinaison suppose que la méthode de comparaison utilisée soit fiable en fonction des critères et des limites qui ont été développés ci-dessus (nos 6445 à 6462).

Plus la comparaison sera récente et fiable, plus la valeur de comparaison sera privilégiée par rapport à la valeur obtenue ci-dessus (n° 6508).

Ainsi, pour reprendre l'***exemple de la société « S »***, une valeur par comparaison résultant de l'actualisation d'une seule mutation intervenue 5 ans auparavant avait été dégagée (n° 6445). Il convient de prendre en compte cette valeur de comparaison, qui est significative quant au nombre de titres échangés ; mais la pondération sera moins importante que si une ou plusieurs cessions sur des bases similaires étaient intervenues en 2006.

1. Dans le premier cas (une seule cession à 68 € en 2000), on pourra retenir la pondération suivante, dès lors qu'il n'y a pas transmission du pouvoir de décision (n° 6508), qui privilégie la valeur théorique :

Valeur vénale = [(86 × 2) + 68] / 3 = ***80 €***

2. Dans le deuxième cas (une seule cession en 2006), on pourra appliquer une moyenne simple :

Valeur vénale = (86 + 68) / 2 = ***77 €***

3. Dans le troisième cas (plusieurs cessions à 68 € en 2006), on pourra inverser la pondération en faveur de la valeur par comparaison, comme suit :

Valeur vénale = = [(68 × 2) + 86] / 3 = ***74 €***

6510. Le tableau ci-dessus (p. 55) est établi à partir des règles préconisées, à titre indicatif, par l'***administration***. Or, le ***CNPF*** (actuellement Medef) avait présenté, en 1982, des observations qui aboutissaient à une approche de la valeur vénale qui modifiait très sensiblement les combinaisons de valeurs présentées ci-dessus. Ainsi, il estimait que la valeur mathématique pourrait n'être généralement prise en compte que pour une valeur faible, voire éventuellement nulle, dans le cas des entreprises dont la situation justifiait une approche se situant dans une optique de continuité.

Font cependant exception les entreprises qui se présentent comme une juxtaposition d'éléments facilement détachables (notamment ***sociétés immobilières*** et ***sociétés détenant des titres de placement***; voir n° 6546).

En outre, dans certains secteurs, une référence trop exclusive aux ***notions de rentabilité*** risquant d'aboutir à des valeurs anormalement élevées, la prudence peut justifier un recours plus prononcé à la valeur mathématique.

Dans d'autres cas, au contraire, les valeurs liées à la rentabilité peuvent être déterminantes.

Ainsi, la valeur de rendement pourrait constituer un élément d'appréciation prépondérant pour les ***associés ne détenant pas le pouvoir de décision***. En l'absence de distribution, ou en cas de distributions très faibles, on pourrait retenir la valeur de productivité (ou combinée), affectée d'un abattement très important, de l'ordre de 50 %.

De même, la valeur de productivité pourrait constituer l'élément d'appréciation quasi exclusif (à tout le moins prépondérant) pour :

– les associés détenant le pouvoir de décision ;
– les entrepreneurs individuels.

L'attention du juge à la correcte applicationdes méthodes retenues appelle de façon corollaire son ***souci de la cohérence*** du résultat; ainsi, tout en reconnaissant à l'administration le droit de se fonder sur une méthode déterminée, il écartera celle-ci si elle aboutit à un résultat exagéré peu concordant avec les données économiques du secteur de la société en cause. Le Conseil d'Etat s'est notamment prononcé en ce sens dans une espèce où le vérificateur, utilisant la valeur mathématique, avait abouti à un résultat qui capitalisait vingt-trois fois le bénéfice net par action obtenu par la société au cours du dernier exercice clos, alors que celle-ci, spécialisée, appartenait à un secteur économique en difficulté (CE 21 novembre 1979 n° 7512, 7e et 9e s.-s. : RJF 1/80 n° 29).

Ajustements

6511. En fin de calcul, un abattement peut être appliqué pour tenir compte de l'absence de liquidité qui caractérise les titres non cotés et/ou de la faiblesse de la participation détenue par l'associé. Il faut toutefois observer que ces abattements peuvent déjà être pris en compte de manière indirecte dans l'évaluation, par exemple à travers la combinaison des différentes valeurs. Par ailleurs, la situation propre de l'associé doit rester sans incidence sur l'évaluation des titres.

6512. *Non-liquidité des titres non cotés.* – L'absence de liquidité des titres justifie l'application d'un abattement.

A cet égard, la ***juridiction civile*** a rappelé, à plusieurs reprises, la nécessité pour l'administration de pratiquer des abattements sur la valeur théorique dégagée, afin de prendre en considération l'étroitesse du marché. La Cour de cassation a validé la fixation d'une décote résultant de l'existence d'une ***clause d'agrément ou de droit de preemption***, en estimant que celle-ci, destinée à protéger les associés contre la perte de contrôle du pouvoir de direction, restreint la cessibilité des titres et entraîne à ce titre une dépréciation de leur valeur (Cass. com. 4 février 1997 n° 224 D, Minet : RJF 5/97 n° 505; Cass. com. 1er avril 1997, n° 872 D, Marion : RJF 7/97 n° 752 admettant une décote de 10 % au vu des avantages et inconvénients de la clause d'agrément au regard de la valeur des titres; Cass. com. 8 juillet 1997 n° 1839 P : RJF 12/97 n° 1197; Cass. com. 8 février 2000 n° 359 D, Mazoyer : RJF 5/00 n° 717 où une décote de 25 % a été admise).

En revanche, selon l'***administration fiscale***, l'existence d'un engagement collectif de conservation des titres conclu en vue de bénéficier d'une exonération partielle d'ISF ne saurait justifier l'application d'un abattement supplémentaire sur la valeur des titres concernés (Inst. 23 février 2004, 7S-3-04 n° 18).

6513. *Décote de minorité.* – Une ***décote de minorité*** peut être le cas échéant appliquée, lorsque les valeurs unitaires dégagées dans les différentes approches sont très proches, alors qu'en théorie la valeur de rendement devrait en toute cohérence être inférieure aux autres valeurs, ou que, à défaut de distribution, la valeur de rendement n'a pu être retenue.

La cour administrative d'appel de Paris a validé dans le cadre d'une ***participation minoritaire de titres*** la correction de la valeur de l'action par un abattement de minorité, fixé à 25 % (CAA Paris 2e ch. B, 27 février 2004, n° 99PA02598), confirmant une jurisprudence du Conseil d'Etat qui avait validé une décote de 23,50 % en présence d'une minorité représentant 1,1 % du capital de la société (CE 28 février 2001 n° 199295, 8e section, Thérond).

6514. *Démembrement de propriété des titres.* – La question de savoir si la valeur économique des titres grevés d'usufruit doit être corrigée pour tenir compte du démembrement de propriété a reçu une réponse positive :
– d'abord, dans un arrêt de TGI (TGI Rochefort-sur-Mer 18 mai 1988 : RJF 5/89 n° 647) qui a validé un abattement de 10 % sur la valeur théorique des titres litigieux,
– puis, de manière implicite, dans un arrêt de la Cour de cassation (Cass. com. 7 décembre 1993 n° 1950 P Delloye : RJF 3/94 n° 356).

Cette solution ne vaut toutefois, à notre avis, que dans le cas où le démembrement de propriété n'est pas fiscalement pris en compte. Il en est ainsi, par exemple, en matière d'ISF, lorsque les titres sont compris dans le patrimoine de l'usufruitier pour leur valeur en pleine propriété.

En revanche, on sait qu'en vertu de l'article 669, I (anciennement 762, I) du CGI la valeur de la nue-propriété et de l'usufruit est déterminée, pour la liquidation des droits d'enregistrement, par une quotité de la valeur de la propriété entière. Selon la Cour de cassation, ces dispositions excluent la possibilité d'appliquer à la valeur de la propriété entière un abattement supplémentaire résultant du seul démembrement de la propriété (Cass. com. 24 juin 1997 n° 1686 P Delloye : RJF 11/97 n° 1069).

Il s'agit, en effet, dans cette hypothèse, d'évaluer séparément chacun des droits démembrés selon un barème fiscal fixé par la loi, donc déconnecté du marché.

6515. *Situation propre de l'associé.* – La situation propre de l'associé dont les titres sont évalués ne peut justifier un abattement particulier.

Ainsi, il ne doit pas être tenu compte de l'intérêt que l'acquéreur ou le donataire peut tirer de l'opération d'acquisition; en effet, cet élément est contraire au principe selon lequel l'évaluation doit être déterminée en fonction des qualités intrinsèques des biens et indépendamment des éléments intéressant la personne de l'acquéreur (Cass. com. 7/3/1995 n° 503, Dumas, Ind. n° 16693).

De même, la ***fiscalité personnelle*** de l'accuéreur ou du cédant ne peut être prise en ce sens en compte pour déterminer la valeur vénale. La Cour de cassation s'est prononcée récemment en ce sens à propos de l'évaluation de titres faisant l'objet d'une donation en nue-propriété par un couple de parents à leur fille; l'expert avait tenu compte de la fiscalité dans la détermination de la valeur vénale des actions en pratiquant un abattement correspondant au coût de l'impôt sur les donations à acquitter, estimant qu'un acquéreur tenait compte dans le montant qu'il était prêt à débourser du coût des éventuels impôts à acquitter.

La Haute Juridiction a censuré cette interprétation admise en appel en précisant que la valeur des actions n'est pas affectée par la charge fiscale personnelle à l'acquéreur pesant sur ce dernier à la suite de la donation (Cass. com. n° 209F-D du 14/2/2006 Oberti).

6516. ***Dépréciation éventuelle des titres résultant du décès du dirigeant.*** – L'article 98 de la loi de finances rectificative pour 2004, codifié à l'article 764 A du Code général des impôts, prévoit qu'en cas de décès du dirigeant d'une entreprise il est tenu compte, pour la liquidation des ***droits de mutation par décès*** dus par ses héritiers, légataires ou donataires, de la dépréciation éventuelle résultant du décès et affectant la valeur des titres non cotés ou des actifs incorporels transmis.

Ces dispositions ont été commentées par une instruction du 3 avril 2006 (BOI 7 G-2-06) qui apporte les précisions suivantes en ce qui concerne l'évaluation des titres non cotés recueillis par les héritiers du dirigeant.

a. Dirigeants concernés

Le défunt devait avoir la ***qualité*** :
– d'associé en nom d'une société de personnes. Il s'agit des associés des sociétés en nom collectif, des sociétés en commandite simple, des sociétés en participation, des sociétés créées de fait, des entreprises unipersonnelles et agricoles à responsabilité limitée (EURL), des sociétés civiles y compris les sociétés civiles professionnelles. Ne sont pas pris en compte les commanditaires dans les sociétés en commandite simple ;
– de gérant d'une société à responsabilité limitée ou d'une société en commandite par actions ;
– de dirigeant d'une société par actions simplifiée désigné par les statuts;
– de directeur général d'une société anonyme ou de membre du directoire (ou de directeur général unique) dans les SA avec directoire ;
– de dirigeant d'une société d'exercice libéral (SEL).

b. Titre concernés

La dépréciation peut concerner les ***titres non cotés détenus par le défunt*** : actions, parts de SARL, actions des SA et SAS, des SCA et des SEL ainsi que parts des sociétés de personnes qui exercent une activité libérale, artisanale ou agricole et parts des sociétés civiles professionnelles.

Sont en revanche ***exclues*** les parts de sociétés civiles immobilières, et celles des groupements fonciers agricoles qui n'exploitent pas directement le domaine agricole, et plus largement les parts ou actions de sociétés, quelle que soit leur forme, dont la seule activité se limite à la gestion de leur propre patrimoine mobilier (portefeuille de titres cotés ou non cotés) ou immobilier, y compris les sociétés de participations financières de professions libérales, dont l'objet exclusif est de détenir des parts de sociétés d'exercice libéral.

c. Prise en compte de la dépréciation

Deux situations peuvent se présenter.

1. Les ***héritiers ont vendu les titres*** dans les six mois du décès (délai pour souscrire la déclaration de succession).

Le prix de cession pourra constituer l'assiette des droits de succession, sous réserve du contrôle valeur ultérieur de l'administration ; dans ce cas en effet, le prix sera censé prendre en compte la dépréciation subie par les titres après décès du dirigeant et refléter la valeur réelle des titres.

2. ***Poursuite de l'activité*** malgré le décès du dirigeant.

La dépréciation des titres consécutive au décès du dirigeant peut être prise en compte lors de la ***mise en œuvre des différentes méthodes*** :
– au niveau de la ***valeur mathématique***, lors de la valorisation des immobilisations incorporelles figurant à l'actif du bilan, dès lors qu'il est prouvé que leur valeur, liée au travail du dirigeant, est durablement affectée ;
– au niveau de la ***valeur de rentabilité*** (valeur de productivité, marge brute d'autofinancement éventuellement, valeur de rendement) et de la survaleur. Celles-ci seront calculées en intégrant la dépréciation, soit dans le bénéfice retenu, soit dans le taux de capitalisation ou le coefficient retenus en majorant par exemple la prime de risque affectant le taux de base.

La dépréciation étant prise en compte dans ces différentes approches, la valeur résultant de la pondération ne doit pas être affectée d'une décote spécifique liée au décès.

Remarque : Lorsque l'entreprise a souscrit une ***assurance «homme-clé»,*** et dès lors qu'elle percevra une indemnité dont l'objet est de compenser la perte de chiffres d'affaires, la valeur des biens transmis ne devrait normalement pas être affectée par le décès du dirigeant.

A cet égard, les héritiers doivent préciser dans leur déclaration estimative s'il existait un contrat d'assurance «homme-clé» souscrit par l'entreprise et dont les primes versées constituent des charges d'exploitation déductibles de l'exercice en cours à la date de leur échéance.

G. Détermination de la valeur des différentes catégories de titres

6520. Jusqu'à présent, il a été supposé que tous les titres d'une société avaient la même valeur unitaire. Tel n'est pas toujours le cas dans la réalité. Les différentes catégories de titres se trouvent essentiellement dans les ***sociétés anonymes*** mais peuvent exister également dans d'autres types de sociétés.

C'est la lecture attentive des statuts qui permet de déceler la présence de titres ne conférant pas à tous les associés les mêmes droits. On distingue ordinairement :
- les actions en capital ;
- les actions amorties ou partiellement amorties ;
- les actions de préférence ;
- les parts de fondateur dont la création est toutefois interdite par la loi du 24 juillet 1966 depuis le 1er avril 1967 (C. com., art. L 228-4).

Les ***actions en capital*** donnent droit à la répartition annuelle des bénéfices et, en cas de dissolution, au remboursement du capital ainsi qu'à une quote-part proportionnelle du boni de liquidation.

Les ***actions amorties*** ou partiellement amorties confèrent les mêmes droits que les actions en capital, à l'exception du droit au remboursement du capital (en tout ou en partie).

Les ***actions de préférence*** sont des actions en capital qui peuvent notamment conférer un droit à un superdividende et un droit à un partage inégal du boni de liquidation.

Les ***parts de fondateur*** (émission interdite depuis le 1er avril 1967) ne confèrent qu'un droit aux dividendes et à participer à la distribution du boni de liquidation.

6521. En supposant :

1) d'une part que le capital de la ***société « S »*** prise comme exemple soit composé de :
- 50 000 actions non amorties d'une valeur nominale de 20 € dont 20 000 actions privilégiées conférant à elles seules, d'après les statuts, le droit à la répartition de 50 % du boni de liquidation ;
- 10 000 actions totalement amorties ;
- 10 000 parts de fondateur.

2) d'autre part que la valeur vénale globale de la société soit de :

90 € × 50 000 =	4 500 000
Montant du capital non amorti	<u>1 000 000</u>
Boni éventuel de liquidation	3 500 000
dont 50 % reviendrait aux 20 000 actions de préférence non amorties :	1 750 000
Le surplus soit :	1 750 000

est à répartir entre :
- 30 000 actions ordinaires non amorties,
- 10 000 actions totalement amorties,
- 10 000 parts de fondateur,

Total : 50 000 titres

Soit pour chaque titre :

1 750 000 /: 50 000 = 35 €

La ***valeur unitaire de chaque catégorie*** d'action ou de part ressort à :

1. Action de priorité : $20 + \frac{1\ 750\ 000}{20\ 000} =$ ***107,5 €***
2. Action ordinaire non amortie : 20 + 35 = ***55 €***
3. Action amortie : ***35 €***
4. Part de fondateur : ***35 €***

H. Cas particuliers

Evaluation des sociétés holdings financières

6540. Les sociétés holdings financières se distinguent des autres sociétés, notamment sur le plan économique et fiscal. Ce sont des sociétés de patrimoine, sans activité industrielle ou commerciale propre.

Pour déterminer leur valeur, l'***approche patrimoniale*** est ***recommandée***; la valeur correspond au montant des capitaux propres de la société, majoré de la réévaluation de la valeur de marché (ou liquidative) du portefeuille de participation, corrigé de la ***décote dite de holding***.

Si la participation est constituée d'un portefeuille de valeurs mobilières cotées, l'évaluation se fait généralement sur la base du cours moyen des trois derniers mois précédant la date d'évaluation.

La décote de holding couvre les principaux éléments suivants :
– une ***décote structurelle***, qui traduit la nécessité de tenir compte de la fiscalité latente sur les plus-values de cession des participations;

> Si la société n'est pas soumise à l'IS (société civile n'ayant pas opté pour ce régime, par exemple), l'éventuelle imposition sur les plus-values sera due non pas par la société, mais par les associés ; dans ce cas, aucune décote ne sera pratiquée.
> Dans le cas contraire, la décote correspond au montant de la fiscalité latente susceptible de grever la plus-value dégagée.

– une ***décote de liquidité***, du fait de l'existence d'une structure juridique qui s'oppose à la libre cessibilité des parts, généralement sanctionnée par un abattement sur la valeur théorique.

> En pratique, lorsque la société holding est soumise à l'IS, la décote globale de holding est généralement limitée à 25 %, voire 30 % de la valeur théorique (actif net réévalué).
> A titre indicatif, le TGI de Paris a retenu un abattement global de 30 % dans le cas d'un holding familial détenant des titres cotés (TGI Paris 4 juin 1997, 2e ch. 1e sect., n° 96-7874).

NB : Lorsque la société financière procède à des ***distributions régulières***, cette valeur patrimoniale de holding pourra être rapprochée d'une combi-

naison entre valeur d'actif net corrigé (sans décote) et valeur de rendement (en fonction du dividende distribué), à raison de :
(2VM + VR) / 3
ou (3VM + VR) / 4.

Evaluation des sociétés holdings animatrices de groupe

6541. Pour évaluer un groupe d'entreprises bénéficiant d'une unité de direction et de contrôle, il convient de recourir aux ***comptes consolidés*** du groupe.

Les comptes consolidés sont établis pour présenter la situation financière et les résultats d'un groupe de sociétés comme si celles-ci ne formaient qu'une seule entité.

Dans la consolidation, toutes les opérations intervenues au sein du groupe sont éliminées, et les seuls résultats pris en compte sont ceux provenant des transactions avec les tiers.

6542. *Périmètre de consolidation.* – Il est nécessaire tout d'abord de connaître précisément le périmètre de consolidation, qui définit les sociétés prises en compte et leurs règles d'intégration dans le groupe consolidé, en fonction du pourcentage d'intérêt ou de contrôle que la société holding, société mère, détient dans ces sociétés.

Ainsi, chaque consolidation est unique, car fonction d'un périmètre donné de sociétés et d'une interprétation des règles de retraitement des comptes ou d'intégration; c'est pourquoi, les analyses et comparaisons pluriannuelles et entre groupes, la détermination des résultats de référence du groupe et leur caractère récurrent seront délicats à cerner, la situation pouvant varier très sensiblement d'un exercice à l'autre.

NB : A côté de ces sociétés qui font partie du périmètre de consolidation, il faut également prendre en compte, ***hors comptes consolidés***, les sociétés qui, bien que détenues directement ou indirectement par la société holding, ne sont pas consolidées, alors qu'elles sont porteuses de plus-values et de résultats récurrents par rapport aux valeurs comptables enregistrées dans les comptes du groupe.

6543. *Méthodes de consolidation.* – Il existe trois méthodes de consolidation.

– *L'intégration globale*

Cette méthode vise les sociétés placées sous le contrôle exclusif de la société consolidante, qui résulte :

• soit d'un ***contrôle de droit***, résultant de la détention directe ou indirecte de la majorité des droits de vote dans une autre société,

• soit d'un ***contrôle de fait***, fondé sur la désignation pendant deux exercices successifs de la majorité des membres des organes d'administration, de direction ou de surveillance d'une autre société (présomption lorsque la société consolidante a disposé pendant la même période d'une fraction supérieure à 40 % des droits de vote, celle-ci étant restée la fraction dominante),

• soit d'un ***contrôle contractuel***, à savoir le droit d'exercer une influence dominante sur une société en vertu d'un contrat ou de clauses statutaires (ex. filiales étrangères placées sous contrat de domination).

L'intégration globale consiste à inclure dans les comptes de la société consolidante tous les éléments de patrimoine et d'exploitation des sociétés contrôlées, après réalisation des retraitements et éliminations nécessaires (notamment pour les créances et dettes croisées).

Dans les ***travaux d'évaluation***, il sera nécessaire de distinguer, dans les comptes consolidés établis selon cette méthode :
– dans les capitaux propres, la part correspondant aux intérêts de la société mère (« part du groupe ») de la part correspondant aux intérêts des actionnaires autres que la société mère (« part des intérêts minoritaires »),
– dans le résultat, la quote-part revenant aux intérêts de la société mère (« résultat groupe ou part du groupe ») de la quote-part revenant aux tiers (« résultat hors groupe ou intérêts minoritaires »).

Ce sont ces paramètres correspondant aux intérêts de la société mère (« groupe ou part du groupe ») qui seront utilisés pour évaluer la société holding.

– ***L'intégration proportionnelle***

Cette méthode concerne les sociétés contrôlées conjointement.

Le ***contrôle conjoint*** s'entend du « partage du contrôle d'une société exploitée en commun par un nombre limité d'actionnaires ou d'associés, de sorte que les décisions résultent de leur accord » (ex. filiales communes, sociétés de services communs, qui fournissent divers services aux sociétés participantes, certaines sociétés en participation).

Dans l'intégration proportionnelle, les éléments du bilan et du compte de résultat des sociétés contrôlées sont repris dans les comptes consolidés au prorata de chacune des sociétés participantes.

Dans les ***travaux d'évaluation***, l'évaluateur retiendra directement les chiffres des comptes consolidés, représentant les quotes-parts de capitaux propres et de résultat revenant à la société mère, puisque la méthode consiste à ne reprendre dans la consolidation que les pourcentages d'actifs, de passifs, et d'opérations de résultats correspondant aux seuls intérêts de la société mère.

– ***La mise en équivalence***

Cette dernière méthode s'applique aux sociétés sur lesquelles la société consolidante exerce une ***influence notable***.

L'influence notable sur la gestion et la politique financières d'une société est présumée lorsqu'une autre société dispose, directement ou indirectement, d'une ***fraction au moins égale à 20 % des droits de vote*** de la première.

Il s'agit aussi de la méthode d'exception lorsque les comptes annuels de sociétés consolidables par intégration globale ou proportionnelle sont structurés de manière telle que leur consolidation selon ces méthodes se révélerait impropre à donner une image fidèle du groupe (cas par exemple de sociétés industrielles contrôlées par une banque).

La méthode de consolidation s'apparente à une technique de réévaluation, car elle consiste à substituer au coût d'acquisition des titres détenus, la part des capitaux propres (y compris le résultat de l'exercice) qu'ils représentent dans la société sur laquelle l'influence notable est exercée.

Pour l'estimation de la valeur patrimoniale de la société holding, cette réévaluation des participations pourra généralement constituer, pour les sociétés relevant de cette méthode de consolidation, une valeur a minima.

6544. ***Méthodes générales à retenir.*** – L'évaluateur retiendra que la consolidation ne propose qu'une information et une présentation comptables du groupe.

Il lui reviendra de procéder comme pour les comptes sociaux individuels à une ***réévaluation économique du patrimoine*** (valeur mathématique ou patrimoniale) et aux ajustements techniques des résultats pour les rendre exploitables comme données ou paramètres de référence pour l'évaluation.

S'agissant en général de l'évaluation d'entités importantes, le recours aux ***méthodes comparatives*** pourra être privilégié ; à partir d'un panel de sociétés cotées comparables, l'évaluateur recherchera par année des ***ratios boursiers moyens ou médians***, tels que le PER, le coefficient de MBA, le taux de rendement net, capitalisation boursière / chiffre d'affaires, capitalisation boursière / capitaux propres, notamment.

Les méthodes comparatives les plus couramment utilisées en l'espèce seront les suivantes :
– ***méthode du PER,*** applicable au résultat dégagé par le groupe (n° 6462) ;
– ***méthode MBA,*** applicable à la marge brute d'autofinancement (n° 6461) ; il convient de souligner toutefois que dans la consolidation globale, les comptes consolidés ne détailleront pas les dotations d'amortissements et de provisions « part du groupe » et celles relatives aux « intérêts minoritaires ». Un prorata calculé sur la répartition du résultat entre la part du groupe et celle des intérêts minoritaires pourra être retenu ;
– ***valeur de rendement,*** fondée sur la politique régulière de distribution ;
– ***valeurs de recoupement,*** par les ratios capitalisation boursière / CA (***valeur de « part de marché »***) et capitalisation boursière / capitaux propres ;
– ***survaleur,*** qui devrait logiquement tendre vers une valeur moyenne, comparable à la valeur pondérée résultant de l'application des combinaisons pour les sociétés importantes.

Société commerciale exploitant un petit fonds de commerce

6545. Le cas typique est celui de la chemiserie ou du café-restaurant exploité sous forme de SARL et relevant du régime du réel simplifié pour l'imposition des bénéfices.

Dans ce cas, il convient de réajuster la valeur comptable en tenant compte de la valeur du fonds par la méthode des barèmes (n° 6241) et de ne retenir que la seule valeur mathématique ainsi obtenue.

Sociétés dont l'actif est essentiellement composé d'immeubles

6546. *Les sociétés civiles immobilières.* – Elles sont généralement utilisées pour des opérations de construction, de commercialisation ou de gestion d'immeubles.

En fonction de la très grande diversité de leur objet et de leur régime fiscal, on en distingue trois grandes catégories.

1. Les sociétés civiles du type le plus courant, et pour cette raison le plus souvent dénommées « ***sociétés civiles immobilières*** » tout court, qui ont pour objet de faire construire ou d'acquérir des immeubles en vue de les louer ou de les mettre à la disposition gratuite de leurs associés.

Ces sociétés peuvent être constituées :
– soit sur l'initiative de simples particuliers ou d'entreprises, ce qui est le cas le plus fréquent,
– soit par des investisseurs institutionnels (banques, compagnies d'assurances, caisses de retraite...) qui font appel public à l'épargne pour placer leurs titres : il s'agit des sociétés civiles de placement immobilier (SCPI), strictement réglementées sur le plan juridique [1] ;

2. Les ***sociétés civiles d'attribution***, qui tirent leur originalité du fait que :
– sur le plan juridique, les parts sociales donnent droit aux associés à l'attribution en toute propriété ou en jouissance d'une fraction des immeubles (généralement des appartements) construits ou acquis par la société, d'où leur appellation courante de « sociétés immobilières de copropriété »,
– sur le plan fiscal, il est fait abstraction de la personnalité juridique de la société (régime de la transparence fiscale) ;

3. Les ***sociétés civiles de construction-vente***, qui ont pour objet de construire des immeubles en vue de la vente ; généralement constituées par des promoteurs immobiliers, elles jouissent sur le plan fiscal d'un régime de faveur ; en effet, bien qu'ayant un objet commercial, elles échappent à l'IS (CGI, art. 239 ter).

Il ne sera question que des parts de ***sociétés civiles immobilières de location*** ; en effet, en ce qui concerne les parts de sociétés dites transparentes, leur évaluation se confond entièrement avec celle des immeubles auxquels elles donnent droit, de sorte qu'elle consiste en une évaluation purement immobilière.

(1) La création de SCPI ainsi que les augmentations de capital de SCPI ne seront plus possibles à compter du 31 décembre 2009 (C. mon. fin. art. L 214-84, I). Mais les SCPI existantes pourront se transformer en organismes de placement collectif immobilier (OPCI), c'est-à-dire en sociétés de placement à prépondérance immobilière à capital variable (Sppicav) ou en fonds de placement immobilier (FPI) dans les cinq ans de la mise en place de ces nouveaux organismes.

Quant aux parts de sociétés de construction-vente, elles s'évaluent comme des titres de sociétés commerciales non cotées, en tenant compte toutefois du caractère généralement éphémère de ces sociétés, le plus souvent dissoutes à la suite de l'extinction de leur objet, c'est à-dire après la vente des immeubles qu'elles ont construits. Ne sont pas concernées ici les parts de SCPI, évoquées ci-après (n° 6550).

Les ***sociétés immobilières de location***, ou de gestion patrimoniale, ont essentiellement pour objet la gestion et la location d'un ou plusieurs immeubles (bâtis ou non bâtis) dont elles sont devenues propriétaires par suite d'apport, d'achat ou de construction.

Ce type de société, appelé dans le langage courant SCI, est très répandu en pratique, car il permet à plusieurs personnes de réaliser ensemble des placements immobiliers qu'elles ne pourraient entreprendre isolément.

Il permet en outre d'éviter le démembrement d'un patrimoine foncier lorsque la personne qui a constitué ce patrimoine vient à décéder en laissant plusieurs héritiers. Ceux-ci ne peuvent en effet demander le partage en nature du ou des immeubles constituant ce patrimoine puisque leurs droits successoraux portent non sur des immeubles mais sur les parts du défunt dans la SCI qui en est propriétaire. A la précarité de l'indivision, s'oppose ainsi la pérennité de la SCI, associée à la souplesse qu'elle assure en facilitant la transmission, soit à titre onéreux, soit à titre gratuit.

Il permet enfin dans le cadre d'une activité commerciale d'affecter des biens immeubles à un actif social en les soustrayant du patrimoine personnel du propriétaire, en bénéficiant le cas échéant du régime du bail à construction.

6547. ***Principes généraux d'évaluation.*** – La jurisprudence et la doctrine fournissent peu d'éléments précis sur l'évaluation des parts de SCI. Aussi convient-il de se référer aux principes généraux qui se sont dégagés progressivement.

A la suite de nombreux litiges ayant opposé les contribuables à l'administration en matière d'évaluation de titres de sociétés, la Cour de cassation a posé le principe général, comme on l'a vu, selon lequel « la valeur réelle des titres doit être appréciée en tenant compte de tous les éléments dont l'ensemble permet d'obtenir un chiffre aussi proche que possible de celui qu'aurait entraîné le jeu normal de l'offre et de la demande ».

L'analyse des différents arrêts rendus par la Haute Assemblée permet de retenir les enseignements suivants : le seul recours à la valeur mathématique, « fût-elle tirée des écritures sociales et affectée d'un abattement, dont, à défaut de justifications, le montant paraît arbitrairement fixé », doit être proscrit ; il y a donc lieu de déterminer la valeur des titres en combinant la valeur mathématique avec d'autres valeurs qui peuvent résulter :
– du prix des transactions intervenues sur les mêmes titres à une date récente ;
– du rendement des titres et de l'importance des bénéfices ;

– de l'évaluation retenue à une époque voisine du fait générateur de l'impôt dans un acte passé entre parties ayant des intérêts opposés ;
– de l'activité de la société, de l'ampleur et du crédit de l'entreprise, de la situation économique propre à la société ;
– de l'attrait spéculatif plus ou moins grand qui résulte de la manière dont l'affaire est gérée et de ses perspectives d'avenir.

Ces principes ont été exposés dans la réponse ministérielle Balligand (AN 28 janvier 1991 ; p. 299, n° 26720).

En raison de la nature particulière de la SCI, de son activité de gestion patrimoniale d'un actif principalement constitué de biens immobiliers, par définition statiques, du non-assujettissement à l'IS, excluant la notion de distribution, les valeurs de rendement, de MBA, et la survaleur ne trouvent pas à s'appliquer.

En revanche, la valeur patrimoniale ne peut être ignorée, la valeur de comparaison venant le cas échéant compléter l'évaluation.

Toutefois, lorsqu'il existe un marché significatif des parts sociales (il ne peut guère en être ainsi que si la société comporte de nombreux associés, au moins plusieurs dizaines, et si les mutations de parts sont fréquentes), la valeur vénale peut et doit, à notre avis, être dégagée à partir du prix moyen auquel s'effectuent les transactions sur les parts. Dans les grosses sociétés, le prix est souvent sans grand rapport avec la valeur des immeubles possédés par la société.

6548. ***La valeur patrimoniale ou mathématique (VM).*** – La démarche de l'évaluateur consistera à apprécier les valeurs portées dans les différents postes du dernier bilan à la date de l'évaluation.

Les SCI de location n'ayant pas d'obligation en matière d'établissement de leurs comptes annuels, sauf si elles ont une taille les rendant passibles des prescriptions de l'article L 612-1 du Code de commerce, la reconstitution d'un bilan peut se révéler nécessaire.

La principale tâche résidera dans l'actualisation des valeurs des biens immobiliers inscrits à l'actif, afin de substituer la valeur vénale réelle des biens à leur valeur historique d'acquisition.

Dans cette phase, les méthodes traditionnelles d'évaluation immobilière (comparaison, revenu, méthodes techniques) seront bien entendu utilisées.

L'***administration*** a précisé que dans la mesure où la valeur retenue prend en considération des prix réels constatés sur le marché, il n'y a pas lieu de déduire de la valeur ainsi obtenue l'imposition des plus-values latentes (Rép. Bonnefous Sén. 30 octobre 1982 ; p. 4968). Il est aussi fait observer que la vente des immeubles n'entre pas dans l'objet normal de ces sociétés ; certes, de telles opérations peuvent être rendues indispensables dans un souci de bonne gestion patrimoniale, mais elles doivent demeurer exceptionnelles, sous peine d'être considérées comme constitutives d'une activité de marchand de biens, taxable à l'IS.

En outre, cette même réponse précise que la valeur mathématique retraçant un potentiel économique et permettant de mesurer la valeur d'un titre dans la perspective de sa cession et non d'une liquidation totale de l'entreprise, il n'y a pas lieu de tenir compte de l'imposition éventuelle d'un boni de liquidation. Il ne pourrait en être autrement que dans le cas exceptionnel où la dissolution de la société serait prévisible à brève échéance.

La valeur mathématique ou patrimoniale des titres sera alors égale à l'actif net réévalué (actif brut réévalué moins passif exigible, dont, le cas échéant, le montant des comptes courants créditeurs, des dépôts de garantie et des emprunts) divisé par le nombre de titres.

A titre de recoupement, et spécialement en présence d'une société immobilière soumise à l'IS (sur option ou société sous forme de SA par exemple), on pourra retenir une valeur de productivité (VP), en capitalisant le bénéfice net (ou le revenu net foncier) à un taux de base (taux de rendement des obligations publiques) majoré d'une prime de risque de 20 % à 25 %, et pondérer une valeur finale à : (2 VM + VP) / 3, à rapprocher d'une valorisation à une VM – 20 % appliqué sur la valeur patrimoniale, eu égard à l'étroitesse extrême et même à l'absence totale d'une liberté de marché en la circonstance.

6549. *Abattement final.* – Il conviendra enfin d'examiner les clauses légales (en particulier les dispositions résultant des articles 1861 à 1864 du Code civil) et les clauses statutaires (clauses d'agrément notamment) qui régissent les modalités de cession.

Dans le cadre de la mise en œuvre de la ***clause d'agrément***, si la cession de ses titres par un associé n'est pas autorisée, le cédant ne reste pas prisonnier de ses titres pour autant. A l'inverse des SNC, la société civile sera, en effet, tenue de racheter les parts dont la cession n'a pas reçu son agrément.

D'ailleurs, si aucune offre d'achat n'est faite au cédant dans le délai de six mois à compter de la dernière des notifications faite par le cédant au titre de la demande d'agrément (ou dans le délai prévu par les statuts), cet agrément sera réputé acquis (art. 1863 al. 1 du Code civil).

Ce dernier aspect peut toutefois affecter de manière significative la valeur réelle des parts sociales, justifiant l'application d'un abattement dont l'appréciation est des plus délicates.

Il n'existe en la matière aucune règle absolue, et chaque cas devra faire l'objet d'un examen minutieux en fonction de la situation au sein de la société et de la qualité de ses membres.

Ainsi, un associé minoritaire cédant à un tiers non associé, supposé agréé par les autres associés, verrait la valeur de ses parts subir un certain abattement.

De même, dans certaines hypothèses, l'initiative dans la fixation du prix peut revenir à l'organe social compétent pour agréer ou refuser la cession initialement envisagée, et non plus au cédant.

Dans ces conditions, un abattement de l'ordre de 10 à 20 % pourra être pratiqué.

6550. La valeur des parts de sociétés civiles qui font publiquement appel à l'épargne, telles que les sociétés civiles de placement immobilier (*SCPI*), est fixée par les dirigeants responsables. Ces valeurs sont publiées périodiquement par la Commission des opérations de bourse. Les porteurs de parts ne peuvent que s'en tenir à ces évaluations, sous réserve de la déduction des frais de négociation, de l'ordre de 5 %.

Toutefois, il convient parfois de se référer, lorsque la demande devient inférieure à l'offre, ce qui fut le cas dans les années 1990 , au prix du marché de gré à gré. A cette époque, au creux de la dépression de la demande, la décote pouvait atteindre en moyenne 40 % à 50 %, voire plus dans certains cas extrêmes, des valeurs « conseillées ».

Sociétés créées pour l'exercice d'une activité libérale

6551. Ce sont essentiellement les sociétés civiles professionnelles et les sociétés civiles de moyens.

6552. *Sociétés civiles de moyens.* – Le but principal de ces sociétés est de faire des économies et non de dégager des bénéfices.

Dans ces conditions, la valeur de rendement n'a pas de sens.

Seule la valeur mathématique et, éventuellement, la valeur par comparaison avec des cessions récentes pourront être retenues pour déterminer la valeur vénale.

6553. *Sociétés civiles professionnelles.* – Le fonctionnement de ces sociétés, constituées entre membres de professions libérales, est réglementé par la loi et des décrets d'application spécifiques à chaque profession.

En principe, la cession des parts de sociétés civiles professionnelles équivaut à la cession de la clientèle. Pour la détermination de la valeur vénale de ces titres, la valeur mathématique sera privilégiée étant observé que, parfois, les décrets d'application déterminent l'autorité ou la juridiction qui sera compétente pour déterminer la valeur vénale à défaut d'accord entre les parties.

Toutefois, il est bon de ne pas commettre l'erreur de penser que la clientèle est systématiquement attachée à la possession des parts des SCP. Il convient donc, avant toute tentative de détermination de la valeur, de consulter attentivement les statuts de la SCP :
- si l'associé a fait un apport en « industrie », il est resté toujours propriétaire de sa clientèle et cette dernière doit constituer un élément de son patrimoine individuel. Dans ce cas, la valeur des parts de la SCP se limite à la valeur des réserves éventuellement accumulées ;
- si l'associé a fait apport de sa clientèle en toute propriété, la valeur de la clientèle fait partie de l'actif de la société civile professionnelle.

> La Cour de cassation a jugé qu'était attaché aux parts sociales « le droit pour l'associé de partager les bénéfices ou de profiter de l'économie qui résulte de l'exploitation en société, indépendamment de la personne du cessionnaire » (Cass. 1e civ. 3 mars 1993, n° 428 PFR ; BRDA 6/93, p. 17).

ANNEXE II

Textes

6600. On trouvera ci-après, d'une part, les principaux textes législatifs et réglementaires qui définissent le régime des droits sociaux au regard des droits de mutation à titre gratuit et de l'impôt de solidarité sur la fortune (Section I), d'autre part, le texte intégral de plusieurs instructions administratives citées plus haut (Section II).

SECTION I

Textes législatifs et réglementaires

A. Code général des impôts

1. Mutations à titre gratuit

Assiette des droits de mutation

6610. *Art. 759*. – Pour les valeurs mobilières françaises et étrangères de toute nature admises aux négociations sur un marché réglementé, le capital servant de base à la liquidation et au paiement des droits de mutation à titre gratuit est déterminé par le cours moyen au jour de la transmission ou, pour les successions, par la moyenne des trente derniers cours qui précèdent la transmission.

Art. 764 A. – En cas de décès :

a. Du gérant d'une société à responsabilité limitée ou d'une société en commandite par actions non cotée,

b. De l'un des associés en nom d'une société de personnes,

c. De l'une des personnes qui assument la direction générale d'une société par actions non cotée,

d. De l'exploitant d'un fonds de commerce ou d'une clientèle,

e. Du titulaire d'un office public ou ministériel, il est tenu compte, pour la liquidation des droits de mutation par décès dus par ses héritiers, légataires ou donataires, de la dépréciation éventuelle résultant dudit décès et affectant la valeur des titres non cotés ou des actifs incorporels ainsi transmis.

Art. 787 B. – Sont exonérées de droit de mutation à titre gratuit, à concurrence de 75 % de leur valeur, les parts ou les actions d'une société ayant une activité industrielle, commerciale, artisanale, agricole ou libérale transmises par décès ou entre vifs si les conditions suivantes sont réunies :

a. Les parts ou les actions mentionnées ci-dessus doivent faire l'objet d'un engagement collectif de conservation d'une durée minimale de deux ans en cours au jour de la transmission, qui a été pris par le défunt ou le donateur, pour lui et ses ayants cause à titre gratuit, avec d'autres associés ;

b. L'engagement collectif de conservation doit porter sur au moins 20 % des droits financiers et des droits de vote attachés aux titres émis par la société s'ils sont admis à la négociation sur un marché réglementé ou, à défaut, sur au moins 34 %, y compris les parts ou actions transmises.

Ces pourcentages doivent être respectés tout au long de la durée de l'engagement collectif de conservation. Les associés de l'engagement collectif de conservation peuvent effectuer entre eux des cessions ou donations des titres soumis à l'engagement.

L'engagement collectif de conservation est opposable à l'administration à compter de la date de l'enregistrement de l'acte qui le constate. Dans le cas de titres admis à la négociation sur un marché réglementé, l'engagement collectif de conservation est soumis aux dispositions de l'article L 233-11 du code de commerce.

Pour le calcul des pourcentages prévus au premier alinéa, il est tenu compte des titres détenus par une société possédant directement une participation dans la société dont les parts ou actions font l'objet de l'engagement collectif de conservation visé au a et auquel elle a souscrit.

La valeur des titres de cette société qui sont transmis bénéficie de l'exonération partielle à proportion de la valeur réelle de son actif brut qui correspond à la participation ayant fait l'objet de l'engagement collectif de conservation.

L'exonération s'applique également lorsque la société détenue directement par le redevable possède une participation dans une société qui détient les titres de la société dont les parts ou actions font l'objet de l'engagement de conservation.

Dans cette hypothèse, l'exonération partielle est appliquée à la valeur des titres de la société détenus directement par le redevable, dans la limite de la fraction de la valeur réelle de l'actif brut de celle-ci représentative de la valeur de la participation indirecte ayant fait l'objet d'un engagement de conservation.

Le bénéfice de l'exonération partielle est subordonné à la condition que les participations soient conservées inchangées à chaque niveau d'interposition pendant toute la durée de l'engagement collectif ;

c. Chacun des héritiers, donataires ou légataires prend l'engagement dans la déclaration de succession ou l'acte de donation, pour lui et ses ayants cause à titre gratuit, de conserver les parts ou les actions transmises pendant une durée de six ans à compter de la date d'expiration du délai visé au a ;

d. L'un des associés mentionnés au a ou l'un des héritiers, donataires ou légataires mentionnés au c exerce effectivement dans la société dont les parts ou actions font l'objet de l'engagement collectif de conservation, pendant les cinq années qui suivent la date de la transmission, son activité professionnelle principale si celle-ci est une société de personnes visée aux articles 8 et 8 ter, ou l'une des fonctions énumérées au 1° de l'article 885 O bis lorsque celle-ci est soumise à l'impôt sur les sociétés, de plein droit ou sur option ;

e. La déclaration de succession ou l'acte de donation doit être appuyée d'une attestation de la société dont les parts ou actions font l'objet de l'engagement collectif de conservation certifiant que les conditions prévues aux a et b ont été remplies jusqu'au jour de la transmission.

A compter de la transmission et jusqu'à l'expiration de l'engagement collectif de conservation visé au a, la société doit en outre adresser, dans les trois mois qui suivent le 31 décembre de chaque année, une attestation certifiant que les conditions prévues aux a et b sont remplies au 31 décembre de chaque année;

f. En cas de non-respect de la condition prévue au c par suite de l'apport de titres d'une société ayant une activité industrielle, commerciale, artisanale, agricole ou libérale à une société dont l'objet unique est la gestion de son propre patrimoine constitué exclusivement d'une participation dans la société dont les parts ou actions ont été transmises, l'exonération partielle n'est pas remise en cause si les conditions suivantes sont réunies :

1° La société bénéficiaire de l'apport est détenue en totalité par les personnes physiques bénéficiaires de l'exonération. Le donateur peut toutefois détenir une participation directe dans le capital social de cette société, sans que cette participation puisse être majoritaire. Elle est dirigée directement par une ou plusieurs des personnes physiques bénéficiaires de l'exonération. Les conditions tenant à la composition de l'actif de la société, à la détention de son capital et à sa direction doivent être respectées à l'issue de l'opération d'apport et jusqu'au terme de l'engagement mentionné au c ;

2° La société bénéficiaire de l'apport prend l'engagement de conserver les titres apportés jusqu'au terme de l'engagement prévu au c ;

3° Les héritiers, donataires ou légataires, associés de la société bénéficiaire des apports doivent conserver pendant la durée mentionnée au 2°, les titres reçus en contrepartie de l'opération d'apport.

Les dispositions du présent article s'appliquent en cas de donation avec réserve d'usufruit à la condition que les droits de vote de l'usufruitier soient statutairement limités aux décisions concernant l'affectation des bénéfices. Cette exonération n'est alors pas cumulable avec la réduction prévue à l'article 790.

Un décret en Conseil d'État détermine les modalités d'application du présent article, notamment les obligations déclaratives incombant aux redevables et aux sociétés.

Dispositions spéciales aux donations

6615. ***Art. 790 A.*** *– I.* Sont exonérées de droits de mutation à titre gratuit, sur option des donataires, les donations en pleine propriété de fonds artisanaux, de fonds de commerce, ou de clientèles d'une entreprise individuelle ou de parts ou actions d'une société, à concurrence de la fraction de la valeur des titres représentative du fonds ou de la clientèle, si les conditions suivantes sont réunies :

a. L'entreprise ou la société exerce une activité industrielle, commerciale, artisanale ou libérale ;

b. La donation est consentie aux personnes titulaires d'un contrat de travail à durée indéterminée depuis au moins deux ans et qui exercent leur fonction à temps plein ou d'un contrat d'apprentissage en cours au jour de la transmission, conclu avec l'entreprise dont le fonds de commerce ou la clientèle est transmis ou avec la société dont les parts ou actions sont transmises ;

c. La valeur du fonds ou de la clientèle objet de la donation ou appartenant à la société dont les parts ou actions sont transmises est inférieure à 300 000 € ;

d. Lorsqu'ils ont été acquis à titre onéreux, le fonds ou la clientèle mentionnés ci-dessus doivent avoir été détenus depuis plus de deux ans par le donateur ou la société ;

e. Lorsque la transmission porte sur des parts ou actions acquises à titre onéreux, celles-ci ont été détenues depuis plus de deux ans par le donateur ;

f. Les donataires poursuivent à titre d'activité professionnelle unique et de manière effective et continue pendant les cinq années qui suivent la date de la transmission l'exploitation du fonds ou de la clientèle transmis ou l'activité de la société dont les parts ou actions sont transmises et dont l'un d'eux assure, pendant la même période, la direction effective de l'entreprise. Dans le cas où l'entreprise fait l'objet d'une procédure de liquidation judiciaire prévue aux articles L 622-1 et suivants du Code de commerce dans les cinq années qui suivent la date de la transmission, il n'est pas procédé à la déchéance du régime de faveur prévu au premier alinéa.

II. Lorsque les donataires ont exercé l'option prévue au I, le bénéfice de ses dispositions est exclusif de l'application de l'article 787 B sur la fraction de la valeur des parts représentative des biens autres que le fonds artisanal, le fonds de commerce ou la clientèle, et de l'article 787 C à raison de la donation à la même personne des biens autres que le fonds artisanal, le fonds de commerce ou la clientèle, affectés à l'exploitation de l'entreprise.

Régimes spéciaux et exonérations

6620. *Art. 793*. – (Extraits) Sont exonérés des droits de mutation à titre gratuit :

3° Les parts d'intérêts détenues dans un groupement forestier à concurrence des trois quarts de la fraction de la valeur nette correspondant aux biens visés au a ci-après, à condition :

a. Que l'acte constatant la donation ou la déclaration de la succession soit appuyé d'un certificat délivré sans frais par le directeur départemental de l'agriculture et de la forêt attestant que :

- Les bois et forêts du groupement sont susceptibles de présenter une des garanties de gestion durable prévues à l'article L 8 du code forestier ;

- Les friches et landes appartenant au groupement sont susceptibles de reboisement et présentent une vocation forestière ;

- Les terrains pastoraux appartenant au groupement sont susceptibles d'un régime d'exploitation normale ;

b. Que le groupement forestier prenne, selon le cas, l'un des engagements prévus au b du 2° du 2.

Ce groupement doit s'engager en outre :

- A reboiser ses friches et landes dans un délai de cinq ans à compter de la délivrance du certificat et à les soumettre ensuite au régime défini au b du 2° du 2 ;

- A soumettre pendant trente ans ses terrains pastoraux à un régime d'exploitation normale ou, à défaut, à les reboiser ;

c. Que les parts aient été détenues depuis plus de deux ans par le donateur ou le défunt, lorsqu'elles ont été acquises à titre onéreux à compter du 5 septembre 1979 ;

4° Les parts des groupements fonciers agricoles et celles des groupements agricoles fonciers, créés conformément à la loi n° 62-933 du 8 août 1962 et répondant aux diverses caractéristiques des articles L 322-1 à L322-21, L 322-23 et L 322-24 du code rural, à concurrence des trois quarts de la fraction de la valeur nette des biens donnés à bail à long terme ou à bail cessible, sous réserve des dispositions de l'article 793 bis, à condition :

a. Que les statuts du groupement lui interdisent l'exploitation en faire-valoir direct ;

b. Que les fonds agricoles constituant le patrimoine du groupement aient été donnés à bail à long terme dans les conditions prévues par les articles L 416-1 à L 416-6, L 416-8 et L 416-9 du code rural ou à bail cessible dans les conditions prévues par les articles L 418-1 à L 418-5 du code rural ;

c. Que les parts aient été détenues depuis deux ans au moins par le donateur ou le défunt.

Ce délai n'est pas exigé lorsque le donateur ou le défunt ont été parties au contrat de constitution du groupement foncier agricole et, à ce titre, ont effectué des apports constitués exclusivement par des immeubles ou des droits immobiliers à destination agricole.

L'exonération ne s'applique pas aux parts de groupements fonciers agricoles qui sont détenues ou qui ont été détenues par une société civile régie par la section 3 du chapitre IV du titre Ier du livre II du code monétaire et financier ou par une entreprise d'assurance ou de capitalisation.

Conformément aux dispositions de l'article L 322-18 du code rural, le remboursement des avantages fiscaux prévus aux articles L 322-1 à L 322-24 du même code n'est pas dû lorsque la condition de parenté prévue à l'article L 322-11 du code précité cesse d'être respectée à la suite de transmissions à titre gratuit.

Peuvent être étendues aux départements d'outre-mer dans des conditions fixées par décret en Conseil d'Etat, après avis des conseils généraux desdits départements, les dispositions des articles L 322-1 à L 322-21, L 322-23 et L 322-24 du code rural (Voir code rural, art. R* 328-3 et R* 328-4).

2. Impôt de solidarité sur la fortune

Biens exonérés

Art. 885 I bis. – Les parts ou les actions d'une société ayant une activité industrielle, commerciale, artisanale, agricole ou libérale ne sont pas comprises dans les bases d'imposition à l'impôt de solidarité sur la fortune, à concurrence des trois quarts de leur valeur si les conditions suivantes sont réunies :

a. Les parts ou les actions mentionnées ci-dessus doivent faire l'objet d'un engagement collectif de conservation pris par le propriétaire, pour lui et ses ayants cause à titre gratuit avec d'autres associés;

b. L'engagement collectif de conservation doit porter sur au moins 20 % des droits financiers et des droits de vote attachés aux titres émis par la société s'ils sont admis à la négociation sur un marché réglementé ou, à défaut, sur au moins 34 % des parts ou actions de la société.

Ces pourcentages doivent être respectés tout au long de la durée de l'engagement collectif de conservation qui ne peut être inférieure à six ans. Les associés de l'engagement collectif de conservation peuvent effectuer entre eux des cessions ou donations des titres soumis à l'engagement.

La durée initiale de l'engagement collectif de conservation peut être automatiquement prorogée par disposition expresse, ou modifiée par avenant sans pouvoir être inférieure à six ans. La dénonciation de la reconduction doit être notifiée à l'administration pour lui être opposable.

L'engagement collectif de conservation est opposable à l'administration à compter de la date de l'enregistrement de l'acte qui le constate. Dans le cas de titres admis à la négociation sur un marché réglementé, l'engagement collectif de conservation est soumis aux dispositions de l'article L 233-11 du code de commerce.

Pour le calcul des pourcentages prévus au premier alinéa, il est tenu compte des titres détenus par une société possédant directement une participation dans la société dont les parts ou actions font l'objet de l'engagement collectif de conservation visé au *a* et auquel elle a souscrit. La valeur des titres de cette société bénéficie de l'exonération partielle prévue au premier alinéa à proportion de la valeur réelle de son actif brut qui correspond à la participation ayant fait l'objet de l'engagement collectif de conservation.

L'exonération s'applique également lorsque la société détenue directement par le redevable possède une participation dans une société qui détient les titres de la société dont les parts ou actions font l'objet de l'engagement de conservation.

Dans cette hypothèse, l'exonération partielle est appliquée à la valeur des titres de la société détenus directement par le redevable, dans la limite de la fraction de la valeur réelle de l'actif brut de celle-ci représentative de la valeur de la participation indirecte ayant fait l'objet d'un engagement de conservation.

Le bénéfice de l'exonération partielle est subordonné à la condition que les participations soient conservées inchangées à chaque niveau d'interposition pendant toute la durée de l'engagement collectif;

c. L'un des associés mentionnés au *a* exerce effectivement dans la société dont les parts ou actions font l'objet de l'engagement collectif de conservation son activité professionnelle principale si celle-ci est une société de personnes visée aux articles 8 et 8 ter, ou l'une des fonctions énumérées au 1° de l'article 885 O bis lorsque celle-ci est soumise à l'impôt sur les sociétés, de plein droit ou sur option;

d. La déclaration visée à l'article 885 W doit être appuyée d'une attestation de la société dont les parts ou actions font l'objet de l'engagement collectif de conservation certifiant que les conditions prévues aux *a* et *b* ont été remplies l'année précédant celle au titre de laquelle la déclaration est souscrite;

e. En cas de non-respect de la condition prévue au *a* par l'un des signataires, l'exonération n'est pas remise en cause à l'égard des autres signataires, dès lors qu'ils conservent entre eux leurs titres jusqu'au terme initialement prévue au *b* demeure respectée. Dans le cas où cette dernière condition n'est pas respectée, l'exonération pour l'année en cours et celles précédant la rupture n'est pas remise en cause pour les autres signataires s'ils concluent, dans un délai d'un an, un nouvel engagement collectif de conservation, incluant a minima les titres soumis à l'engagement précédent, éventuellement avec un ou plusieurs autres associés, dans les conditions prévues au *a* et au *b*.

En cas de non-respect des conditions prévues au *a* ou au *b* par suite d'une fusion ou d'une scission au sens de l'article 817 A ou d'une augmentation de capital, l'exonération partielle accordée au titre de l'année en cours et de celles précédant ces opérations n'est pas remise en cause si les signataires respectent l'engagement prévu au ***a*** jusqu'à son terme. Les titres reçus en contrepartie d'une fusion ou d'une scission doivent être conservés jusqu'au même terme. Cette exonération n'est pas non plus remise en cause lorsque la condition prévue au ***b*** n'est pas respectée par suite d'une annulation des titres pour cause de pertes ou de liquidation judiciaire.

Au-delà du délai de six ans, l'exonération partielle accordée au titre de la période d'un an en cours lors du non-respect de l'une des conditions prévues au ***a*** ou au ***b*** est seule remise en cause.

Un décret en Conseil d'Etat détermine les modalités d'application du présent article, notamment les obligations déclaratives incombant aux redevables et aux sociétés (Voir Annexe II, art. 301 G à 301 J).

Art. 885 I ter. – I. Sont exonérés les titres reçus par le redevable en contrepartie de sa souscription au capital, en numéraire ou en nature par apport de biens nécessaires à l'exercice de l'activité, à l'exception des actifs immobiliers et des valeurs mobilières, d'une société répondant à la définition des petites et moyennes entreprises figurant à l'annexe I au règlement (CE) n° 70/2001 de la Commission, du 12 janvier 2001, concernant l'application des articles 87 et 88 du traité CE aux aides de l'Etat en faveur des petites et moyennes entreprises si les conditions suivantes sont réunies au 1er janvier de l'année d'imposition :

a. La société exerce exclusivement une activité industrielle, commerciale, artisanale, agricole ou libérale, à l'exclusion des activités de gestion de patrimoine mobilier définie à l'article 885 O quater, et notamment celles des organismes de placement en valeurs mobilières, et des activités de gestion ou de location d'immeubles ;

b. La société a son siège de direction effective dans un Etat membre de la Communauté européenne.

II. Un décret fixe les obligations déclaratives incombant aux redevables et aux sociétés (Voir Annexe III, art. 299 bis) .

(Dispositions applicables aux souscriptions réalisées à compter de la date de publication de la loi n° 2003-721 du 1er août 2003 [JO du 5 août])

Art. 885 I quater. – I. Les parts ou actions d'une société ayant une activité industrielle, commerciale, artisanale, agricole ou libérale ne sont pas comprises dans les bases d'imposition à l'impôt de solidarité sur la fortune, à concurrence des trois quarts de leur valeur, lorsque leur propriétaire exerce son activité principale dans cette société comme salarié ou mandataire social, ou y exerce son activité principale lorsque la société est une société de personnes soumise à l'impôt sur le revenu visée aux articles 8 à 8 ter.

L'exonération est subordonnée à la condition que les parts ou actions restent la propriété du redevable pendant une durée minimale de six ans courant à compter du premier fait générateur au titre duquel l'exonération a été demandée.

Les parts ou actions détenues par une même personne dans plusieurs sociétés bénéficient du régime de faveur lorsque le redevable exerce une activité éligible dans chaque société et que les sociétés en cause ont effectivement des activités, soit similaires, soit connexes et complémentaires.

L'exonération s'applique dans les mêmes conditions aux titres détenus dans une société qui a des liens de dépendance avec la ou les sociétés dans laquelle ou lesquelles le redevable exerce ses fonctions ou activités au sens du ***a*** du 12 de l'article 39.

L'exonération s'applique dans les mêmes conditions aux parts de fonds communs de placement d'entreprise visés aux articles L 214-39 et suivants du Code monétaire et financier ou aux actions de sociétés d'investissement à capital variable d'actionnariat salarié visées à l'article L 214-40-1 du même Code. L'exonération est limitée à la fraction de la valeur des parts ou actions de ces organismes de placement collectif représentative des titres de la société dans laquelle le redevable exerce son activité principale ou de sociétés qui lui sont liées dans les conditions prévues à l'article L 233-16 du Code de commerce. Une attestation de l'organisme déterminant la valeur éligible à l'exonération partielle doit être jointe à la déclaration visée à l'article 885 W.

II. Les parts ou actions mentionnées au I et détenues par le redevable depuis au moins trois ans au moment de la cessation de ses fonctions ou activités pour faire valoir ses droits à la retraite sont exonérées, à hauteur des trois quarts de leur valeur, d'impôt de solidarité sur la fortune, sous réserve du respect des conditions de conservation figurant au deuxième alinéa du I.

III. En cas de non-respect de la condition de détention prévue au deuxième alinéa du I et au II par suite d'une fusion ou d'une scission au sens de l'article 817 A, l'exonération partielle accordée au titre de l'année en cours et de celles précédant ces opérations n'est pas remise en cause si les titres reçus en contrepartie sont conservés jusqu'au même terme. Cette exonération n'est pas non plus remise en cause lorsque la condition prévue au deuxième alinéa du I et au II n'est pas respectée par suite d'une annulation des titres pour cause de pertes ou de liquidation judiciaire.

IV. L'exonération partielle prévue au présent article est exclusive de l'application de tout autre régime de faveur.

(Dispositions applicables pour la détermination de l'impôt sur la fortune dû à compter du 1er janvier 2006).

Biens professionnels

6630. *Art. 885 O bis.* – Les parts et actions de sociétés soumises à l'impôt sur les sociétés, de plein droit ou sur option, sont également considérées comme des biens professionnels si leur propriétaire remplit les conditions suivantes :

1° Etre, soit gérant nommé conformément aux statuts d'une société à responsabilité limitée ou en commandite par actions, soit associé en nom d'une société de personnes, soit président, directeur général, président du conseil de surveillance ou membre du directoire d'une société par actions.

Les fonctions énumérées ci-dessus doivent être effectivement exercées et donner lieu à une rémunération normale. Celle-ci doit représenter plus de la moitié des revenus à raison desquels l'intéressé est soumis à l'impôt sur le revenu dans les catégories des traitements et salaires, bénéfices industriels et commerciaux, bénéfices agricoles, bénéfices non commerciaux, revenus des gérants et associés mentionnés à l'article 62.

2° Posséder 25 % au moins des droits financiers et des droits de vote attachés aux titres émis par la société, directement ou par l'intermédiaire de son conjoint ou de leurs ascendants ou descendants ou de leurs frères et sœurs. Les titres détenus dans les mêmes conditions dans une société possédant une participation dans la société dans laquelle le redevable exerce ses fonctions sont pris en compte dans la proportion de cette participation ; la valeur de ces titres qui sont la propriété personnelle du redevable est exonérée à concurrence de la valeur réelle de l'actif brut de la société qui correspond à la participation dans la société dans laquelle le redevable exerce ses fonctions. Les parts ou actions détenues par une même personne dans plusieurs sociétés sont présumées constituer un seul bien professionnel lorsque, compte tenu de l'importance des droits détenus et de la nature des fonctions exercées, chaque participation, prise isolément, satisfait aux conditions prévues pour avoir la qualité de biens professionnels, et que les sociétés en cause ont effectivement des activités soit similaires, soit connexes et complémentaires.

Par dérogation aux dispositions du premier alinéa, la condition de possession de 25 % au moins du capital de la société n'est pas exigée des gérants et associés visés à l'article 62.

Sont également considérées comme des biens professionnels les parts ou actions détenues directement par le gérant nommé conformément aux statuts d'une société à responsabilité limitée ou en commandite par actions, le président, le directeur général, le président du conseil de surveillance ou le membre du directoire d'une société par actions, qui remplit les conditions prévues au 1° ci-dessus, lorsque leur valeur excède 50 % de la valeur brute des biens imposables, y compris les parts et actions précitées. (Le taux de 50 % s'applique pour l'impôt de solidarité sur la fortune dû au titre de l'année 2004 et des années suivantes. Il était antérieurement de 75 %.)

Sont également considérées comme des biens professionnels, dans la limite de 150 000 €, les parts ou actions acquises par un salarié lors de la constitution d'une société créée pour le rachat de tout ou partie du capital d'une entreprise dans les conditions mentionnées aux articles 220 quater ou 220 quater A tant que le salarié exerce son activité professionnelle principale dans la société rachetée et que la société créée bénéficie du crédit d'impôt prévu à ces articles.

Art. 885 O ter. – Seule la fraction de la valeur des parts ou actions correspondant aux éléments du patrimoine social nécessaires à l'activité industrielle, commerciale, artisanale, agricole ou libérale de la société est considérée comme un bien professionnel.

Art. 885 O quater. – Ne sont pas considérées comme des biens professionnels les parts ou actions de sociétés ayant pour activité principale la gestion de leur propre patrimoine mobilier ou immobilier.

Art. 885 O quinquies. – Le redevable qui transmet les parts ou actions d'une société avec constitution d'un usufruit sur ces parts et actions à son profit peut retenir, pour l'application de l'article 885 G, la qualification professionnelle pour ces titres, à hauteur de la quotité de la valeur en pleine propriété des titres ainsi démembrés correspondant à la nue-propriété lorsque les conditions suivantes sont remplies :

a. Le redevable remplissait, depuis trois ans au moins, avant le démembrement, les conditions requises pour que les parts et actions aient le caractère de biens professionnels ;

b. La nue-propriété est transmise à un ascendant, un descendant, un frère ou une sœur du redevable ou de son conjoint ;

c. Le nu-propriétaire exerce les fonctions et satisfait les conditions définies au 1° de l'article 885 O bis ;

d. Dans le cas de transmission de parts sociales ou d'actions d'une société à responsabilité limitée, ou d'une société par actions, le redevable doit, soit détenir directement ou par l'intermédiaire de son conjoint ou de leurs ascendants ou descendants ou de leurs frère ou sœur, en usufruit ou en pleine propriété, 25 % au moins du capital de la société transmise, soit détenir directement des actions ou parts sociales qui représentent au moins 50 % de la valeur brute de ses biens imposables, y compris les parts et actions précitées.

Evaluation des titres cotés

6635. *Art. 885 T bis.* – Les valeurs mobilières cotées sur un marché sont évaluées selon le dernier cours connu ou selon la moyenne des trente derniers cours qui précèdent la date d'imposition.

B. Annexe II au Code général des impôts

Impôt de solidarité sur la fortune

6700. *Art. 299 bis.* – I. La personne qui demande le bénéfice pour la première fois des dispositions de l'article 885 I ter du code général des impôts au titre d'une souscription auprès d'une société donnée produit une attestation émanant de cette société précisant :

1° Son siège de direction effective et la nature de ses activités au 1er janvier de l'année d'imposition ainsi que le nombre et la nature des titres détenus à la même date par le demandeur et reçus en contrepartie de la souscription satisfaisant les conditions prévues par l'article 885 I ter du code général des impôts. Pour le dénombrement des titres, les cessions et transmissions de titres postérieures à la souscription mentionnée au premier alinéa sont réputées porter en priorité sur les titres que la personne n'a pas reçus en contrepartie d'une souscription satisfaisant les conditions prévues par l'article 885 I ter précité ;

2° La date à laquelle les titres ont été souscrits et le nombre de titres reçus à cette occasion ;

3° Lorsqu'elle a déjà clôturé un exercice à la date mentionnée au 2°, l'ensemble des éléments permettant d'établir qu'elle répond, à cette date, à la définition des petites et moyennes entreprises mentionnée à l'article 885 I du code général des impôts ;

4° En cas de souscription en nature, la désignation et la valeur retenue des biens éligibles, ainsi que leur affectation.

II. Les années suivant celle mentionnée au I, la personne qui entend bénéficier des dispositions de l'article 885 I ter du code général des impôts produit une attestation de la société au capital de laquelle il a été souscrit précisant les informations mentionnées au 1° du I.

Lorsque la personne entend bénéficier du régime de faveur pour des titres reçus en contrepartie d'une nouvelle souscription satisfaisant aux conditions prévues par l'article 885 I ter précité, l'attestation comprend en outre pour ces titres les précisions mentionnées aux 2°, 3° et 4° du I.

III. Lorsque les éléments mentionnés au 3° du I n'ont pu être fournis la première année, la personne mentionnée au I produit l'année suivant celle au titre de laquelle le bénéfice des dispositions de l'article 885 I ter du code général des impôts a été demandé pour la première fois et dans les conditions mentionnées au IV une attestation de la société au capital de laquelle il a été souscrit comprenant ces éléments.

IV. Les attestations mentionnées aux I et II sont adressées à l'administration par la personne qui bénéficie des dispositions de l'article 885 I ter du code général des impôts lors du dépôt de sa déclaration d'impôt de solidarité sur la fortune ou adressés au service des impôts de son domicile, avant le 15 juin de l'année au titre de laquelle le bénéfice du régime de faveur est demandé, lorsqu'elle n'est pas tenue de déposer une déclaration.

Art. 301 G. – I. La personne, ou ses ayants cause à titre gratuit, qui demande à bénéficier pour la première fois du régime prévu par les dispositions de l'article 885 I bis du code général des impôts doit fournir les documents suivants :

1° Une copie de l'acte enregistré mentionné au a dudit article et comportant l'identité et l'adresse des associés ayant souscrit l'engagement collectif de conservation, le nombre de titres soumis à cet engagement et leur répartition entre les associés ;

2° Un document indiquant l'identité de l'associé qui remplit la condition prévue au c du même article ;

3° L'attestation mentionnée au d du même article. Cette attestation précisera, s'il y a lieu, l'identité et l'adresse des cessionnaires ou des donataires de titres soumis à l'engagement ainsi que le nombre de titres transmis à chacun d'eux ;

4° Dans l'hypothèse où le régime prévu par l'article 885 I bis concerne les titres d'une société interposée entre la personne et la société signataire de l'engagement collectif de conservation, une attestation de la société interposée précisant le nombre de titres qu'elle détient dans la société signataire de l'engagement collectif de conservation à la date de la signature de celui-ci et certifiant que, depuis cette date, cette participation est demeurée inchangée.

II. Les années suivantes et jusqu'à l'année suivant celle du terme de l'engagement, la personne qui a bénéficié ou qui continue à bénéficier du régime prévu par les dispositions de l'article 885 I bis du code général des impôts, ou ses ayants cause à titre gratuit par décès doit fournir, chaque année :

1° L'attestation mentionnée au d dudit article. Cette attestation précisera, s'il y a lieu, l'identité et l'adresse des cessionnaires ou des donataires de titres soumis à l'engagement ainsi que le nombre de titres transmis à chacun d'eux ;

2° Le cas échéant, la copie des avenants à l'engagement conclu l'année précédant celle du fait générateur ;

3° Un document indiquant les changements ayant éventuellement affecté l'identité de la personne qui remplit la condition prévue au c de l'article 885 I bis ;

4° Dans l'hypothèse mentionnée au 4° du I, une attestation de la société interposée certifiant que sa participation dans la société signataire est demeurée inchangée.

Art. 301 I. – En cas d'opérations de fusion, de scission, d'augmentation de capital ou d'annulation de titres mentionnées au deuxième alinéa du e de l'article 885 I bis du code général des impôts, la personne qui a bénéficié du régime prévu par cet article doit fournir, jusqu'à l'année suivant celle du terme de l'engagement collectif de conservation, une attestation émanant :

1° Soit de la société bénéficiaire mentionnée à l'article 301 F certifiant que les signataires ont respecté, pendant l'année précédant celle du fait générateur de l'impôt, l'engagement collectif prévu au a de l'article 885 I bis ou, à défaut, conservé les titres reçus en contrepartie de l'opération ;

2° Soit de la société dont les titres font l'objet de l'engagement en cas d'augmentation de capital ou d'annulation de titres pour cause de perte certifiant que les signataires de l'engagement ont, pendant l'année précédant celle du fait générateur de l'impôt, conservé les titres détenus à l'issue de l'opération.

Art. 301 J. – Les informations et documents mentionnés aux articles 301 G à 301 I sont communiqués à l'administration par la personne qui bénéficie du régime prévu à l'article 885 I bis du code général des impôts lors du dépôt de sa déclaration d'impôt de solidarité sur la fortune ou sont adressés au service des impôts de son domicile lorsqu'elle n'est pas tenue de déposer une déclaration. Il en est de même pour la personne qui a bénéficié de cette exonération et qui n'est plus tenue de déposer cette même déclaration. En cas de décès de cette personne, ils sont également adressés par ses ayants cause à titre gratuit au service des impôts du domicile du défunt.

SECTION II

Instructions administratives

6800. Sont reproduites ci-après :
- l'instruction 7 S-3-04 du 23 février 2004 relative à l'***exonération partielle d'ISF*** (50 % à la date de l'instruction ; 75 % depuis 2006) des ***titres faisant l'objet d'un engagement collectif de conservation***;
-l'instruction 7 S-3-06 du 1er juin 2006 relative à ***l'exonération partielle d'ISF*** (75 %) des ***titres détenus par les salariés et mandataires sociaux*** dans leur entreprise.

Liberté • Égalité • Fraternité
RÉPUBLIQUE FRANÇAISE

BULLETIN OFFICIEL DES IMPÔTS

DIRECTION GÉNÉRALE DES IMPÔTS

7 S -3-04

N° 35 du 23 FEVRIER 2004

IMPOT DE SOLIDARITE SUR LA FORTUNE. ASSIETTE. EXONERATION PARTIELLE DES PARTS OU ACTIONS DE SOCIETES OBJETS D'UN ENGAGEMENT COLLECTIF DE CONSERVATION. CONDITIONS D'APPLICATION. (LOI N° 2003-721 DU 1er AOUT 2003 POUR L'INITIATIVE ECONOMIQUE, ART. 47)

(CGI, art. 885 I bis)

NOR : BUD F 04 10009J

Bureau B 2

PRESENTATION

L'article 47 de la loi pour l'initiative économique (n° 2003-721 du 1er août 2003, JO n° 179 du 5 août 2003), codifié à l'article 885 I bis du code général des impôts (CGI), exonère sous certaines conditions d'impôt de solidarité sur la fortune (ISF), à concurrence de la moitié de leur valeur, les parts ou actions de sociétés qui font l'objet d'un engagement collectif de conservation.

Cette instruction présente les conditions d'application de ce nouveau dispositif.

•

3 507035P - C.P. n° 817 A.D. du 7-1-1975 B.O.I. I.S.S.N. 0982 801 X
DGI - Bureau L 3, 64-70, allée de Bercy - 75574 PARIS CEDEX 12
Directeur de publication : Bruno PARENT Responsable de rédaction : Sylviane MIROUX
Impression : ACTIS S.A. Abonnement : 149 €TTC Prix au N° : 3,50 €TTC
146, rue de la Liberté - 59601 Maubeuge

MINISTÈRE DE L'ÉCONOMIE
DES FINANCES ET DE L'INDUSTRIE

Les articles cités dans la présente instruction appartiennent, sauf indication contraire, au code général des impôts.

Section 1 : Sociétés dont les titres peuvent faire l'objet de l'engagement collectif de conservation mentionné à l'article 885 I bis

A. SOCIETES CONCERNEES

1. Nature de l'activité

1. Les biens susceptibles de bénéficier de l'exonération partielle d'ISF, prévue à l'articl e 885 I bis, sont les parts ou les actions de sociétés ayant une activité industrielle, commerciale, artisanale, agricole ou libérale. Pour l'appréciation de la nature de ces activités, il convient de se reporter aux indications données DB 7 S 3311 n° 2 et suivants.

Il est précisé que le régime d'imposition de ces sociétés est sans incidence pour l'application de la mesure.

Par ailleurs, il n'est pas exigé que ces sociétés exercent à titre exclusif les activités précitées. Dès lors, le bénéfice du régime de faveur ne pourra pas être refusé aux parts ou actions d'une société qui exerce à la fois une activité civile et une activité industrielle, commerciale, artisanale, agricole ou libérale dans la mesure où cette activité civile n'est pas prépondérante.

2. Sociétés et biens exclus du régime de faveur

2. Les titres de sociétés ayant une activité civile prépondérante ne peuvent pas bénéficier du régime de faveur.

Il en est de même des entreprises individuelles et des sociétés unipersonnelles qui sont de fait exclues du dispositif dans la mesure où le mode de détention du capital de telles sociétés est incompatible avec l'existence de l'engagement prévu par l'article 885 I bis.

B. CAS PARTICULIER DES SOCIETES HOLDING

3. L'activité financière des sociétés holding exclut normalement ces dernières du champ d'application de l'exonération partielle.

Toutefois, les dispositions de l'article 885 I bis sont applicables aux participations détenues par des sociétés holding animatrices de leurs groupes de sociétés, toutes les autres conditions prévues pour l'octroi de ce régime de faveur devant par ailleurs être remplies.

Sont des sociétés holding animatrices les sociétés qui, outre la gestion d'un portefeuille de participations :
-participent activement à la conduite de la politique de leur groupe et au contrôle de leurs filiales ;
-et rendent le cas échéant et à titre purement interne, des services spécifiques, administratifs, juridiques, comptables, financiers et immobiliers.

Ces sociétés holding actives s'opposent aux sociétés holding passives qui sont exclues du bénéfice de l'exonération partielle en tant que simples gestionnaires d'un portefeuille mobilier.

Pour plus de précisions, il convient de se reporter à la documentation de base 7 S 3323 n° 15 à 20.

A noter que le caractère animateur d'une société holding s'apprécie dans les mêmes conditions pour l'application des articles 787-B (789-A avant le 1er janvier 2004), 885-I bis et 885 0 bis.

Section 2 : Conditions d'application du régime de faveur

A. LES PERSONNES SIGNATAIRES DE L'ENGAGEMENT

Compte tenu de la nature collective de l'engagement, celui-ci doit être souscrit par au moins deux personnes propriétaires de titres qu'il s'agisse de personne physique ou de personne morale.

1. Personnes physiques concernées

4. Aucun seuil de détention individuel n'est exigé. De plus, le fait que ces titres constituent pour l'un des signataires un bien professionnel, exonéré à ce titre d'ISF, est sans incidence sur l'application du régime de faveur aux autres signataires.

Dans l'hypothèse d'un démembrement de propriété, l'engagement de conservation doit être souscrit conjointement par l'usufruitier et par le nu-propriétaire des titres. En cas de réunion de l'usufruit à la nue propriété, le point de départ de l'engagement de conservation restera constitué, pour le titulaire de la pleine propriété ainsi reconstituée, par la date de souscription de l'engagement initial.

Lorsque les titres susceptibles de bénéficier du régime de faveur sont détenus par un mineur dont les biens font l'objet d'une administration légale pure et simple (article 389-1 du code civil), chacun des deux parents peut souscrire seul l'engagement au nom de son enfant mineur.

En effet, la souscription d'un engagement collectif de conservation s'analyse sur un plan civil en un acte d'administration.

Pour le même motif, en cas d'administration légale sous contrôle judiciaire des biens d'un enfant mineur (article 389-2 du code civil), le parent administrant le patrimoine du mineur a la capacité de signer pour le compte du mineur un engagement collectif de conservation sans autorisation du juge des tutelles.

Si les titres constituent des biens communs, c'est l'époux associé ou l'un des deux époux s'ils ont tous les deux la qualité d'associé qui a la capacité de signer l'engagement collectif de conservation. Il est précisé que l'époux non signataire, qu'il ait ou non la qualité d'associé, est réputé pour l'application du dispositif de l'article 885-I bis signataire de l'engagement.

5. Par ailleurs, l'engagement collectif de conservation des parts ou actions de sociétés doit être pris par l'associé pour lui et ses ayants cause à titre gratuit (1). En cas de décès de l'associé ou de donation de titres, les héritiers ou les donataires sont donc tenus au respect de l'engagement collectif de conservation jusqu'au terme de celui-ci.

A cet égard, il est souligné que ces héritiers et donataires sont réputés associés signataires de l'engagement. A ce titre, l'antériorité de l'engagement leur est acquise. Ils sont donc susceptibles de bénéficier de l'exonération partielle dès l'année suivant celle de la transmission à titre gratuit sans procéder à la signature d'un nouvel engagement sur les titres transmis.

2. Personnes morales concernées

6. Un engagement collectif de conservation peut être souscrit par une personne morale. Il est précisé que cette personne morale peut être une société interposée entre un redevable de l'ISF et la société dont les titres font l'objet de l'engagement.

En toute hypothèse, l'engagement doit être pris par une personne morale qui détient directement la participation dans la société dont les titres font l'objet de l'engagement de conservation.

(1) Dans l'hypothèse, où l'engagement pris par l'associé ne précise pas expressément qu'il a été pris pour ses ayants cause à titre gratuit, la seule référence aux dispositions de l'article 885 I bis suffit à engager les ayants cause précités et à rendre ainsi l'engagement valide pour le bénéfice de l'exonération.

B. CONDITIONS DE FORME DE L'ENGAGEMENT

7. L'engagement de conservation est nécessairement constaté par un acte (acte authentique ou acte sous seing privé) et doit être enregistré dans les conditions prévues par l'article 658 pour être opposable à l'administration.

Par ailleurs, si l'engagement porte sur des titres admis à la négociation sur un marché réglementé, celui ci doit être communiqué à l'Autorité des marchés financiers conformément aux dispositions de l'article L 233 -11 du Code de commerce (cf. annexe I). A défaut, l'exonération partielle prévue par l'article 885 I bis n'est pas applicable.

C. OBJET ET DUREE DE L'ENGAGEMENT

1. Caractère figé de l'engagement

8. L'engagement de conservation, comportant le nombre de titres que les associés ont entendu garder collectivement, est figé dès l'enregistrement de l'acte qui le constate auprès de l'administration ou dès la signature s'agissant d'un acte authentique.

Dès lors, les signataires d'un engagement collectif de conservation ne peuvent soumettre à cet engagement de nouvelles parts ou actions, à l'exception de celles reçues dans le cadre d'une augmentation de capital résultant de l'incorporation de réserves dès lors que l'attribution d'actions est effectuée aux actionnaires au prorata de leurs droits dans le capital et que les attributaires les conservent pendant la durée restant à courir de l'engagement de conservation.

De même, il est admis que l'engagement n'est pas remis en cause en cas d'augmentation du nombre d'actions motivée par une diminution à due concurrence de la valeur nominale de chaque action. Bien entendu, dans cette hypothèse, l'engagement doit se poursuivre sur les titres reçus en contrepartie de la réalisation de cette opération.

En revanche, aucun autre associé de la société, qui n'a pas souscrit initialement cet engagement collectif de conservation, ne peut devenir membre de l'engagement pendant le délai de l'engagement sauf en qualité d'ayants cause à titre gratuit d'un signataire (cf. n° 10).

Néanmoins, un ou plusieurs associés qui ont déjà souscrit un engagement peuvent signer avec d'autres associés un nouvel engagement collectif de conservation afin de permettre à ces derniers de bénéficier, le cas échéant, de l'exonération partielle d'ISF, les autres conditions étant, par ailleurs, supposées remplies. Ainsi, un titre d'une société peut faire l'objet de plusieurs engagements différents.

2. Pourcentages de participations requis

9. Lorsque les titres de la société sont admis à la négociation sur un marché réglementé, le seuil minimum de 20 % concerne les droits de vote et les droits financiers soumis à l'engagement collectif de conservation. Pour le calcul de la quotité des droits de vote et de droits financiers, il convient de se reporter à l'instruction 7 G -6-01 n°s 12 à 14.

La même règle s'applique pour les titres de sociétés admis aux négociations sur un marché réglementé étranger.

En revanche, pour les sociétés non cotées, le seuil de 34 % doit concerner les parts ou actions de la société exploitante dont les titres sont soumis à l'engagement. En conséquence, il n'y a pas lieu de prendre en compte les fractionnements d'actions précitées, c'est-à-dire droit de vote et droits financiers, dès lors que ces titres ne constituent pas des actions.

En tout état de cause, pour le calcul des seuils de 20 % et 34 %, il est tenu compte des titres, objets de l'engagement de conservation, détenus par l'ensemble des associés signataires de cet engagement.

3. Transmissions sans incidence sur l'exonération partielle

10. L'engagement collectif de conservation se poursuit dans l'hypothèse de cession de titres soumis à l'engagement qui interviennent entre les associés signataires de cet engagement ou leurs ayants cause à titre gratuit.

Par ailleurs, il est admis que l'engagement de conservation se poursuive également en cas de donation de titres à des personnes non signataires de l'engagement.

A cet égard, il est souligné que la qualité d'associé de l'engagement de tels cessionnaires leur permet de bénéficier de l'exonération partielle au titre des années suivant celle de la cession et de l'antériorité de l'engagement en contrepartie de la poursuite de l'engagement de conservation jusqu'à son terme.

En cas de décès d'un associé signataire ou de donation, la transmission des titres aux bénéficiaires non signataires emporte des conséquences identiques.

Dans l'hypothèse où un associé signataire a procédé à la cession ou à la donation de l'ensemble des titres soumis à l'engagement qu'il détient, ce dernier préserve sa qualité de signataire pour procéder ultérieurement à une nouvelle acquisition de titres soumis à l'engagement sans que le régime de faveur soit remis en cause.

En revanche, il est précisé que les autres cessions de titres remettent en cause le bénéfice de l'engagement (cf. n° 24).

4. Durée de l'engagement

a) Durée initiale de l'engagement

11. L'engagement de conservation doit porter sur un ensemble de titres que les associés signataires ont entendu garder collectivement pendant au moins six ans.

Cette durée s'apprécie de date à date à compter, selon les cas, de la date de l'acte s'il s'agit d'un acte authentique ou de son enregistrement s'il s'agit d'un acte sous seing privé.

b) Modification ou prorogation de la durée de l'engagement

12. La durée initiale de l'engagement peut être modifiée par un avenant sans pouvoir néanmoins être ramenée à une durée de moins de six ans. De tels avenants doivent être enregistrés auprès de l' administration pour lui être opposables avant le terme de l'engagement initial.

Ainsi, la durée de l'engagement peut être prorogée de façon expresse. Les associés de l'engagement peuvent prévoir également dès l'origine une prorogation tacite pour une durée déterminée de l'engagement collectif de conservation. Le terme de l'engagement pourra être constitué par la réalisation d'un événement.

En toute hypothèse, la dénonciation d'une prorogation devra être notifiée à l'administration pour lui être opposable.

D. EXERCICE D'UNE FONCTION DE DIRECTION AU SEIN DE LA SOCIETE PAR L'UN DES SIGNATAIRES DE L'ENGAGEMENT

13. Le bénéfice de l'exonération partielle d'ISF est subordonné à l'exercice continu et effectif pendant la durée de l'engagement par l'un des associés signataires ou réputés signataires ou l'un de leurs ayants causes à titre gratuit titulaire de titres objets de l'engagement transmis par décès ou par donation :
-d'une activité professionnelle principale si la société est une société de personnes visée aux articles 8 et 8 ter,
-ou d'une fonction énumérée au 1° de l'article 885 O bis si cette société est soumise à l'impôt sur les sociétés de plein droit ou sur option.

Il n'est pas exigé que la direction de la société soit effectivement exercée par la même personne pendant toute la durée de l'engagement de conservation.

Il est admis qu'en cas de changement de direction provoquant une vacance qui n'excède pas 3 mois, la condition de continuité de l'exercice de la fonction de direction n'est pas remise en cause.

En ce qui concerne la notion d'activité professionnelle exercée à titre principal et la définition des fonctions de direction énumérées au 1° de l'article 885 O bis, il convient de se reporter aux paragraphes 29 à 37 du BOI 7 G-6-01 précité.

14. L'article 885 I bis n'impose pas de condition tenant à la rémunération perçue par l'associé signataire dirigeant.

15. Enfin, la fonction de direction dans la société dont les titres font l'objet d'un engagement collectif de conservation peut être exercée par une personne morale.

Section 3 : Portée de l'exonération

A. DATE D'EFFET DE L'ENGAGEMENT

16. Dans la mesure où l'engagement collectif de conservation est opposable à l'administration à compter de la date de son enregistrement (2), les associés signataires peuvent bénéficier de l'exonération partielle à compter de l'année suivant celle de l'enregistrement de cet engagement à l'exception des aménagements prévus pour l'ISF dû au titre de l'année 2004 (cf. instruction 7 S-5-03 en date du 23 décembre 2003).

B. NATURE DE L'EXONERATION

17. Lorsque les conditions d'application prévues à l'article 885 I bis sont remplies, les parts ou actions détenues par un redevable sont exonérées d'ISF à concurrence de la moitié de leur valeur.

18. Il est précisé que l'existence de l'engagement collectif de conservation n'est pas de nature à justifier l'application d'un abattement.

B. CAS PARTICULIER DES TITRES DE SOCIETES INTERPOSEES

19. L'article 885 I bis prévoit que l'exonération partielle est applicable aux titres d'une société qui possède directement des parts ou actions objets d'un engagement de conservation auquel elle a souscrit (simple niveau d'interposition).

Cet article prévoit également que l'exonération partielle est applicable aux titres d'une société qui possède une participation dans une société qui a souscrit un engagement de conservation (double niveau d'interposition).

1. Application de l'exonération aux titres d'une société signataire d'un engagement: hypothèse d'un simple niveau d'interposition (cf. annexe II)

20. La valeur des titres d'une société interposée entre le redevable de l'ISF et la société dont les parts ou actions font l'objet d'un engagement de conservation bénéficie de l'exonération partielle à proportion de la valeur réelle de l'actif brut de la société interposée qui correspond à la participation soumise à l'engagement.

La fraction de la valeur des titres de la société interposée qui est susceptible de bénéficier de l'exonération partielle d'ISF, s'obtient par la formule suivante :

$$\text{Valeur des titres de la société interposée} \times \frac{\text{Valeur de la participation soumise à l'engagement collectif de conservation}}{\text{Valeur de l'actif brut de la société interposée}}$$

(2) Ou de la date de l'acte s'il s'agit d'un acte authentique.

2. Application de l'exonération aux titres d'une société non signataire d'un engagement: hypothèse d'un double niveau d'interposition (cf. annexe III)

21. La valeur des titres d'une société, détenus directement par un redevable de l'ISF, bénéficie de l'exonération partielle lorsque cette société possède directement des titres d'une société signataire d'un engagement de conservation.

L'exonération partielle s'applique alors à la valeur des titres de la société détenus directement par le redevable dans la limite de la fraction de la valeur réelle de l'actif brut de celle-ci représentative de la valeur de la participation indirecte qui a fait l'objet d'un engagement de conservation.

La fraction de la valeur des titres de cette société qui est susceptible de bénéficier de l'exonération partielle d'ISF, s'obtient de la manière suivante.

- **Dans un premier temps, il convient de déterminer la valeur de la participation indirecte qui a fait l'objet d'un engagement de conservation. Cette valeur se calcule ainsi :**

$$\text{Valeur de la participation, que possède la société dont les titres sont détenus directement par le redevable à à l'ISF, dans la société signataire de l'engagement} \times \frac{\text{Valeur de la participation soumise à l'engagement collectif de conservation}}{\text{Valeur de l'actif brut de la société signataire de l'engagement}}$$

- **Dans un deuxième temps, la valeur de la participation indirecte qui a fait l'objet d'un engagement de conservation permet de déterminer la fraction de la valeur des titres à laquelle s'applique l'exonération partielle :**

$$\text{Valeur des titres détenus directement par le redevable dans la société qui détient une participation dans la société signataire de l'engagement} \times \frac{\text{Valeur de la participation indirecte ayant fait l'objet d'un engagement de conservation}}{\text{Valeur de l'actif brut de la société qui détient une participation dans la société signataire de l'engagement}}$$

22. S'agissant des conséquences sur les formules précitées des variations à la hausse des participations à chaque niveau d'interposition, il y a lieu de se reporter au paragraphe n° 32.

D. SORT DES DETTES

23. Aux termes du premier alinéa de l'article 769 dont les dispositions sont applicables à l'ISF, les dettes contractées pour l'achat de biens exonérés ou dans l'intérêt de tels biens sont imputées en priorité sur la valeur desdits biens. Lorsque l'exonération du bien auquel la dette se rapporte est partielle, la dette est déductible de l'actif brut dans les mêmes proportions que la valeur soumise à l'impôt.

Dès lors, les dettes contractées pour l'acquisition de titres objets d'un engagement collectif de conservation, exonérés à ce titre pour la moitié de leur valeur, ne sont déductibles de l'actif que pour la moitié de leur montant.

Section 4 : Conséquences du non-respect des conditions d'application du régime de faveur

A. CESSIONS DE TITRES A UN TIERS PAR L'UN DES SIGNATAIRES DE L'ENGAGEMENT

1. Conséquences pour le cédant personne physique

24. La cession de parts ou actions soumis à un engagement de conservation à une personne autre qu'un associé de l'engagement entraîne la remise en cause de l'exonération partielle

dont ont bénéficié tous les titres du cédant, et non simplement ceux ayant fait l'objet de la cession.

Dès lors, le cédant doit acquitter le complément d'impôt dû sur les années antérieures et l'année de cession au titre desquelles il a bénéficié de l'exonération partielle. Ces compléments d'impôts sont assortis de l'intérêt de retard au taux de 0,75 % par mois (CGI, art. 1727).

2. Conséquences pour les autres signataires

a) Les seuils minimums de 20 % et 34 % sont respectés

25. L'exonération partielle n'est pas remise en cause et continue à s'appliquer pour l'avenir aux autres signataires s'ils conservent leurs titres jusqu'au terme de l'engagement et dans la mesure où les seuils minimums de 20 % et de 34 % continuent d'être collectivement respectés.

b) Les seuils minimums de 20 % et 34 % ne sont plus respectés

26. Si à l'issue de la cession par un signataire à un tiers, les autres signataires ne respectent pas les seuils minimums de 20 % ou 34 % de titres, l'exonération partielle dont ont pu bénéficier les autres signataires de l'engagement est en principe remise en cause.

Néanmoins, le bénéfice de l'exonération partielle n'est pas remis en cause pour le passé et l'année en cours si ces signataires concluent, dans un délai d'un an, un nouvel engagement collectif de conservation. Ce nouvel engagement doit inclure non seulement leurs titres soumis à l'engagement initial, mais aussi respecter les autres conditions imposées par l'article 885 I bis (notamment durée minimale de 6 ans de l'engagement et seuil de 20 % et 34 %).

3. Conséquences du non-respect des conditions relatives à la conservation des titres et aux seuils de détention au-delà du délai de six ans

27. L'article 885 I bis prévoit qu'au-delà du délai de six ans, seule est susceptible d'être remise en cause l'exonération partielle accordée au titre de la période d'un an en cours lors du non-respect des conditions relatives à la conservation des titres et aux seuils de détention.

B. AUTRES TRANSFERTS DE TITRES

1. Réunion de tous les droits sociaux en une seule main

28. Dans l'hypothèse où l'ensemble des titres objets d'un engagement collectif de conservation se trouvent, au gré des cessions et donations effectuées entre les signataires, réunis entre les mains d'un seul signataire, il est admis que le régime de faveur est maintenu pour le passé et pour l'avenir, toutes les autres conditions devant être respectées.

2. Evolution des participations à l'un des niveaux d'interposition

29. L'exonération partielle prévue par l'article 885 I bis est subordonnée à la condition que les participations restent inchangées à chaque niveau d'interposition.

Dès lors, chaque associé personne morale ou personne physique de la chaîne doit détenir au minimum les titres qu'il possédait au moment de la signature de l'engagement pendant toute la durée de ce dernier.

Il en résulte notamment les conséquences suivantes.

30. La transmission par un redevable de l'ISF, des parts ou actions qu'il détient dans une société qui possède directement (un niveau d'interposition) ou indirectement (deux niveaux d'interposition) une participation dans une société dont les titres font l'objet d'un engagement collectif de conservation entraîne la remise en cause de l'exonération partielle dont il a pu bénéficier.

Cependant, il est admis que la transmission à titre gratuit des titres précités ne remet pas en cause le bénéfice du régime de faveur dans la mesure où les héritiers, donataires ou légataires conservent les titres ainsi transmis pendant la durée de l'engagement collectif restant à courir.

31. Par ailleurs, cas de transmission, par une société dont le redevable détient directement une participation, de parts ou actions d'une société signataire d'un engagement (hypothèse d'un double niveau d'interposition), le régime de faveur dont a bénéficié le redevable à raison de sa participation indirecte est remis en cause.

32. Il est toutefois précisé que l'acquisition par le redevable ou par la société interposée considérée (n° 31) de titres supplémentaires qui ont pour effet d'augmenter leur participation indirecte dans la société dont les titres sont soumis à engagement n'est pas de nature à remettre en cause le bénéfice du régime de faveur. Cependant, pour l'avenir, il ne pourra pas être tenu compte de ces titres pour le calcul de la fraction exonérée des titres détenus directement par le redevable (cf. n°s 20 et suivants).

Par ailleurs, le régime de faveur n'est pas remis en cause dans l'hypothèse où la société signataire cède ou acquiert des titres à un ou d'un autre associé membre de l'engagement. Il en est de même si cette société cède des titres non soumis à un engagement alors même qu'elle détient des titres de la même société qu'elle a entendu soumettre à un engagement de conservation.

L'opération d'acquisition ou de cession par cette société de titres objets de l'engagement collectif aura un effet sur le calcul de la fraction des titres exonérée du redevable détenteur d'une participation indirecte (cf. n°s 20 et suivants).

34. Le non-respect de la condition tenant à la participation inchangée entraîne la remise en cause de l'exonération partielle d'ISF dont a pu bénéficier un redevable en raison de sa détention indirecte de titres objets d'un engagement, elle ne conduit pas à remettre en cause l'exonération éventuelle dont bénéficient des redevables signataires de l'engagement collectif en cause.

Au-delà du délai de six ans, il est admis que seule est remise en cause l'exonération partielle des titres de la société interposée accordée au titre de la période d'un an en cours lors du non-respect de cette condition.

C. ABSENCE D'EXERCICE D'UNE FONCTION DE DIRECTION AU SEIN DE LA SOCIETE PAR L'UN DES SIGNATAIRES DE L'ENGAGEMENT

35. En cas de non-respect de la condition relative à l'exercice d'une fonction de direction au sein de la société dont les titres font l'objet d'un engagement de conservation par l'un des associés signataires, l'exonération partielle d'ISF est remise en cause.

Néanmoins, il est admis qu'au-delà d'une durée de six ans, seule est remise en cause l'exonération partielle accordée au titre de la période d'un an en cours lorsque la condition relative à l'exercice de la fonction n'est plus respectée.

D. MODIFICATION DE LA STRUCTURE DE LA SOCIETE DONT LES TITRES FONT L'OBJET DE L'ENGAGEMENT

1. Scission ou fusion

36. Dans l'hypothèse d'une opération de fusion ou de scission, au sens de l'article 817 A, l'exonération partielle accordée au titre de l'année en cours et de celles précédant ces opérations n'est pas remise en cause si les signataires de l'engagement de conservation conservent les titres qu'ils ont reçus en contrepartie jusqu'au terme de l'engagement.

2. Augmentation de capital

37. Dans l'hypothèse d'une augmentation de capital conduisant au non-respect des conditions de seuils de détention, l'exonération partielle au titre de l'année en cours et celle au titre des années précédentes n'est pas remise en cause dans la mesure où les signataires de l'engagement conservent leurs titres jusqu'à son terme.

3. Annulation de titres

38. Dans l'hypothèse d'une annulation de titres pour cause de pertes ou de liquidation judiciaire, l'exonération partielle dont a pu bénéficier antérieurement un redevable n'est pas remise en cause.

4. Dispositions communes

39. Dans les cas énumérés aux n°s 36, 37 et 38, l'exonération ne pourra s'appliquer pour l'avenir que si un nouvel engagement collectif de conservation est souscrit dans les conditions de droit commun.

40. En outre, l'absence de remise en cause du régime de faveur dans les cas précités bénéficient également aux redevables qui ont bénéficié d'une exonération à raison de leur participation indirecte dans la société objet des modifications structurelles limitativement énumérées par la loi à la condition en cas de fusion, scissions et augmentation de capital que les participations restent inchangées à chaque niveau d'interposition jusqu'au terme de l'engagement.

Section 5 : Cumul du régime en faveur des titres objets d'un engagement collectif de conservation avec d'autres dispositions

41. Il est précisé que le régime général d'exonération d'impôt de solidarité sur la fortune prévu par les articles 885 O bis et suivants en faveur des biens professionnels et celui prévu par l'article 885 I bis en faveur des titres objets d'un engagement collectif de conservation ne sont pas exclusifs l'un de l'autre.

Dans ces conditions, des titres exonérés partiellement d'impôt de solidarité sur la fortune au titre de biens professionnels par application de l'article 885 O ter peuvent bénéficier sur la fraction taxable de leur valeur de l'exonération partielle prévue par l'article 885 I bis dans la mesure où les conditions fixées par ce dernier article seraient remplies.

42. Par ailleurs, l'engagement collectif pris en application de l'article 885 I bis peut valoir engagement collectif au sens de l'article 787 B.

ANNEXE I

Article L 233-11 du Code de commerce

Toute clause d'une convention prévoyant des conditions préférentielles de cession ou d'acquisition d'actions admises aux négociations sur un marché réglementé et portant sur au moins 0,5 % du capital ou des droits de vote de la société qui a émis ces actions doit être transmise dans un délai de cinq jours de bourse à compter de la signature de la convention ou de l'avenant introduisant la clause concernée, à la société et à l'Autorité des marchés financiers. A défaut de transmission, les effets de cette clause sont suspendus, et les parties déliées de leurs engagements, en période d'offre publique.

La société et l'Autorité des marchés financiers doivent également être informées de la date à laquelle la clause prend fin.

Les clauses des conventions conclues avant la date de publication de la loi n°2001-420 du 15 mai 2001 relative aux nouvelles régulations économiques qui n'ont pas été transmises au Conseil des marchés financiers à cette date doivent lui être transmises, dans les mêmes conditions et avec les mêmes effets que ceux mentionnés au premier alinéa, dans un délai de six mois.

Les informations mentionnées aux alinéas précédents sont portées à la connaissance du public dans les conditions fixées par le règlement général de l'Autorité des marchés financiers.

ANNEXE II

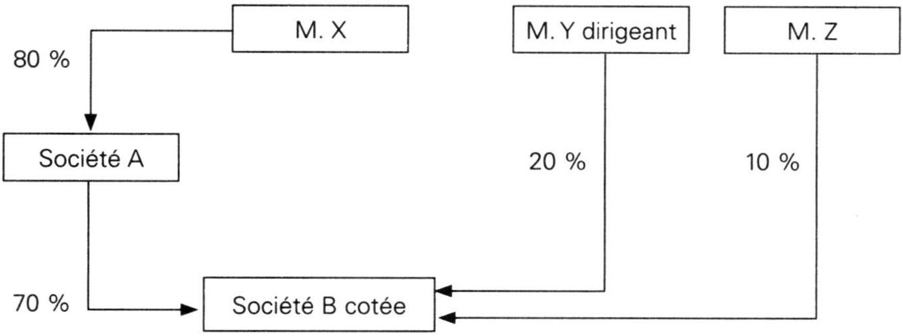

La société A (société interposée) et M. Y dirigeant signent le 15 décembre 2003 un engagement collectif de conservation de six ans pour la totalité des actions de la société B qu'ils détiennent.

M. Y exerce dans la société B une des fonctions mentionnées à l'article 885 O bis. La société A et M. Y détiennent 90 % des droits financiers et des droits de vote de la société B. M. X est assujetti à l'impôt de solidarité sur la fortune dans les conditions de droit commun.

La valeur vénale de la participation que M. X détient dans la société A s'élève à 40 M €, celle détenue par la société A dans la société B à 20 M €. L'actif brut de la société A a une valeur de 80 M €.

M. X est susceptible de bénéficier de l'exonération partielle prévue par l'article 885 I bis du CGI au titre de l'année 2004. En effet, cet article prévoit que l'exonération partielle est applicable aux titres d'une société qui possède directement des parts ou actions objets d'un engagement de conservation auquel elle a souscrit.

Fraction de la valeur des actions de la société A susceptible de bénéficier de l'exonération partielle d'ISF : 40 M € X 20 M € / 80 M € = 10 M €

Valeur imposable de la participation de M. X dans la société A :

(10 M € X 50 %) + (40 M € - 10 M €) = 35 M € au lieu de 40 M €.

ANNEXE III

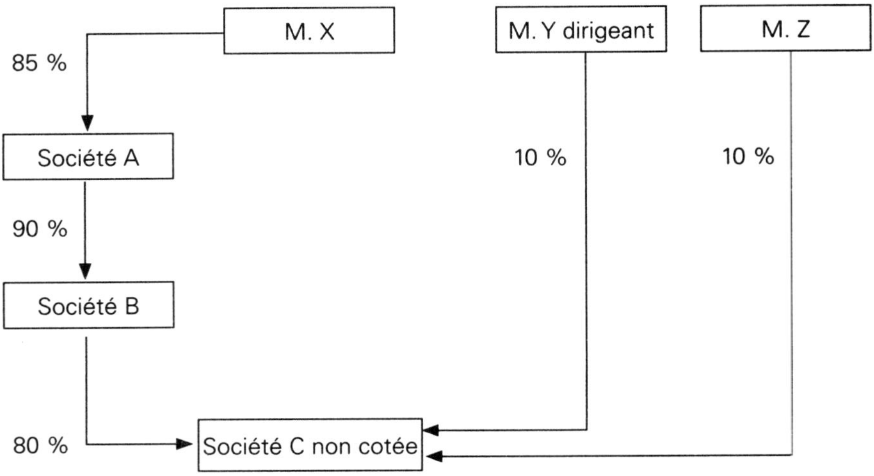

La société B (double niveau d'interposition) et M. Y dirigeant signent le 15 décembre 2003 un engagement collectif de conservation de six ans pour la totalité des actions de la société C qu'ils détiennent.

M. Y exerce dans la société B une des fonctions mentionnées à l'article 885 O bis.

La société B et M. Y détiennent 90 % des droits financiers et des droits de vote de la société C.

M. X est assujetti à l'impôt de solidarité sur la fortune dans les conditions de droit commun.

La valeur vénale de la participation que M. X détient dans la société A s'élève à 85 M €, celle détenue par la société A dans la société B à 63 M € et celle détenue par la société B dans la société C à 48 M €. L'actif brut de la société A a une valeur de 120 M €, celui de la société B une valeur de 80 M €.

M. X est susceptible de bénéficier de l'exonération partielle prévue par l'article 885 I bis du CGI. En effet, cet article prévoit que l'exonération partielle est applicable aux titres d'une société qui possède une participation dans une société qui a souscrit un engagement de conservation.

Cette exonération partielle s'applique à la valeur des titres de la société A dans la limite de la fraction de la valeur réelle de l'actif brut de cette société représentative de la participation indirecte qu'elle détient par l'intermédiaire de la société B dans la société C et dont les titres font l'objet d'un engagement de conservation.

– Dans un premier temps, il convient de déterminer la valeur de la participation indirecte, objet d'un engagement, que détient la société A dans la société C par l'intermédiaire de la société B :

Valeur de la participation indirecte de A dans C = 63 M € X 48 M € / 80 M € = 37,8 M €

- Dans un deuxième temps, la valeur de la participation indirecte de A dans C permet de déterminer la fraction de la valeur des titres de A à laquelle s'applique l'exonération partielle :

Fraction de la valeur des actions de la société A susceptible de bénéficier de l'exonération partielle d'ISF : 85 M € X 37,8 M € / 120 M € = 26,77 M €

Valeur imposable de la participation de M. X dans la société A :

(26,77 M € X 50 %) + (85 M € - 26,77 M €) = 71,61 M € au lieu de 85 M €.

Liberté • Égalité • Fraternité
RÉPUBLIQUE FRANÇAISE

BULLETIN OFFICIEL DES IMPÔTS

DIRECTION GÉNÉRALE DES IMPÔTS

7 S-3-06

N° 91 du 1er JUIN 2006

IMPOT DE SOLIDARITE SUR LA FORTUNE. ASSIETTE. EXONERATION PARTIELLE DES PARTS OU ACTIONS DETENUES PAR LES SALARIES OU MANDATAIRES SOCIAUX

(CGI, art. 885 I quater)

NOR : BUD F 0610025 J

Bureau B 2

PRESENTATION

L'article 26 de la loi de finances pour 2006, codifié à l'article 885 I quater du code général des impôts (CGI), exonère sous certaines conditions d'impôt de solidarité sur la fortune (ISF), à concurrence des trois quarts de leur valeur, les parts ou actions de sociétés détenues par les salariés ou mandataires sociaux.

Cette instruction présente les conditions d'application de ce nouveau dispositif.

•

3 507091 P - C.P. n° 817 A.D. du 7-1-1975 B.O.I. I.S.S.N. 0982 801 X
DGI - Bureau L 3, 64-70, allée de Bercy - 75574 PARIS CEDEX 12
Directeur de publication : Bruno PARENT Responsable de rédaction : Sylviane MIROUX
Impression : S.D.N.C.
82, rue du Maréchal Lyautey – BP 3045 –78103 Saint-Germain-en-Laye cedex

MINISTÈRE DE L'ÉCONOMIE
DES FINANCES ET DE L'INDUSTRIE

SOMMAIRE

INTRODUCTION

1. Les articles cités dans la présente instruction appartiennent, sauf indication contraire, au code général des impôts.

Section 1 : Champ d'application

A. SOCIETES CONCERNEES

I. Nature de l'activité et forme de la société

2. Les titres susceptibles de bénéficier de l'exonération partielle d'impôt de solidarité sur la fortune, prévue à l'article 885 I quater, sont les parts ou les actions de sociétés opérationnelles, qu'elles soient françaises ou étrangères, c'est-à-dire ayant une activité industrielle, commerciale, artisanale, agricole ou libérale.

3. Pour l'appréciation de la nature de ces activités, il convient de se reporter aux indications données par la documentation administrative 7 S 3311 n°s 2 et suivants.

4. Il est précisé qu'il n'est pas exigé que ces sociétés exercent à titre exclusif les activités précitées. Dès lors, le bénéfice du régime de faveur ne pourra pas être refusé aux parts ou actions d'une société qui exerce à la fois une activité civile[1] et une activité industrielle, commerciale, artisanale, agricole ou libérale dans la mesure où cette activité civile n'est pas prépondérante.

5. En revanche, sont exclus du dispositif les titres de sociétés ayant une activité civile prépondérante.

6. Par ailleurs, il est précisé que le régime d'imposition des sociétés est sans incidence pour l'application de la mesure. En conséquence, l'exonération partielle est susceptible de s'appliquer aux parts et actions de sociétés soumises à l'impôt sur les sociétés ainsi qu'aux parts de sociétés de personnes soumises à l'impôt sur le revenu et visées aux articles 8 à 8 ter.

II. Cas particulier des sociétés holding

7. L'activité financière des sociétés holding exclut normalement ces dernières du champ d'application de l'exonération partielle prévue par l'article 885 I quater.

8. Toutefois, pour l'application de ce dispositif, il convient d'assimiler les sociétés holding animatrices de leur groupe à des sociétés ayant une activité opérationnelle si toutes les autres conditions prévues pour l'octroi de ce régime de faveur sont par ailleurs remplies.

9. Sont des sociétés holding animatrices les sociétés qui, outre la gestion d'un portefeuille de participations :
- participent activement à la conduite de la politique de leur groupe et au contrôle de leurs filiales ;
- et rendent, le cas échéant et à titre purement interne, des services spécifiques, administratifs, juridiques, comptables, financiers et immobiliers (cf. DB 7 S 3323 n°s 16 et suivants).

Ces sociétés holding animatrices s'opposent aux sociétés holding passives qui sont exclues du bénéfice de l'exonération partielle en tant que simples gestionnaires d'un portefeuille mobilier.

III. Application du dispositif d'exonération partielle aux parts de fonds communs de placement d'entreprise (FCPE) et aux actions de sociétés d'investissement à capital variable d'actionnariat salarié (Sicavas)

10. L'exonération partielle s'applique, dans les conditions fixées aux paragraphes 41 à 47, aux parts de fonds commun de placement d'entreprise (FCPE) visés aux articles L 214-39 et suivants du Code monétaire et financier et aux actions de Sicav d'actionnariat salarié (Sicavas) visées à l'article L 214-40-1 du même Code (cf. annexe 2 et 3).

(1) Autre qu'agricole ou libérale.

B. REDEVABLES CONCERNES

I. Salariés ou mandataires sociaux exerçant leur activité principale dans la société

a) Salariés

11. Il est rappelé que le salarié s'entend de la personne qui s'engage par un contrat de travail à mettre son activité à la disposition d'une autre, sous la subordination de laquelle elle se place, moyennant rémunération.

12. Ainsi, le statut de salarié implique l'existence de fonctions techniques effectives, le versement d'une rémunération et un état de subordination.

b) Mandataires sociaux

13. Pour l'application de ce dispositif, il convient d'entendre par mandataires sociaux, le président du conseil d'administration, les administrateurs, le président du conseil de surveillance, les membres du conseil de surveillance, le directeur général, les directeurs généraux délégués, les membres du directoire ou le gérant .

c) Condition tenant à l'exercice de son activité principale dans la société

14. Le bénéfice de l'exonération partielle est notamment subordonné à la condition que le propriétaire des titres exerce son activité principale dans la société au 1er janvier de l'année au titre de laquelle il demande à bénéficier de l'exonération partielle.

15. Ainsi, les propriétaires de parts ou actions de sociétés soumises à l'impôt sur les sociétés doivent exercer au sein de la société leur activité principale comme salarié ou mandataire social.

16. L'activité principale s'entend de celle qui constitue pour le redevable l'essentiel de ses activités économiques. Pour l'application de ce critère, il y a lieu de tenir compte de l'ensemble des activités professionnelles exercées par le redevable, y compris les professions salariées. Dans l'hypothèse où ce critère ne peut être retenu, il convient de considérer que l'activité principale est celle qui procure au redevable la plus grande part de ses revenus. Pour l'appréciation de cette notion, il convient de se reporter à la documentation de base 7 S 3313.

II. Situation des retraités

17. Le bénéfice de l'exonération s'applique également aux redevables ayant cessé leurs fonctions ou activités pour faire valoir leur droit à la retraite (CGI. Art. 885 I quater-II).

18. Dans cette hypothèse, pour bénéficier de l'exonération partielle, ces redevables doivent détenir les titres depuis au moins trois ans au moment de la cessation des fonctions. En conséquence, ne peuvent bénéficier du régime de faveur les titres reçus à l'occasion du départ à la retraite.

Néanmoins, il est précisé que les actions attribuées gratuitement définitivement acquises plus de trois ans avant le départ sont éligibles à l'exonération partielle, quand bien même elles n'ont pas été disponibles durant tout ou partie de la période considérée. De même, les stock-options pour lesquelles l'offre est antérieure au délai de trois ans et dont la levée intervient pendant ce délai sont éligibles à l'exonération.

19. Il est précisé que la date à laquelle le redevable fait valoir ses droits à la retraite s'entend de la date à laquelle il entre en jouissance des droits qu'il a acquis dans le régime de retraite de base auquel il a été affilié à raison de son activité ou, s'il n'a été affilié auprès d'aucun régime pour cette activité, dans le régime auquel il a été affilié au titre de sa dernière activité.

En principe, le redevable devra être en mesure de justifier, au plus tard à la date de dépôt de la déclaration d'ISF, de la perception de sa retraite.

20. Par ailleurs, il est admis que le bénéfice de l'exonération partielle s'applique aux titres détenus par un redevable ayant fait valoir ses droits à la retraite avant l'entrée en vigueur du dispositif. Dans cette hypothèse, le redevable doit justifier qu'au moment de la cessation de ses fonctions ou activités pour faire valoir ses droits à la retraite, il remplissait l'ensemble des conditions nécessaires à l'application de l'exonération partielle.

21. Dans le cas où une personne exerce une fonction de mandataire social, telle que visée au

13, dans une société et décide de faire valoir ses droits à la retraite tout en poursuivant son activité de mandataire social, l'exonération prévue à l'article 885 I quater s'applique.

22. Enfin, il est précisé que dans les situations de titres détenus par un retraité, la condition tenant au caractère opérationnel de l'activité de la société s'apprécie en principe au niveau de la société dont le redevable détient les titres. Cependant, il est admis que la localisation de cette activité puisse se situer au niveau d'une structure interposée ou d'une filiale liée au sens de l'article 39.12-a (cf. n°s 33 et suivants).

III. Cas particuliers

a) Titres appartenant en propre à l'un des membres du foyer fiscal et qualité de salarié, de mandataire social ou de retraité remplie par un autre membre du foyer fiscal

23. Dans le cas où un conjoint, un partenaire lié par un pacte civil de solidarité ou un concubin notoire exerce dans une société une fonction visée à l'article 885-I-quater et que les actions ou parts de cette société ne lui appartiennent pas personnellement, mais sont la propriété de l'autre conjoint ou partenaire lié par un pacte civil de solidarité ou concubin notoire ou d'un de leurs enfants mineurs, ces actions ou parts de la société peuvent bénéficier de l'exonération prévue à l'article 885-I-quater pour la détermination de l'impôt de solidarité sur la fortune mis à la charge du foyer fiscal dès lors que les fonctions sont exercées par l'un des conjoints, l'un des partenaires liés par un pacte civil de solidarité ou concubins notoires, ou que l'un des conjoints, l'un des partenaires liés par un pacte civil de solidarité ou l'un des concubins notoires répond à la qualité de retraité exigée.

La fonction professionnelle éligible et le caractère principal de l'activité exercée s'apprécie, le cas échéant, distinctement au niveau de chaque conjoint ou concubin notoire, et non au niveau du foyer fiscal.

b) Biens grevés d'un usufruit ou d'un droit d'usage

24. En cas de démembrement de propriété des titres, il y a lieu de prendre en compte la situation de l'usufruitier, pour apprécier si les conditions d'application du régime de faveur et notamment celles tenant à l'exercice de l'activité ou à la qualité de retraité sont remplies, lorsque les titres sont compris dans le patrimoine de l'usufruitier pour leur valeur en pleine propriété en application de l'article 885-G.

En revanche, en cas d'imposition répartie des titres dont la propriété est démembrée entre l'usufruitier et le nu-propriétaire, l'éligibilité au présent dispositif des droits appartenant à chacun de ceux-ci doit être appréciée distinctement (art. 885-G).

Section 2 : Portée de l'exonération

A. NATURE DE L'EXONERATION

25. Lorsque les conditions d'application prévues à l'article 885 I quater sont réunies, les parts ou actions détenues par le redevable dans une société sont exonérées d'impôt de solidarité sur la fortune à concurrence des trois quarts de leur valeur, sans limitation de montant, sous réserve des dispositions prévues aux paragraphes 41 et suivants .

26. Par ailleurs, il est précisé que la valeur des titres de la société est retenue à hauteur de l'intégralité du patrimoine social. En effet, l'article 885 O ter spécifique au régime des biens professionnels ne s'applique pas pour le bénéfice du régime prévu par l'article 885 I quater.

B. TITRES DES SOCIETES LIEES ET INTERPOSEES

27. Il résulte du 4e alinéa de l'article 885 I quater que l'exonération partielle s'applique aux titres détenus dans une société qui a des liens de dépendance au sens de l'article 39.12-a avec la ou les sociétés dans laquelle ou lesquelles le redevable exerce ses fonctions ou activités.

28. Ainsi, il n'existe aucune restriction tenant au nombre de sociétés interposées entre la société dont les titres sont détenus par le redevable et la société dans laquelle il exerce des fonctions éligibles.

29. Aux termes de l'article 39.12-a précité, des liens de dépendance sont réputés exister entre deux entreprises lorsque l'une détient directement ou par personne interposée la majorité du capital social de l'autre ou y exerce en fait le pouvoir de décision.

30. Cette présomption de dépendance bilatérale repose sur un critère de droit ou un critère de fait :
- Critère de droit : détention directe ou indirecte de la majorité du capital social. En l'absence de toute qualification particulière, cette majorité s'entend normalement d'une participation supérieure à 50 % du capital de la société concernée. Toutefois, cette participation peut être détenue indirectement pour tout ou partie et par l'intermédiaire de plusieurs sociétés. En ce cas, l'appréciation des droits détenus par l'intermédiaire de filiales ou de sous-filiales s'opère en multipliant successivement, quel que soit le degré de filiation, les pourcentages détenus par chaque société mère.
- Critère de fait : détention directe ou indirecte du pouvoir de décision. Dans la mesure où la majorité de 50 % du capital n'est pas atteinte suivant les modalités visées ci-dessus, le lien de dépendance peut encore résulter de la détention ou de l'acquisition du pouvoir de décision. Pratiquement, ce pouvoir de décision est réputé exister lorsqu'une entreprise détient directement ou indirectement, soit la gestion de droit ou de fait d'une autre entreprise, soit 50 % au moins des droits de vote. Pour l'appréciation du pouvoir de décision détenu ou acquis indirectement, il doit être fait application, mutatis mutandis, des règles à retenir pour la détermination du capital.

31. Au surplus, pour l'application du dispositif prévu par l'article 885 I quater, il est admis que des liens de dépendance entre deux sociétés existent lorsque l'une et l'autre sont placées sous le contrôle du redevable qui détient directement ou indirectement la majorité du capital des deux structures considérées.

32. Par ailleurs, pour l'application de ce 4ᵉ alinéa de l'article 885 I quater, il y a lieu d'exiger une activité opérationnelle telle que définie aux nᵒˢ 2 et suivants de la présente instruction uniquement dans la société dans laquelle le redevable exerce ses fonctions.

33. En définitive, la référence à l'article 39.12-a permet d'appréhender :
– d'une part, des schémas classiques de détention par un redevable des titres d'une holding (passive ou active), mais exerçant son activité (ou qualité de retraité) dans une filiale ou sous-filiale opérationnelle ;
– d'autre part, des schémas plus originaux de détention par un redevable de titres d'une filiale ou sous-filiale avec une localisation des fonctions éligibles (ou qualité de retraité) au sein de la holding animatrice du groupe.

C. CAS DES TITRES DETENUS DANS PLUSIEURS SOCIETES

A titre liminaire, il convient de préciser que les sociétés considérées sont des sociétés opérationnelles. Ainsi, en cas de titres détenus directement et indirectement par le redevable dans une même société opérationnelle, les conditions de l'exonération sont celles prévues au B, plus favorables au redevable.

34. Les parts ou actions détenues par un même redevable dans plusieurs sociétés sont éligibles au régime de faveur lorsque :
- le redevable exerce une activité éligible dans chaque société ;
- les sociétés en cause ont effectivement des activités soit similaires, soit connexes et complémentaires.

35. Il est précisé que l'activité éligible vise, d'une part, la nature des fonctions exercées (ou qualité de retraité) dans les différentes sociétés et, d'autre part, le caractère principal de ces activités qui s'apprécie alors en faisant masse de l'ensemble des activités exercées par le redevable dans ces sociétés.

36. En ce qui concerne les notions de similitude, de connexité et de complémentarité, il convient de se reporter aux paragraphes 3 et 4 de la documentation administrative 7 S 3323 relative au régime d'exonération des biens professionnels.

37. Ainsi, la similitude s'apprécie en comparant la nature des activités exercées et l'objet auquel elles se rapportent. Quant aux conditions de connexité et de complémentarité, elles vont de pair. La connexité implique des rapports de dépendance étroits. Le fait qu'une société détienne au moins 50 % du capital d'une autre société permet de présumer que cette condition est remplie entre les deux sociétés en cause. La complémentarité s'entend de l'activité qui s'inscrit dans le prolongement en amont ou en aval d'une autre activité.

38. En toute hypothèse, l'activité de chacune de ces sociétés doit être une activité éligible telle que mentionnée au premier alinéa du texte de l'article 885 I quater et commentée aux paragraphes 2 et suivants de la présente instruction.

39. Remarques communes au B et C : Les dispositions du B et C sont cumulables.

D. PARTS DE FCPE ET ACTIONS DE SICAVAS

40. L'exonération partielle s'applique sous certaines conditions aux parts de FCPE et actions de Sicavas.

41. S'agissant des parts de FCPE et des actions de Sicavas, l'exonération partielle est limitée à la quote-part de la valeur des parts ou actions de ces organismes :
– représentative des titres de la société dans laquelle le redevable exerce son activité principale ;
– ou représentative des titres des sociétés qui lui sont liées dans les conditions prévues à l'article L 233-16 du Code de commerce.

42. Il y a groupe de sociétés au sens de l'article L 233-16 du Code de commerce, lorsqu'une société contrôle de manière exclusive ou conjointe une ou plusieurs autres entreprises, ou qu'elle exerce une influence notable sur celles-ci.

43. Le contrôle exclusif, au sens de l'article précité, par une société résulte :
- soit de la détention directe ou indirecte de la majorité des droits de vote dans une autre entreprise ;
- soit de la désignation, pendant deux exercices successifs, de la majorité des membres des organes d'administration, de direction ou de surveillance d'une autre entreprise. Une société est présumée avoir effectué cette désignation lorsqu'elle a disposé au cours de cette période, directement ou indirectement, d'une fraction supérieure à 40 % des droits de vote, et qu'aucun autre associé ou actionnaire ne détenait, directement ou indirectement, une fraction supérieure à la sienne ;
- soit du droit d'exercer une influence dominante sur une entreprise en vertu d'un contrat ou de clauses statutaires, lorsque le droit applicable le permet.

44. Le contrôle conjoint, au sens du même article, correspond au partage du contrôle d'une entreprise exploitée en commun par un nombre limité d'associés ou d'actionnaires, de sorte que les décisions résultent de leur accord.

45. S'agissant de l'influence notable sur la gestion et la politique financière d'une entreprise, celle-ci est présumée lorsqu'une société dispose, directement ou indirectement, d'une fraction au moins égale au cinquième des droits de vote de cette entreprise.

46. Il est précisé que la définition de sociétés liées au sens de l'article L 233-16 du Code de commerce et pour la détermination de la fraction exonérée du titre est identique à celle retenue pour la détermination du ratio d'investissement mentionné au 1er alinéa de l'article L 214-40 du Code monétaire et financier.

47. L'application du bénéfice de l'exonération partielle aux parts de FCPE et aux actions de Sicavas est subordonnée à la condition que la déclaration d'impôt de solidarité sur la fortune des redevables concernés soit accompagnée d'une attestation de l'organisme de placement collectif déterminant la valeur éligible à l'exonération partielle.

A cet égard, il est précisé que l'attestation visée peut prendre la forme de documents émanant soit de la société de gestion, soit de l'établissement teneur de comptes permettant de justifier du montant de l'exonération (soit le nombre et la valeur des titres détenus par le redevable ainsi que le pourcentage de titres de l'entreprise détenu par le fond ou la Sicavas).

Section 3 : Condition tenant à la conservation des titres

A. DUREE DE CONSERVATION

48. L'exonération partielle est subordonnée à la condition que les parts ou actions restent la propriété du redevable pendant une durée minimale de six ans.

49. Ce délai court à compter du premier fait générateur au titre duquel l'exonération est demandée. Le fait générateur en matière d'impôt de solidarité sur la fortune est le 1er janvier de l'année d'imposition. Ainsi, à l'issue de la période de conservation de six ans, le redevable est susceptible de bénéficier de l'exonération annuellement sans nouveau délai de conservation. Il suffit alors qu'il détienne les titres au 1er janvier et remplisse les autres conditions prévues pour le bénéfice du régime de faveur.

Ainsi, pour des titres dont l'exonération est demandée la première fois le 15 juin 2006, pour l'ISF de l'année 2006 dont le fait générateur est le 1er janvier 2006, le redevable devra conserver les titres au moins jusqu'au 2 janvier 2012 pour que le bénéfice de l'exonération ne soit pas remis en cause.

Il est précisé que s'agissant des parts de FCPE et des actions de Sicavas, l'appréciation de la quote-part de la valeur des parts ou actions de ces organismes s'effectue au 1er janvier de l'année d'imposition. En conséquence, toute fluctuation, postérieurement au 1er janvier, du pourcentage de détention des titres de la société par l'organisme ne remet pas en cause l'exonération dont a bénéficié le redevable au titre de l'année considérée. En revanche, au 1er janvier de l'année suivante, la fraction de valeur exonérée devra être ajustée en fonction de ces fluctuations.

50. Par ailleurs, le redevable doit au 1er janvier de l'année au titre de laquelle il demande à bénéficier de l'exonération partielle exercer son activité principale au sein de la société comme salarié ou mandataire social.

51. En conséquence, lorsque cette condition n'est plus respectée au 1er janvier de l'année d'imposition, l'exonération partielle cesse de s'appliquer, sauf éventuellement le cas où le redevable a cessé ses fonctions pour partir en retraite. Si l'exonération cesse de s'appliquer pour l'avenir, il n'en demeure pas moins que les exonérations appliquées pour les années antérieures et l'année en cours restent acquises si la condition de délai de détention est respectée.

52. Par ailleurs, dans l'hypothèse du décès du redevable, qui remplissait la condition de fonction ou qui avait la qualité de retraité, pendant le délai de six ans, il est admis que le bénéfice de l'exonération partielle ne soit pas remis en cause pour le passé et l'année en cours sans aucune obligation de conservation pour les ayants-droit. Pour l'avenir, il est admis que le conjoint survivant puisse continuer à bénéficier de l'exonération partielle à condition qu'il conserve les titres jusqu'au terme du délai initialement prévu. Au-delà, il continuera à bénéficier de l'exonération tant qu'il conservera les titres. De même, en cas d'invalidité du redevable au sens de l'article L 241-3 du Code de l'action sociale et des familles, ce dernier n'est plus lié par l'obligation de détention.

53. En outre, le propriétaire de titres bénéficiaires de l'exonération a la possibilité de consentir une donation de ces titres à la condition que cette donation soit effectuée avec charge pour le ou les donataires de conserver les titres donnés pendant la durée restant à courir du délai de six ans et que le ou les donataires respectent l'obligation de détention qui leur est imposée.

54. Ainsi, en dehors des hypothèses précitées, toute cession ou donation des titres pendant le délai de six ans entraîne la remise en cause de l'exonération partielle depuis l'origine. Dans l'hypothèse d'une cession partielle, pendant le délai précité, des titres bénéficiant du régime de faveur, la remise en cause est limitée à la fraction des titres transmis. A cet égard, il est précisé qu'en cas de cession de titres acquis ou souscrits à des dates différentes, deux situations doivent être distinguées. Lorsque les titres sont identifiables, la durée de détention est décomptée en tenant compte de la durée effective de détention de chacun des titres. En revanche, en cas de transmission portant sur des titres fongibles acquis ou souscrits à des dates différentes, les titres cédés sont ceux acquis ou souscrits aux dates les plus anciennes.

55. Dans cette situation, le redevable concerné doit acquitter le complément d'impôt de solidarité sur la fortune dont il a été dispensé au titre de chaque année concernée assorti de l'intérêt de retard.

56. Au-delà de la période de six ans précitée, toute transmission au cours de l'année suivant le fait générateur de l'impôt n'emportera aucune incidence fiscale, y compris pour l'impôt de solidarité sur la fortune de l'année de cession.

B. SITUATION PARTICULIERE RESULTANT D'UNE MODIFICATION DE LA STRUCTURE DE LA SOCIETE DONT LES TITRES BENEFICIENT DU REGIME DE FAVEUR

I. Scission ou fusion

57. Dans l'hypothèse d'une opération de fusion ou de scission, au sens de l'article 817 A, l'exonération partielle accordée au redevable au titre de l'année en cours et de celles précédant ces opérations n'est pas remise en cause sous réserve qu'il conserve les titres remis en contrepartie de l'opération jusqu'au terme du délai de conservation des titres d'origine.

Il est admis qu'une opération de fusion ou de scission, au sens de l'article 817 A, ne remet pas en cause l'appréciation du délai de trois ans prévu au II de l'article 885 I quater pour les personnes faisant valoir leurs droits à la retraite. Les titres remis en contrepartie de l'opération et conservés par le redevable feront l'objet d'une exonération des trois quarts, sous réserve du respect des conditions de conservation figurant au deuxième alinéa du I de l'article 885 I quater.

58. Pour l'avenir, il est admis que l'avantage fiscal soit maintenu à la condition que les titres remis en contrepartie soient conservés par leur propriétaire pendant une nouvelle période de six ans. Au-delà de cette nouvelle période de six ans le redevable est susceptible de bénéficier de l'exonération annuellement sans nouveau délai de conservation. Il suffit alors qu'il détienne les titres au 1er janvier.

II. Annulation de titres

59. Dans l'hypothèse d'une annulation de titres pour cause de pertes ou de liquidation judiciaire, l'exonération partielle dont a pu bénéficier antérieurement un redevable n'est pas remise en cause.

III. Incorporation de réserves

60. Dans l'hypothèse d'une incorporation de réserves, l'exonération partielle dont a pu bénéficier le redevable bénéficie aux nouveaux titres sous réserve qu'il conserve les titres émis en contrepartie de l'opération jusqu'au terme du délai de conservation des titres d'origine.

Section 4 : Non-cumul du dispositif avec tout autre régime de faveur en matière d'impôt de solidarité sur la fortune

61. Il est précisé que le régime d'exonération partielle prévu par l'article 885 I quater est exclusif de l'application de tout autre régime de faveur.

62. En conséquence, les titres exonérés partiellement d'impôt de solidarité sur la fortune par application des dispositions combinées des articles 885 O bis et 885 O ter et des articles 885 I bis et O quinquies ne peuvent bénéficier sur la fraction taxable de leur valeur, de l'exonération partielle prévue par l'article 885 I quater.

63. L'absence de cumul des régimes de faveur prévu au IV de l'article 885 I quater reste limité à l'impôt de solidarité sur la fortune.

64. Il est précisé qu'en cas de remise en cause par l'administration d'un autre régime de faveur, le redevable peut déposer une réclamation dans les délais habituels prévus aux articles R 196-1 et R 196-3 du LPF en vue de demander à bénéficier des dispositions de l'article 885 I quater, s'il établit qu'il remplissait les conditions d'application de ce régime au titre de l'année ou des années en cause.

Section 5 : Entrée en vigueur

65. Les dispositions de l'article 885 I quater sont applicables à l'impôt de solidarité sur la fortune dû à compter du 1er janvier 2006.

TABLE ALPHABETIQUE

Les chiffres renvoient aux paragraphes. La mention «s.» signifie que l'étude se prolonge sur le ou les numéros suivants.

A

B

C

D

E

F

N

P

R

S

SOMMAIRE ANALYTIQUE

(Les chiffres renvoient aux paragraphes)